朗县年鉴

སྣང་རྫོང་གི་ལོ་རིམ་མེ་ལོང་།

2020

（总第5卷）

中共朗县县委办公室　编

方志出版社
Publishing House of Local Records

图书在版编目（CIP）数据

朗县年鉴. 2020 / 中共朗县县委办公室编.—北京:
方志出版社, 2021.11
ISBN 978-7-5144-4929-7

Ⅰ. ①朗… Ⅱ. ①中… Ⅲ. ①朗县 – 2020 – 年鉴
Ⅳ. ①Z527.54

中国版本图书馆CIP数据核字(2021)第278772号

责任编辑：张　颢
责任校对：刘玉霞
责任印制：梅中英
出 版 者：方志出版社
地　　址：北京市朝阳区潘家园东里 9 号（国家方志馆4层）
邮　　编：100021
网　　址：http://www.zgfzcb.cn
发　　行：方志出版社图书营销中心（010–67110500）
印　　刷：河南金宝丽印刷科技有限公司
开　　本：889毫米 × 1194毫米　1/16
印　　张：16.25
字　　数：480千字
版　　次：2021年11月第1版
印　　次：2021年11月第1次印刷
定　　价：350.00元

数字朗县 2019

总面积： 4105.9平方千米

常住人口： 1.76万人

地区生产总值： 8.07亿元

第一产业增加值： 1.13亿元

粮食种植面积： 930.4公顷

粮食总产量： 4000吨

第二产业增加值： 2.23亿元

工业增加值： 0.15亿元

第三产业增加值： 4.71亿元

全社会固定资产投资总额： 17.05亿元

社会消费品零售总额： 1.74亿元

招商引资到位资金： 2.51亿元

接待游客： 35.94万人次

旅游综合收入： 1.30亿元

公路总里程： 829千米

城镇居民人均可支配收入： 3.30万元

农村居民人均可支配收入： 1.69万元

发电量： 6307.77万千瓦时

水产量： 58.06万吨

4月19日，西藏自治区党委常委、自治区常务副主席姜杰（左三）到朗县调研高校毕业生众创空间工作

3月24日，西藏自治区党委常委、组织部部长陈永奇（左四）到朗县调研党建工作，朗县县委书记扎西（前排右一）等陪同

4月6日，西藏自治区人大常委会副主任、林芝市委书记马升昌（右四）到朗县检查指导工作，朗县县委书记扎西（左一），县委副书记、县长胡文平（右三）等陪同

12月4日，西藏自治区政府副主席罗梅（前左一）到朗县医保局调研指导工作

7月23—24日，西藏自治区统战部副部长、西藏佛学院党委书记张良田（左一）到朗县调研民族宗教工作

8月5日，西藏自治区组织部副部长仲崇东（左二）到朗县金东乡调研编制工作

5月14日，林芝市委副书记谢英（前排右二）到朗县督导检查安全生产工作

11月19日，林芝市委常委、副市长、市委主题教育第三巡回指导组组长杨赤卫（后左二）到朗县供电有限公司检查指导工作

7月19日，林芝市委常委、宣传部部长张海波（右三）到朗县调研指导意识形态工作

6月21日，交通运输部办公厅副主任、中央扫黑除恶第13督导组下沉林芝组组长王华春（中）到朗县洞嘎镇检查2019年扫黑除恶工作开展情况

8月31日，林芝市人大常委会副主任才佳（前排左二）到朗县洞嘎镇农牧文化及绿色产品交流会现场检查指导工作

3月21日，林芝市副市长丁勇辉（左四）到金东乡调研指导工作，朗县县委副书记、县长胡文平（左一）等陪同

5月31日，朗县县委书记扎西（前左二）出席县中心小学“欢庆‘六一’，喜迎‘七一’”践行“四讲四爱”争做新时代好少年文艺会演活动

5月6日，朗县县委副书记、县长胡文平（右三）调研指导县城饮用水水源地工程建设情况

1月4日，朗县第四次全国经济普查入户登记工作启动。图为普查人员入户开展经济普查工作

1月4日，朗县举办高校毕业生“一对一”精准帮扶政策宣讲会

1月10日，朗县人力资源和社会保障局组织建档立卡贫困户开展装挖机培训

1月29日，朗县人民医院医务人员到县敬老院开展健康义诊活动

1月31日，朗县召开中央脱贫攻坚专项巡视组和第三方反馈问题整改推进会

2月28日，朗县县委2019年经济工作会议在漳州会堂召开

3月1日晚，根据林芝市公安局统一部署，朗县公安局组织全局民辅警在全县范围开展“扫雷”专项行动

3月12日，惠州学院第四批18名优秀大学生到朗县开展志愿支教活动

3月13日，朗县“组团式”医疗援藏暨“三级医院”对口帮扶工作座谈会在县人民医院召开

3月22日，林芝市第十五届桃花旅游文化节朗县分会场开幕式文艺演出

3月25日，广东惠州援藏医疗队到朗县各乡镇开展义诊活动

4月1日，朗县第十三届人民代表大会第六次会议召开

4月1日，朗县开展烈士陵园清明节祭扫活动，县四大班子主要领导和县直各部门、公安干警、学生、社会团体等代表参加活动

4月8日，广东省教育人才援藏工作队到朗县开展送教下乡活动

6月12日，朗县举行新时代文明实践中心揭牌仪式暨动员大会，朗县县委书记扎西（右一）参加活动

6月13日，朗县拉多乡拉多村驻村工作队开展“七十米长卷为祖国　七十华诞送祝福”活动

6月25日，朗县举办"坚定理想守初心、对党忠诚担使命"庆"七一"红歌会

6月26日，朗县发改委、财政局、统计局、商务局组织党员干部参加"七一"歌咏比赛

9月11日，仲达镇第四届“古如朗杰”农牧民旅游文化节暨第十三届物资交流会开幕

9月17日，朗县举行第四届塔布文化旅游节暨第二届农牧民丰收节，图为参加开幕式的领导、嘉宾及演员合影留念

10月2日，朗县举办中华人民共和国成立70周年暨惠朗一家亲活动

11月5日，九届县委第六轮巡察工作动员部署会议召开

11月22日，学习贯彻党的十九届四中全会精神自治区宣讲团宣讲报告会在朗县举行

12月8日，广东省第九批援藏工作队朗县工作组到洞嘎镇堆村开展“结对结亲”活动

《朗县年鉴》编纂委员会

《朗县年鉴》编辑部

编辑说明

一、《朗县年鉴（2020）》以马克思列宁主义、毛泽东思想、邓小平理论、“三个代表”重要思想、科学发展观、习近平新时代中国特色社会主义思想为指导，坚持辩证唯物主义和历史唯物主义的立场、观点和方法。

二、《朗县年鉴》由中共朗县县委办公室编纂，从2016年起，每年编纂出版1卷。其宗旨是全面、系统、翔实地记载朗县年度经济、社会发展情况，为社会各界人士了解和研究朗县提供基本地情资料。

三、《朗县年鉴（2020）》采用分类编辑法，主体内容设类目、分目、条目等结构层次。条目为记述内容的主要形式，一事一条目，个别条目内容较多则采用分段记述。

四、《朗县年鉴（2020）》设特载、大事记、朗县概览、中国共产党朗县委员会、朗县人民代表大会、朗县人民政府、中国人民政治协商会议朗县委员会、纪检　监察、人民团体、援藏工作、法治、军事、经济综合管理、社会生活、农业农村·林业·水利、交通·邮政·通信、城建·环保、金融、公共服务、乡（镇）概况、荣誉、附录等类目。

五、《朗县年鉴（2020）》保持上年卷基本框架，调整充实部分内容。彩页在收集年度大事要闻图片的基础上，设“领导关怀”“重要活动”等图片专题。

六、本年鉴载录的内容资料由各乡镇、各单位等承编部门供稿，稿件经供稿单位审核签批后送朗县年鉴编辑部初编、统编，再返回供稿单位核对、反复修改确认定稿。全书稿件经朗县年鉴编纂委员会审核验收。

七、经济社会统计资料主要由县统计局提供，如供稿单位数据与县统计局数据有出入，编辑部采用县统计局数据。

目　录

特　载

大事记

朗县概览

中国共产党朗县委员会

综　述

办公室工作

组织工作

宣传工作

统战工作

强基惠民活动

巡察工作

国家安全办公室

机关党建

朗县人民代表大会

综　述

办公室工作

财经农牧城建环保委员会

朗县人民政府

综　述

办公室工作

应急管理

消 防

外事办工作

中国人民政治协商会议朗县委员会

综 述

办公室工作

纪检 监察

综 述

人民团体

总工会

财 政

统 计

自然资源管理

税 务

市场监督管理

商 务

文化和旅游

社会生活

民 政

人力资源和社会保障

退役军人事务

教 育

卫生健康

人民医院

藏医院

医疗保障

扶贫开发

农业农村·林业·水利

农业农村(科技)

林业和草原

水 利

交通·邮政·通信

城建·环保

金　融

农业银行

公共服务

气　象

供　电

乡（镇）概况

仲达镇

朗　镇

洞嘎镇

登木乡

拉多乡

金东乡

荣　　誉

附　　录

特 载

不忘初心砥砺奋进　牢记使命决战决胜 为如期实现全面建成小康社会目标努力奋斗

——在中共朗县第九届委员会第六次全体（扩大）会议上的讲话

朗县县委书记　扎　西

（2020 年 3 月 24 日）

2019 年，在市委坚强领导下，县委常委会以习近平新时代中国特色社会主义思想为指导，全面贯彻落实中共十九大，十九届二中、三中、四中全会精神，深入学习贯彻区党委九届五次、六次全会和林芝市委一届七次、八次全会精神，紧紧围绕区党委、林芝市委各项决策部署和县委“12345”工作思路，增强“四个意识”，坚定“四个自信”，坚决做到“两个维护”，取得了党的建设全面加强、经济发展稳中有进、基础设施更加完善、民族关系更加融洽、民生保障全面进步、生态环境持续向好、脱贫成果持续巩固、社会大局和谐稳定、干群精神面貌焕然一新、政治生态全面净化的优异成绩。

一、聚焦“两个维护”，铸就绝对忠诚政治品质

一年来，县委坚持把做到“两个维护”作为最明确的政治准则和政治要求，作为最重要的政治纪律和政治规矩，作为党的政治建设的“根”和“魂”，不断增强政治定力和政治能力，铸就了绝对忠诚的政治品格。一是强化理论学习，政治信仰更加坚定。始终把加强理论学习、坚定理想信念作为做到“两个维护”的具体实践，通过原原本本学、带着问题学、联系实际学，从根本上筑牢执政信仰的基石。一年来，县委理论学习中心组围绕《中国共产党章程》《中国共产党党内监督条例》《中共西藏自治区委员会重大事项请示报告实施办法》等重要文件以及领导批示指示精神，召开学习会 16 次，交流发言 30 余人次，撰写心得体会、理论文章 100 余篇，“两个维护”的思想和行动更加自觉。二是强化县委领导，工作合力更加凝聚。县委主动发挥总揽全局、协调各方的作用，不断加强对人大、政府、政协、纪委监委、法检两院工作领导，结合党政机构改革和人员变动实际，及时将县人大、政府、政协和法检两院党组成员统筹纳入脱贫攻坚、扫黑除恶、“四大产业”、城乡环境综合整治等常规工作，并大力发挥爱国统一战线和工青妇等群团组织桥梁纽带作用，广

泛动员社会各界力量为朗县经济社会建设建言献策、贡献力量，全县上下齐心协力、齐抓共管的干事创业氛围更加浓厚。三是强化制度建设，工作机制更加健全。始终把制度建设作为增强党的执政能力、巩固党在农牧区执政基础的重要保障，不断加强制度的顶层设计功能，有效保证了制度贯彻执行的严肃性和与时俱进的创新性。2019 年召开县委常委会议 40 次，研究议题 240 余项，县委班子成员向县委常委会报告个人重大事项 24 人次，形成了用制度管权管事管人良好机制。四是强化调查研究，指导实践更加精准。坚持把调查研究作为提高驾驭全局、谋划发展、依法行政、自我创新能力的重要手段，县委班子成员结合脱贫攻坚、党的建设、民族团结、社会事业、扫黑除恶、产业发展等课题深入乡（镇）、村（居）、学校、寺庙走访调研 200 余次，撰写调研报告 60 余篇，县委把方向、谋大局、定政策、促改革的能力和定力全面增强。

二、聚焦党的建设，党的领导能力不断提高

一年来，县委始终聚焦新时代党的建设总要求，深入学习贯彻习近平总书记关于党的建设重要论述，全面推进党的政治建设、思想建设、组织建设、作风建设、纪律建设，并将制度建设贯穿始终，全县各级党组织和广大党员干部创造力、凝聚力、战斗力全面提升。一是主题教育成效全面突显。县委严格按照党中央、区党委和林芝市委关于“不忘初心、牢记使命”主题教育的总体部署和具体要求，围绕“贯彻新发展理念，践行‘五个走在前列’，统筹推进‘五个林芝’建设”“加强民族团结，创建国家级民族团结进步示范县”等专题学习研讨 17 次、交流发言 180 余人次。全县各级党委（党组、支部）开展研讨 312 次，建立问题清单 55 余张，检视问题 782 条，整改问题 780 条，为群众办实事、解难题 284 件，新建制度 23 个，完善制度 24 个，主题教育测评满意度、合格率达 99.03%。全县党员干部理想信念更加坚定，干事创业激情更加高涨，为民服务意识更加深化，政治生态更加风清气正。二是干部队伍结构科学合理。始终坚持正确的用人导向，全面做好干部培育、选拔、管理、使用工作，着力培养忠诚干净担当的高素质干部。2019 年提拔调整科级干部 345 名，其中：提任上一级职务 80 名，晋升职级 48 名，进一步使用 38 名，调整 179 名，全县党员干部撸起袖子加油干的热情进一步高涨。三是基层堡垒有效稳固。按照《朗县 2016—2020 年党的基层组织建设工作规划》，进一步明确目标任务，召开党建工作会议 3 次，建立党建联系点 32 个，投入党建经费 3789.47 万元。认真抓好 10 个软弱涣散党组织整顿，持续抓实 8 张党建责任清单，高质量推进村级组织活动场所标准化建设，建成基层组织活动场所 14 个，通过“国门教育讲习所”开展党性锻炼和爱国主义教育 10 批次 600 人，基层党组织和广大党员在促发展、助脱贫、保稳定中的作用得到充分发挥。四是党内政治生活不断规范。严格执行党费收缴标准和管理使用要求，2019 年收缴党费 9.31 万元，上缴 5.52 万元，使用 9.63 万元，累计结余 7.76 万元，党费使用均符合有关规定。认真开展专题民主生活会，深入开展批评和自我批评，提出意见建议 341 条（县委常委班子 31 条、班子成员 310 条），常委班子和成员测评满意度均达 100%，达到了团结—批评—团结的效果。同时，县委班子成员均以普通党员身份参加所在支部的组织生活会，自觉接受广大党员干部的监督，党内政治生活更加规范。五是强基惠民成效显著。督促各级驻村工作队严格落实驻村七项重点任务，持续抓基层、打基础、带队伍，办实事、做好事、惠民生，党在农牧区的执政基础进一步夯实。2019 年全县各级工作队开展党课教育 741 学时，村干部文化教育课 792 学时，政策理论 743 学时，开展党员培训 178 余场次、3501 人次，投入办实事好事资金 65.2 余万元，争取项目 44 个，资金 3680.74 万元，一大批基层群众关心关注的热点难点民生问题得到有效解决。六是党建品牌全面打响。紧紧围绕市委“135”和县委“334”基层党建工作思路，持续深化“党建 +、+ 党建”品牌内涵，党建引领水平全面增强。大力实施政治铸心工程，基层党组织听党话、跟党走，善团结、会发展，能致富、保稳定，遇事不糊涂、关键时刻起作用的坚强堡垒逐步建成；广大农牧民群众算富账、感党恩，理性对待宗教，淡化宗教消极影响更加自觉。围绕边境党建长廊建设，推动边境管理大队到边境村开

展帮扶帮建全覆盖，构建了固边兴边的铜墙铁壁。

三、聚焦民生福祉，经济社会事业齐头并进

一年来，县委始终坚持新发展理念，坚持稳中求进工作总基调，立足资源禀赋，带领全县上下在提升产业质量、提高县域经济水平上下功夫，全县经济社会实现持续健康发展。一是经济指标稳中有进。2019 年，全县生产总值达 7.75 亿元，同比增长 10.56%；实现公共财政一般预算收入 4639 万元，同比增长 10%；全社会固定资产投资达 17.05 亿元；农村居民人均可支配收入达 16912 元，同比增长 12.9%，其中现金收入达 11776 元，同比增长 11%；招商引资完成 2.51 亿元；社会消费品零售总额达 1.47 亿元，同比增长 9.5%，各类经济指标在下行压力下基本实现平稳增长。二是产业结构日趋优化。坚持把产业建设作为增强发展后劲的重要支撑，持续推动产业结构优化升级。2019 年种植苹果面积 1556 亩，累计种植苹果面积达 6445.4 亩，挂果 2354 亩，实现产量 38.86 万千克、产值 388.6 万元。2019 年种植辣椒 3270 亩，实现产量 1874 吨、产值 1124.4 万元，带动周边 1010 户群众户均增收 7322.4 元。牦牛年末存量 6.36 万头，出栏 6700 头，出栏率 10.53%，实现产值 6365 万元。能繁母猪存栏达 3911 头，实现产仔数 12300 头，养殖规模达 2.19 万头，出栏 4909 头，实现经济收入 1700 万元。核桃种植面积达 10222.7 亩，实现产量 36.585 万千克、经济效益 877.9 万元。大力挖掘、推介地域文化旅游资源，制作“文化朗县、人杰地灵”为主题的朗县旅游宣传片，成功举办 2019 年林芝市第十七届桃花文化旅游节朗县分会场活动和第四届塔布文化旅游节暨第二届农民丰收节，全年接待游客 35.94 万人次，实现旅游收入 1.3 亿元，分别同比增长 36.28%、24.1%。大力传承和保护藏医文化，完成苏卡・娘尼多吉故居修复和藏医药制剂所建设，推广种植藏中药材 7 个品种 30 亩，藏医门诊量 9780 人次，住院 367 人，藏医药底蕴更加深厚。严格按照区、市清洁能源业规划要求，主动对接、紧密配合，50 兆瓦风能开发项目已完成选址，正在办理环评、林评等前置手续；工字荣电站实现产值 6722.3 万元。三是集体经济持续壮大。大力培育新型农牧业经营主体，按照宜游则游、宜牧则牧、宜农则农的原则和就近就便、不离乡不离土、能干会干的要求，结合朗县“四大产业”布局，鼓励村级组织通过集体自办、能人领办、入股联营，培育新型农牧业经营主体，村集体收入达 1 万元以上的达 30 个，村（居）“两委”班子威望威信有效增强。四是深化改革成效初显。坚持在改革上做文章、谋突破，朗县政务服务大厅投入使用，累计服务群众 2000 余人次。完成 52 个村（居）农村集体资产清产核资县级验收工作。建成电子商务县级服务中心、物流服务中心、6 个乡镇级服务站、26 个村级服务点，完成电子商务远程培训系统搭建，帮扶开设网店 20 家。完成县际班线客运改革工作，成立朗县快乐农村公交客运有限责任公司，县际班线客运实现规范化管理。五是生态环境持续向好。坚持把环境保护作为全县经济社会发展的底线、红线、高压线，完成自治区生态环境保护考核现场核查工作以及第二次全国污染源普查、生态红线划定、环境质量监测等工作，并建立“户集—村收—乡运—县处理”生活垃圾无害化处理模式，实现垃圾收集池、饮用水源地保护和“垃圾兑换超市”全覆盖，广大干部群众环保意识全面增强，取得了自治区级考核优秀等次。深入推进防沙治沙工程和国土绿化工作，种植各类树苗 9.48 万株，造林 2300 余亩，560 国道朗县段绿色长廊建设有序推进。深入推进河长制，开展巡河 98 次，宣传 12 场次，清理河道 55 千米、垃圾 5 吨，“清四乱”活动取得阶段性成果，营造了天蓝、地绿、水清的生态环境。六是援藏帮扶精准到位。第九批援藏工作队轮换以来，广泛开展调研，详细梳理需求，积极跟进项目，在完成援藏投资 0.66 亿元项目建设的同时，确定总投资 7500.26 万元的援建项目 3 个，并选派 11 名医疗专家、28 名优秀教师、32 名优秀大学生，大力实施组团式医疗援藏和教育援藏，为朗县经济社会发展提供了人才支持和智力支撑。

四、聚焦成果巩固，脱贫攻坚成效更加显著

一年来，县委始终紧盯巩固脱贫攻坚成果这个总目标，严格落实“四不摘”“两不愁”“三保障”，以不破楼兰终不还的决心和勇气，稳步推进脱贫攻

坚巩固提升，2019年完成剩余16户28人的脱贫退出工作，贫困人口实现清零。一是深化思想认识，强化理论保障。始终将巩固脱贫攻坚成果作为重点工作抓紧抓实，以高度的政治自觉，认真学习贯彻习近平总书记关于扶贫工作重要论述和党中央、国务院，区党委、政府，林芝市委、市政府脱贫攻坚相关文件精神。2019年，县委理论学习中心组传达学习相关文件5次，县委常委会传达学习相关文件7次，组织各类学习活动200余场次，为脱贫攻坚提供了理论保障。二是科学统筹部署，凝聚攻坚合力。坚持把脱贫攻坚作为头等大事和第一民生工程，及时调整充实脱贫攻坚领导小组和11个专项组，进一步落实"五级书记"抓扶贫、党政"一把手"脱贫责任制和"五级书记"遍访贫困对象行动，并按照党政主体和部门主责相结合的方式，全面明确领导职责、部门职责，形成了"县委管总、政府具体负责、各部门协同、乡镇部门专干、村抓到户"全社会参与的脱贫攻坚巩固提升大格局。2019年，召开县委常委会专题研究部署脱贫攻坚工作8次，召开县委巡视整改专题会议研究部署巡视整改工作3次。三是高位推进整改，助力巩固提升。高度重视脱贫攻坚巡视、督导、考核反馈意见整改落实工作，制定下发《中共朗县委员会关于落实中央第三巡视组脱贫攻坚专项巡视反馈意见的整改方案》《工作台账》，细化12个问题34个具体问题107条具体整改措施，并完成整改任务。认真做好省际交叉考核反馈的27个问题整改落实工作，完成整改25个。开展2016年以来监督检查发现问题大排查、大整改、大清理、大销号活动，梳理汇总并完成整改问题15个，脱贫攻坚过程中存在的短板弱项有效补齐补全。四是坚持志智双扶，激发内生动力。始终坚持扶贫与扶志扶智相结合，广泛深入开展社会主义核心价值体系宣传教育，大力引导群众参与精准识别、选择项目、主导实施项目、监督经费使用，并通过身边人讲身边事的方式，全方位宣传脱贫攻坚过程中涌现的先进集体和个人，各族群众学先进、争先进，主动投身脱贫攻坚的热情和激情进一步高涨。

五、聚焦民生改善，社会保障水平稳步提升

一年来，县委始终坚持以人民为中心的发展理念，以改善民生为己任，不断健全社会公共服务，农牧民群众的获得感、幸福感和安全感上升到新高度。一是教育事业提质增效。2019年学前教育入学率90.02%，小学入学率达100%，初中入学率达99.68%，全县义务教育巩固率达到96.5%。落实"三包"经费792.88万元，落实营养改善计划经费128.08万元。兑现各类资助资金117.11万元，资助学生441人次，考入内地西藏班18人。同时，狠抓教师队伍政治教育和学生德育教育不放松，全县教师对"培养什么人、怎样培养人、为谁培养人"有了更加深刻的认识，广大学生爱党爱国意识全面高涨。二是医疗服务持续加强。落实医疗卫生经费1509万元，县人民医院眼科成功举行挂牌仪式；门（急）诊19696人次，住院466人次，住院手术166人次，发放免费药物24360元，HPV检查1900人次。包虫病和"两癌"筛查工作、鼠疫防控等重大疾病综合防治取得显著成效。三是社会保障更加全面。出台《朗县关于促进农牧民持续增收实施意见（2019—2020年）》，累计实现转移就业7856人次，实现转移就业收入3321.62万元。开展技能培训10期、培训548人。发放社会保障卡1.5万余张。应往届高校毕业生就业率达95%以上。受理劳动争议案件35起，追回农民工工资658.88万元。发放低保金129.82万元，低保老人两项补贴4.74万元。四是文化活动不断丰富。举办各类文艺演出活动63场次，观众人数1.42万人次。县乡两级综合文化活动中心和文化站累计开放1.31万小时，服务群众2.2万余人次。不断提高藏语文社会用字规范化和标准化水平，增强县域文明程度，朗县民族地域特色得到进一步彰显。五是法治水平稳步提升。2019年全县开展法治宣传教育180余场次，受教育群众达1.2万人次。县人民法院受理各类案件165件，已结160件，综合结案率96.97%，法定审限内结案率100%。县人民检察院共办理各类案件50件，受理批准逮捕案件7件13人，受理起诉案件9件25人。为经济发展提供了良好的法治环境和法治保障。六是城乡面貌焕然一新。大力推进城乡环境综合治理工作和城区精细化管理，占道经营、车辆乱停乱放、农贸市场专项整治工作有序推进，城乡面貌焕然一新。"县道县管、乡道乡管、村

道村管”和农村公路养护管理机制已基本建成，农村公路建设水平和养护规范化管理有效提高。

六、聚焦责任落实，县域政治生态风清气正

一年来，县委严格按照党要管党、全面从严治党要求，以永远在路上的执着和韧劲，深入推进党风廉政建设和反腐败斗争工作。一是全面从严治党主体责任不断压实。坚决扛起管党治党根本政治责任，抓铁有痕推进全面从严治党向纵深发展。2019年，听取县四套班子和纪委监委党风廉政建设情况2次，并制定出台《关于推进领导干部落实党风廉政建设主体责任全程纪实工作办法（试行）》和《朗县2019年监察工作向基层延伸改革试点工作实施方案》，全面从严治党的系统性、创造性和实效性全面增强。二是党的政治建设不断加强。始终把党的政治建设摆在首位，着力整治十八大以来领导干部利用名贵特产类特殊资源谋取私利问题，不作为、慢作为，文山会海等形式主义、官僚主义突出问题，深入排查党员干部信仰宗教的问题，全县党员签订不信仰宗教承诺书3166份，广大党员干部政治意识和规矩意识进一步提高。三是反腐败工作稳步推进。始终坚持腐败没有“特区”、反腐没有“禁区”、惩治没有“盲区”，严格按照“一案双查”的要求，强化问责力度。2019年，共受理信访举报32件，问题线索29件，立案8件，结案8件，给予党纪政务处分13人，诫勉谈话3人，组织处理33人，持续保持了对腐败的高压态势。四是巡察利剑作用充分彰显。县委高度重视巡察工作，先后召开4次巡察工作领导小组会议和2次书记专题会议，安排部署工作，及时解决巡察工作面临的困难和存在问题，督促做好巡察整改落实，巡察工作做到了组织领导有力、责任落实到位。2019年，完成县委第五、六轮巡察工作，巡察单位20个，发现反馈问题480个，整改完成150个，发现问题线索5件，巡察利剑作用得到全面彰显。同时，县委认真落实“三个区分开来”工作要求，充分发挥容错纠错机制导向作用，让担当有为者放下包袱，让违法违纪者受到惩戒，全面形成了千帆竞发的干事创业氛围。

七、聚焦创新引领，宣传统战工作扎实有效

一年来，县委始终把加强意识形态领域工作、加强民族团结和巩固爱国主义统一战线作为工作的着眼点和着力点，结合西藏民主改革60周年和中华人民共和国成立70周年，广泛讴歌伟大祖国辉煌成就和西藏民主改革历史巨变，各族群众“五个认同”提升到新高度。民族团结巩固加强。紧紧抓住朗县创建国家级民族团结进步示范县这一契机，及时制定出台《林芝市朗县创建全国民族团结进步示范县活动方案》《工作考核办法（试行）》，并举办“民族团结一家亲，共建美好新朗县”为主题的民族团结联谊活动和2019年民族团结表彰大会，不断推动各民族交往交流交融，民族团结工作取得了显著成效。2019年，朗县被评为林芝市民族团结进步创建示范县，县委办被评为自治区民族团结先进集体，金东乡旦增措姆被评为自治区民族团结先进个人。寺庙管理规范有序。牢牢抓住藏传佛教、寺庙这个维护稳定的“牛鼻子”，认真贯彻落实区党委统战部“五个意见”“两个规划”，结合“遵行四条标准　争做先进僧尼”教育实践活动，县委常委班子成员深入宗教场所督导调研、谈心交友、宣讲辅导30余次，并先后修订完善驻寺干部联系僧尼、请销假、财务管理等5项制度。在县委正确领导下，各寺庙僧尼主动放弃探亲休假等安排，将佛事活动提前或推迟举办，做到全时全员在岗在位，最大限度降低了维稳风险，寺庙管理实现了规范化、科学化、法治化。教育实践成效显著。坚持把开展好“四讲四爱”群众教育实践活动作为凝聚共识、凝聚人心、凝聚力量的重要载体，紧紧围绕目标任务、活动内容，广泛开展群众通俗易懂、喜闻乐见的群众性宣传教育活动。2019年全县累计开展宣讲3100余场次，受众达20.7万人次；开展各类实践活动1400余场次，参与人数达16万人次，各族干部群众感党恩、听党话、跟党走的信心和决心全面增强。县域影响更加广泛。坚持把宣传推介作为扩大县域影响力和知名度的有效手段，充分借助现有平台，广泛宣传朗县改革发展稳定新成就。2019年县级平台发布各类信息1800余条，市级以上主流媒体刊登（播）朗县信息720余条，朗县的品牌和形象得到了上级党委、政府和社会各界高度认可。

2019年，我们各项工作迈上了新台阶、实现了

新突破、取得了新成绩,涌现出了一些自治区、市、县先进集体和个人。这些成绩的取得离不开以习近平同志为核心的党中央的英明领导和特殊关怀,离不开区党委、林芝市委的坚强领导和科学决策,离不开广东省和社会各界的无私关爱和倾情帮扶,离不开县委总揽全局和协调各方,离不开县四套班子的精诚团结和密切配合,离不开全县上下干部群众的辛勤付出和奋勇拼搏。在此,我谨代表县委向长期奋战在朗县经济社会长足发展和长治久安一线的干部群众和各界人士表示衷心的感谢!并致以崇高的敬意!

回顾县委九届五次全会以来的工作,我们深刻地认识到:必须以习近平新时代中国特色社会主义思想为指导,全面贯彻落实党中央、区党委、林芝市委各项重大决策部署,沿着既定任务目标扎实推进朗县各项事业发展;必须贯彻落实中共十九大,十九届二中、三中、四中全会精神,深入学习贯彻区党委九届七次全会暨区党委经济工作会议精神和林芝市委一届九次全会精神,保证党中央、区党委和林芝市委各项决策部署落实到位;必须加强党的集中统一领导,协调推进党的政治建设、思想建设、组织建设、作风建设、纪律建设,全面提高党的建设水平,确保朗县经济社会发展的正确方向,为建设"五个朗县"提供坚强保障;必须坚持县委总揽全局,统筹协调,县四套班子"心往一处想、智往一处谋、劲往一处使",凝聚全县干部群众合力;必须不忘初心、牢记使命,万众一心加油干,越是艰难越向前,补足短板、打牢基础,为如期实现"第一个百年目标"奠定坚实的基础。必须认真领会林芝市抓基层党建工作述职评议会对朗县指出的"基层党建工作创新抓手不多、工作机制还需要进一步优化,跟踪问效力度不够,村集体经济自身造血功能不足,一些基层党组织和党员推动产业发展和社会稳定的作用发挥不充分等问题",切实加以整改,努力创造上级党委和各族干部群众满意的工作业绩。

与此同时,我们也清醒认识到工作中尚有一些需要加强和改进的地方。一是推进党建工作有偏差。对基层党组织面临的新情况新问题研究重视不足,个别基层党组织凝聚力和战斗力不强;跟踪问效不及时,缺少管用实用的"干货",党建指导员沉不下去,存在重选派、轻管理情况。二是基层党组织履职服务能力有温差。部分基层组织作用发挥不明显,个别干部、村"两委"班子成员和农牧民党员受教育程度偏低,思想不够解放、思路不够宽阔、方式方法不灵活,服务改革、发展、民生的能力不足。三是基础设施建设有落差。由于财政收入不足、地理环境较差、自然灾害频繁、耕地资源较少等制约因素,基础设施建设还存在短板,群众参与基础设施建设的主动性还不够强,导致部分基础设施建设受限。

2020年是贯彻落实党的十九届四中全会精神的开局之年,是全面建成小康社会和"十三五"规划的收官决战决胜之年,全县各级党组织和广大党员干部,要更加紧密地团结在以习近平同志为核心的党中央周围,树牢"四个意识",坚定"四个自信",做到"两个维护";要坚持党对一切工作的领导,加强党的全面建设、厚植党在农牧区的执政根基;要充分立足资源禀赋,在提升产业质量上加大投入,加大招商引资、财政收入、固定资产投资等工作力度,不断提高区域经济发展水平;要更加牢固树立"两山论",实行更加严格的大气、土壤、水源保护力度,实现生态环境持续向好发展;要充分认识做好维稳工作的极端重要性,进一步堵塞漏洞,补齐短板,筑牢维护社会稳定的铜墙铁壁;要坚定不移推动全面从严治党向纵深发展,加强党风廉政建设和反腐败工作力度,充分彰显巡察利剑作用;要牢固树立以人民为中心的发展理念,不断提升教育、医疗、科技、发展水平,提高社会保障水平,让人民群众获得感、幸福感不断增强;要扎实推进宣传统战工作,巩固民族团结、淡化宗教消极影响,牢牢把握意识形态领域主动权,唱响主旋律、弘扬正能量。

同志们!美好的蓝图已经绘就、冲锋的号角已经吹响,让我们更加紧密地团结在以习近平同志为核心的党中央周围,以习近平新时代中国特色社会主义思想为指导,牢固树立以人民为中心的发展理念,认真贯彻落实区党委、市委和县委的各项决策部署,敢抓敢管、苦干实干,奋勇拼搏、锐意进取,决战决胜脱贫攻坚,为如期实现第一个百年奋斗目标奠定坚实基础!

朗县人民政府工作报告

——在朗县十三届人民代表大会六次会议上

朗县人民政府县长　胡文平

（2020 年 4 月 1 日）

2019 年工作回顾

2019 年，是中华人民共和国成立 70 周年和西藏民主改革 60 周年，是全面建成小康社会的关键之年。一年来，在市委、市政府，县委的坚强领导下，在县人大和县政协的监督支持下，我们以习近平新时代中国特色社会主义思想为指导，全面贯彻落实中共十九大，十九届二中、三中、四中全会精神，深入开展“不忘初心、牢记使命”主题教育，坚持以人民为中心的发展理念，认真践行习近平总书记治边稳藏重要论述和加强民族团结、建设美丽西藏重要指示精神，以供给侧结构性改革[①]为主线，以处理好“十三对关系”[②]为根本方法，坚决打好“三大攻坚战”[③]，紧紧围绕县委“12345”工作思路[④]，在稳增长、促改革、调结构、惠民生、保稳定、防风险等各项工作上主动作为，经济社会发展呈现稳中有进的良好态势，在决胜全面建成小康社会的征程上又迈出了坚实的一步。2019 年，全县生产总值实现 7.75 亿元，同比增长 10.56%；公共财政一般预算收入 4639 万元，同比增长 10.00%；农村居民人均可支配收入实现 1.69 万元，同比增长 12.90%；其中现金收入实现 1.18 万元，同比增长 11.00%；实现社会消费品零售总额 1.47 亿元，同比增长 9.50%；全社会固定资产投资实现 17.05 亿元；招商引资完成 2.51 亿元。

一、坚持凝心聚力，真抓实干，排难争先，三大攻坚战成效显著

坚持把脱贫攻坚作为头等大事和第一民生工程，坚持精准扶贫精准脱贫基本方略，严格落实“四不摘”[⑤]，紧盯“两不愁、三保障”[⑥]，全县脱贫攻坚巩固提升工作稳步推进。完成了剩余未脱贫建档立卡户 16 户 28 人的脱贫退出工作，顺利实现脱贫摘帽，获得林芝市委、市政府深度贫困地区攻坚奖、脱贫摘帽奖。同步做好“三岩”搬迁工作，实现三岩易地搬迁群众 10 户 84 人入住。推动生态岗位政策落实落地，2019 年进行动态调整，调整后落实生态岗位 5067 个，落实资金 883.92 万元；县、乡、村三级签订目标责任书，制作岗位出勤台账 56 本，发放上岗证 1101 个。在县财力紧缺的情况下，安排财政收入的 10%，共 421.80 万元用于巩固脱贫攻坚成果；涉农整合资金 9930.82 万元，有效保障了脱贫攻坚资金投入。实施扶贫产业项目 86 个，总投资 2.48 亿元。扎实开展“回头看”工作，由县级领导带队，组织全县 14 家单位，深入 6 个乡镇排查我县脱贫攻坚工作中存在的突出问题，入户覆盖率达 100%，确保各项问题得到全面整改落实，为迎接各项检查打下坚实基础。深入扎实开展大气、水、土壤污染专项整治工作。环保督察反馈问题整改基本完成，取得阶段性成效。深化落实“河长制”[⑦]，2019 年，县级河长共巡河 98 次，开展河长制宣传 5 次，下发督办令 2 份，开展“清四乱”[⑧]活动 12 次，消耗乱建问题 2 个，处理乱采问题 3 个；一河（湖）一策签印执行。争取资金 1156 万元，修复解决水毁工程和辣椒产业灌溉用水问题；实行最严格水资源管理制度考核工作，严把“三条红线”[⑨]。投入资

金130余万元，发动干部群众3500余人，完成全县国土绿化2300余亩，种植各类苗木9.48万株。荣获全国绿化模范单位。全面加强政府隐性债务管理，高度防范地方政府隐性债务，正确处理好举债与发展、稳增长与防范风险的关系。2019年政府无举债情况。

二、坚持推进供给侧结构性改革，聚焦转型升级，注重提质增效，发展后劲明显增强

有序推进项目建设，2019年开复工项目184个，总投资16.28亿元，全年完成投资13.14亿元，完成率80.96%，农牧区交通、水利、电力等基础设施大幅改善。合力攻坚农牧特色产业，针对农牧特色产业产品少、基础差、层次低等问题，加大产品研发力度，打造高端、绿色、精品产品，做细做精辣椒品牌，全面提高特色农牧业发展水平，建立完善辣椒种植工作方案，及时调整充实辣椒产业领导小组，全程跟踪、督促、指导辣椒种植，推动辣椒产业化、科学化、精细化发展。建成示范基地2个、生产基地15个，种植辣椒3270亩，全年实现辣椒产量1874吨，实现产值1124.40万元，带动1010户1821人增收，户均增收7322.40元，人均增收4061.30元。总投资550万元的11个辣椒晾晒场已完工。两辆冷藏运输车已投入使用。苹果种植面积6445.4亩，产量38.86万千克，实现产值388.60万元。核桃种植面积1.02万亩，产量36.585万千克，实现经济效益877.90万元。“一猪一牛”养殖业初显成效，能繁母猪存栏3911头，产仔1.23万头，养殖量达2.19万头，出栏4909头，实现经济收入1700万元；牦牛年末存量6.36万头，出栏6700头，出栏率10.53%，实现产值6365万元。积极推进文化旅游产业，大力挖掘地域文化旅游资源，推进文化旅游业发展。成功举办“醉美文化朗县，盛世桃源塔布”为主题的林芝市第十七届桃花旅游文化节朗县分会场活动和第四届塔布文化旅游节暨第二届农民丰收节，实现收入146.09万元。全年接待游客35.94万人次，同比增长36.28%，实现旅游收入1.3亿元，同比增长24.10%。“文化朗县、人杰地灵”为主题的朗县旅游宣传片广泛传播、倍受好评。不断壮大藏医藏药业，大力传承和保护藏医文化，投资372万元的苏卡·娘尼多吉故居修复工程已完工；推广种植藏药材7个品种30.66亩。全年藏医院门诊量9780人次、住院367人次。协调推进清洁能源业，工字荣电站累计发电2.17亿千瓦时，实现产值6722.3万元。自治区发改委同意的50兆瓦风能开发项目已完成选址工作，正在办理前置手续。“放管服”[10]改革全面深化，推行“多证合一、证照分离”[11]，政务服务大厅投入使用，累计服务群众2000余人次，“只跑一次、一次办完”取得质的突破。农村集体资产清产核资工作稳步推进，52个村（居）已完成县级验收。电子商务规模初显，建成电子商务县级服务中心、物流服务中心、6个乡镇级服务站和26个村级服务点，电子商务远程培训系统搭建完成，服务中心已入驻各类企业、合作社近20家，开设网店25家。

三、坚持统筹兼顾，推动乡村振兴战略，建设美丽乡村，城乡发展更趋协调

牢固树立以人民为中心的发展理念，高位推动乡村振兴战略。村集体经济发展逐步向好，结合朗县“四大产业”[12]布局，大力培育新型农牧业经营主体，村集体收入1万元以上的30个。村庄清洁行动成效显著，制定《林芝市朗县农村人居环境整治三年行动实施方案》。推动乡镇生活垃圾无害化处理基础设施建设和“厕所革命”，全县6个乡镇52个村（居）实现了垃圾池覆盖100%，29座厕所已通过验收并投入使用。乡风文明建设取得突破，深入开展“四讲四爱”群众教育实践活动，宣传讲解中共十九大精神和习近平新时代中国特色社会主义思想，教育引导广大农牧民群众感党恩、听党话、跟党走；以开展新时代中国特色社会主义中国梦、中华优秀传统文化教育为重点，把社会主义核心价值观落实到精神文明创建工作中。乡村治理深入推进，充分发挥“一村一警、一片一警”作用，深入推进网格化精细化一户一档工作开展。出动警力7840人次，警车1960台次，开展信息采集280次，发放各类宣传资料1.2万份，发放警民联系卡1.4万张。大力推进城乡环境综合治理工作和城区精细化管理，占道经营、车辆乱停乱放专项整治工作有序推进，城乡面貌焕然一新。“县道县管、乡道乡管、村道村管”和农村公路养护管理机制已基本形成，农村公路建设水平和养护规范化管理有效提高。6个边境小康村均已完工，并通过市发改委验收，城乡发展更趋协调。

四、坚持共建共享发展理念，回应人民关切，持续增进民生福祉，群众生活更加美好

坚持共建共享发展理念，不断优化升级社会公共服务，农牧民群众的获得感、幸福感和安全感全面提升。教育事业向好发展，学前教育入学率90.02%，小学入学率100%，初中入学率99.68%，全县义务教育巩固率96.50%。考入内地西藏班18人。落实“三包”⑬经费792.88万元，落实营养改善计划经费128.08万元。资助各级各类师生441人次，共计117.11万元。全县师生的思想政治教育工作全面加强，将一批政治素质强、教学水平高的教师充实到各学校班子，班子的领导力、战斗力、执行力得到有效提高。卫生服务全面覆盖，门急诊1.97万人次，发放免费药物价值2.44万元，“两癌”⑭筛查2470人次，HPV检查2000人次。包虫病、“两癌”筛查和鼠疫防控等重大疾病综合防治取得显著成效。社会保障稳步到位，出台《朗县关于促进农牧民持续增收实施意见》，群众增收致富方向更加明确、渠道进一步拓宽。实现城镇新增就业230人，失业率控制在2.5%；实现农牧民转移就业7856人次，创收3321.62万元。应往届高校毕业生就业率达95%以上。开展技能培训10期，培训548人。发放社会保障卡1.5万余张，激活率100%。受理劳动争议案件35起，追回农民工工资658.88万元。文化生活不断丰富，举办各类文艺演出活动44场次，观众人数1.36万人次。文化站累计开放9000余小时，为群众提供免费服务1.07万余人次。不断提高藏语文社会用字规范化和标准化水平，增强县域文明程度，朗县民族地域特色得到进一步彰显。法治水平全面提升，县政法系统严格落实各级安排部署，县法律援助中心受理民事案件4起，为弱势群体挽回经济损失20.5万元，代写法律文书84份。经济环境持续良好，全县新登记各类市场主体428户，注册资本（金）3.16亿元。税收收入3828.65万元，为全县经济社会各项事业发展注入不竭动力。

五、坚持统筹兼顾，推进社会治理，优化发展环境，社会局势持续和谐稳定

全面准确把握党中央、区党委、林芝市委和县委关于维护稳定系列决策部署，牢固树立稳定压倒一切的思想，圆满完成西藏民主改革60周年、中华人民共和国成立70周年安保任务，社会局势全面和谐稳定。全面夯实维稳工作基础，不断健全县、乡（镇）、村（居）三级维稳指挥体系。班子成员带头执行维稳值班带班制度，召开维稳工作会议40余次，组织应急处突实战演练2次，开展巡逻5785次，出动人员3.5万余人次，切实提高了见警率、管事率。持续加大社会管控力度，学习借鉴“枫桥经验”⑮，突出“两站两员”⑯、“双联户”⑰、军警民联防联动作用发挥，强化矛盾纠纷排查调处，加大重点领域的安全隐患排查力度。盘查检查各类人员30.48万人次，车辆14.73万台次，物品23.71万件次。不断深化平安创建活动，以创新理念为引领，深化平安创建。划分联户单位620个，制作发放城区联户单位网格化与“双联户”示意图134张；召开年度综治工作（平安建设）暨“先进双联户”创建活动表彰大会。加大法制宣传力度，在全县范围内开展法制宣传教育活动180余场次，发放宣传资料4.5万余份，受教育群众1.2万余人次。扎实开展专项斗争整治，县扫黑除恶专项斗争领导小组主要领导做出指示批示107次，专题听取并研究部署专项斗争工作，召开各类会议17次，健全完善专项斗争工作制度17项，建立健全线索摸排台账8类。积极打击“村霸”“路霸”，全面清理乱圈乱建乱占现象，农牧民群众身边的黑恶势力基本消失。全力推进信访工作，受理来信来访8件，办理接访案件14起，72人次，办结率100%；排查各类矛盾纠纷62起，均已结案，结案率100%；全年无越级上访情况。安全生产工作责任全面落实，深入贯彻落实各级安全生产工作电视电话会议精神，多次听取并研究部署应急管理工作，专门拨付8万元购买第三方服务制定朗县应急综合预案。制定下发《朗县领导干部安全生产责任制规定实施细则》。顺利通过国务院安委会安全生产考核和危化品专项巡视任务。全年未发生重大安全事故。

六、坚持以对口支援为契机，紧盯精准受援，深化惠朗合作，开创援藏工作新局面

圆满完成广东省惠州市第八、九批援藏工作队轮换工作。第八批工作组共实施 28 个援藏项目，总投资 2.76 亿元，均已完工并投入使用。第九批援藏工作队进藏以来，始终按照县委、县政府要求，本着精益求精、务实进取的态度，在广泛开展调研的基础上，全面了解基层情况，详细梳理项目需求，积极跟进项目建设。2019 年完成总投资 6964 万元的 6 个朗县规划内项目。大力实施组团式医疗援藏和教育援藏，选派 11 名医疗专家、28 名优秀教师、32 名优秀大学生，到我县开展医疗服务和支教活动，为朗县经济社会发展提供了人才支持和智力支撑。

七、坚持党的领导，牢记为民宗旨，勇于自我革新，政府自身能力显著提升

一年来，我们以习近平新时代中国特色社会主义思想为指导，坚持以人民为中心的发展理念，以开展“不忘初心、牢记使命”主题教育为契机，不断锤炼过硬作风，勇于自我创新，善于自我提升，争当新时代的奋斗者。全面贯彻落实十九大，十九届二中、三中、四中全会精神，加快现代治理体系建设，推进治理体系现代化，努力建设人民满意政府。扎实开展主题教育，按照党中央、区党委、林芝市委和县委的安排部署，对照“守初心、担使命，找差距、抓落实”的总要求，把“学习教育、调查研究、检视问题、整改落实”同步推动，扎实推进“不忘初心、牢记使命”主题教育。成立政府党组主题教育领导小组及办公室，开展政府党组班子学习研讨 13 次，交流发言 160 余人次。通过组织在家县级干部参观廉政教育基地，观看廉政教育片，党组书记讲党课等形式，扎实推进主题教育开展。通过主题教育，对习近平新时代中国特色社会主义思想有了更加深刻的认识，学习氛围不断浓厚，理想信念更加坚定，干事创业激情更加高涨，为民服务意识更加深化，政治生态更加清正。全力加强政府自身建设，坚持“打铁必须自身硬”，以刀刃向内的勇气和自我革命的魄力，落实全面从严治党要求。进一步树牢“四个意识”、坚定“四个自信”、做到“两个维护”⑱，切实把思想统一到党中央、区、市和县委重要决策部署上来，紧盯目标任务、完成时限和工作要求，坚持一竿子插到底、不折不扣抓落实，确保高标准、高质量完成各项工作任务。坚持科学决策、依法行政。严格执行重大事项公众参与、合法性审查和集体讨论程序，主动接受人大法律监督、政协民主监督和社会各界监督，认真办理人大代表建议 61 件，办结率 39.34%；办理政协委员提案 25 件，办结率 71.43%；满意率均达 100%。坚持勤政为民、转变作风。政府班子成员带头走进基层、深入一线，真心实意听民声、解民忧、纾民困。坚决顶住经济下行压力，在矛盾面前敢抓敢管、敢于碰硬，在急难险重任务面前迎难而上、勇挑重担，切实肩负起新时代赋予我们的新使命。坚持正风肃纪、恪守廉洁。始终把纪律规矩挺在前面，深入贯彻落实中央八项规定及其实施细则和自治区党委实施办法精神，坚决纠正和反对“四风”⑲，始终保持反腐败高压态势，严肃查处形式主义、官僚主义。强力整治不作为、慢作为、乱作为等行为，全力打造政务规范、政事清明、政风廉洁的良好环境。全面完成政府机构改革，政府效能不断提升。深入推进基层减负，严格控制政府系统会议和文件数量，坚持问题导向，以上率下推动基层减负各项措施落到实处、取得实效。

各位代表！过去的一年，是不平凡的一年，大事要事叠加、急事难事交织。我们在团结奋斗中阔步前进，我们在攻坚克难中砥砺前行，全县各项事业取得了辉煌成就。这些成绩的取得，得益于习近平新时代中国特色社会主义思想的指向引领，得益于党中央、国务院，自治区党委、政府，林芝市委、市政府和县委的坚强领导、科学施策，得益于广东人民特别是惠州人民的大力支持和无私援助，得益于全县各族人民凝心聚力、苦干实干。在此，我代表朗县人民政府，向全县各族人民特别是对口援助我县的惠州人民、援藏干部，表示诚挚的感谢！向给予政府工作大力支持的人大代表和政协委员，向我县驻军部队、中（区）直各单位、政法干警，致以崇高的敬意！向关心支持朗县改革开放和现代化建设的各界人士，表示衷心的感谢！

各位代表！回顾 2019 年工作，有收获也有困难，有成绩也有不足，主要表现在：内生动力仍显

不足。群众增收渠道狭窄，收入结构单一，大多数群众仅依靠虫草采挖、传统农牧业、少量运输业和简单的劳务输出增加收入，巩固脱贫攻坚成果仍存在较大压力。产业规模仍然较小。“小散弱低”的问题依旧突出，缺少支柱性产业和龙头企业，农牧特色产业和文化旅游产业仍停留在“初加工”，全县多家农牧民合作社发挥效益不明显，群众利益联结机制和促进增收长效机制仍未形成。发展瓶颈制约较多。支撑经济发展的资源、土地、资金等要素保障不强，县域内农田水利等配套设施承载能力较弱，受地理环境、气候条件等影响，交通、水利、环境等配套基础设施建设相对落后，区域平衡发展有待进一步改善。同时，拉林铁路、国道219的继续建设，途经朗县的人流、物流、车流日益增多，加之地理环境制约，社会矛盾、安全事故、信访问题、地质灾害交织叠加，维护社会安全稳定压力较大。专业人才较为缺乏。我县地处偏远、经济欠发达、生活工作环境相对较差，吸纳人才的载体、空间和吸引力有限，同时现有人才总量、素质和结构配置不够合理，人才引进方面急需进一步增强，政府工作效能和干部队伍素质仍需提高。财税增长和招商引资难。由于营改增政策的调整及减税降费政策影响，国家投资不断减少，财税增长的压力较大。受区位因素影响，我县在招商引资方面存在较大困难，难以受到中心城市的辐射和带动，产业配套和基础设施建设偏弱，交通运输条件较差，用地紧张等困难都严重制约着我县的招商引资工作，导致招商引资困难重重。这些问题，既是制约当前经济社会发展的突出难点，也是做好今后工作的发力重点，我们将进一步强化措施，认真加以解决。

2020 年主要任务

各位代表！2020 是“十三五”规划收官之年，是脱贫攻坚、全面建成小康社会收官之年，更是实现第一个百年奋斗目标决胜之年，为“十四五”规划发展和实现第二个百年奋斗目标打好基础，做好政府工作十分重要。要紧紧抓住国家支持“三区三州”深度贫困地区[20]，实施乡村振兴和自治区大力发展河谷经济带等重大历史发展机遇，坚定全面建成小康社会目标不动摇，保持经济社会持续健康发展的战略定力，把群众对美好生活的向往转化为向宏伟蓝图不断前行的强大动力，再谱新篇、再创佳绩。

2020 年政府工作的总体思路是：以习近平新时代中国特色社会主义思想为指导，全面深入贯彻落实中共十九大和十九届二中、三中、四中全会以及中央第六次西藏工作座谈会精神，坚持以人民为中心的发展理念，紧扣全面建成小康社会目标任务，统筹推进“五位一体”[21]总体布局和协调推进“四个全面”[22]战略布局，坚持稳中求进工作总基调，坚持以新发展理念为统领，以高质量发展为要求，以供给侧结构性改革为主线，以处理好“十三对关系”为根本方法，紧紧围绕县委“12345”工作思路，巩固提升脱贫攻坚成果，全面实施乡村振兴战略，大力发展乡村旅游，统筹推进稳增长、促改革、调结构、惠民生、防风险、保稳定各项工作，保持经济持续健康发展和社会大局和谐稳定，确保“十三五”规划圆满收官，如期全面建成小康社会。

2020 年经济社会发展主要预期目标是：全县地区生产总值实现 8.53 亿元，同比增长 10%；地方公共财政一般预算收入达 5455.46 万元，同比增长 17.6%；全社会固定资产投资达 18.76 亿元，同比增长 10%；农牧民人均可支配收入实现 1.92 万元，同比增长 13.5%，社会消费品零售总额实现 1.69 亿元，同比增长 15%；居民消费指数控制在 3.4% 以内，城镇登记失业率控制在 2.3% 以内，全县人民群众幸福感获得感不断增强。

当前，朗县正处在决胜全面建成小康社会关键时期。我们将进一步解放思想、加压奋进，筑牢绝对忠诚的政治品格，扎实开展“不忘初心、牢记使命”主题教育，树牢“四个意识”、坚定“四个自信”、做到“两个维护”，推动新时代朗县各项事业长足发展。

围绕上述目标，我们将全力推进以下工作：

一、聚焦发展，提高经济发展活力

稳步推进项目建设。加快推进“十三五”规划内项目建设进度，衔接做好“十四五”规划项目储备工作。加大业务部门之间的沟通协调，着力解决项目推进过程中存在的问题，按照打造人文底蕴深厚、民族特色浓郁、兼具现代时尚气息建筑风貌的工作原则，高质量推进新续建项目建设，不断夯实高质量发展基础。协调推进城乡建设。巩固公路建设成果，提高公路好路率，力争农村公路通畅率达98%以上。发挥电子商务示范县作用，促进县域经济发展。大力推进城乡环境综合治理和城区精细化管理工作，切实提高全县环境卫生水平。牢固树立生态优先、绿色发展理念，尽快完成污水处理厂建设，扎实做好防沙治沙和国土绿化工作，实行最严格的水资源管理制度，按照“户分类、村收集、乡镇转运、县处理”的垃圾处理一体化机制，不断改善城乡环境卫生状况。巩固脱贫攻坚成果。继续严格落实“摘帽不摘责任、摘帽不摘政策、摘帽不摘帮扶、摘帽不摘监管”的工作要求，持续巩固脱贫成果。做好云南省省际脱贫攻坚交叉考核组反馈的27个立行立改问题整改落实工作。突出做好扶贫领域腐败和作风问题专项治理。持续加强产业建设，增强自身造血能力。结合“四大产业”布局，增强产业发展促民富的“火车头”效应，保持收入稳定性。坚持“政府引导、企业主体、科技支撑、金融撬动、群众参与”的产业发展思路，加快培育新型农业经营主体，引导新型经营主体与脱贫户建立稳定的产业带动关系，采取“企业+脱贫户”“合作社+脱贫户”的模式，实施好产业化扶贫项目，鼓励支持贫困户“入企(社)打工挣薪金、入股参股挣股利”，不断提高收入水平。稳步推进“三岩”跨市整体易地搬迁工作，不断完善产业配套项目，确保实现“搬得出、留得住、能致富”工作目标。

二、补齐短板，促进产业发展突破

着力改变产业建设“小散弱低”的现状，坚持在“精”字上下功夫，走高端绿色发展道路，优化产业结构、转换增长动力。在农牧特色产业上求突破，按照“一果一椒一猪一牛”[23]农牧特色产业布局，充分利用房前屋后发展庭院经济。做精做细辣椒产业，积极申报朗县辣椒“中国气候好农产品”，聘请专业团队对全县特色产业发展进行规划、对外宣传、营销，建立健全配套设施，实现辣椒种植面积3600亩以上，使辣椒成为群众增收的主要渠道。着力打造藏猪“产+销”一体化产业发展模式，力争在洞嘎镇吾组沟、热米沟新增2个养殖点，养殖规模1.5万头，扩大朗县藏猪扩繁场养殖面积，新增4个村集体藏猪养殖点，力争2020年完成3.7万头的藏猪养殖量；以登木、金东、拉多3个高寒乡为重点，发展以牦牛为主的特色养殖带，创新养殖模式，降低养殖成本，提高养殖附加值，增加群众收入，打造具有朗县地域特色的养殖业农畜产品加工业。在文化旅游产业上求突破。紧盯林芝市建设国际生态旅游区和全域旅游示范区这一机遇，扎实做好朗县文化旅游网络、客源市场的宣传推介工作，进一步扩大朗县文化旅游知名度。加强对文化遗产的传承挖掘和保护力度，稳步推进冲康景区、拉多藏湖以及嘎贡景区的开发利用。引导农牧民群众积极参与国道560沿线精品民宿建设，打造集休闲娱乐、采摘观光、家庭体验为一体的农家乐，真正形成全域全时全日旅游模式。力争游客人数达41.34万人次，旅游收入达1.46亿元，分别同比增长15%、12%。在藏医藏药产业上求突破。立足藏医药浴法成功列入联合国人类非物质文化遗产代表作名录的有利机遇，不断提升藏医药服务能力和科普宣传力度，促进藏医诊疗机构业务规范化、标准化建设和藏中药材种植、研发应用能力，确保实现藏医产业品牌化、产业化、市场化。在清洁能源业上求突破。加大与上级业务部门衔接力度，加快推进投资10.58亿元、规划装机容量7.5兆瓦的工字荣(弄)二级电站开发项目及总投资4.57亿元、总装机容量4.5万千瓦的朗镇光伏电站，加快推进已签约的朗县50MWP[24]风能开发项目前期手续办理，确保尽早尽快建成使用，逐步形成清洁能源产业园区。

三、激发活力，全力推进改革创新

坚持用改革的办法、开放的思维破除瓶颈制约，为转型发展扫清障碍、拓宽路径，全面激发高质量发展活力。解放思想促发展，大力构建“亲”“清”新型政商关系，勇于担当、大胆创新，不断优化营商环境，提升产业竞争力和经济发展水平。深化改革促发展。有效提高行政审批服务效能，切实做到群众办事“只跑一次”，窗口办事部门入驻大厅全面完成，高精度认领国家和自治区有关县(区)事项目录，力争情形化梳理完成比例达 100%，网上可办率达 98.75%，电子证照采集率达 100%。扩大开放促发展，以情招商、以诚招商、以商招商，全力引进一批有实力、诚信度高，真正做事的公司到朗县注册投资兴业。2020 年招商引资达到 3 亿元。协调推进西藏拉威实业发展有限公司计划投资 2.1 亿元，占地面积约 1.53 万平方米，建筑面积 54000 平方米，容积率为 3.5 的精品房地产项目、自贡市新鑫房地产项目开发有限公司计划投资 1.2 亿元，占地面积约 6902.37 平方米，建筑面积 28000 平方米，容积率为 2.8 的房地产项目和河南贝乐置业有限公司计划投资 4000 万元，占地面积 3505.47 平方米，建筑面积 9800 平方米，容积率 3.5 的房地产项目，尽快落地实施，填补我县房地产开发空白。加快推进雪山江景酒店建设力度，完成计划投资 4000 万元。优化环境促发展，加强对实施项目物资的采购和项目招投标工作规范管理，加强对项目资金审批和拨付管理，严格财经纪律，坚决杜绝腐败现象发生，进一步营造尊商、重商、亲商、安商的社会氛围。正确处理工程建设和当地群众的利益关系，确保中标施工队接收 10% 以上的当地农牧民就业参与项目建设。积极宣传重大项目建设的重大意义和近年来重点项目建设取得的成绩，严厉打击破坏项目建设行为，引导群众关心、支持、配合重大项目建设。完成农村班线客运改革工作。在今年 4 月底开通县城至洞嘎镇、金东乡、拉多乡、登木乡 4 条农村客运班线，乡镇通客车率达 83%，建制村通客车率达 60%。到今年年底，力争乡镇通客车率达 100%，建制村通客车率达 80% 以上。

四、提升品质，聚焦实施乡村振兴

大力实施乡村振兴战略，完善农村管理，夯实农业基础，带动农民增收，全面提升高质量发展品质。打造美丽乡村新面貌，大力实施“神圣国土守护者、幸福家园建设者”为主题的乡村振兴战略，以农牧区“厕所革命”、垃圾污水处理、村容村貌提升、“四好”农村路[25]为重点，开展农村人居环境整治三年行动，持续改善农牧区基础设施条件，打造美丽乡村新面貌。同时，做好第二批中央环保督察组的迎检工作。扎实做好防沙治沙工程和国土绿化工作，实现造林绿化 2500 亩，新增造林 10 万株，着力打造我县境内 560 国道绿色长廊。培育村集体经济新主体，结合朗县“四大产业”布局，按照宜游则游、宜牧则牧、宜农则农的原则和就近就便、不离乡不离土、能干会干的要求，鼓励支持村委会通过集体自办、能人领办、入股联营，大力培育新型农牧业经营主体，壮大村集体收入。提升城市建设管理新品位。强化规划引领，按照“跨河发展、两翼齐飞”布局，统筹推进朗县新老城区一体融合发展。理顺城市管理体制，深入推进城区精细化管理，不断提升城市颜值和品位。

五、提高成效，紧盯精准受援工作

积极配合、主动衔接、精心组织，继续做好受援工作，按照确保援藏资金 80% 以上用于改善民生的要求，大力推进援藏项目，确保投资全额完成，做好冲康景区升级改造工程及 AAA 级景区挂牌工作。扎实做好民生领域、产业建设、小康示范村建设支援建设项目的调研、论证、选项、实施工作。加快推进总投资 1902 万元的江南新城给排水项目前期工作，确保项目早日落地实施；加快建设援藏计划外投资 5600 万元的朗县惠州大桥。加强援藏干部的教育管理，主动与派出单位做好沟通汇报工作，为朗县争取更多的资金、项目以及人才智力支持。同时，一如既往地支持和关心援藏工作队，政治上关爱、生活上关心、工作上支持、管理上严格。

六、共享成果，持续加强改善民生

坚持在发展中保障和改善民生，让各族干部群众共享高质量发展成果。强化教育基础地位，紧紧围绕“培养什么样的人才，怎样培养人才，为谁培养人才”主题，继续巩固义务教育均衡发展成果，深入推进双语教育，认真落实各项政策，完善教育激励机制，加强学校党建工作力度，全面提高学校师生党性修养和道德品质。提高医疗保障能力，认真落实农牧区医疗制度，抓好疾病预防控制工作，做好政策宣传和资金管理，确保覆盖率达 100%。增强区域文化底蕴。加强民族文化遗产和民俗文化挖掘、传承和保护，继续完善乡村公共文化活动服务设施，积极开展群众性文体活动，不断突出县文化活动中心、乡（镇）文化站和电影“2131”放映工程[26]

作用发挥，努力让干部群众享有更丰富的精神文化生活。提升社会保障水平，加强高校毕业生就业创业、农牧民就业转移和城镇困难人员就业指导、服务和技能培训；提升城乡低保、农村“五保”供养、医疗救助、孤儿救助、自然灾害和临时困难救助水平和保障标准，完善社会救助体系；完善县、乡“一站式”政务服务中心功能设置，耐心做好群众服务工作，实现服务群众“最后一公里”向“零距离”转变。抓好食品安全监管，以“食品安全城市创建”为契机，强化食品安全主体责任，积极组织开展各类专项行动，保障群众舌尖上的安全。

七、营造环境，确保大局和谐稳定

狠抓维稳工作不放松，牢牢把握维稳工作的主动权，以高要求、强部署、严举措，狠抓矛盾纠纷排查、公共安全管理、应急处突演练、情报收集研判以及重点人员、重点部位管控等维稳安保措施落实，着力解决影响社会稳定的主要矛盾和突出问题。加强和创新社会治理，加快推进市域社会治理现代化试点工作，打造共建共治共享的社会治理新格局。狠抓安全生产不放松，继续做好防灾抗灾工作，强化监测预警、值班带班、物资储备，确保顺利应对自然灾害。重点加强隐患排查和监督管理，提高安全生产水平。狠抓专项斗争不放松。坚持问题导向，开展自查自纠，深挖问题根源，严守工作纪律，主动接受监督。建立线索核查管理台账，逐一建档、逐一核查、分类处置，串并分析，不断提高深度打击的能力和水平。狠抓重点人员不放松，加强重点人员排查管控，做到精准发力、精准管控，建立特殊人群关怀救助体系，有效防范和降低社会风险，努力实现朗县“三无”“三不出”“三稳定”目标。

八、务实为民，加强政府自身建设

为人民服务，对人民负责，受人民监督，让人民满意，是政府必须坚守的信念和完成的答卷。我们将勇担使命，履职尽责，不断提升治理能力和水平，努力建设人民满意政府。

建设政治坚定、奋发有为的政府。以政治建设为统领，坚定不移贯彻新发展理念，树牢“四个意识”、坚定“四个自信”、做到“两个维护”。持续巩固“不忘初心、牢记使命”主题教育成果，进一步解放思想、创新方法，在推进中破难题、在困境中找出路、在发展中求突破。保持发展定力，破解发展难题，确保上级部门各项决策部署落地实施。

建设依法行政、规范高效的政府。建设法治政府，规范公正文明执法，自觉运用法治思维和法治方式深化改革、推动发展、化解矛盾、维护稳定。依法接受人大法律监督，自觉接受政协民主监督、主动接受社会舆论监督，认真听取人大代表、政协委员、无党派人士和各人民团体意见建议，加强政府内部层级监督，完善政府规章制度，扎紧制度笼子，让权力在阳光下运行。

建设以人为本、勤政为民的政府。坚持以人民为中心的发展思想，始终把群众的烦心事、揪心事和安危冷暖放在心上。多到距城远、条件差的偏远村去，多到收入低、难事多的困难群众家中去。坚持关爱基层、支持一线，多关心关爱基层干部，让基层干部安心工作、舒心生活。始终秉持“建功必须有我”的担当，抱定“功成不必在我”的境界，坚持一心为民的情怀，多做打基础利长远的事，珍惜岗位、埋头苦干，真正用我们的辛苦换取群众的幸福。

建设风清气正、廉洁自律的政府。始终把“严明纪律、严守规矩”作为廉洁从政的刚性约束，切实增强“四种意识”，自觉履行“两个责任”，强化行政监管，坚守“底线”、不碰“红线”、严防“越线”，永葆干部清正、政府清廉、政治清明本色，以风清气正的良好形象保障我县高质量发展。

各位代表！风潮正涌，自当扬帆破浪；任重道远，更需快马加鞭。让我们只争朝夕，不负韶华。让我们紧密团结在以习近平同志为核心的党中央周围，在区党委、政府，市委、市政府和县委的坚强领导下，紧紧依靠和团结全县人民，不忘初心、牢记使命，振奋精神、锐意进取，在新的历史起点上，拥抱新时代，开启新征程，续写新辉煌，确保“十三五”规划圆满收官，为夺取全面建成小康社会伟大胜利而不懈奋斗！

注释：

①供给侧结构性改革：指从提高供给质量出发，用改革的办法推进结构调整，矫正要素配置扭

曲，扩大有效供给，提高供给结构需求变化的适应性和灵活性，提高全要素生产率，更好满足广大群众的需要，促进经济社会持续健康发展。

②“十三对关系”：国家投资和社会投资的关系，重大项目和民生项目的关系，发挥优势和补齐短板的关系，城镇就业和就近就便、不离乡不离土、能干会干的关系，扶贫搬迁向城镇聚集和向生产资料富裕、基础设施相对完善地区聚集的关系，央企在藏资源开发和解决当地农牧民增加收入的关系，保护生态和富民利民的关系，城市发展和提高农牧民基本公共服务能力的关系，高校毕业生政府就业和市场就业的关系，简政放权和地方承接的关系，企业增产提效和改善企业职工福利待遇、促进农牧民群众增收的关系，中央关心、全国支持和自力更生、艰苦奋斗的关系，鼓励干部担当干事和容错纠错的关系。

③“三大攻坚战”：防范化解重大风险、精准脱贫、污染防治。

④县委“12345”工作思路：围绕全面建成小康社会的目标；进一步推进“党的建设和民族团结”两大工程；坚守“维护稳定、安全生产、生态环境保护”三条底线；做大做精“农牧特色业、文化旅游业、藏医藏药业、清洁能源业”四个产业；建设“美丽、幸福、文明、法治、和谐”五个朗县。

⑤“四不摘”：摘帽不摘责任、摘帽不摘政策、摘帽不摘帮扶、摘帽不摘监管。

⑥“两不愁、三保障”：不愁吃、不愁穿，保障义务教育、保障基本医疗、保障住房安全。

⑦“河长制”：即由中国各级党政主要负责人担任“河长”，负责组织领导相应河湖的管理和保护工作。

⑧“清四乱”：乱占、乱采、乱堆、乱建。

⑨“三条红线”：用水总量控制、排污总量控制、用水效率控制。

⑩“放管服”：“放”即简政放权，降低准入门槛；“管”即公正监管，促进公平竞争；“服”即高效服务，营造便利环境。

⑪“多证合一”：在已实施的营业执照、组织机构代码、税务登记证、社保登记证、统计证“五证合一”的基础上，向申请者颁发载有统一社会信用代码和食品经营许可证号等一照两号或多号的“多证合一”营业执照。

⑫“四大产业”：特色农牧业、文化旅游业、藏医藏药业、清洁能源业。

⑬“三包”：指对西藏义务教育阶段的农牧民子女实行包吃、包住、包学习费用的三包制度。

⑭“两癌”：乳腺癌、宫颈癌。

⑮“枫桥经验”：发动和依靠群众，坚持矛盾不上交，就地解决，实现捕人少，治安好的经验。

⑯“两站两员”：乡镇成立道路交通安全工作联席会议并设立交通管理站，重要路段、关口设立交通安全劝导站；建立乡镇专职交通安全员，行政村聘用交通安全协管员。

⑰“双联户”：联户平安、联户增收。

⑱“四个意识、四个自信、两个维护”：“四个意识”：政治意识、大局意识、核心意识、看齐意识。“四个自信”：中国特色社会主义道路自信、理论自信、制度自信、文化自信。“两个维护”：指坚决维护习近平总书记党中央的核心、全党的核心地位，坚决维护党中央权威和集中统一领导。

⑲“四风”：形式主义、官僚主义、享乐主义和奢靡之风。

⑳“三区三州”深度贫困地区：西藏自治区和青海、四川、甘肃、云南四省藏区及南疆的和田地区、阿克苏地区、喀什地区、克孜勒苏柯尔克孜自治州四地区和四川凉山州、云南怒江州、甘肃临夏州。

㉑“五位一体”：经济建设、政治建设、文化建设、社会建设、生态文明建设。

㉒“四个全面”：全面建成小康社会、全面深化改革、全面依法治国、全面从严治党。

㉓“一果一椒一猪一牛”：苹果、辣椒、藏猪、牦牛。

㉔ MWp：兆瓦功率。

㉕“四好”农村路：是指到2020年实现“建好、管好、护好、运营好”农村公路。

㉖电影“2131”放映工程：21世纪，广大农村每月每村至少放映一场电影。

大事记

1月

1日 朗县第四次全国经济普查入户登记工作正式开始。

2日 朗县召开脱贫攻坚工作推进会。

同日 林芝市食安办在朗县开展食品安全应急培训会，共有18家单位27人参训。

同日 朗县在廉政教育基地开展党风廉政反腐倡廉警示教育活动，县委书记扎西，县委副书记、县长胡文平，县政协主席李奉义等20余人前往廉政教育基地参观学习。

4日 朗县召开机构改革动员部署会，县委书记扎西出席会议。

8日 朗县召开创先争优强基础惠民生活动第七批驻村工作总结大会暨第八批驻村工作动员会。

9日 朗县召开2018年度综治工作（平安建设）暨“先进双联户”创建活动表彰大会。

10日 朗县“三岩”扶贫搬迁通电到户工作全面完成。

11日 朗县召开2018年度乡（镇）党委书记和县直党（工）委书记抓基层党建工作述职评议会。

同日 林芝市河长办邀请珠江委审查一河一策专家到朗县查看金东曲河流现状。

16日 林芝市副市长肖鹤，市林业局党组副书记、局长董贵军一行到朗县检查指导林业、森林防火、国道沿线植树造林工作。朗县县政府副县长次仁、县林业局相关负责人陪同。

17—19日 林芝市强基办副主任、团市委副书记慧鹏一行先后到朗县6个乡（镇）20个村（居）检查指导干部驻村工作。

19—23日 县委常委、组织部部长陈云，县政协副主席多吉次旺带领县老干部局、人社局、教育局等部门相关人员到山南、拉萨、林芝开展离退休干部、职工慰问活动。

24日 由区党委网信办主办的2019年西藏网络媒体新春走基层送文化活动在朗县举行。

30日 县委书记扎西带队检查春节、藏历新年前夕朗县市场供应情况。县政协主席李奉义，政府副县长次仁，县委办、工商局、住建局、旅发委、食药局、商务局、安监局等相关负责人陪同。

31日 朗县召开中央脱贫攻坚专项巡视组和第三方评估反馈问题整改推进会，县委书记扎西出席会议。

2月

19—28日 朗县52家单位600余名干部职工在县城中学“农丁卡”区开展春季义务植树活动。

27日 林芝市产业扶贫督导调研组到朗县召开督导调研反馈会。

28日 中国共产党朗县第九届委员会第五次全体（扩大）会议召开。

同日 朗县2019年经济工作会议在漳州会堂召开。

3月

1—28日 朗县电影队开展纪念西藏民主改革60周年电影下乡活动。其间,放映经典影片64场次,观众达988人次。

4日 县委副书记、常务副县长李卫华一行赴朗县电子商务公共服务中心督导检查工作。

同日 林芝市林业和草原局局长董贵军在朗县检查指导植树造林工作。

5—6日 林芝市安监局调研员江村罗布率督导组一行到朗县开展安全督导检查工作。

6日 朗县邀请第三方国家测绘地理信息局第三大地测绘队开展地籍测量、权籍调查工作。

7—14日 县政协副主席多吉次旺率县农牧局、县推广站技术人员组成的技术指导小组,先后前往朗镇、洞嘎镇、仲达镇、拉多乡开展前期辣椒产业种植栽培技术培训工作。参训村(居)"两委"班子、科技特派员、双联户户长共计625人。

10日 朗县县级电子商务公共服务中心开业仪式在光明新区举行。

12日 惠州学院赴朗县交流暨优秀大学生赴朗县支教工作座谈会召开。

13日 朗县"组团式"医疗援藏暨"三级医院"对口帮扶工作座谈会召开。

同日 朗县"夕阳红"志愿服务队正式成立,继续发挥离退休老干部余热。

15日 林芝市委常委、纪委书记、监委主任多布庆一行到朗县督导检查维稳、纪委"三转"、脱贫攻坚巡视整改等相关工作。

16日 中国共产党朗县第九届纪律检查委员会第四次全体会议召开。

21日 朗县启动机构改革,应急管理局、朗县自然资源局、农业农村局、林业和草原局举行揭牌仪式。

同日 惠州市副市长、市公安局局长高诚苗,市政府副秘书长杨荣带领市政府办、市委组织部、市发改局、市公安局、市卫健局相关人员一行8人到朗县考察对口支援工作。

同日 政协第五届朗县委员会常务委员会第五次会议召开。

22日 卫生健康委员会、外事办公室举行揭牌仪式。

同日 以"醉美文化朗县,盛世桃源塔布"为主题的林芝市第十七届桃花旅游文化节朗县分会场活动开幕。

同日 自治区教育厅副巡视员钟吉云率检查组一行到朗县开展春季开学工作检查。

26日 朗县自然资源局联合市生态环境局朗县分局、林业和草原局及勘查单位相关人员实地开展矿产资源开采红线划定工作。

26—27日 教育部直属机关党委常务副书记王光彦率调研组一行到朗县开展教学精准扶贫调研工作。林芝市教体局党委委员、副局长李才奎,朗县相关负责人陪同调研。

28日 朗县开展以升国旗、唱国歌,座谈交流,红歌比赛、响箭比赛、同党旗合影等方式纪念西藏民主改革60周年。

4月

2—4日 政协朗县第五届委员会第五次会议召开。

3—4日 朗县第十三届人民代表大会第五次会议召开。

5日 林芝市委常委、宣传部部长张海波一行到朗县就村综合文化服务中心示范工程建设项目等有关工作进行调研。

8日 林芝市水利局副调研员张凯一行到朗县开展水利建设工程质量与安全生产管理监督考核工作。

10日 朗县人力资源和社会保障局联合中国农业银行朗县支行举行朗县农民工工资银行代发启动仪式。

16—17 日 深圳狮子会协同惠州市第三人民医院和惠州市第二妇幼保健院专家组成医疗队，在朗县开展“深圳狮爱，心系高原”2019 年“光明行”公益活动。朗县 30 余名白内障患者，足不出县就接受了免费复明手术治疗，重见光明。

22 日 林芝市人大常委会副主任次仁央宗带领执法检查组到朗县检查“一法一条例”落实情况。县人大常委会副主任向阳，政府副县长占堆陪同。

同日 自治区党委巡视十四组巡视巴尔曲德寺管委会党支部工作。

同日 广东省惠州市第十一小学金榜分校、惠东平山县第一小学及惠州市富民小学三所学校领导、骨干教师到朗县开展教育帮扶指导工作。

24 日 朗县 2019 年重点项目推进会暨经济运行调度领导小组第一次会议召开。

24—25 日 自治区质检中心主任徐平一行深入朗县朗敦专业合作社就“藏东桃”“红花椒”两个绿色食品商标工作进行调研。

24—26 日 朗县教育系统相关人员到工布江达县、米林县等地考察学习素质教育工作。

25 日 以“放心农资促提质增效、质量兴农惠万村千乡”为主题的林芝市 2019 年放心农资下乡进村宣传周活动启动仪式在仲达镇达贵村举行。林芝市农业农村局党组书记、副局长刘成利，朗县县委常委、政府副县长龙斌，县政协副主席、仲达镇党委书记琼达出席活动。

29 日 西藏氧源科技开发有限公司考察组一行到朗县考察矿泉水开发项目。

5月

1 日 朗县塔布民间艺术团在拉林铁路指挥部中铁二局、中铁十八局、县城小学等地开展了“幸福不忘共产党 阳光路上梦起航”文艺下乡巡演活动共 3 场，观众人数达 960 人次。

6 日 朗县新区防洪堤维修工程正式开工建设。

同日 县委副书记、政府县长胡文平深入县城饮用水水源地建设工程施工现场，对工程的安全生产、文明施工、工程质量等全面进行详细检查。

7—9 日 惠州市住建局考察团到朗县开展为期两天的城乡建设实地考察。

8—9 日 县委书记扎西深入 6 个乡（镇）的 10 个村（居）、3 所寺庙以及 2 所学校，重点围绕脱贫攻坚、产业建设、环境保护、虫草采集、寺庙管理以及“三个专项斗争”等重点工作开展调研，并看望慰问贫困群众和驻寺驻村干部。

8—10 日 以“产业援藏、消费援藏、粤林携手奔小康”为主题的广东—西藏（林芝）“消费援藏”暨招商推介交流会在广州和深圳举行。县委副书记、常务副县长李卫华一行应邀参加此次活动。

9 日 自治区政协党组成员、副主席、区总工会主席洛桑久美一行到朗县调研。市政协副主席占堆，县政协主席（人选）宋步川，县委常委、统战部部长格桑次仁陪同。

12—13 日 由自治区文物局专家加雷、市文化局多布杰副局长等组成的专家组一行深入金东乡西日卡庄园、冲康庄园和朋仁曲德寺进行调研。

13 日 县委副书记、政府县长胡文平到金东乡秀村，实地调研辣椒、核桃、苹果等特色产业发展情况。

同日 朗县召开第二次援藏项目建设推进会。

14 日 国家安全生产检查组一行到朗县开展燃气领域安全生产大检查，政府副县长占堆及县住建局、县应急管理局等部门负责人陪同。

同日 朗县人大常委会党组召开第二十四次会议，会议由县委副书记、县人大常委会党组书记、主任折宝主持。

15 日 县委召开常委会扩大会议，专题听取汇报并研究部署脱贫攻坚、环境保护相关工作。

16 日 朗县九届县委第五轮巡察工作部署会召开。

17 日 县委副书记、政府县长胡文平深入登木乡实地调研危房改造、土地治理、防洪堤建设、“三个专项斗争”等工作开展情况。

18 日 县委副书记、政府常务副县长李卫华率团参加惠阳传统美食品鉴暨惠州旅游推介会活动。

24日 林芝市纪念西藏民主改革60周年宣讲团到朗县开展巡回宣讲。

27日 大唐玉曲河(扎拉)水电开发有限公司党委副书记、副总经理张永健一行到朗县6个乡(镇)考察调研风能、水能、光伏等清洁能源开发项目。

同日 林芝市人大常委会党组副书记、副主任次旺晋美带领检查组一行,到朗县就《中华人民共和国工会法》《西藏自治区实施〈中华人民共和国工会法〉办法》开展执法检查。

27—31日 朗县脱贫攻坚指挥部第五次会议召开。

29日 林芝市"三岩"片区易地扶贫搬迁领导小组在朗县实地调研"三岩"搬迁安置点工作。

6月

2—8日 广东省惠州市博罗县教育局、博罗县罗阳第五小学相关人员一行到朗县拉多乡中心小学开展教学常规交流指导工作。

3日 朗县举行创建全国民族团结进步示范县活动启动仪式。

4日 朗县召开脱贫攻坚整改工作再强调再部署会议,政府副县长、脱贫攻坚指挥部副指挥长王海颖主持会议。

5日 朗县县委常委、政府常务副县长拿比友拉(人选)前往朗镇调研堆巴塘村经济林、卧巴辣椒种植、托麦村"三岩"搬迁安置、冲康村旅游景区建设、巴尔曲德寺改扩建等工作。

6日 县委常委、宣传部部长、县"四讲四爱"群众教育实践活动领导小组副组长巴桑玉珍深入金东乡、洞嘎镇、仲达镇及所属乡镇小学督导检查"四讲四爱"群众教育实践活动、"学习强国"学习平台推广使用、教师队伍理论学习等工作开展情况。

10—14日 自治区体育局经济处副调研员张立波一行到朗县开展体育场地专项调查工作。

11日 朗县县委副书记、县人大常委会主任折宝带领县扫黑办工作人员一行到拉多乡督导扫黑除恶打非治乱工作。

同日 县委副书记、政府县长胡文平,县委副书记、县人大常委会主任折宝分别带队前往仲达镇政府、仲达镇仲达村、拉多乡政府、县检察院,就扫黑除恶打非治乱专项斗争工作开展情况进行督导调研。县政协主席(人选)宋步川,县委常委、宣传部部长巴桑玉珍,县扫黑办相关负责人陪同。

12日 朗县举行新时代文明实践中心揭牌仪式暨动员大会。

13日 朗县召开重大项目推进会,就重大项目推进事宜进行再安排、再部署,确保完成年度目标任务。县委书记扎西出席会议。

13—15日 县委书记扎西前往辖区4个乡(镇)调研专项斗争、基层党建以及脱贫攻坚等工作,并看望慰问建档立卡群众和基层干部。县委常委、组织部部长陈云,政府副县长王海颖一同调研。

14日 由自治区党委宣传部印刷发行处处长易祯龙带队到朗县就农家书屋深化改革创新、提升服务效能开展调研。林芝市文化市场综合执法支队支队长霍军,朗县县委副书记、常务副县长李卫华以及市委宣传部新闻出版与版权管理科、县委宣传部、县文化和旅游局相关负责人陪同。

同日 自治区药品监督管理局党组书记郭乃雄一行到朗县开展疫苗安全专项检查。

15日 自治区总工会副主席秦少相一行到朗县检查工作。林芝市总工会党组书记琼吉,朗县县委常委、统战部部长格桑次仁陪同。

18日 自治区文化厅党组副书记、厅长岗青一行到朗县调研基层文化工作。

同日 朗县县委常委、组织部部长陈云,县人大常委会副主任(人选)余娅莉前往联系点拉多乡巴顿村、桑龙村和新扎村,对辣椒种植工作进行调研。

同日 自治区科技厅厅长赤列旺杰一行到朗县调研,林芝市科技局局长琼达次仁等陪同。

同日 西藏自治区林业和草原局副局长索朗旺堆到朗县调研雅江巨柏野外回归工作。

19日 国家林业和草原局党组成员、副局长李树铭一行调研组在自治区林业和草原局党组书记、副局长次成加措，林芝市林业和草原局党组书记、副局长郑都，林芝市党组副书记、局长董贵军，县委副书记、人大常委会主任折宝，县人民政府副县长次仁等同志的陪同下来朗县开展调研工作。

同日 朗县政府副县长王程一行到金东乡开展巡河工作，并现场检查金东乡河长制工作开展情况。

同日 林芝市自然资源局副局长旺堆多吉带领地质环境科工作人员一行到朗县检查指导矿产资源管理及地质灾害防治工作开展情况。

22日 林芝市应急管理局局长杨波带领矿山、地质、安全管理等行业专家一行到朗县检查指导露天采矿安全生产工作。

24—25日 林芝市人大教科文卫委员会主任委员布加一行对朗县校园食品安全情况进行调研。

26日 县委书记扎西一行深入洞嘎镇卓村、达木村调研辣椒产业发展情况，政府副县长、县财政局局长张应强陪同。

28日 政协第五届朗县委员会第六次会议召开。

30日 朗县第八、九批援藏干部迎送暨援藏干部人才表彰座谈会召开。

7月

2日 农业农村部政策与改革司调研组一行到朗县督导检查农村集体产权制度改革工作。自治区农业农村厅政策与改革指导处处长刘智远参加调研，朗县政府副县长米玛顿珠陪同。

3日 自治区应急管理厅党组成员、副厅长巩同梁，自治区水利厅党组成员、副厅长陆伟东一行，到朗县开展防汛抗旱综合监督检查和调研工作。县委常委、常务副县长拿比友拉，县应急管理局、水利局相关负责人参加座谈会。

同日 县委副书记、县长胡文平深入洞嘎镇检查指导当前抗旱救灾工作及经济林木长势情况。

4日 朗县县委书记、县“四讲四爱”群众教育实践活动领导小组组长扎西向中小学生宣讲“四讲四爱”内容。

5日 自治区“四讲四爱”群众教育实践活动第一轮示范宣讲报告会在朗县举行。

9日 县委书记扎西到朗镇调研文化旅游工作开展情况。政府副县长、县财政局局长张应强陪同。

10日 广东省第九批援藏工作队朗县工作组相关人员到朗镇、仲达、登木三乡镇调研。

18日 朗县县城中央广播电视节目无线数字化覆盖工程建成并开通运行。

19日 林芝市委常委、宣传部部长张海波一行到朗县调研新时代文明实践中心建设及活动开展、外宣点建设、电影队运营等工作。

23日 县委书记扎西带领第九批援藏工作队朗县工作组相关成员深入金东乡调研边境小康村建设工作。县委常务副书记、第九批援藏工作队朗县工作组组长郑陆滨一同调研。

同日 自治区退役军人事务厅党组副书记、厅长丁哲峰带领工作组一行到朗县调研指导工作。林芝市退役军人事务局党组书记达瓦、朗县政府副县长占堆陪同。

23—24日 自治区党委统战部副部长、西藏佛学院党委书记张良田率督导组一行到朗县督导检查宗教工作重点任务落实情况。林芝市委统战部常务副部长周学武，县委常委、统战部部长格桑次仁陪同。

29日 朗县县委书记、县“四讲四爱”群众教育实践活动领导小组组长扎西在金东乡东雄村国门教育讲习所为农牧民群众宣讲“我和我的祖国”。县委常委、宣传部部长、县“四讲四爱”群众教育实践活动领导小组副组长巴桑玉珍陪同。

8月

5日 朗县众创空间正式揭牌启用，帮助朗县高校毕业生就业创业。

8日 县委副书记、人大常委会主任折宝主持召开朗县第十三届人大常委会第三十二次主任会议。会议讨论研究了关于召开朗县第十三届人大常委会第十八次会议的相关事宜；审议了朗县人大常委会关于组织各乡（镇）进行人大工作交流学习和朗县人大财经委员会关于组织县级人大代表开展视察的相关事宜。

25—30 日　由华中师范大学社会学院副院长、教授徐晓军任组长的全国扶贫宣传教育中心专家组一行深入朗县部分乡（镇）、村（居）和县直部门就脱贫攻坚工作进行实地调研。

9月

3 日　朗县团委举行“金穗圆梦”发放仪式。

同日　林芝市政府副市长肖鹤带领市生态环境工作组，到朗县对环境保护工作开展情况进行检查指导。市生态环境局副局长李斌等陪同检查，县政府副县长米玛顿珠陪同。

4 日　朗县举行“中国梦　我们加油”庆祝中华人民共和国成立 70 周年主题演讲比赛。

5 日　县委书记扎西深入县中学、县中心小学、朗镇小学调研教育工作，县委常委、政府副县长龙斌及县委办、教育局负责人陪同调研。

同日　林芝市市监局工作组到朗县检查“餐饮服务食品安全示范创建”工作开展情况。

10 日　朗县举行西藏林芝市巨柏野外回归种群恢复工程启动仪式，国家林业和草原局野生动植物保护司副司长刘德望出席活动。

11 日　县委书记扎西在仲达镇产业园调研园区发展和入驻企业经营运作相关情况。县政协主席宋步川，县委常委、宣传部部长巴桑玉珍一同调研。

同日　朗县仲达镇第四届“古如朗杰”农牧民文化旅游节暨第十三届物资交流会开幕。县委书记扎西，县政协主席宋步川，县委常委、宣传部部长巴桑玉珍等县领导应邀出席。

23 日　县委书记扎西在漳州会堂作民族团结进步专题讲座，县委常委、统战部部长格桑次仁主持。

25 日　广东省天行健慈善基金会到朗县开展中小学视力筛查及免费配送眼镜活动。

10月

11 日　县委书记扎西紧紧围绕“不忘初心、牢记使命”主题教育，结合朗县实际，为全县党员上党课。

12 日　县委书记、县委“不忘初心、牢记使命”主题教育领导小组组长扎西深入仲达镇、朗镇调研指导“不忘初心、牢记使命”主题教育、基层党建工作开展情况。县委常委、统战部部长格桑次仁一同调研。

14—16 日　朗县人大常委会办公室组织市、县、乡三级农牧民人大代表举办履职能力培训班，全县共 130 余名代表参训。

14—16 日　由林芝市司法局副调研员冯绍广带队的市综治工作考评组一行 5 人到朗县，对朗县贯彻落实《2018—2020 年林芝市社会治安综合治理责任书》情况进行为期 3 天的年终考评验收。县委常委、政法委书记、县公安局局长夏华强陪同。

15—16 日　自治区党委“不忘初心、牢记使命”主题教育第四巡回指导组副组长、区广电局党组成员、区纪委监委驻区广电局纪检监察组组长刘世安一行到朗县检查指导工作，林芝市委“不忘初心、牢记使命”主题教育领导小组办公室副主任尼玛次仁等陪同检查。

18 日　朗县政协主席宋步川在拉多乡拉多村调研藏医藏药产业工作。

同日　朗县召开素质教育督导评估工作反馈会，评估组组长、林芝市教育局党组成员、副局长李才奎，朗县县委常委、政府副县长龙斌，督导评估人员及教育局相关股室负责人参会。

同日　朗县召开今冬明春森林草原防火工作安排部署会。

22 日　朗县举行农家书屋、寺庙书屋图书补充更新项目发放仪式。县委常委、宣传部部长巴桑玉珍出席活动。

同日　县政协主席宋步川到登木乡幼儿园、登木乡森木村幼儿园及仲达镇幼儿园调研指导工作。

26日 朗县首家四星级酒店——雪山江景大酒店项目开工奠基典礼在朗县光明新区举行。

31日 林芝市应急管理局“不忘初心、牢记使命”主题教育第二调研组到朗县调研。

同日 林芝市副市长强巴央宗到朗县指导调研藏猪产业发展情况，朗县政府副县长米玛顿珠及县农业农村局相关负责人陪同。

同日 林芝市农村集体资产清产核资验收组到朗县开展清产核资市级验收工作。

同日 自治区人民检察院党组副书记、常务副检察长占堆一行到朗县人民检察院调研“不忘初心、牢记使命”主题教育工作开展情况。林芝市人民检察院党组书记、检察长明马丹增陪同。

同日 自治区自然资源厅副厅长周光树一行到朗县督导检查国道219线措美县古堆乡至朗县金东乡段新改建工程28合同段占用永久基本农田补划工作，市自然资源局副局长旺堆多吉、县人民政府副县长王程、县自然资源局、第三方补划公司等负责人陪同。

同日 自治区卫生健康委员会副主任夏刚一行在朗县卫生服务中心调研指导医疗人才“组团式”援藏与三级医院对口帮扶工作，朗县政府副县长张应强、县卫健委负责人陪同。

11月

4日 朗县第九期党员政治教育示范培训班在朗县国门教育讲习所正式开班，全县52个村（社区）共57名村“两委”班子成员参加培训。

5日 政协朗县委员会召开第五届第五次会议委员提案办理督办会（推进会）。

7—8日 由市委宣传部部务会成员、副调研员龙毅带队的林芝市“四讲四爱”群众教育实践活动第二督导调研组一行到朗县督导调研。朗县县委常委、宣传部部长、县“四讲四爱”群众教育实践活动领导小组副组长巴桑玉珍陪同。

12日 县委副书记、县人大常委会党组书记、主任折宝结合“不忘初心、牢记使命”主题教育为广大党员干部上了一堂内容丰富的党课。

12月

1—6日 朗县组团参加山南市雅砻物交会。

6—8日 学习贯彻中共十九届四中全会精神林芝市宣讲团深入朗县各乡（镇）开展巡回宣讲。

8日 广东省第九批援藏工作队朗县工作组与堆村“结对结亲、交流交融”启动仪式举行。县委副书记、政府县长胡文平，县委常务副书记、广东省第九批援藏工作队朗县工作组组长郑陆滨，县委副书记、政府常务副县长孙立武出席启动仪式。

9日 林芝市委常委、统战部部长达瓦带领调研组一行到朗县调研，县政协主席宋步川，县委常委、统战部部长格桑次仁等陪同调研。

13日 县委副书记、政府县长胡文平，县政协主席宋步川，县委常委、政法委书记夏华强等一行先后深入洞嘎镇达木村、滚村和金东乡来义村、金东乡派出所，就维稳、脱贫攻坚、扫黑除恶和打非治乱、安全生产等工作开展情况进行调研。

25—26日 县委书记扎西深入朗镇、拉多乡调研脱贫攻坚成效巩固提升工作，看望慰问贫困户，并对存在的问题进行现场指导交办。

31日 朗县召开“四讲四爱”群众教育实践活动回头讲暨党的十九届四中全会精神宣讲培训会，标志着中共十九届四中全会精神朗县骨干宣讲员培训工作圆满完成。

朗县概览

【概况】 朗县位于林芝市西南部，北纬28°40′～29°29′，东经92°28′～93°31′之间，地处喜马拉雅山北麓，雅鲁藏布江穿境而过。东与米林县相邻，南与山南市隆子县接壤，西与加查、曲松县近靠，北与工布江达县毗连。朗县平均海拔3700米，属藏东南高原河谷地貌，雅鲁藏布江在县境中部自西向东穿过，将全县划分为南北两大部分。南部属喜马拉雅山脉北麓，最高海拔6157.9米；北部系郭喀拉日居南麓，最高海拔5572米，南北两山组成一个巨大的“V”形谷地。县境内最高峰为拉多乡、金东乡、洞嘎镇交界处的勃勃朗冰川，当地人又称“钦拉”，海拔6179米；最低处为雅鲁藏布江流入米林县的江面，海拔约3016米，高差达3163米，是典型的高原高山峡谷地貌带。朗县属青藏高原区气候，属温暖半湿润气候带。

朗县物产丰富，盛产青稞、辣椒、花椒、核桃、苹果、葡萄等经济植物，有冬虫夏草、贝母等名贵药材。县委、县政府驻地朗巴居委会，距西藏自治区首府拉萨420千米，距林芝市委、市政府所在地巴宜区238千米。朗县辖6个乡镇，51个行政村，1个居委会，125个自然村。2019年全县总人口1.76万人。

朗县地域面积0.412万平方公里，主要以农牧产业为主，农业包括青稞、小麦等作物，畜牧业包括牦牛、犏牛、黄牛、马、羊等畜种。全县耕地面积1710.32公顷，粮食播种面积1360公顷，经济作物种植面积1665.6公顷。森林覆盖率41.84%，林地面积209801.35公顷。国家保护野生动物有鹿、野猪等，主要矿产资源有铬铁、铜矿、沙金等。特色产品有巴尔曲德寺藏香、苏卡药香、朗敦辣椒等，主要旅游景点有冲康庄园景区、千年核桃林、朗敦庄园、拉多藏湖、烈山国家考古遗址公园（烈山古墓）、工字荣（弄）原始森林、嘎贡沟景区等。

【党建工作】 2019年，朗县紧紧围绕市委“135”和县委“334”基层党建工作思路，以基层党组织组织力提升年为重点，持续深化“党建+、+党建”活动，打造了21个党建示范点，消除了9个村集体经济空壳村，集中对10个软弱涣散基层党组织进行全面整顿，发展党员68名。投入1881.47万元推进了13个村级活动场所标准化建设，成立并配齐21个政府工作部门党组班子，完成51个县直机关党支部的换届选举工作。举办党员政治教育培训班10期，培训600人次，县乡村党员政治教育全覆盖。

【经济发展】 2019年，全县完成生产总值8.07亿元，同比增长8%；其中，第一产业完成1.13亿元，同比增长2.9%；第二产业完成2.23亿元，同比增长7.7%；第三产业完成4.71亿元，同比增长8.6%。全社会固定资产投资达17.05亿元。社会消费品零售总额达1.47亿元。全年接待游客35.94万人次，同比增长36.28%，实现旅游收入1.3亿元，同比增长24.1%。实现公共财政一般预算收入4639万元，同比增长10%。农村居民人均可支配收入达16912

元，同比增长 12.9%，其中现金收入达 11776 元，同比增长 11%。

【教育事业】 2019 年，朗县共有各级各类学校 28 所。小学净入学率 100%、毛入学率 96.92%，初中净入学率 99.68%、毛入学率 100.48%、义务教育巩固率 96.5%；幼儿园净入园率 90.02%、毛入园率 105.5%。全县调整教师岗位 38 名（5 名高级职称教师、11 名中级职称教师、22 名初级以下职称教师），教师职称结构差异系数降低到 0.65 以下。教师节对优秀教师、民族团结学生、支持教育家庭、教育工作者等共 115 人进行表彰，共发放奖金 50500 元。

【医疗卫生】 2019 年，朗县继续加强 79 例包虫病确诊患者随访管理工作，同时对药物治疗患者进行定期督导服药。全面完成了全县重点人群结核病筛查工作，全县累计筛查 4197 人。积极开展“大病集中救治一批、慢病签约服务一批、重病兜底保障一批”行动计划，先后集中救治 35 名白内障贫困患者，组建了 53 个家庭医生团队，对慢病患者开展个性化随访服务和健康教育。依托就医绿色通道和“农牧区合作医疗、大病保险、民政救助、政府兜底”等措施，实行重病兜底。在“既不拔高标准、也不降低标准”的扶贫政策基础上，继续开通贫困户就医绿色通道，累计救助贫困户患者 303 人，救助资金达 100.36 万元。

【文化事业】 在元旦、春节、藏历新年等重大节日期间，先后举办“迎接春节藏历新年文艺演出”、“林芝市第十七届桃花节朗县分会场活动”、“3·28”西藏百万农奴解放纪念日、第四届塔布文化旅游节、“不忘初心、牢记使命”主题教育、文化“八进”等文艺演出 63 场次，观众达 14200 人次；县文化活动中心继续加大免费开放力度，累积开放 2300 余小时，累计为群众提供免费服务 3700 余人次；6 个乡镇文化站累积免费开放 1.3 万余小时，累计服务群众达 0.86 万人次；积极开展非物质文化遗产普查工作，成功申报朗镇马包传承人、朗镇冲谐传承人为第四批自治区级非物质文化遗产代表性项目传承人。

【社会保障】 2019 年，全县实现城镇新增就业 435 人，城镇登记失业率控制在 2.5% 以内。截至年底，参加城镇失业保险 988 人，参加基本养老保险 1475 人，城镇职工参加基本养老保险 305 人。参加新型农村合作医疗 14190 人，参合率 100%。参加新型农村养老保险 7276 人，已享受养老保险待遇 1508 人。

【旅游发展】 2019 年，朗县本级财政投资 214.6 万元编制了《勃勃朗冰川景区重要节点控制性详细规划》《勃勃朗冰川景区重要节点修建性详细规划》，并通过初审；冲康景区创建国家 AAA 级旅游景区，已完成评定工作，待挂牌。完成投资 300 万元的冲康景区游客服务中心及附属设施建设项目、投资 300 万元的冲康村旅游示范村建设项目、投资 70 万元琼日神水景区项目、援藏投资 1903 万元拉多藏湖景区旅游公路项目、投资 1000 万元的嘎贡沟景区道路建设项目建设工作。成功举办林芝市第十七届桃花旅游文化节朗县分会场活动、第四届塔布文化旅游节暨第二届农牧民丰收节活动。

【生态环保】 2019 年，朗县坚决打赢污染防治攻坚战（“蓝天保卫战”“碧水保卫战”“净土保卫战”“生态恢复与治理”“生态体系建设”）。突出主责主业，以监督执法为手段，扎实推进大气、水、土壤的保护和治理工作。以地表水、饮用水、环境空气质量为重点，制定《朗县环境质量监测方案》，并邀请第三方监测机构，定期开展一年 4 次的监测工作。以拉林铁路、国道 219、农村公路项目施工地、娱乐场所等为重点，采取联合检查、专项检查的方式，开展各类环保执法检查 59 次，共下发整改通知书 18 份，出动车辆 30 余台次、人员 102 次，被检查项目单位均按照要求如期完成整改。

【脱贫攻坚】 2019 年 10 月，朗县完成了剩余未脱贫建档立卡户 16 户 28 人的脱贫退出工作，实现贫困人口清零，顺利完成消除绝对贫困阶段性任务。全县按照相关要求自查自改，制定完成《朗县易地搬迁组关于住房超标准的整改方案》，按照“循序渐进，不搞一刀切”的工作要求，结合市脱贫攻坚指挥部的统一部署，完善易地搬迁工作，完成易地搬迁自筹资金退还工作；同步做好“三岩”搬迁工作，实现“三岩”易地搬迁群众10户84人入住；完成各安置点土地整治工作和洞嘎镇安置点冬播工作；同步做好“三岩”搬迁群众宣传教育引导工作，县级领导牵头，县司法局、扶贫办等部门配合，从党的惠民政策、“四讲四爱”、民族团结、虫草采集管理办法、实施细则、村规民约及农业知识普及推广等方面，开展宣传讲座11场次，受教育群众500余人次，发放宣传资料2300余份。

（王喜娟）

中国共产党朗县委员会

综 述

【班子和队伍建设】 2019年，朗县按照“信念坚定、为民服务、勤政务实、敢于担当、清正廉洁”的新时期好干部标准，严格落实《党政领导干部选拔任用工作条例》，把政治素质考察摆在干部工作重中之重，结合党政机构改革工作，共提拔调整科级干部220人。同时认真学习贯彻落实中组部《关于组织人事部门对领导干部进行提醒、函询和诫勉的实施细则》《组织人事部门对领导干部函询回复采信反馈办法》和《生态环境损害责任追究办法》规定要求，开展提醒谈话44人次。把开展领导干部提醒、函询和诫勉工作作为关心爱护干部、促进积极履职作为的有力举措和治病救人的有效“良方”，促进干部队伍健康发展。大力实施人才强县战略，坚持自主办学、援藏支持、请进来、走出去相结合，选派2名教师到广东省交流学习，对接33名广东省大学生到朗县各学校支教和7名医疗人才到朗县组团式援藏工作。扎实开展干部教育培训工作，全县组织培训各级干部628人次。

【产业发展】 经济作物发展良好。2019年，全县核桃种植面积累计达10222.7亩，实现核桃产量达36.585万千克，实现经济效益877.9万元；藏冬桃种植面积累计达5046亩，实现产量达7.2万千克，实现经济效益216万元。农牧业产业项目稳步推进，全县新建项目15个，总投资3773.23万元，其中国家投资2273.23万元，企业自筹1500万元。扶贫产业建设扎实推进，2019年扶贫产业项目共计21个，总投资5176.5万元（5个项目已列入2020年统筹整合实施方案，总资金2142万元）。

11月17日，西藏自治区人大常委会副主任、林芝市委书记马升昌（左二），林芝市委副书记、常务副市长刘光明（右一）一行到金东乡调研指导“不忘初心、牢记使命”主题教育开展情况及小康示范村建设情况，图为与来义村群众座谈交流

【教育事业】 2019年，朗县共有各级各类学校28所。小学净入学率100%、毛入学率96.92%，初中净入学率99.68%、毛入学率100.48%，义务教育巩固率96.5%；幼儿园净入园率90.02%、毛入园率105.5%。全县调整教师岗位38名（5名高级职称教师、11名中级职称教师、22名初级以下职称教师），教师职称结构差异系数降低到0.65以下。教师节期间对优秀教师、民族团结学生、支持教育家庭、教育工作者等共115人进行表彰，共发放奖金50500元。持续开展与惠州学院教育相关工作，共33名大学生（第四批、第五批）到朗县开展为期一学期的支教活动。朗县小学部分的教学质量稳步提升，小学考入内地西藏初中班学生18人，内地班升学考试取得了全市第三名的优异成绩。2019年共资助各级各类师生441人次，共发放资金117.11万元。发放2019年煜恒能源资助（企业）贫困学生补助资金共10万元，惠及资助贫困学生31人。抓好教育工程建设，不断改善办学条件，2019年启动教育项目5个，共投入资金1200万元。加强对控辍保学工作的组织领导，保障适龄三类残疾儿童接受教育，2019年全县适龄残疾儿童21名，其中随班就读的12名，特殊教育学校5名，送教上门4名。完善出台了《朗县义务教育阶段适龄残疾儿童少年送教上门工作方案》，保证“送教上门”服务时间，全年各学校送教上门53次，努力提高适龄残疾儿童受教育水平。

4月16日，朗县县委书记扎西（右二）到朗县电子商务公共服务中心调研指导工作

【医疗卫生】 包虫病和“三病”防治。2019年，朗县继续加强79例包虫病确诊患者随访管理工作，同时对药物治疗患者进行定期督导服药。完成了全县重点人群结核病筛查工作，累计筛查4197人。病毒性肝炎防治工作不断加强，全年新生儿24小时首针乙肝接种118人，接种率99.16%，孕产妇乙肝表面抗原筛查181人。县疾控中心对往年检出的11例大骨节病患者进行药物治疗，经治疗后所有患者关节灵活度与疼痛性均得到明显好转。

健康扶贫工作。积极开展“大病集中救治一批、慢病签约服务一批、重病兜底保障一批”行动计划，先后集中救治35名白内障贫困患者，累计完成妇女乳腺癌和宫颈癌筛查2470人，组建了53个家庭医生团队，对慢病患者提供个性化随访服务和健康教育。依托就医绿色通道和“农牧区合作医疗、大病保险、民政救助、政府兜底”等措施，实行重病兜底。进一步健全医疗保障、畅通绿色通道。在“既不拔高标准，也不降低标准”的扶贫政策基础上，继续开通贫困户就医绿色通道，全县累计救助贫困户患者303人，救助资金达100.36万元。

三级医院对口帮扶工作。县卫生服务中心成功开展了朗县首例妇科宫腔镜检查手术，建立宫颈癌三阶梯筛查方法，开创了朗县妇科宫腔镜手术的新纪元。通过签订帮扶协议、制订帮扶培训计划进行医疗技术帮扶，先后选派5名专业技术人员赴惠州进行临床跟班学习，并完成对6个乡镇卫生院所有医务人员及村医急救技能知识培训工作。在援藏医疗专家的指导下，县卫生服务中心新增了8项新技术新项目，增加及调整临床路径病种13种，可开展路径病种26种，临床路径管理率从27.66%提高到62%。积极推进医联体工作，与林芝市人民医院建立病理检查、宫腔镜消毒合作关系。开设了眼科门诊，为全县400多人进行眼疾病筛查。在惠州市援藏项目帮扶下，CT室和制氧站的改建、客户服务台和收费室窗口的改造都已完工，并投入使用。

藏医藏药业发展。完成总投资476.27万元的拉多乡苏卡·娘尼多吉故居修复工程和援藏总投资433万元的藏医院制剂所建设工作；完成政府总投资31万元、50亩的藏药材种植项目选址工作，主要以种植桃儿七、藏木香、当归等藏药材为主。县藏医院于2019年年初成功注册“苏卡药宗”商标，进一步提升朗县藏医药业的影响力和知名度。

【文化事业】 在元旦、春节、藏历新年等重大节日期间，先后举办“迎接春节藏历新年文艺演出”、林芝市第十七届桃花节朗县分会场活动、“3·28”百万农奴解放纪念日、第四届塔布文化旅游节、“不忘初心、牢记使命”主题教育、文化“八进”等文艺演出63场次，观众达14200人次；县文化活动中心继续加大免费开放力度，累计开放2300余小时，累计为群众提供免费服务3700余人次；6个乡镇文化站累计免费开放1.3万余小时，累计服务人数达0.86万余人次；积极开展文化旅游业安全生产检查、执法及相关法律法规宣传工作；文物、“非遗”保护工作持续推进，定期开展文物安全隐患检查32次，保障全县各级文物安全；积极开展非物质文化遗产普查工作，成功申报朗镇马包传承人、朗镇冲谐传承人为第四批自治区级非物质文化遗产代表性项目传承人。

【社会保障】 社保征缴工作。全县企业职工养老保险参保305人，征缴基金449万元；机关事业养老保险参保1475人，征缴基金4810万元；工伤保险参保2364人，征缴基金75.4万元；失业保险参保988人，征缴基金90万元。2019年年底社会保障卡制卡15307张，已完成发放15307人，城乡居民养老保险参保7352人，征缴基金146万元，享受待遇1490人，实现了按月发放。落实城乡最低生活保障政策。2019年年底，全县农村低保保障对象161户345人，累计发放资金109.43万元，城市低保保障对象18户33人，全年累计发放资金20.39万元。提升特困人员救助供养服务能力。2019年，城乡特困供养153人，其中集中供养102人，累计发放资金177.65万元。落实残疾人“两项补贴”。2019年，全县共有持证残疾人794人，建档立卡残疾人309人，共发放残疾人两项补贴127.27万元。开展临时救助。2019年，共救助89人，救助资金55.3万元，有效解决了城乡困难群众突发性、紧迫性、临时性生活困难，实现“应救尽救”。开展流浪乞讨救助。对97名流浪乞讨人员进行了衣、食、住、行、医等方面的救助，折合投入资金1.21万元。

【旅游发展】 2019年，本级财政投资214.6万元编制《勃勃朗冰川景区重要节点控制性详细规划》《勃勃朗冰川景区重要节点修建性详细规划》，并通过初审；冲康景区创建国家AAA级旅游景区，已完成评定工作，待挂牌。完成投资300万元的冲康景区游客服务中心及附属设施建设项目、

1月2日，朗县县委书记扎西（右一），县委副书记、县长胡文平（右二）等在岗县级领导到反腐倡廉警示教育基地参观学习

11月18日，朗县县委书记扎西（左二）在金东乡西日卡村调研“不忘初心、牢记使命”主题教育开展情况

投资300万元的冲康村旅游示范村建设项目、投资70万元琼日神水景区项目、援藏投资1903万元拉多藏湖景区旅游公路项目、投资1000万元的嘎贡沟景区道路建设项目工作；加大旅游行业安全监管，开展检查54次，出动检查人员130人次，检查涉旅企业91家，查出安全隐患41处，现场整改23起，限期整改18起，2019年年底已全部整改完成；成功举办林芝市第十七届桃花旅游文化节朗县分会场活动、第四届塔布文化旅游节暨第二届农牧民丰收节活动；积极参加区外旅游宣传推介活动3次，通过微信平台发布旅游宣传资讯66条，宣传人数达9.3万人；积极推进《文化朗县、人杰地灵》旅游四季风光宣传片、朗县宣传音乐MV、《朗县生态产业宣传片》等的制作推广。

【重点集体经济项目】 仲达镇堆许村藏鸡养殖二期项目。2019年，投资36万元新建鸡舍300平方米，购买鸡苗500只，同时建设养殖分区围栏棚（架）舍、生活、办公、服务等设施；投资14万元，购置饲料及网围栏等附属设施。

洞嘎镇达木村藏香猪养殖扩建项目。洞嘎镇达木村藏香猪养殖扩建项目，在原有的基础上新建能繁母猪圈400平方米，消毒室一间及相关配套设施，投资50万元；购买能繁母猪50头，投资9万元（资金由群众自筹）。

拉多乡拉多村牦牛养殖扩建项目。利用小康示范村建设项目中建成的牛圈（现闲置）实施牦牛养殖项目，投资48万元用于购买67头牦牛（45头母牛、22头公牛），投资2万元用于购买精饲料。采取集中圈养+适时放养模式。

洞嘎镇滚村高寒生态藏鸡养殖项目。投资36万元新建鸡舍300平方米，活动区域200平方米；投资5万元购买母鸡500只、鸡仔300只；投资9万元购置饲料、网围栏等附属设施。

金东乡帮玛村羊毛加工厂项目。投资50万元建设金东乡帮玛村羊毛加工厂，由村集体成立管理运营机构，由村“两委”管理，负责本村及向其他村（居）购买羊毛原料的加工和成品的销售，通过面向八一、朗县、加查藏式服装店及农牧民销售布匹及藏毯实现盈利，全环节受村务监督委员会的监督。

申木信和建材有限公司规模扩大项目。投资55万元购买万胜8–150全自动建设用砖生产设备1套（包括制砖主机、配料机、叉车，塑料板子1000块，755搅拌机1台，空心砖、实心砖、片砖模具3套）。

【生态环保】 2019年，朗县坚决打赢污染防治攻坚战（“蓝天保卫战”“碧水保卫战”“净土保卫战”生态恢复与治理、生态体系建设），突出主责主业，以监督执法为手段，扎实推进大气、水、土壤的保护和治理工作。以朗县地表水、饮用水、环境空气质量为重点，制定了《朗县环境质量监测方案》，并邀请第三方监测机构，定期开展一年四次的监测工作。2019年已完成四季度监测工作，据监测报告显示，朗县各项指标均在标准限值内。组织对全县危废产生企业进行全面排查，对7家危废企业进行登记备案；组织对工字荣电站开展鱼类增殖流放的督察工作，1000余尾鱼苗放入雅江；对全县各类项目环评手续办理情况进行清查，完成了112个项目的环评备案登记工作，收缴生态恢复资金4万元。

自中央环保督察以来，认领的中央反馈的23项问题、64项措施，已完成整改61项，3项任务（自然保护区的划定、自然保护区的勘界定标、污水处理厂建设）达到序时进度要求；认领的自治区反馈的4项问题、9项措施，已全部整改完成。以“6·5”世界环境日、“法律七进”等为契机，通过发放宣传资料、宣传品、手机短信、悬挂横幅和标语、举办活动等方式，深入村（居）、校园、企业等开展各类宣传活动。2019年共发放各类环保资料2000余份，发放环保帽、环保杯、围裙、雨伞等各类宣传品1000余件，编发手机短信18000余条，受教育群众达5000人次。

按照生态网格化管理的要求，实行包片包干原则，积极推进垃圾分类工作，各乡镇均设立了垃圾兑换超市，在虫草采挖过程中，向各乡镇发放环保垃圾袋1.8万个，方便了生活垃圾的收集和处理。县人民政府与各乡（镇）签订朗县506省道沿线重点景区环境综合整治工作目标责任书，进一步强化属地责任，积极组织开展环境卫生专项检查，对于发现存在的卫生问题，及时进行反馈，并坚持督促整改。

以拉林铁路、国道219、农村公路项目施工地、娱乐场所等为重点，采取联合检查、专项检查的方式开展各类环保执法检查59次，共下发整改通知书18份，出动车辆30余台次，人员102次，被检查项目单位均按照要求如期完成整改。

1月16日，朗县县委召开常委班子民主生活会

【乡村振兴】 2019年，朗县全面贯彻落实中共十九大精神，深入贯彻落实习近平总书记治边稳藏重要战略思想和加强民族团结、建设美丽西藏重要指示以及给隆子县玉麦乡群众回信精神，带动群众做神圣国土的守护者、幸福家园的建设者。按照产业兴旺、生态宜居、乡风文明、治理有效、生活富裕的总要求，以处理好“十三对关系”为根本方法，把打赢脱贫攻坚战作为首当其冲的重要阶段性任务，统筹推进农牧区经济建设、政治建设、文化建设、社会建设、生态文明建设和党的建设，让农牧业成为有奔头的产业、农牧民成为有吸引力的职业、农牧区成为安居乐业的美丽家园。各级党委、政府把实现乡村振兴战略摆在优先位置，进一步健全党委全面领导、政府负责、农村工作部门统筹协调的农村工作领导体制，压实党委、政府“一把手”第一责任人责任。2019年，朗县完成了乡村振兴规划编制工作，按照全县“四大产业”发展总体方向及全县乡村发展现状，分别从产业兴旺、生态宜居、治理有效、乡风文明、生活富裕，智慧乡村及乡村振兴制度性供给7个方面予以阐述，明确建设内容。同时将全县52个村（居）进行建设分类，依托各村实际情况，明确各村发展重点及重点发展村。

【党建工作】 2019年，朗县紧紧围绕市委“135”和县委“334”基层党建工作思路，以基层党组织组织力提升年为重点，开拓创新，锐意进取，持续深化“党建+、+党建”活动，扎实推进基层党建工作。2019年打造21个党建示范点，消除9个村集体经济空壳村，集中对10个软弱涣散基层党组织进行全面整顿，发展党员68名，投入1881.47万元推进13个村级活动场所标准化建设。选派26名村党支部书记赴内地培训，对2名涉恶村干部和2名不胜任的村干部及时进行调整。成立并配齐21个政府工作部门党组班子，完成51个县直机关党支部的换届选举工作。举办党员政治教育培训班10期，培训600人次，县乡村党员政治教育全覆盖，协调8名优秀部队官兵到村开展帮扶帮建工作。大力实施政治铸心工程。

【廉洁建设】 强化管党治党责任。2019年，朗县制定《关于推进领导干部落实党风廉政建设主体责任全程记实工作办法（试行）》，推行使用《党风廉政建设全程记实手册》。对全县420余名新任干部开展任前谈话，出具党风廉政意见复函167份，坚决防止"带病提拔"。狠刹狠治"四风"顽疾。开展38次督导检查，发现并整改问题47项；开展例行检查13次，发现并整改问题7项；开展对不作为慢作为、文山会海等形式主义、官僚主义集中整治，做到了即查即改，整改到位。聚焦聚力执纪审查。2019年县纪委监委共受理问题线索29件，立案8件、办结8件，给予党纪政务处分和组织处理16人；办理5件扶贫领域问题线索，了结4件，立案1件；给予党纪处分2人，诫勉谈话1人，约谈3人次，下达监察建议书4份。抓实抓细巡察工作。完成九届县委第五轮、第六轮巡察工作，对20个县直部门、国有企事业单位开展巡察，第五轮巡察发现问题275个，移交问题线索2个；第六轮巡察发现问题205个，移交问题线索3个。

【宣传工作】 不忘初心、牢记使命主题教育。2019年，朗县组织县级领导干部观看红色电影、警示教育片2次，参观烈士陵园、廉政教育基地2次。全县各级党组织开展讲故事、先进事迹报告会、参观廉政基地、观看警示片150余场次，受教育党员3200余人次。县主题教育领导小组组织集中学习15次。全县农牧区基层党组织充分利用"三红工程"（红色夜校、红色广播、红色电影）搭建理论学习、能力提升、维护稳定平台，组织农牧民党员学习理论600多场次，播放红色广播2000多小时，观看红色电影70多场次，实现农牧民党员教育全覆盖。县四套班子成员和其他县级领导按照分管部门和领域紧扣主题教育目标任务，陆续开展专题党课教育24次。全县各级党组织书记讲党课81次，第一书记讲党课30余次，普通党员讲党课20余次，全县党员身份意识得到进一步增强。邀请惠州市纪委、市委党校为全县党员干部作"不忘初心、牢记使命"主题教育专题辅导2次，受教育人数达700人次。通过文艺演出、演讲比赛、红色诗歌朗诵、悬挂宣传横幅、张贴标语、微信公众号、县电视台《今日朗县》等方式、平台，突出"不忘初心、牢记使命"主题教育内容，县主题办向市主题办报送简报信息、视频和图片资料100余条（篇）。全县各级党组织编发简报信息800余篇，悬挂横幅50余条，文艺演出58场次。利用朗县国门教育讲习所开展10期党员政治教育培训，培训党员600人，组织240余名僧尼、学生在国门教育讲习所开展爱国主义教育。

"四讲四爱"群众教育实践活动。2019年，朗县"四讲四爱"群众教育实践活动自4月1日启动，

1月24日，由西藏自治区党委网信办主办的2019年西藏网络媒体"新春走基层送文化活动"走进朗县

通过部署、宣讲、宣传、实践、建章立制等工作，推动了活动深入开展。全县实现52个村(居)至少1名骨干宣讲员，共计开展宣讲3000余场次，受教育群众达20万人次；开展实践活动1400余场次，参与人数达16万人次。上报“草地夜校”“红色铁骑”“手缝国旗献给党”“绿色兑换超市”等典型100余个，市级以上主流媒体刊载朗县“四讲四爱”信息300余条。新建规章制度80条，完善规章制度212条，电话、文件、实地督导60余次。发放宣传包61个，购物袋1万个、笔记本800个。

5月18日，朗县代表团参加惠阳传统美食品鉴暨惠州旅游推介会活动

强学习国。2019年，全县组织“学习强国”培训1次，参与人数53人，手把手教会注册、使用学习方法。全县注册总人数1254人，活跃人数1158人，共有52个学习组织，人均学习积分一直稳居林芝市前列。“学习强国”刊登朗县《一果一椒致富经》《小辣椒种出红日子》《共谱团结曲同奔小康路》等新闻12条。

【强基惠民】 2019年，全县各级驻村工作队紧紧围绕干部驻村“七项重点任务”，主动担当作为，在建强基层组织、助力脱贫攻坚、维护社会稳定、建设精神文明、深化主题教育等方面取得了良好成效，带动基层涌现一批“听党话、跟党走、善团结、会发展、能致富、保稳定、遇事不糊涂、关键时刻起作用”的先进典型。全年各级驻村工作队宣讲习近平新时代中国特色社会主义思想和党的十九届四中全会精神584场次，举办专题讲座168次，发放宣传资料5045份，受教育群众37645人次；举办党员培训班162期，培训党员2951人次；为村“两委”班子上文化课575学时，上党课503学时，上政策理论课499学时；协助村(居)举办开展主题教育及学习291场次，参与党员7209人次；妥善处理化解各类矛盾纠纷116件，召开揭批达赖、划清界限等专题会和民族团结进步创建活动743场次、受教育群众48543人次；宣传扶贫脱贫政策678场次，发放扶贫宣传资料5228份，教育群众32829人次；帮助兴办壮大集体经济实体23个、专业合作经济组织13个，从各渠道争取扶贫项目43个，投入资金2680.74万元，其中，派驻单位落实扶贫项目14个，投入资金共计388.62万元。

【边境建设】 2019年12月，朗县6个边境小康村全部完工，并顺利通过林芝市发改委组织的整体验收，6个村总投资15078.3万元。结合边境地区实际情况，突破思想束缚，不断创新工作方式方法，开创了边境地区小康村建设新局面，有效改善边境地区农牧民群众生产生活条件，切实增强边境地区农牧民群众的获得感、幸福感、安全感，努力实现“山这边比山那边好”。通过实施边境小康村项目，边境地区实现了民房整齐划一，村道干净整洁，村内绿意盎然，村庄面貌焕然一新，边境地区农牧民群众住上了新房子，过上了好日子，展现出新风貌。

【项目建设】 2019年，朗县共开复工项目184个，总投资16.28亿元。援藏项目：2018年续建项目已全部完成，完成投资5156.38万元；2019年的新建项目完成30%，完成投资1440万元；续建项目：国家投资500万元以内的项目已经全部完成，完成投资3004.84万元；500万～5000万元以内的项目完成了总投资的98.29%，完成投资12300.15万元；5000万元以上的项目完成了总投资的71.52%，完成投资26685万元；新建项目：国家投资500万～5000万元的项目完成了总投资的86.98%，完成投资15232.02万元；投资500万元以内的项目完成了总投资的97.31%，完成投资10152.19万元。同时，为增加全县农牧民群众的收入，2019年将登木乡文化展厅、朗镇堆巴塘村引水灌溉等15个项目、总投资1735.88万元，交由农牧民施工队实施。

【脱贫攻坚】 2019年10月，朗县完成了剩余未脱贫建档立卡户16户28人的脱贫退出工作，实现贫困人口清零，顺利完成消除绝对贫困阶段性任务。按照相关要求自查自改，制定完成《朗县易地搬迁组关于住房超标准的整改方案》，按照“循序渐进，不搞一刀切”的工作要求，结合市脱贫攻坚指挥部的统一部署，完善易地搬迁工作，完成易地搬迁自筹资金退还工作；同步做好“三岩”搬迁工作，实现“三岩”易地搬迁群众10户84人入住；完成各安置点土地整治工作和洞嘎镇安置点冬播工作；同步做好“三岩”搬迁群众宣传教育引导工作，县级领导牵头，县司法局、扶贫办等部门配合，从党的惠民政策、“四讲四爱”、民族团结、虫草采集管理办法与实施细则、村规民约及农业知识普及推广等方面，开展宣传讲座11场次，受教育群众500余人次，发放资料2300余份。

【招商引资】 2019年，朗县紧紧围绕县“四大产业”发展目标，紧扣“走出去、请进来”招商引资主题，坚持把招商引资和推进项目建设作为核心要务，进一步改善和优化投资环境。2019年梳理规划了生态旅游、清洁能源、现代服务、高原农牧、绿色工业等全县招商项目库23个，为招商工作提供准确的方向和明确的思路。同时，充分发挥朗县“全程代办，专班服务”工作机制优势，由各部门业务能力强的成员干部组成的县招商引资服务专班，联系项目，组织考察、协调推进项目落地，做到一个项目一个专班，一个专班负责到底。2019年协议类项目4个，投资75660万元；合同类项目7个，投资21700万元；签约项目共计11个，总投资97360余万元。2019年年底，朗县招商引资到位资金2.51亿元，转移就业642人次，增加群众劳动总收入117.8万元。

（王喜娟）

【机构领导】

县委书记

扎　　西（藏族，12月晋升一级调研员）

县委副书记、政府县长

胡 文 平（12月晋升一级调研员）

县委常务副书记

刘 侃 锋（惠州第八批援藏，7月免）

县委常务副书记

郑 陆 滨（惠州第九批援藏，7月任）

县委副书记、政府常务副县长

李 卫 华（惠州第八批援藏，7月免）

县委副书记、政府常务副县长、三级调研员

孙 立 武（惠州第九批援藏，7月任）

县委副书记、人大常委会主任

折　　宝（藏族，12月免）

县委常委、人大常委会主任（人选）

罗　　松（藏族，12月任）

县委常委

荀 朝 锋

县委常委、组织部部长

陈　　云（12月晋升三级调研员）

县委常委、纪委书记、监察委员会主任

王 焕 清（12月晋升三级调研员）

县委常委、政府常务副县长

洛桑吉美（藏族，4月免）

县委常委、常务副县长

拿比友拉（回族，5月任）

县委常委、政府副县长

龙　　斌

县委常委、统战部部长

格桑次仁（藏族）

县委常委、宣传部部长

巴桑玉珍（女，藏族）

县委常委、政法委书记、公安局局长

夏 华 强

办公室工作

【概况】 县委办公室是朗县县委的综合部门，是正科级行政机构，加挂县委保密委员会办公室、县

10月2日，县委办公室参加“热烈庆祝中华人民共和国成立70周年暨惠朗一家亲”活动

国家保密局、县档案局牌子，归口管理县委机要局。2019年年底，县委办实有工作人员30名，其中，干部27名，工人2名，志愿者1名，中共党员25名。2019年，中共朗县委员会办公室严格按照习近平总书记提出的“坚持绝对忠诚的政治品格”“坚持高度自觉的大局意识”“坚持极端负责的工作作风”“坚持无怨无悔的奉献精神”“坚持廉洁自律的道德操守”的要求，贯彻落实县委部署，协调相关部门开展工作，承担县委运行保障具体事宜。

【自身建设】 2019年，县委办公室紧紧围绕机关党建工作服务中心、建设队伍两大任务，大力推进学习型、服务型、创新型、引领型、战斗型机关党组织建设，结合“不忘初心、牢记使命”“两学一做”学习教育、全区“讲党恩爱核心、讲团结爱祖国、讲贡献爱家园、讲文明爱生活”群众教育实践活动，进一步加强党风廉政建设，积极探索推进工作的新思路新方法，2019年，共开展各类学习70余次，专题研讨10余次，交流发言50余人次，开展各类谈心谈话60余次，撰写心得体会120余篇。

【文稿服务】 2019年，县委办公室撰写各类领导讲话200余篇，各类汇报材料30余篇，各类上报材料20余篇，起草2019年经济工作会议，县委九届四次、五次全会等各类会议材料170余份，有力保障中央、自治区、林芝市、朗县各项决策部署的落地生效。同时，认真总结，查找办文工作中存在的不足之处，及时发现存在的问题，采取切实有效的措施，不断提高办文质量。

【会务筹备】 2019年，县委办公室认真做好会前、会中、会后服务。办理各级来文700余份，统筹安排县委各类会议89次，县委常委会、县四套班子联席会议33次，县委理论中心组学习16次，传达领导批示37次。

【信息工作】 2019年，县委办公室建立健全全县党委系统信息报送考核工作制度，进一步加强信息报送工作，明确要求6个乡（镇）和县直40多个部门按期完成信息报送工作，形成了覆盖全县、反应快捷的信息网络，信息质量有了明显提升。2019年，围绕县委中心工作，围绕经济社会发展的重点难点，不断加大信息报送工作力度，全年收集全县各类信息3000余条，上报《朗县信息》2400余条，完成各类约稿信息30余篇。

【督导检查】 2019年，县委办公室督查工作紧紧围绕县委中心工作，不断改进工作作风、厘清工作思路、创新工作模式、加强业务学习、完善工作机制，尽心竭力为领导决策提供依据，确保各项工作落到实处。全年共下发《督查通报》7期、《县办督查》12期、《领导批示》37期，办理各类督办事项109件，开展实地督查41次，电话抽查148次，检查单位184家次。

【机要保密】 2019年，县委办公室根据人员职务变动及时调整充实机要保密工作领导小组和工作队伍成员。持续强化责任落实，优化完善制度机制，不断增强机要保密规范操作及管理，持续加大网络建设运维，硬件装备配备，专项检查指导，专业人员教育培训。2019年，组织召开机要保密领导小组会议3场次，研究解决重大工作事项；开展机要秘书培训2场次，受教育人数230余人次；针对最新《中华人民共和国密码法》内容，开展宣传5场次；开展保密业务操作及管理培训10场次，参训人员172人次；开展机要保密专项检查指导4次（每季度1次）；根据最新标准、要求和本县工作实际，优化完善业务操作流程和管理制度4套。

（王喜娟）

【机构领导】

县委办主任

周 小 义（7月免）

县委办主任、四级调研员

杨 琪 源（10月任，11月提任一级主任科员，12月提任四级调研员）

县委机要局局长（正科）

索朗次仁（藏族，5月任）

县委办副主任

伍 旭 东（5月免）

县委办副主任、县委保密委员会办公室主任

桂 明 海（11月免）

县委办副主任、国家保密局局长

代　　浪（土家族，12月任国家保密局局长）

县委办副主任、档案局局长

王 喜 娟（女，1—5月任副主任科员，5月任县委办副主任，12月任档案局局长）

县委办副主任、县委保密委员会主任

杨　　涛（1—5月任副主任科员，6月套转为四级主任科员，11月免；11月任县委办副主任、县委保密委员会主任）

档案馆馆长

曲　　吉（女，藏族，12月免）

德青卓玛（女，藏族，12月任）

县委机要局副局长

高 梓 伦（5月任）

档案馆副馆长

次仁拉珍（女，藏族，5月免）

次吉卓玛（女，藏族，5月任，12月免）

刘　　清（女，12月任）

档案馆副主任科员

次吉卓玛（女，藏族，5月免）

县委办四级主任科员

孙　　势（土家族，11月任）

组织工作

【概况】 2019年，县委组织部按照上级组织工作会议和人才工作会议的部署，加强领导班子、干部队伍和人才队伍建设，加强基层组织和党员队伍建设，加强组织部门自身建设，为完成县委和政府各项工作任务提供坚强的组织保证。县委组织部（朗县机构编制委员会办公室）、县委老干部局及其下属事业单位共有编制15名，其中科级领导职数8名。

【思想教育】 2019年，县委组织部坚持把“不忘初心、牢记使命”主题教育作为党建工作重要内容，以习近平新时代中国特色社会主义思想为指引，学习党章党规及《中国共产党党组工作条例》等文件精神；将主题教育与贯彻党的十九届四中全会精神紧密结合，组织集中学习18次，县级干

3月24日，西藏自治区党委常委、组织部部长陈永奇（前左）到朗县金东乡督导检查基层党建工作

部带头开展讨论180人次，讲党课24次；县委书记结合“四讲四爱”和“遵循四条标准、争做先进僧尼”等带头深入村(居)、寺庙、学校开展宣讲8场次，为全县167个基层党组织、3166名党员自觉参与主题教育作出表率。各驻村工作队举办党员培训班162期，为村“两委”班子上文化课575学时，上党课503学时，上政策理论课499学时；各级工作队用藏语和汉语宣讲习近平新时代中国特色社会主义思想和党的十九届四中全会精神584场次，举办专题讲座168次；宣讲自治区第九次党代会、区党委九届三次全会精神233场次。

【基层党建】 2019年，县委组织部整改了10个软弱涣散党组织，制定措施27项。抓实8张党建责任清单，明确职责、压实责任。召开党建工作专题会议3次，研究谋划党建工作。县委组织部班子成员带头建立党建联系点32个。组织各级党员干部到区内外学习培训500余人次，利用国门教育讲习所举办培训班10期、培训500余人，进一步提升党员队伍素质。

【干部队伍建设】 2019年，县委组织部按照“信念坚定、为民服务、勤政务实、敢于担当、清正廉洁”的新时期好干部标准，严格落实《党政领导干部选拔任用工作条例》，把政治素质考察摆在首位，结合党政机构改革、职务与职级并行工作，提拔调整科级干部345人，其中，提任80人，进一步使用38人，平职调整179人，晋升职级48人。注重从基层一线选拔干部，2019年，共提拔重用扶贫领域干部107名。持续加强干部监督管理，强化干部担当意识，科级干部提醒谈话47人次，深入乡镇提醒谈话5人次。严格按照《林芝市人民政府办公室关于认真做好干部职工健康体检工作的通知》要求，落实干部职工体检相关待遇，抓好各单位干部职工体检工作的督促落实，确保参检率达到100%。

12月10日，朗县县委组织部党支部召开“不忘初心、牢记使命”主题教育专题组织生活会

【人才工作】 2019年，朗县县委召开3次常委会议研究人才相关工作，明确了朗县人才工作目标任务，并将人才工作经费纳入全县财政预算。2019年朗县人才工作经费预算140万元，实现了占本年度公共财政预算1%以上的要求。制订了《第九批援藏工作队三年智力朗县各类人才培训计划》，拟投入资金222.45万元，培训215人。按《2019年全县干部培训计划》要求，积极配合上级各部门选派部门、行业优秀人才参加各类培训，全县先后开展培训16个班次，培训各类人才687人次，配合上级部门选派各类人才赴区内外参加培训362人次。全力抓好52名援藏教师和7名医疗人才组团式援藏对接工作；3名专家教授到朗县开展教师培训与研讨活动，接受了朗县84名教育干部、教师赴惠州跟岗研修。

【机构编制管理】 2019年，县委组织部坚持提前谋划，拟定《朗县机构改革方案(初稿)》报市委编办审核，通过后于2019年3月15日将其印发至各单位。各县直机关单位机构设置均按照“三定”规定严格执行，职责划转、机构挂牌、人员转隶等工作已基本完成。各单位已建立健全工作机制，各

7月1日，朗县县委组织部举办朗县“坚定理想守初心 对党忠诚担使命”庆“七一”红歌会

项工作稳步高效运行。

【老干部服务管理】 2019年，县委组织部严格执行离退休干部参加政治理论学习、阅读文件，积极参加县里的经济工作会、人大会、政协会，充分保障广大离退休干部参政议政的权利。县级领导带队到拉萨、山南、林芝、朗县6个乡镇和成都、广西慰问退休干部176人，发放慰问金14.4万元。2019年年底，将老干部的护工费及支部班子补助共18.6万元及时落实到位。坚持做到重要节日、生病住院、有困难时“三个必访”，慰问生病去世退休干部8人。对收到的22件（人）次来信来访及时办理，办结率为100%。成立“夕阳红”志愿服务队，被自治区宣传部评为“最美志愿服务队”。组织老干部开展卫生监督、参与社会治理和慰问演出等活动，引导老干部为建设“五个”朗县发挥余热。

【强基惠民工作】 2019年，县各级工作队宣传扶贫脱贫政策678场次，帮助兴办壮大集体经济实体23个、专业合作经济组织13个，争取扶贫项目43个，投入资金2680.74万元，其中，派驻单位落实扶贫项目14个，投入资金共计388.62余万元。县委主要领导和各派驻村单位多次深入各村（居）开展走访慰问活动，及时了解驻村干部工作、生活现状。各派驻单位积极落实第一责任人及交通安全责任，采取岗前教育培训，带领干部平安入驻。县强基办编写报送简报238期、驻村故事52篇，广泛宣传驻村工作中创造的好经验、好做法以及涌现的先进典型、模范事迹。

【自身建设】 2019年，县委组织部深入学习习近平新时代中国特色社会主义思想，认真落实“讲政治、重公道、业务精、作风好”的总要求，通过学习会、支部主题党日、业务培训会等形式，加强理论和业务学习，提高组工干部综合素质。通过对年度工作目标任务进行分解、各科室每周汇报完成工作情况、半年小结分析和年终总结讲评等方式，强化工作责任管理，推进工作落实。

（王明亮　黄雅婷）

【机构领导】

县委常委、组织部部长、三级调研员
　　陈　云
常务副部长
　　彭　吉（女，藏族，12月退休）
副部长、老干部局局长
　　拉巴卓玛（女，藏族）
副部长、编办主任
　　李　尧（11月任）
县委组织部二级主任科员
　　蒙友建（1—5月任主任科员，6月套转为二级主任科员）
老干部局副局长
　　益　西（女，藏族）
老干部活动中心主任
　　次　仁（女，藏族）
老干部活动中心副主任
　　塔　青（藏族）
县委组织部四级主任科员
　　汪　旭（1—5月任副主任科员，6月套转为四级主任科员）
县委组织部四级主任科员
　　罗　良（11月任）
县委组织部四级主任科员
　　吴昱霖（1—5月任副主任科员，6月套转为四级主任科员）

宣传工作

【概况】 2019年，朗县紧紧围绕学习贯彻习近平新时代中国特色社会主义思想这一首要任务，牢牢把握“举旗帜、聚民心、育新人、兴文化、展形象”的新时代使命任务，在强化理论学习、做强新闻外宣、发挥示范引领等方面下功夫，为全县经济社会长足发展和长治久安提供了强大思想保障。县委宣传部为正科级行政机构，加挂中共朗县委员会网络安全和信息化委员会办公室（对外保留县互联网信息办公室）、广播电视局、新闻出版局、政府新闻办公室牌子，核定行政编制4名，实有人员8名。下设正科级事业单位朗县广播电视台，核定编制6名，实有人员12名；副科级参公单位朗县文化市场综合执法大队，核定编制5名，实有人员1名；副科级事业单位朗县互联网评论中心，核定编制2名，实有人员9名；股级单位朗县电影队，核定编制5名，实有人员6名。

1月31日，中共朗县县委理论中心组开展集中学习

【理论武装】 2019年，县委宣传部发挥县委理论中心组学习龙头作用，通过领导讲课、专家辅导、观看视频、交流心得等形式组织开展，把习近平新时代中国特色社会主义思想和习近平总书记重要讲话作为中心组重点学习内容，集中学习16次（含专题讲座1次），外出参观学习人员交流发言和专题学习谈体会共计34人次。以强化党员干部理论学习为着力点，各级党组织围绕学习重点，开展集中学习、专题讨论、知识竞赛等活动2100余场次，撰写心得体会1200余篇，全县党员干部积极撰写理论文章，党员干部理论水平显著提升。以加强基层群众思想建设为落脚点，县、乡、村三级宣讲队伍开展中共十九大精神、扶贫政策、民族团结、法律法规、反分裂斗争、“四讲四爱”宣讲教育2300场次，受教育群众16.3万人次。

【宣传教育】 2019年，县委宣传部发挥各类宣传载体、宣传阵地的作用，持续开展培育和践行社会主义核心价值观。通过开展中国特色社会主义和中国梦宣传教育、民族团结进步创建教育、国防教育、“五下乡”、新旧西藏对比宣传教育、网络安全宣传教育、反分裂斗争宣传教育、“感恩共产党奋进新时代”西藏百万农奴解放纪念馆巡展等各类宣教活动。

【新闻工作】 2019年，县委宣传部始终坚持党管媒体原则，在市委宣传部的精心指导和县委的统一领导下，以学习贯彻习近平新时代中国特色社会主义思想这一首要任务，牢牢把握“举旗帜、聚民心、育新人、兴文化、展形象”的新时代使命任务，紧紧围绕县委、县政府中心工作和经济社会发展大局，做好新闻外宣和媒体融合发展。2019年，市级以上各类主流媒体刊登（播）朗县信息720条，展示了朗县对外良好形象。全年朗县政府新闻网发布信息1200条，阅读量12413人次，“西藏朗县”“网信朗县”官方微信发布各类信息600条，总阅读量14.6166万人次。县广播电视台制作播放新闻162期657条、上送新闻189条。内部刊物《今日朗县》已编印21期692条新闻。

【媒体宣传】 2019年，县委宣传部建立健全突发公共事件新闻报道应急机制和新闻发言人制度，完成13个行政村综合文化服务中心示范工程建设。加大与上级媒体的沟通联系，在重要节点邀请区内外主流媒体到朗县进行实地采访。人民网刊登了《林芝市朗县县委书记扎西为农牧民群众宣讲“我和我的祖国”》《林芝朗县“四讲四爱”学习忙》《林芝市金东乡“三除三树”探索群众思想教育新模式》《林芝市洛龙村：手牵手心连心团结一致奔小康》《高山草地夜校里的“四讲四爱”》，中国西藏网刊登了《“韩启程”驻村那些事》，新华网刊登了《朗县展示独特塔布民俗文化》《西藏来义村忙碌的一天》《家庭小旅馆、藏乡致富路——西藏朗县冲康村见闻》，中央广播电视总台刊播了《“招财树”结出藏家人致富的“金果果”》，光明网刊登了《党的好政策让我们过上了好日子》《“电商+合作社+贫困户”模式助力西藏朗县脱贫攻坚》。

【文化市场综合执法】 2019年，县委宣传部按照“统筹兼顾、标本兼治、形成合力、全面推进”的思路，突出出版物和印刷品、广电领域、音像制品、娱乐场所等重点内容。建立文化经营单位“一户一档”监管体系和网吧巡查制度，深入推进“扫黄打非”专项行动，联合公安、市监局、消防等成员单位累计检查2家网吧、6家打字复印店、12家歌舞娱乐场所、2家宗教用品店等各类文化经营单位268家次，警告9起、整改3起、停业整顿2起。举办经营业主培训班1期，培训经营业主14人次，与文化经营业户签订责任书。发放“未成年人禁止入内”警示标志和文化市场经营单位情况栏共68份。开展“扫黄打非”集中宣传4场次，发放海报、宣传册、宣传品800余份，受教育群众850余人。

（杨友洪　旦增曲珍）

【机构领导】

县委常委、宣传部部长

巴桑玉珍（女，藏族）

县委宣传部副部长、县网信办主任

杨琪源（11月免）

县委宣传部常务副部长、政府新闻办公室主任

桂明海（11月任）

县委宣传部副部长、广播电视局局长

次仁桑珠（藏族，5月任）

县委宣传部副部长、网信办副主任

吴丹丹（女，11月免）

县委宣传部副部长（副科级）、新闻出版局局长

杨友洪（11月任）

县广播电视台台长

米玛次仁（藏族）

县文化市场综合执法大队二级主任科员

白　央（女，藏族，11月调入）

县文化市场综合执法大队大队长

尼玛扎巴（藏族）

县广播电视台副台长

尼玛曲吉（女，藏族）

县文化市场综合执法大队副队长

李亚超

县广播电视台副台长

钱加典

县互联网评论中心主任

拉巴次仁（藏族，11月免）

谭　猛（11月任）

县委宣传部四级主任科员

旦增曲珍（女，藏族，1—5月任副主任科员，6月套转为四级主任科员）

珍玛曲宗（女，藏族，11月调入）

县文化市场综合执法大队四级主任科员

叶　阳

6月29日，朗县宣传部志愿服务队在达木村田间地头开展志愿服务活动重温入党誓词

统战工作

【概况】2019年，朗县县委统战部坚决贯彻落实中共十九大，十九届二中、三中及四中全会精神，贯彻落实自治区第九次党代会、区党委九届七次全会、全区统战民族宗教工作会议、全区宗教工作会议、市委一届八次全会、全市统战民族宗教工作会议和县委九届五次会议决策部署，严格按照党的民族宗教工作政策和国家宗教事务条例规定，牢牢把握宗教工作原则，以寺庙工作为抓手，推进朗县宗教领域各项工作开展。2019年6月4日，中共朗县委员会统战部与县民族宗教事务局合署办公，名称改为中共朗县委员会统一战线工作部（民族宗教事务局），为正科级行政机构。截至2019年年底，县委统战部（县民宗局）实有人员15名，全县共有10所宗教活动场所，包括4座寺庙（其中巴尔曲德寺是林芝市最大寺庙）、1座日追、5座拉康。

【自身建设】2019年，县委统战部坚持把反腐倡廉教育作为重要任务，深入学习贯彻落实《中国共产党章程》《关于新形势下党内政治生活的若干准则》《中国共产党廉洁自律准则》《中国共产党问责条例》《中国共产党纪律处分条例》《中国共产党党内监督条例》《中国共产党巡视工作条例》等党内法规和中共中央总书记习近平重要讲话精神，认真传达各级纪委相关文件精神，通过正反面教材相结合的学习方式，让干部在思想上绷紧党风廉政建设这根弦，做到警钟长鸣。

【党外人士工作】2019年，县委统战部在全县开展党外代表人士摸底调研工作，建立完善党外人士信息库，落实领导干部联系党外人士制度，走访党外人士20余人次，在加强沟通交流的同时，注重政策宣讲，鼓励为朗县经济社会发展建言献策。加强党外代表人士的教育培养工作，坚持以“同心”思想为引领，着力提高党外代表人士政治把握能力、参政议政能力、组织协调能力和合作共事能力，为推动朗县科学发展、社会和谐贡献才智。

【宣传教育活动】2019年，县委统战部（县民宗局）按照自治区、林芝市、朗县党委政府安排部署，严格根据上级业务部门工作要求，认真组织，深入开展“四讲四爱”群众教育实践活动、“遵行四条标准、争做先进僧尼”教育实践活动和学习宣传新修订《宗教事务条例》活动，结合中华人民共和国成立70周年，各寺管会（专职管理特派员办事机构）因地制宜，针对朗县各寺庙僧尼的特点，制定详细的宣讲内容和方式，通过口语化、书面化、一对一、面对面等多种方式，确保宣讲工作取得实效。林芝市宣讲组到朗县各宗教活动场所开展宣讲2次；县委书记、县长等县级领导深入寺庙开展宣讲6次；统战民宗召开宣讲培训会5场次，开展宣讲70次，督导13次；各寺管会（专职管理特派员办事机构）开展宣教活动及宣讲83次，受教育僧众达1300人次。

开展交叉宣讲、演讲比赛，组织宣讲队伍到寺庙牧场、虫草采挖点，对僧尼和信教群众开展宣讲，结合法治教育、民族团结宣传、红色讲堂等活动开展宣讲，教

3月27日，林芝市政协副主席达瓦（左三）到朗县督导宗教领域工作

育僧尼学法、懂法、用法，引导僧尼群众用法律武器规范和保护自己。组织全县僧尼参观学习朗县爱国主义教育基地、烈士陵园、书法展等，使僧尼忆苦思甜，明白惠从何来、惠在何处，进一步知党恩、感党恩，坚定跟党走的信心和决心。引导僧尼和信教群众主动参与国土绿化，在中华人民共和国成立70周年和西藏民主改革60周年及"植树节"期间，各寺管会组织寺庙僧尼和干部在寺庙和村落周围植树4次，种植树苗5700余株，新建灌溉水渠1600米，占地120亩。通过活动不仅绿化了寺庙和村落周边环境，还利用植树间隙向僧尼和信教群众宣传改善生态环境、建设美丽家园的重要性，增强信教群众生态文明建设的思想自觉和行动自觉。

【加强和创新寺庙管理】 2019年，县委统战部（县民宗局）健全考勤、巡逻、隐患排查、日记等工作台账和各宗教活动场所寺规僧约，通过各项制度的建立健全，使朗县宗教领域各项工作开展有章可依、有规可守、有制可循，有效提高涉宗干部的政策水平和工作能力，促进寺庙管理各项工作顺利开展，提高寺庙财务管理的规范化、公开化水平。为切实履行三大职能，实现利寺惠僧政策全覆盖，在扎实开展僧尼"三险一保"工作、僧尼免费体检以外，积极协调相关单位解决僧尼和群众的实际困难。

7月4日，朗县县委统战部组织民族团结进步模范集体和个人代表开展交流学习活动

【民族团结进步创建活动】 2019年，县委、县政府高度重视民族团结进步创建活动，投入专项资金40万余元用于创建活动。县委统战部（县民宗局）通过会议、宣传栏、设立广告牌、实物发放、文艺演出、讲座、交流发言等形式，开展朗县民族团结进步创建活动，进一步增强朗县各级干部群众"三个离不开"思想。

【评选表彰活动】 2019年，由县委统战部（县民宗局）组织召开"遵行四条标准、争做先进僧尼"教育实践活动表彰大会2次，表彰优秀僧尼129人次，模范寺庙6个，优秀组织单位6个，先进寺管干部8人，共兑现奖金156640元。朗县被评为林芝市民族团结进步创建示范县，全县评选出自治区级模范个人1名，模范集体1个；市级模范个人2名，模范集体3个，示范点1个。全年召开朗县民族团结进步表彰活动2次，表彰模范个人33名，模范集体17个，县级示范点7个，兑现奖金12.9万元。

（关天铭）

【机构领导】

县委常委、统战部部长
　　格桑次仁（藏族）
常务副部长
　　米　　玛（藏族，12月免）
　　邱 少 林（12月任）
副部长、民宗局局长
　　旦增次仁（藏族，12月免）
　　米　　玛（藏族，12月任）
二级主任科员
　　拉巴次仁（藏族，12月免）
　　平措卓玛（女，藏族，12月任）
统战部副部长
　　白　　央（女，藏族，5月任，12月免）
民宗局副局长
　　白　　央（女，藏族，5月免）
　　次旦卓玛（女，藏族，12月免）
　　吴　　俊

四级主任科员
玛　朗（藏族）
白　珍（女，藏族）
白玛多杰（藏族）
珍玛曲宗（女，藏族，12月免）

强基惠民活动

【概况】 2019年，自全区第八批驻村工作启动以来，各级各部门自觉把干部驻村工作作为一项重大政治任务，紧紧围绕新时代干部驻村工作"七项重点任务"，完成了第八批驻村工作任务。

【组织保障】 2019年，县委主要领导和各派驻村单位以"三大节日"等重要节点为契机，多次深入各村（居）开展走访慰问活动，及时了解驻村干部工作、生活现状，帮助他们解决困难问题。各派驻单位积极落实第一责任人及交通安全责任，采取岗前教育培训方式，带领干部踏实平安入驻，确保了干部驻村无交通安全事故。

【基层党建】 2019年，各级工作队坚持以党建为引领，结合"三个培养""三帮一带"和万名村（居）干部文化素质提升工程，持续推动基层组织和党员队伍建设，累计开展党课教育741学时，村干部文化教育课792学时，政策理论743学时，开展党员培训教育178余场次3501人次，发展党员35人、预备党员39人。

【业务培训】 2019年，县强基办按照"属地管理、分级培训"的原则，根据驻村工作需要，协调市委党校、县委宣传部、县纪委、县财政局、县扶贫办、县卫健委等相关业务部门举办朗县创先争优强基础惠民生活动第八批驻村（居）工作队培训会，3月30日各乡镇组织驻村工作队开展扶贫知识测试，9月19—20日开展2019年脱贫攻坚政策知识培训会，进一步提升乡（镇）强基办负责人、驻村干部、村干部、第一书记履职能力、服务水平。

1月8日，朗县召开创先争优强基础惠民生活动第七批驻村工作总结表彰暨第八批驻村工作动员大会

【宣传工作】 2019年，县强基办研究制定了切实可行的宣传方案，多渠道收集素材，多渠道宣传推广，编写报送强基惠民活动简报238期、驻村故事52篇；积极协调县委宣传部、政府办、文广局、电视台等多部门发挥舆论引导的重要作用，充分利用微信公众号、政府网站、新闻媒体等平台，广泛宣传驻村工作中创造的好经验、好做法以及涌现的先进典型、模范事迹，展示驻村工作成效和干部良好形象，切实营造各方重视、人人关心、人人支持干部驻村工作的良好氛围。

【思想教育】 2019年，各级工作队始终把学习宣传贯彻习近平新时代中国特色社会主义思想和中共十九大，十九届二中、三中、四中全会精神作为驻村首要政治任务，以"四讲四爱"群众教育实践活动、"双红工程"为抓手，深入群众家中以及虫草采集点，开展习近平新时代中国特色社会主义思想和党的创新理论宣讲685场次，发放宣传资料7042份，受教育群众达4.44万人次。

【脱贫攻坚】 2019年，各派驻单位、各级工作队以实际行动在脱贫攻坚主战场践行初心使命、书写责任担当，开展扶贫政策宣讲1161场次，受教育群众4.8万人次，帮助发展壮大村集体经济实体23个、专业合作经济组织13个，多渠道协调争取落实扶贫项目44个，投入资金2680.84万元，全面拓宽了农牧民群众的增收致富渠道，激发了脱贫攻坚的内生动力。

【精神文明】 2019年，各级工作队高度重视精神文明建设工作，积极举办践行社会主义核心价值观、道德典范、好人好事评选创建等活动，广泛开展“两降一升”、防传销欺骗诈骗、“包虫病”综合防治、法律、禁毒防毒等知识宣传活动1202场次、受教育群众7.48万人次。

【主题教育】 2019年，各级工作队全面把握“守初心、担使命，找差距、抓落实”的总体要求，紧扣“不忘初心、牢记使命”这一主线，把开展学习教育、调查研究、检视问题、整改落实贯穿始终、一体推进，按照朗县主题教育“十个一”活动，逐一推进落实，以边学边改、即查即改等方式长期坚持，各村（居）开展主题教育及学习291场次，参与党员7209人次。

（张艺超）

【机构领导】

组长、县委书记

扎　　西（藏族）

副组长、县委常委、组织部部长

陈　　云

县委常委、宣传部部长

巴桑玉珍（女，藏族）

巡察工作

【概况】 2019年，在县委坚强领导和市委巡察办的精心指导下，朗县县委巡察办坚持以习近平新时代中国特色社会主义思想为指引，认真学习贯彻中共十九大及十九届四中全会精神，增强“四个意识”，做到“两个维护”。严格按照中央、自治区党委、林芝市委、朗县县委关于巡察工作的决策部署，加强队伍建设，健全工作机制，深化政治巡察，持续推进整改，推动了朗县巡察工作高质量发展。2019年，县委巡察机构（巡察办和2个巡察组）核定编制6名。其中，巡察办核定行政编制2名，科级干部职数2名（正科级1名、副科级1名）；县委巡察一组、巡察二组行政编制4名，科级干部职数4名（正科级2名、副科级2名）。

【巡察工作】 2019年，县委巡察办完成九届县委第四、五轮巡察工作。2018年11月19日至2019年1月15日，组建2个巡察组，其中巡察一组对交通局、民政局、农牧局开展常规巡察，县（区）交叉巡察组对仲达镇、扶贫办、财政局等开展扶贫领域专项巡察。1月10—15日对被巡察单位进行了反馈，第四轮巡察发现问题98个，反馈问题98个。

5月14日至8月5日，组建3个巡察组对10个单位开展常规巡察，其中县（区）交叉巡察组巡察县公安局党委、县发展和改革委员会、县教育局；县委巡察一组巡察县人力资源和社会保障局、县住房和城乡建设局、县司法局；县委巡察二组巡察县粮油公司、县自来水有限公司、县旅游开发经营有限责任公司、县农业机械供应站。第五轮巡察发现问题277个，反馈问题277个，移交问题线索2件。

5月7日，九届县委第五轮巡察工作动员部署会召开

【巡察方法】 坚持依规依纪。2019年，巡察办制定了巡察工作方案，明确基本流程和工作方式，向纪检、组织、检察、信访等相关单位发出通报函，要求提供被巡察党组织领导班子及其成员党风廉政和有关方面的情况，综合运用函询、谈话、核查、问卷、暗访等方式多渠道、多方位地发现和捕捉有价值的信息和线索，对于梳理筛选后的问题进行深入了解，重大问题及时通过巡察办向领导小组汇报，必要时请纪委等有关部门协助调查，切实把问题调查了解清楚。

3月17日，九届县委第四轮巡察干部经验交流会召开

强化成果运用。2019年，巡察组安排专人负责起草报告。巡察报告做到有观点、有事例、有数据、有分析；推行巡察报告问题底稿制度，凡是写进报告的问题都要有具体的人和事作支撑。对问题定性准确，尤其是对违反中央八项规定及其实施细则精神的问题，严格政策界限、时间节点，注意区分性质。严肃巡察反馈，向被巡察党组织进行反馈，指出顶风违纪的问题。规范问题移交，抓好整改，要把巡察整改贯穿巡察全过程。2019年，县委巡察办多次实地到被巡察单位进行督查，参加被巡察单位召开的民主生活会、组织生活会，并加强同被巡察单位负责人沟通，促进巡察成果转化。

【自身建设】 2019年，县委巡察办建立与县委组织部、信访局等部门协调机制，形成工作合力。健全完善与纪委信访、案件监督管理、监察室等职能部门的协作机制，形成统一规范、明确流畅的工作流程。在巡察整改工作中建立县委巡察办、纪委、组织部联合督导机制，进一步加强对被巡察党组织的督促，严格落实整改的主体责任。

每轮组建巡察组后，第一时间组织学习相关纪律，严守廉洁纪律，禁止利用工作便利谋取私利；严守组织纪律，服从组织安排，重要事项一律请示报告；严守工作纪律，巡察期间与原单位工作脱钩，只向巡察工作领导小组负责；严守群众纪律和生活纪律、严格执行中央八项规定精神；严守保密纪律，与每一名巡察干部签订“保密责任书”，严格保管各类资料和设备等。

（田 园）

【机构领导】

巡察办主任

白玛江措（门巴族，11月免）

张 波（11月任）

巡察办二级主任科员

扎 桑（女，藏族，11月任）

巡察办副主任

李 艳（11月免）

白玛拉姆（女，藏族，11月任）

巡察一组组长

次仁措姆（女，藏族，5月任）

巡察一组副组长

邓延生

巡察二组组长

张 波（11月免）

卓玛次仁（女，藏族，11月任）

巡察二组副组长

扎 桑（女，藏族，11月免）

何鹏飞（11月任）

国家安全办公室

【概况】 中共朗县委员会国家安全委员会办公室成立于2019年5月，是中共朗县委员会国家安全委员会的办事机构，为正科级，列县委工作机关序列，承担县委国安委日常工作。县国安指挥部与县委国安办实行“两块牌子、一套人马”，在县委和县委国安委领导下承担统一指挥全县维护国家安全和社会稳定的职责。2019年，县委国安办设主任1名，常务副主任1名，副主任2名。

【意识形态工作】 2019年，县委国安办成立国安办意识形态工作领导小组，落实领导班子意识形态工作的主体责任、党支部书记意识形态工作的第一责任、负责同志的直接责任，明确了工作责任，形成了工作合力。加强对全体干部的思想政治教育，深入学习党的路线方针政策和最新理论成果，学习习近平新时代中国特色社会主义思想，学习中共十九大精神。十九届二中、三中、四中全会精神，学习《中华人民共和国国家安全法》《中华人民共和国保守国家秘密法》等，增强国安干部的党性修养，树牢“四个意识”，坚定“四个自信”，做到“两个维护”。2019年，共组织集中学习30余场次。

【“不忘初心、牢记使命”主题教育】 2019年9月12日，县委国安办党支部启动了“不忘初心、牢记使命”主题教育，按照“守初心、担使命、找差距、抓落实”的总要求，抓好了学习教育、调查研究、问题检视、整改落实各环节的工作。在主题教育期间以深化理论学习为基础，以抓实调查研究为载体，以深入检视问题为契机，以狠抓整改落实为驱动，坚持密切联系实际、坚持问题导向，组织开展调研1次，发现问题1类2条，为民解难事1项，党支部成员对普通党员共谈心谈话2次，征求到意见建议3类7条，对调研发现和征求汇总的问题已全部完成了整改。

【反腐倡廉】 2019年，县委国安办始终把党风廉政和反腐败工作作为党建工作的重点，按照县委县政府关于党风廉政建设和反腐败工作的相关文件精神，狠抓党风廉政建设责任制落实和“一把手”工程建设，通过建制度、强机制、强监管，层层签订党风廉政建设责任书，进一步增强党员干部廉洁自律的自觉性。

【党内民主建设】 2019年，县委国安办以机关支部为载体，以推进“五好”班子建设为抓手，充分发扬党内民主建设，积极推行班子民主决策，重大问题集体研究决策，分工负责，齐抓共管，提升班子和队伍工作水平，通过公开党内决策程序，议事规则，党费收缴情况等一系列可以公开的内容，充分发扬民主，进一步激发党员干部的工作积极性。

【党员发展】 2019年，县委国安办党支部有干部6名，支部书记1名，其中正式党员5名（女性党员2名、男性党员3名），青年团员1名。严格按照《中国共产党发展党员工作细则》规定，坚持“控制总量、优化结构、提高质量、发挥作用”的方针发展党员。

【民族团结工作】 2019年，县委国安办成立民族团结工作领导小组，制定了工作方案和计划，并将民族团结进步工作纳入全年重点工作，周密安排部署，精心组织实施。把加强民族团结与“四讲四爱”群众教育实践活动、民族团结进步示范县创建活动与“不忘

12月28日，中共朗县委员会国家安全委员会办公室主任夏华强（中）在乡镇检查工作

初心、牢记使命”主题教育有机融合,7月25日召开以“民族团结在身边”为主题座谈会,全体干部围绕“民族团结在身边”主题积极发言,不断增强干部维护祖国统一、维护民族团结、维护社会稳定的自觉性和坚定性,进一步巩固和发展各民族和睦相处、和衷共济、和谐发展的良好局面。9月20日组织召开民族团结进步创建活动“九进”工作推进会,以深入开展民族团结进步创建活动为抓手,认真贯彻落实朗县民族团结进步示范区建设工作推进会精神,进一步促进机关内部团结。组织干部学习党和国家民族宗教理论政策法规,将民族宗教理论政策知识贯彻到日常工作和生活中。

(吴丹丹)

【机构领导】

县委常委、政法委书记、国安办主任、公安局局长、督察长

夏 华 强(5月任国安办主任)

国安办常务副主任

唐 伟(5月任)

国安办副主任

伍 旭 东(5月任)

次仁顿珠(藏族,5月任)

机关党建

【概况】 2019年,在县委领导下,在县委组织部具体指导下,县直机关各级党组织认真学习贯彻中共十九大精神,以习近平新时代中国特色社会主义思想为指导,以全面从严治党为主线,紧紧围绕“服务中心,建设队伍,促进发展,发挥作用”总体工作思路,从实际出发,解放思想、扎实工作、强化机关党建工作责任,严肃党内政治生活,规范基础、巩固阵地、力求创新,机关党建规范化、科学化水平不断提高。截至2019年年底,县直机关共有党的基层组织53个,其中党委1个,党支部52个,共有党员757名,其中县直机关工委共有在职干部4名,其中科级干部3名。

【学习教育常态化】 2019年,县直机关工委坚决落实中央、区党委、市委、县委相关要求,督促机关各党组织紧紧围绕习近平新时代中国特色社会主义思想、习近平总书记重要讲话精神、习近平总书记关于“不忘初心、牢记使命”主题教育重要论述等内容,通过集中学习、专题研讨、个人自学、领导干部上党课等形式开展学习教育,县直机关各级党组织全年开展理论学习2000余场次、参学党员2万余人次。

【党的组织生活】 2019年,县直机关工委严格落实“主体责任”和“一岗双责”,坚持把“两学一做”学习教育常态化制度化,党员教育管理、“三会一课”、主题党日、民主评议党员、组织生活会等制度抓在日常、融入经常,党内政治生活更加规范,党员领导干部模范带头作用不断增强。严格落实区党委、市委、县委安排部署,多措并举督促所属党组织从严从实召开组织生活会,开展民主评议党员工作。全县机关党支部班子共查摆问题347个,支部班子成员查摆问题794个,党员查摆问题1982个。全程现场指导、点评所属52个支部组织生活会,严格按照会议步骤和程序安排,形成了“团结—批评—团结”的良好氛围。

【发展党员】 2019年,县直机关工委坚持十六字工作方针和票决制,审核入党材料93份,利用3天时间开展入党积极分子培训,并对60名发展对象进行了知识考核,发展党员19名,预备党员转正21名。

【换届选举】 2019年,县直机关工委对即将届满的党组织发出提醒函,制定《朗县县直机关党组织换届选举工作方案》,组织召开县直机关党组织换届选举工作培训会,按期换届选举党组织48个,选举产生39个支部委员会、48名党支部书记、20名党支部副书记。

【党建示范点创建】 2019年,县直机关工委设立党建示范点5个、党员示范岗36个。全县评选表彰先进基层党组织9个、优秀共产党员34人、优秀党务工作者9名,选树先进典型5人。

【党组织设置】 2019年,成立中共朗县国家安全委员会办公室党支部、中共朗县退役军人事务局党支部、中共朗县医疗保障局支部委员会、中共朗县外事办公室

6月4日，朗县县直机关工委在湷州大会堂组织开展党建工作人员年度业务培训会

党支部、中共朗县气象局党支部；更名中共朗县自然资源局支部委员会、中共朗县卫生健康委员会支部委员会、中共林芝市生态环境局朗县分局支部委员会、中共朗县应急管理局支部委员会、中共朗县农业农村局支部委员会、中共朗县林业和草原局支部委员会；中共朗县旅游发展委员会党支部、中共朗县文化局党支部合并更名中共朗县文化和旅游局支部委员会；中共朗县食品药品监督管理局党支部、中共朗县工商局党支部合并更名中共朗县市场监督管理局支部委员会。

【“四对一”精准扶贫】 2019年，县直机关工委多次对洞嘎镇嘎贡村洛桑扎西、索朗扎西等帮扶对象进行走访和实地帮扶，主要采取“扶贫先扶志”工作原则，对贫困户进行励志思想教育，多次自筹资金为贫困户送去价值共计4000元的慰问品和慰问金，对帮扶对象索朗扎西、洛桑扎西进行烧烤实用技术培训，效果明显，实现了由“输血”向“造血”转变。

（李俊莹）

【机构领导】

县直机关工委书记

王　雷

县直机关工委副书记

孙路鹏（12月免）

时志成（12月任）

次吉卓玛（女，藏族，12月任）

朗县人民代表大会

综述

【概况】 2019年,在县委领导下,在市人大常委会的有力指导下,县人大以马克思列宁主义、毛泽东思想、邓小平理论、“三个代表”重要思想、科学发展观、习近平新时代中国特色社会主义思想为指导,贯彻落实中共十九大,十九届二中、三中、四中全会精神,深入贯彻习近平总书记重要讲话精神和治国理政新理念新思想新战略,特别是治边稳藏重要战略思想,把权为民所用、情为民所系、利为民所谋,作为人大工作准则,履行宪法和法律赋予的职责,充分发挥人大及其常委会的职能作用,较好地完成了朗县十三届人大五次会议确定的各项任务。

【服务中心工作】 2019年,县人大常委会紧紧围绕市委、县委的中心工作和改革发展稳定大局,主动融入发展新常态,准确定位、依法履职。围绕县委关于县处级领导联系乡(镇)工作安排,人大常委会班子成员定期、不定期地深入联系乡(镇)、村(居)委会、寺庙和学校了解情况,协调推进基层工作;围绕朗县维稳一线指挥部带班值班和县级领导周末、节假日留守人员的统一安排,人大常委会班子成员严格按照相关要求,落实工作责任;围绕县委“六大产业”发展,人大常委会主任兼任特色农牧业领导小组组长,多次深入调研,助力特色农牧业工作稳步推进。

【人事任免】 2019年,县人大常委会坚持党管干部和人大依法任免干部相结合的原则,严格按照法定程序,认真行使人事任免权,确保党委的人事安排意图圆满实现。2019年,县人大常委会先后依法任免国家机关工作人员56人次,其中,任免政府及组成部门负责人25人次、法检两院工作人员31人次。依法接受辞去林芝市一届人大代表职务3人次和朗县第十三届人大常委会委员职务

6月23日,民盟十二届中央副主席龙庄伟(前左三)一行到朗县调研脱贫攻坚工作

4月22日，林芝市人大常委会副主任次仁央宗（前左四）一行到朗县检查《中华人民共和国文物保护法》贯彻执行情况

1人次。人大常委会通过组织任命人员进行任职发言、投票选举、颁发任命书、向宪法宣誓等方式，进一步增强被任命干部的法律意识、公仆意识、责任意识和主动接受人大监督的自觉性。

【监督工作】 2019年，县人大常委会根据2019年监督议题，紧紧围绕人大重点工作和服务发展大局的职能定位，围绕进一步督促政府做好特色农牧业、水利、旅游发展、城乡建设、环境保护以及各乡镇开展“扫黑除恶”专项斗争等工作，认真听取和审议涉及群众切身利益的各项工作报告18项。同时，配合全国、市人大相关执法检查组，对朗县《中华人民共和国工会法》《中华人民共和国文物保护法》等法律法规的执行情况和脱贫攻坚工作、学校食品安全进行检查。

【视察工作】 2019年，县人大常委会按照增强人大工作实效、开创人大工作新局面的要求，着眼县委和县政府工作大局，按照县委部署要求，围绕群众切身利益问题，由县人大常委会牵头、乡镇人大配合、职能部门参与，组织对朗镇申木村土地平整项目未按期完工交付使用的问题、乡镇对辣椒种植管理情况、乡镇人大工作、扶贫工作等视察调研。其间，本着对党和人民高度负责的精神，深入基层，走村入户，既检查有关法律法规、政策的实施、落实情况，又得到大量第一手材料，为常委会审议相关议题奠定基础。

【培训工作】 10月14—16日，县人大机关组织人员深入全县各乡镇以宣讲方式，对6个乡（镇）三级人大代表进行履职能力培训。通过培训切实提高农牧民代表依法履行代表职务的综合素质和能力水平。年内，县人大常委会及人大常委会机关共计9人次先后到区外等地参加培训。通过培训进一步坚定人大干部和人大代表的政治定力，提升人大干部和人大代表的理论素养和履职能力，坚持党的领导不动摇、坚持为民履职不懈怠、坚持法治建设不放松。

（杨小琴）

【机构领导】

县委副书记、人大常委会主任

折　宝（藏族，12月免）

县委常委、人大常委会主任（人选）

罗　松（藏族，12月任）

副主任

董守华

向　阳

周家林

副主任人选

余娅莉（女，4月任）

朗县第十三届人大代表名录

表 1

姓名	性别	年龄	民族	籍贯	政治面貌	学历	工作单位及职务	选区
扎　西	男	50	藏族	西藏日喀则	中共党员	研究生	朗县县委书记	洞嘎扎西塘选区
胡文平	男	43	汉族	重庆垫江	中共党员	大专	朗县县委副书记、县长	仲达机关选区
折　宝	男	47	藏族	西藏波密	中共党员	大专	朗县县委副书记、人大常委会主任	洞嘎镇聂选区
陈　云	男	42	汉族	重庆垫江	中共党员	本科	朗县县委常委、组织部部长	登木乡登木选区
巴桑玉珍	女	41	藏族	西藏波密	中共党员	大专	朗县县委常委、宣传部部长	仲达镇仲达村选区
王焕清	男	47	汉族	河南太康	中共党员	本科	朗县县委常委、纪委书记	拉多乡拉多村选区
向　阳	男	41	汉族	四川达州	中共党员	本科	朗县人大常委会副主任	登木乡森木选区
董守华	男	46	汉族	山东博兴	中共党员	大专	朗县人大常委会副主任	洞嘎达木选区
周家林	男	44	汉族	重庆垫江	中共党员	大学	朗县人大常委会副主任	拉多乡巴顿选区
戴　金	男	47	藏族	四川内江	中共党员	本科	朗县人民法院院长	县城第一选区
索朗加措	男	47	藏族	西藏贡布江达	中共党员	大学	朗县人民检察院检察长	金东乡来义选区
德　庆	女	37	藏族	西藏尼木	中共党员	本科	朗县人大办主任	朗镇托麦选区
索朗边久	男	43	藏族	朗县登木	中共党员	大专	朗县人大财经委主任委员	金东乡秀选区
旦增顿珠	男	28	藏族	西藏拉萨	中共党员	本科	朗县人大财经委副主任委员	登木乡比邻选区
王　策	男	32	汉族	四川夹江	中共党员	大专	朗县工青妇综合办科员	县城第一选区
尼玛曲吉	女	39	藏族	西藏林芝	中共党员	本科	朗县电视台副台长	县城第一选区
达　瓦	男	37	藏族	西藏贡布江达	中共党员	大学	朗县公安局副局长	县城第二选区
达娃仓决	女	34	藏族	西藏洛扎	中共党员	本科	朗县国土局主任科员	县城第二选区
加　措	男	54	藏族	西藏朗县	中共党员	大专	朗县教育局教研员	县城第三选区
益西曲珍	女	39	藏族	西藏扎囊	中共党员	本科	朗县环保局副局长	县城第三选区
尼玛次仁	男	34	藏族	西藏贡嘎	中共党员	本科	朗县住建局局长	县城第三选区
德　列	男	63	藏族	西藏朗县	中共党员	初中	朗县退休干部	县城第四选区
旦增旦培	男	30	藏族	西藏朗县	中共党员	本科	农行朗县支行客户经理	县城第四选区
金东乡								
乔顿珠	男	25	藏族	西藏米林	中共党员	本科	金东乡党委书记	金东乡秀选区
单增措姆	女	32	藏族	朗县金东	中共党员	初中	金东乡东雄村党支部书记、妇女主任	金东乡东雄选区
其　帕	男	46	藏族	朗县金东	中共党员	小学	金东乡秀村村委会主任	金东乡秀选区
白　玛	男	49	藏族	朗县金东	中共党员	小学	金东乡巴龙村副主任	金东乡东雄选区
格　桑	男	48	藏族	朗县金东	中共党员	小学	金东乡来义村党支部书记	金东乡来义选区
洛桑多吉	男	43	藏族	朗县金东	中共党员	小学	金东乡松木村村委员	金东乡来义选区

续表 1

姓名	性别	年龄	民族	籍贯	政治面貌	学历	工作单位及职务	选区
平　　措	男	34	藏族	朗县金东	中共党员	小学	金东乡帮玛村村民	金东乡来义选区
索朗帕加	男	58	藏族	朗县金东	中共党员	小学	金东乡西日卡村村民	金东乡西日卡选区
索朗多布杰	男	38	藏族	朗县金东	中共党员	小学	金东乡西日卡村党支部书记	金东乡西日卡选区
拉多乡								
蒋云海	男	39	汉族	湖北咸丰	中共党员	中专	拉多乡党委书记	拉多乡巴顿选区
洛桑旺堆	男	33	藏族	朗县拉多	中共党员	小学	拉多乡东昌巴村村民	拉多乡昌巴选区
强巴多吉	男	42	藏族	朗县拉多	中共党员	小学	拉多乡西昌巴村村民	拉多乡昌巴选区
次仁贡布	男	39	藏族	朗县拉多	中共党员	小学	拉多村党支部书记	拉多乡拉多村选区
格桑多吉	男	49	藏族	朗县拉多	中共党员	小学	拉多乡吉村支部书记	拉多乡拉多村选区
白玛桑珠	男	31	藏族	朗县拉多	中共党员	小学	拉多乡杰村党支部书记	拉多乡杰村选区
仓　　吉	女	42	藏族	朗县拉多	中共党员	小学	拉多乡杰村村民	拉多乡杰村选区
格桑德吉	女	34	藏族	朗县拉多	中共党员	小学	拉多乡巴顿村妇女主任	拉多乡巴顿村选区
帕　　加	男	51	藏族	朗县拉多	中共党员	小学	拉多乡藏村党支部书记	拉多乡藏村选区
次仁贡布	男	47	藏族	朗县拉多	中共党员	小学	拉多乡许村党支部书记	拉多乡许村选区
登木乡								
姜　　斌	男	36	汉族	四川南充	中共党员	本科	朗县登木乡党委书记	登木乡如字选区
米　　玛	男	43	藏族	朗县登木	中共党员	小学	登木乡崩嘎村村委会主任	登木乡崩嘎选区
白玛拉珍	女	41	藏族	朗县登木	中共党员	小学	登木乡崩嘎村妇代会主任	登木乡崩嘎选区
索朗坚参	男	42	藏族	朗县登木	中共党员	小学	登木乡多龙村党支部书记	登木乡崩嘎选区
格桑乔嘎	男	46	藏族	朗县登木	中共党员	初中	登木乡如字村党支部书记	登木乡如字选区
次仁卓玛	女	31	藏族	朗县登木	中共党员	初中	登木乡登木村妇代会主任	登木乡登木村选区
达　　娃	女	30	藏族	朗县登木	中共党员	初中	登木乡洛龙村村委会主任	登木乡洛龙选区
多吉巴珠	男	52	藏族	朗县登木	中共党员	小学	登木乡比邻村党支部书记	登木乡比邻选区
嘎玛央宗	女	48	藏族	朗县登木	中共党员	小学	登木乡森木村妇代会主任	登木乡森木选区
多吉珠扎	男	47	藏族	朗县登木	中共党员	小学	登木乡巴桑村党支部书记	登木乡森木选区
索朗拉珍	女	35	藏族	朗县登木	中共党员	小学	登木乡崩达村妇代会主任	登木乡亚许选区
巴　　路	男	40	藏族	朗县登木	中共党员	小学	登木乡左嘎村党支部书记	登木乡亚许选区
洞嘎镇								
边　　贵	男	39	藏族	西藏日喀则	中共党员	本科	朗县洞嘎镇党委书记	洞嘎镇卓村选区
朗　　嘎	男	48	藏族	朗县洞嘎	中共党员	小学	洞嘎镇扎西塘村党支部书记	洞嘎镇扎西塘选区
索朗卓嘎	女	45	藏族	朗县洞嘎	群众	小学	洞嘎镇堆村村民	洞嘎镇堆村选区
平措加布	男	67	藏族	朗县洞嘎	中共党员	小学	洞嘎镇聂村村民	洞嘎镇聂选区

续表 1

姓名	性别	年龄	民族	籍贯	政治面貌	学历	工作单位及职务	选区
格桑多吉	男	44	藏族	朗县洞嘎	中共党员	小学	洞嘎镇达木村党支书	洞嘎镇达木选区
次旺桑珠	男	46	藏族	朗县洞嘎	中共党员	小学	洞嘎镇嘎贡村村民	洞嘎镇嘎贡选区
帕加卓玛	女	39	藏族	朗县洞嘎	中共党员	小学	洞嘎镇江村村民	洞嘎镇嘎贡选区
格桑多布杰	男	39	藏族	朗县洞嘎	中共党员	小学	洞嘎镇衮村村民	洞嘎镇衮选区
亚　日	女	34	珞巴族	朗县洞嘎	中共党员	小学	洞嘎镇衮村村民	洞嘎镇衮选区
土登尼玛	男	41	藏族	朗县洞嘎	中共党员	小学	洞嘎镇衮村村民	洞嘎镇衮选区
普布多吉	男	39	藏族	西藏米林	中共党员	大专	朗县洞嘎镇人大主席	朗镇堆巴塘选区
朗　镇								
罗　桑	男	54	藏族	朗县朗镇	中共党员	小学	朗镇冲康村村民	朗镇冲康选区
拉　巴	女	59	藏族	朗县朗镇	群众	小学	朗镇冲康村村民	朗镇冲康选区
索朗多吉	男	36	藏族	朗县朗镇	中共党员	小学	朗镇巴热村党支部书记、村主任	朗镇巴热选区
巴　珠	男	49	藏族	朗县朗镇	中共党员	小学	朗镇巴热村村民	朗镇巴热选区
土　登	男	65	藏族	朗县朗镇	群众	小学	朗镇托麦村村民	朗镇托麦选区
久　美	男	62	藏族	朗县朗镇	群众	小学	朗镇托麦村村民	朗镇托麦选区
次仁卓嘎	女	49	藏族	朗县朗镇	中共党员	小学	朗镇堆巴塘村委会委员、妇代会主任	朗镇堆巴塘选区
索朗旺堆	男	42	藏族	朗县朗镇	中共党员	小学	朗镇娘村党支部书记	朗镇堆巴塘选区
格　列	男	39	藏族	朗县朗镇	中共党员	小学	朗镇申木村党支部书记	朗镇朗巴选区
乔卓玛	女	64	藏族	朗县朗镇	中共党员	小学	朗镇朗巴居委会党支部副书记	朗镇朗巴选区
坚增措尼	男	47	藏族	朗县朗镇	群众	初中	朗县巴尔曲德寺僧人	朗镇堆巴选区
占　堆	男	52	藏族	朗县朗镇	中共党员	小学	朗镇堆巴村副主任	朗镇堆巴选区
仲达镇								
琼　达	男	33	藏族	西藏山南	中共党员	本科	朗县仲达镇党委书记	仲达镇机关选区
西　洛	男	26	藏族	西藏林芝	中共党员	大专	仲达镇生产营副连长	仲达镇生产营选区
索朗多布杰	男	42	藏族	朗县仲达	中共党员	小学	仲达镇达贵村支书、村主任	仲达镇折木朗选区
旦增卓嘎	女	38	藏族	朗县仲达	中共党员	小学	仲达镇卓岗村妇女主任	仲达镇折木朗选区
中其律	男	46	藏族	朗县仲达	中共党员	小学	仲达镇卓岗村村民	仲达镇折木朗选区
江　村	男	36	藏族	朗县仲达	中共党员	小学	仲达镇林古村支书、村主任	仲达镇拉丁雪选区
罗　宗	女	46	藏族	朗县仲达	中共党员	小学	仲达镇伟列村村民	仲达镇拉丁雪选区
强巴格列	男	52	藏族	朗县仲达	中共党员	小学	仲达镇拉丁雪村支书、村主任	仲达镇拉丁雪选区
仁增多吉	男	48	藏族	朗县仲达	中共党员	小学	仲达镇堆许村支部书记、村主任	仲达镇堆许选区

续表 1

姓名	性别	年龄	民族	籍贯	政治面貌	学历	工作单位及职务	选区
巴　路	男	44	藏族	朗县仲达	中共党员	小学	仲达镇解协村副主任	仲达镇堆许选区
美贵卓玛	女	47	藏族	朗县仲达	中共党员	小学	仲达镇仲达村村民	仲达镇仲达村选区
嘎　日	男	48	藏族	朗县仲达	中共党员	小学	仲达镇仲达村副书记	仲达镇仲达村选区

说明：县人大代表名额共 95 名，现有代表 89 名，其中女代表 22 名，农牧民代表 60 名，其中非中共党员代表 5 名，宗教人士 1 名，党政领导干部 27 名

办公室工作

【概况】 2019 年，县人大常委会办公室深入学习习近平新时代中国特色社会主义思想，贯彻落实中共十九大、十九届二中、三中、四中全会精神，深入贯彻落实习近平总书记重要讲话精神和治国理政新理念新思想新战略、特别是治边稳藏重要战略思想，按照务实高效的要求，紧紧围绕县人大常委会的各项工作，努力发挥参谋助手、综合协调、桥梁纽带、后勤保障等职能作用，各项工作取得了一定的成效。

【服务“三会”工作】 2019 年，县人大常委会办公室紧紧围绕常委会的工作部署，认真做好“三会”服务工作，共召开 1 次人代会，5 次人大常委会，8 次主任会议。做好会议文件起草、印刷、会场布置资料整理归档等工作，为常委会顺利、依法行使职权提供切实保障。

【服务领导工作】 2019 年，县人大常委会办公室加强调查研究工作，充分发挥办公室信息枢纽作用，及时了解和掌握全县人大工作动态，为领导决策工作提供参考意见；做好领导后勤保障服务，包括领导办公室的清扫整理、出行车辆服务等方面，力求做到周到细致、快捷、高效。

【发挥参谋助手作用】 2019 年，县人大常委会办公室牢固树立“政务第一”的意识，做好文字综合工作，发挥以文辅政作用。加强对党的理论知识、法律法规和人大业务知识学习，认真总结经验，力求新思路、新角度地撰写文稿，提高文稿质量，更好地发挥以文辅政的作用，共起草文件 65 件。参与常委会各项工作，在常委会视察、调查和执法检查活动中，同常委会领导深入基层、深入实际、深入群众，了解真实情况，掌握第一手资料，为起草各种文稿奠定良好基础。

【发挥桥梁纽带作用】 2019 年，县人大常委会办公室加强与“一府一委两院”的联系，督促“一府一委两院”对代表议案和建议的办复，使人大的监督作用得到充分的发挥。做好群众来信来访的接待工作，做到热情细致服务，并帮助其及时解决问题。及时向人

1月25日，朗县人大办党支部召开2018年度组织生活会

大领导汇报工作情况，争取领导的支持和帮助。加强与乡镇人大工作的联系与指导，有力推进人大工作的规范化、制度化。

【驻村工作】 2019年，县人大常委会办公室派出1名干部投身到驻村工作中去，严格按照“新时代驻村七项工作任务”的驻村工作要求，结合驻地实际，全力协助村“两委”班子，以夯实基层组织基础、促进全村经济社会发展为重点，有效推进创先争优、强基础惠民生活动各项工作任务的落实，先后组织16人次深入仲达镇拉丁雪村检查、调研驻村工作并看望慰问驻地群众和驻村工作队队员，投入慰问金额达7700余元。

【党风廉政教育】 2019年，县人大机关党支部高度重视抓思想教育。突出坚持党的领导，把机关的党风廉政建设工作置于党的领导之下，放在全面从严治党的大局中思考谋划。突出学习教育重点，认真学习贯彻中央和自治区、市、县反腐倡廉建设大会精神，进一步统一思想，提高认识。深入学习贯彻“两准则四条例”，严格做到中央八项规定及其细则实施精神。坚持每周一次机关学习和每月一次党组学习活动，增强拒腐防变的能力。开好党内组织生活会，积极开展批评与自我批评，增强廉洁从政意识和反腐倡廉自觉性。组织收看反腐倡廉电教片，使机关党员干部按照“为民、务实、清廉”的要求，做到立党为公、执政为民。

（杨小琴）

【机构领导】

主　任

德　庆（女，藏族）

副主任

董金龙

徐亚洁（女，4月任）

9月27日，朗县人大常委会组织开展“不忘初心、牢记使命”主题教育活动暨“书写新时代、礼赞新中国”喜迎新中国成立70周年人大代表书法比赛

财经农牧城建环保委员会

【概况】 2019年，县人大财经委坚持以习近平新时代中国特色社会主义思想为指导，深入贯彻落实中共十九大，十九届二中、三中、四中全会精神，深入贯彻习近平总书记重要讲话精神和治国理政新理念新思想新战略，按照务实高效的要求，紧紧围绕县人大及其常委会的各项工作，发挥专门委员会的职能作用，为促进朗县经济社会长足发展和长治久安做出了应有贡献。

【审查预算报告、计划报告】 2019年，县人大财经委听取和审议了《朗县2019年国民经济和社会发展计划执行情况与2020年国民经济和社会发展计划草案的报告》和《朗县2019年财政预算执行情况和2020年预算草案报告》的初审及县人代会的各项服务工作，针对上述两个报告草案进行调研，并组织财经委员会人员对计划和预算草案的合法性、可行性进行全面的分析审查，提出审议报告，为两个报告在人代会上的顺利通过做好铺垫。2019年7月，县人大财经委初审了《朗县人民政府关于2019年上半年国民经济和社会发展计划执行情况的报告》和《朗县人民政府关于2018年朗县财政决算及2019年上半年预算执行情况的报告》，了解全县财务基本情况，掌握基础数据，分析存在的问题及原因，找

8月12—15日，朗县人大财经农牧城建环保委员会组织县级人大代表开展视察工作

出解决问题的对策，促进了目标任务的实现。

【专题调研视察工作】 2019年，县人大财经委根据《朗县人大常委会2019年监督议题》的安排，积极配合、协助县人大常委会办公室做好人大常委会组织开展的调研、检查和视察工作。包括指导乡（镇）人大依法组织召开年度第一次例会、特色农牧业建设和管理情况、旅游景区建设和管理情况、各乡（镇）扫黑除恶专项斗争工作开展等工作的视察调研活动。协助配合市人大常委会到朗县就脱贫攻坚、“不忘初心、牢记使命”主题教育等工作开展调研，做好与有关调研单位的对接和汇报材料的汇总上报工作，确保市人大常委会顺利完成调研工作。

【强化监督】 2019年，县人大财经委对人民群众普遍关心、社会反映较大的脱贫攻坚、特色农牧业建设和管理情况、农田水利工程建设和管理情况等问题进行专题调研，全面了解有关情况，及时向相关单位提出合理的整改意见和建议，有效地解决相关单位和部门在执法、服务中存在的一些问题和不足，促进有关法律法规的贯彻实施和部门依法行政。

【自身建设】 2019年，县人大财经委始终认真学习党的路线、方针、政策，学习有关法律法规和经济知识，熟悉人大工作的规则和程序，把握人大工作的特点和规律。认真学习《中华人民共和国预算法》《中华人民共和国各级人民代表大会常务委员会监督法》和新修订的《中华人民共和国宪法》等相关法律法规，为做好人大财经监督工作奠定坚实基础。

（杨小琴）

【机构领导】

主任委员

索朗边久（藏族）

副主任委员

旦增顿珠（藏族）

委　员

尼玛次仁（藏族）

达瓦仓决（女，藏族）

王　策

朗县人民政府

综述

【概况】 2019年，朗县人民政府在市委、市政府和县委的坚强领导下，在县人大和县政协的监督支持下，以习近平新时代中国特色社会主义思想为指导，全面贯彻落实中共十九大，十九届二中、三中、四中全会精神，深入开展“不忘初心、牢记使命”主题教育，坚持以人民为中心的发展理念，践行习近平总书记治边稳藏重要论述和加强民族团结、建设美丽西藏重要指示精神，以供给侧结构性改革为主线，以处理好“十三对关系”为根本方法，坚决打好“三大攻坚战”，紧紧围绕县委“12345”工作思路，在稳增长、促改革、调结构、惠民生、保稳定、防风险等各项工作上主动作为，经济社会发展呈现稳中有进的良好态势。

【经济运行】 2019年，朗县实现生产总值7.75亿元，同比增长10.56%；公共财政一般预算收入4639万元，同比增长10%；农村居民人均可支配收入实现1.69万元，同比增长12.9%；其中现金收入实现1.18万元，同比增长11%；实现社会消费品零售总额1.47亿元，同比增长9.5%；全社会固定资产投资实现17.05亿元；招商引资完成2.51亿元。

【脱贫攻坚】 2019年，朗县完成了剩余建档立卡户16户28人的脱贫退出工作，贫困人口动态清零，顺利实现脱贫摘帽。同步做好“三岩”搬迁工作，实现“三岩”易地搬迁群众10户84人入住。推动生态岗位政策落实落地，进行动态调整，调整后落实生态岗位1101个，落实资金189.87万元；县、乡、村三级签订目标责任书，制作岗位出勤台账56本，发放上岗证1101个。安排财政收入的10%共421.8万元用于巩固脱贫攻坚成果；涉农整合资金9930.82万元，保障脱贫攻坚资金

5月20日，朗县县委副书记、县长胡文平（主席台左）在第二期全县党员政治教育示范培训班开班仪式上讲话

5月29日，朗县县委副书记、县长胡文平（前左三）带领县政府班子成员开展“与宪法合影”活动

投入。实施扶贫产业项目86个，总投资2.48亿元。开展“回头看”工作，由县级领导带队，组织全县14家单位，深入6个乡(镇)排查全县脱贫攻坚工作中存在的突出问题，入户覆盖率达100%，确保各项问题得到全面整改落实。

【生态环境保护】 2019年，朗县县级河长共巡河98次，开展河长制宣传5次，下发督办令2份，开展“清四乱”活动12次，消耗乱建问题2个，处理乱采问题3个。争取资金1156万元，修复解决水毁工程和辣椒产业灌溉用水问题。实行最严格水资源管理制度考核工作，严把“三条红线”。投入资金130余万元，发动干部群众3500余人，完成全县国土绿化2300余亩，种植各类苗木9.48万株。

【项目建设】 2019年，朗县坚持推进供给侧结构性改革，聚焦转型升级，注重提质增效，发展后劲明显增强，开复工项目184个，总投资16.28亿元，完成投资13.14亿元，完成率为80.96%，农牧区交通、水利、电力等基础设施大幅改善。

【农牧特色产业】 2019年，朗县加强农牧特色产业建设，加大产品研发力度，建立完善辣椒种植工作方案，及时调整充实辣椒产业领导小组，全程跟踪、督促、指导辣椒种植，推动辣椒产业化、科学化、精细化发展。已建成示范基地2个、生产基地15个，种植辣椒3270亩，产量1874吨，实现产值1124.40万元，带动1010户1821人增收，户均增收7322.4元，人均增收4061.3元。苹果种植面积6445.4亩，产量38.86万千克，实现产值388.6万元。核桃种植面积1.02万亩，产量36.585万千克，实现经济效益877.9万元。“一猪一牛”养殖业初显成效，能繁母猪存栏3911头，产仔1.23万头，养殖量达2.19万头，出栏4909头，实现经济收入1700万元；牦牛年末存量6.36万头，出栏6700头，出栏率10.53%，实现产值6365万元。

【文化旅游产业】 2019年，朗县推进文化旅游产业，挖掘地域文化旅游资源，成功举办林芝市第十七届桃花旅游文化节朗县分会场活动和第四届塔布文化旅游节暨第二届农民丰收节，实现收入146.09万元。全年接待游客35.94万人次，同比增长36.28%，实现旅游收入1.3亿元，同比增长24.1%。

【城乡面貌】 2019年，朗县推动乡村振兴战略，推动乡镇生活垃圾无害化处理基础设施建设和“厕所革命”，全县6个乡镇52个村(居)实现垃圾池覆盖100%，29座厕所已通过验收并投入使用。

【教育事业】 2019年，朗县教育事业向好发展，学前教育入学率达90.02%，小学入学率达100%，初中入学率达99.68%，全县义务教育巩固率达96.5%。考入内地西藏班18人。落实“三包”经费792.88万元，落实营养改善计划经费128.08万元。资助各级各类师生441人次，投入资金共计117.11万元。

【卫生服务】 2019年，朗县卫生服务全面覆盖，实现门急诊服务1.97万人次，发放免费药物价值

5月8日，朗县县委副书记、常务副县长李卫华在广东消费援藏上代表朗县作招商推介

2.44 万元，“两癌”筛查 2470 人次，HPV 检查 2000 人次。包虫病、“两癌”筛查和鼠疫防控等重大疾病综合防治取得显著成效。

【就业再就业】 2019 年，朗县实现城镇新增就业 230 人，失业率控制在 2.5%。实现农牧民转移就业 7856 人次，创收 3321.62 万元。应往届高校毕业生就业率达 95% 以上，开展技能培训 10 期，培训 548 人。发放社会保障卡 1.5 万余张，激活率为 100%。

【文化事业】 2019 年，朗县举办各类文艺演出活动 44 场次，观众达 1.36 万人次。文化站累计开放 9000 余小时，为群众提供免费服务 1.07 万余人次。不断提高藏语文社会用字规范化和标准化水平，增强县域文明程度，朗县民族地域特色得到进一步彰显。

【社会发展】 2019 年，朗县开展专项斗争整治，县扫黑除恶专项斗争领导小组主要领导做出指示批示 107 次，专题听取并研究部署专项斗争工作，召开各类会议 17 次，健全完善专项斗争工作制度 17 项，建立健全线索摸排台账 8 类。全力推进信访工作，受理来信来访 8 件，办理接访案件 14 起，72 人次，办结率 100%；排查各类矛盾纠纷 62 起，均已结案，结案率 100%。安全生产工作，深入贯彻落实各级安全生产工作电视电话会议精神，多次听取并研究部署应急管理工作，制定下发《朗县领导干部安全生产责任制规定实施细则》。顺利通过国务院安委会安全生产考核和危化品专项巡视任务。

（薛 瑞）

【机构领导】

县委副书记、县长、一级调研员

胡 文 平

县委副书记、常务副县长

李 卫 华（6 月免）

县委副书记、常务副县长、三级调研员

孙 立 武

县委常委、常务副县长

洛桑吉美（藏族，4 月免）

拿比友拉（回族，5 月任）

县委常委、副县长

龙 斌

政府副县长

王 海 颖

周 海 涛

米玛顿珠（藏族）

次 仁（藏族）

王 程

余 娅 莉（女，4 月免）

王 建 刚（3 月免）

占 堆（藏族，3 月任）

张 应 强（4 月任）

办公室工作

【概况】 2019 年，朗县政府办在县委、县政府的正确领导下，紧紧围绕全县中心工作，积极履行参谋助手职责，强化服务，狠抓落实，保证了政府工作的优质高效运转，完成了年度工作目标任务。2019 年，县政府办下设政府办信访局、行政审批便民服务局、编译局、后勤服务中心等部门，共有干部职工 20 名。

【调查研究】 2019 年，县政府办围绕县委、县政府工作重点和事关长远发展的重大方略、重大课题，影响经济社会发展的重大问题、社会热点难点，深入调查研究，提出对策建议，充分发挥参谋助手作用。对精准扶贫、城乡环境整治、项目建设等重点工作开展专题调研，形成了一批具有较高水准的调研报告，为领导决策提供参考。全年共撰写调研文章16篇。

【信息工作】 2019年，县政府办始终坚持把信息作为服务领导的重要渠道抓紧、抓好，加强信息体系建设，拓宽信息渠道，强化信息整理，集中反映领导关注的重点、群众关心的热点和改革过程中的难点，及时反馈工作动态和社情民意，共完成信息报送1600条。

【会务组织】 2019年，县政府办本着精简、高效、节约、务实的原则，严格控制会议数量和规模，防止流于形式、走过场。重要会议做好记录，及时整理会议纪要。组织会议做到了会前准备到位、会中服务到位、会后整理及时，全年共承办政府办公会议26次、专题会议11次，组织、协调会议165次。

【公文流转】 2019年，县政府办始终把文字工作作为办公室的"第一要务"来抓，牢固树立精品意识和效率意识。各类公文处理能够做到随到随办、急事急办、特事特办、无一差错。全年起草政府文件50份，办公室文件50份，撰写和整理领导讲话和汇报材料100余篇。积极推进公文流转规范化建设，严格发文程序，降低差错率。全年发文192份、收文2107份，确保了公文流转及时、准确、安全、保密。

【督查工作】 2019年，县政府办对县政府领导有明确要求的专项工作进行专题交办，明确责任主体、办理时限，要求及时反馈办理结果。按照县委、县政府要求，开展了城乡环境、安全生产、维稳值班、重点项目、产业升级、信访等专项督查工作，全力督促落实县政府党组会、常务会议议定事项，确保各项工作落实。

6月17日，朗县政府办开展扫黑除恶学习活动

【信访工作】 2019年，县政府办坚持排查工作制度，积极开展矛盾纠纷排查工作，共集中排查4次，排查各类矛盾纠纷13起，对排查出的问题落实责任单位和责任人，所有矛盾均按期结案，结案率达100%。严格落实接访制度，共受理来信来访10件11人次，办结率为80%。借助法治宣传活动深入52个行政村开展信访宣传活动，参加县级单位组织的宣传活动5次，发放宣传单5800份，引导群众依法上访，切实解决群众的合理诉求。

【编译工作】 2019年，县政府办完成了各类会议材料、日常公文、制度、手册、宣传等材料的翻译，其中包括：县虫草实施细则、方案，产业辣椒实施细则、方案、领导小组，经济工作报告，纪委九届四次全会上的讲话，县政府工作报告，人大、政协议案提案办理情况、各类大型活动主持词等材料，共计271页、38万余字。翻译各类横幅、宣传标语、商铺招牌、各单位机构名称等436个，近12.5万余字，保证了上级党委、政府及各部门的决策部署准确地送达广大人民群众中，为全县经济、社会各项事业的发展提供优质的翻译服务。

【后勤工作】 2019年，县机关食堂严格控制成本，执行出入库登记制度，做到账目公开，做到领导满意，工作组放心。严格执行中央八项规定和区党委“约法三章”“九项要求”，公务接待从简执行，共接待工作组189次，接待费用共51.2万元。严格落实《机关车辆管理制度》，合理安排调度，及时对车辆进行检修保养，确保公务用车使用率。加强对驾驶员的安全行车教育，确保领导安全用车，投入车辆管理和油料费161.2万元。

【班子建设】 2019年，县政府办党支部开展“两学一做”“不忘初心、牢记使命”学习教育，创新和丰富方式方法，提高学习教育实效。定期组织支部全体党员开展集中学习和研讨，深入贯彻落实中共十九大，十九届二中、三中、四中全会精神以及中央第六、第七次西藏工作座谈会精神，全面贯彻落实区党委九届七次、八次和市委一届九次、县委九届六次全会精神。全年共召开支委会10次，党员大会3次，上党课3次。办公室干部集中学习32次，个人自学181次。

（薛　瑞）

【机构领导】

主任、二级主任科员

杨　莲（女，1—5月任主任科员，6月套改二级主任科员）

二级主任科员

白　央（女，藏族，1—5月任主任科员，6月套改二级主任科员）

副主任、行政审批和便民服务局局长、三级主任科员

卫　涛（1—12月任副主任，12月免去副主任、行政审批和便民服务局局长，12月任三级主任科员）

副主任、行政审批和便民服务局局长

郭建银（1—5月任副主任科员，6月套改四级主任科员，12月任副主任）

副主任、信访局局长

格桑次仁（藏族，5月任）

后勤服务中心主任

扎西次仁（藏族，5月任）

后勤服务中心副主任

边　巴（女，藏族）

藏语委办主任、二级主任科员

巴　桑（女，藏族，6月套改四级主任科员）

藏语委办副主任

曲　珍（女，藏族，5月任）

政务服务中心主任

塔　青（藏族，10月任）

政务服务中心副主任

拉巴次仁（藏族，12月任）

四级主任科员

普布央宗（女，藏族，5月任）

应急管理

【概况】 2019年，朗县应急管理局以习近平新时代中国特色社会主义思想为指导，全面贯彻中共十九大和十九届二中、三中、四中全会精神，深入学习贯彻习近平总书记关于安全生产、应急管理、防灾减灾救灾等重要论述，落实自治区、市、县党委、政府关于安全生产、应急管理和防灾减灾救灾的各项决策部署，坚持“安全第一、预防为主、综合治理”的方针，开展各个阶段安全生产、应急管理和防灾减灾救灾重点工作，全县安全生产形势持续保持平稳。2019年，朗县应急管理局机关核定编制4名（局长1名、副局长3名），实有在岗人员13名（干部11名、工人2名）。

【责任体系建设】 2019年，县应急管理局按照“属地管理、谁主管、谁负责”的原则，严格落实“三个必须”（管行业必须管安全、管业务必须管安全、管生产经营必须管安全）要求，督促指导本行业生产经营单位做好安全生产工作，夯实企业安全生产主体责任。全面落实党政领导为第一责任人的应急管理和安全生产责任制，使全县应急管理和安全生产监管工作目标明确、责任明确、工作重点明确。

【综合监管】 2019年，由县安委办牵头，联合公安、住建、交通、消防等部门对危险化学品、建筑工地、城镇燃气等领域开展专项整治，共开展专项检查9次，出动执法人员28人次，检查企业42家次，发现各类隐患20处，现场整改20处。县安委办针对重点时段、重点领域对全县应急管理和安全生产工作进行安排部署，制定下

7月3日，西藏自治区应急管理厅党组成员、副厅长巩同梁（左一）到朗县调研指导工作

发10余份文件。先后派出3个安全生产督导组6人次，督导检查乡（镇）、行业主管部门及企业36家次，发现问题41处，已整改完毕。

【加强应急管理】 2019年，县应急管理局6名副科级以上领导对全县6个乡（镇）进行包片管理，在朗县52个行政村（居）组建了民间应急救援队伍［每个村（居）15名］，为朗县民间应急救援力量建设提供人员保障。按照县安委办制定下发的《深入组织开展2019年应急演练活动方案》，组织开展专项应急预案演练，有效提升应急救援和社会联动实战能力，共组织各项专项演练5次。1月9日，根据“西藏自治区2018年部门采购安全监管执法装备调拨配备单”，向仲达镇、朗镇、洞嘎3个乡（镇）发放价值19万元的安全监管执法装备。

【宣教培训】 2019年，县应急管理局制定了应急管理和安全生产宣教工作计划和培训工作意见，以“四讲四爱”群众教育实践活动、“5·12”防灾减灾日和“安全生产朗县行”等活动为载体，深入机关、学校、寺庙、企业、施工现场积极开展应急管理和安全生产宣传活动，在全县乡村、学校、企业开展安全生产基本常识宣讲教育93场次，张贴安全生产宣传标语（横幅、海报、宣传画）107条，发放安全生产宣传资料（宣传手册、宣传物品）1.15万份，受教育群众7279人次。

（宋学武）

【机构领导】

朗县安全生产监督管理局

局　长

巴桑次仁（藏族，6月免）

主任科员

德吉白珍（女，藏族，6月免）

副局长

米玛仓决（女，藏族，6月免）

王　星（女，6月免）

索朗次仁（藏族，6月免）

副主任科员

德吉美朵（女，藏族，6月免）

张浩荣（6月免）

朗县应急管理局

局　长

巴桑次仁（藏族，6月任）

二级主任科员

德吉白珍（女，藏族，10月套转）

副局长

米玛仓决（女，藏族，6月任）

王　星（女，6月任）

索朗次仁（藏族，6月任）

四级主任科员

德吉美朵（女，藏族，10月套转）

张浩荣（10月套转）

消 防

【概况】 2019年，朗县消防救援大队在支队党委在县委、县政府坚强领导下，对标“国家队、主力军”的职能定位，主动作为、迎难而上、抢抓机遇，砥砺奋进，积极推进队伍转型升级，实现了队伍管理有进步、战斗训练有提升、火灾防控有成效、后勤保障有力度的总目标。大队共有指战员16名，其中干部4名，消防员4名，政府专职消防员6名，政府专职文员2名。共有车辆6辆，其中水泡联用消防车2辆，抢险救援车1辆，行政车1辆，皮卡车2辆。

【自身建设】 2019年，大队始终坚持以党建促队建，党组织成为凝心聚力的“吸铁石”，带领全体指战员变压力为动力、变挑战为机遇，不断增强凝聚力和战斗力。深入学习习近平总书记授旗训词精神，扎实开展“学训词铸忠诚创新业立新功”和“不忘初心、牢记使命”主题教育，进一步增强了官兵“四个意识”，坚定了“四个自信”，自觉做到“两个维护”。

【队伍管理】 2019年，大队始终将纪律挺在前面，以“两严两准”为基本要求，以刀刃向内、革故鼎新的勇气，紧盯人车酒、黄赌毒、网文密、训练演练、执法执勤，加强查铺查哨、出入营门管理，从严落实车辆派遣和请销假制度。以踏石留印、抓铁有痕的力度，做到发现一处安全隐患、及时解决一处安全隐患、研究制定一项预防措施，实现了队伍管理全年零事故。

【重大勤务】 2019年，大队共出动各种车辆15台次、人员75人次，完成“第十七届林芝桃花节朗县分会场”“朗县第四届塔布文化旅游节”等执勤安保任务。

【岗位练兵】 2019年，大队自觉对标“国家队、主力军”职能定位，严格按照“全灾种、大应急”的职能任务要求，以“灭大火、打大仗”为重点，以全员岗位大练兵为抓手，始终坚持支部议训抓训，精心谋划，科学施训，坚持从打牢基础体能入手，及时分析研判“困难科目”和“困难人员”，优化训练方法。

【火灾防控】 2019年，县委书记、县长及分管副县长等党政主要领导先后5次带队实地检查消防安全，多次专题听取消防工作汇报；政府常务会议专题学习《消防安全责任制实施办法》、《深化消防执法改革意见》、习近平总书记在中央政治局第十九次集体学习时的重要讲话；县政府牵头召开2019年消防工作会议、“防风险保平安迎大庆”专项执法行动动员部署会、今冬明春火灾防控部署会，持续将消防安全管理工作纳入平安建设、社会治安综合治理和政府年度工作考评体系。

针对辖区寺庙较多的情况，联合统战、文物、应急、公安等多部门开展联合检查12次，组织各寺管会签订消防安全责任书，督促其落实主体责任，积极推动辖区51个行政村成立以民兵为基础的义务消防队，并争取专项经费配备水带、水枪和手抬机动泵等基本装备。

以中华人民共和国成立70周年安保为主线，紧盯10类重点场所和10类突出问题，累计检查单位525家次，发现并督促整改火灾隐患295处，下发责令改正通知书154份、行政处罚决定书9份、临时查封决定书1份，责令“三停”单位3家，罚款18500元，全年未发生一起火灾。

将重要节点设点宣传、平时上门流动宣传和集中培训相结合，组织邀请200余人次到大队参观体验，参加教育培训。全年开展各类消防安全培训17次，播放各类消防安全示范片、警示教育片30余次，发放各类宣传资料5000余份，受教育群众达6000人次。组织巴尔曲德寺僧人参加朗县首届“119”寺庙消防运动会。

（李　辉）

9月28日，朗县消防救援大队参加全县维稳应急救援实战演练活动

【机构领导】

大队长

李景泉

教导员

沈　烊

参　谋

　　周文恺

　　文　强

外事办工作

【概况】 朗县外事办公室是朗县人民政府工作部门，正科级单位，于2019年3月挂牌成立，共有干部4名。接受县委外事工作委员会的直接领导，承担县委外事工作委员会具体工作，组织开展外事工作总体谋划、政策研究、统筹协调、外事管理，检查督办等，负责处理县委外事工作委员会办公室日常事务及相关工作。

【外事工作】 2019年，按照《关于加强党对地方外事工作领导机制改革的实施意见》要求，朗县县委成立了以县委主要领导为主任，县政府主要领导为副主任的外事工作委员会，组成单位包括党委、政府、地方外事部门等各涉外部门，对组织架构、人员配备、工作职责等方面进一步明确完善，党对外事工作的集中统一领导进一步强化。

【边境事务】 2019年，县外事办加强边境事务协调，与县边境管理大队沟通联系，双方就加强边境事务管理交换意见建议、明确联系人、责任人，并就双方职责进行细化、分工，同时对金东乡6个村进行详细深入的了解，包括地理坐标、人口情况、基层党组织建设、产业发展情况等。

9月28日，朗县外事办联合人社局党支部开展“庆祝中华人民共和国成立70周年暨不忘初心、牢记使命”主题教育党建、业务知识竞赛等系列活动

【党建工作】 2019年7月，朗县外事办公室党支部组建，设党支部书记1名，共有党员4名。开展党员教育学习，将开展“不忘初心、牢记使命”主题教育与“两学一做”学习教育常态化、主题党日、“三会一课”有机结合，组织支部党员以自学与集中学习相结合的方式，深入学习中共十九大精神、党章党规党纪、习近平总书记系列讲话精神及《习近平关于“不忘初心、牢记使命”论述摘编》等内容，开展以“不忘初心、牢记使命”为主题的主题党日活动，增强党员身份意识和责任意识。

（陈　曦）

【机构领导】

主　任

　　冯彦伟（3月任）

副主任

　　陈　曦（5月任）

二级主任科员

　　吴孟华（女，12月任，主持工作）

四级主任科员

　　次旦卓玛（女，藏族，5月任）

　　达瓦卓玛（女，珞巴族，12月任）

中国人民政治协商会议朗县委员会

综述

【概况】 2019年，县政协常委会在市政协的精心指导下，在县委的坚强领导下，坚持以习近平新时代中国特色社会主义思想为指导，学习贯彻中共中央总书记习近平关于加强和改进人民政协工作的重要思想以及中央政协工作会议、区党委政协工作会议精神，在持续围绕中心、服务大局上实现新作为，在充分发挥专门协商机构作用上取得新突破，在不断健全政协工作制度上迈出新步伐，在自身建设上取得新进步，较好地完成了各项工作任务。

【全体委员会议】 五届五次会议。政协第五届朗县委员会第五次会议于2019年4月2日至4日在朗县召开，会期3天，应到委员45人，实到委员39人，因病因事请假6人。听取和审议《政协第五届朗县委员会常务委员会工作报告》《政协第五届朗县委员会常务委员会关于五届四次以来提案工作情况报告》，讨论《政府工作报告》《政协工作报告》《提案工作情况报告》。会议期间，共收到提案27件，经县政协提案审查委员会研究决定，确立立案25件。

五届六次会议。政协第五届朗县委员会第六次会议于2019年6月28日在朗县召开，会期1天，应到委员45名，实到委员32名，因病因事请假13名。选举宋步川为政协第五届朗县委员会主席、常务委员，同意关于李奉义辞去政协主席、常务委员、委员职务请求的报告，同意关于李青云辞去政协副主席、常务委员、委员职务请求的报告。

【常务委员会会议】 政协第五届朗县委员会常务委员会第八次会议于2019年4月2日在政协会议室召开，会议应到常委8名，实到7名。会议审议通过了《政协

9月20日，金东乡来义村群众为感党恩，设立“初心碑”。图为林芝市政协党组书记、主席人选谢英（左）与来义村党支部书记格桑（右）为“初心碑”揭幕

第五届朗县委员会第五次会议议程(草案)》《政协第五届朗县委员会第五次会议主席团及秘书长名单(草案)》《政协第五届朗县委员会第五次会议工作人员名单(草案)》《政协第五届朗县委员会第五次会议执行主席名单(草案)》《政协第五届朗县委员会第五次会议提案审查委员会组成人员名单(草案)》。

政协第五届朗县委员会常务委员会第九次会议于2019年4月4日在政协会议室召开,会议应到常委8名,实到7名。会议审议通过了《政协第五届朗县委员会常务委员会工作报告的决议(草案)》《政协第五届朗县委员会常务委员会提案工作报告的决议(草案)》《政协第五届朗县委员会提案委员会关于政协第五届五次会议提案审查情况的报告(草案)》《政协第五届朗县委员会第五次会议政治决议(草案)》。

政协第五届朗县委员会常务委员会第十次会议于2019年6月28日在政协会议室召开,会议应到常委8名,实到7名。会议审议通过了《政协第五届朗县委员会第八次会议议程(草案)》《政协第五届朗县委员会第八次会议选举办法(草案)》《政协第五届朗县委员会第八次会议总监票人、监票人、计票人名单(草案)》。

4月2日，政协朗县第五届委员会第五次会议在朗莆开幕

【专门委员会工作】 政协朗县委员会10月之前设立1个综合专委会,配备主任1名,2019年10月下旬,组织相关职能部门和提案人召开提案办理情况推进会议,及时对立案提案办理情况进行有效的答复和总结,确保提案办理工作高效、高质量推进。11月,原综合专委会改设为3个专委会,即经济资源社会环境教科文卫委员会、提案委员会、文史民族宗教法制委员会,各专委会配备主任1名。

【提案协商】 2019年,县政协按照“懂政协、会协商、善议政”的要求,围绕政协五届五次会议上提交的重点、难点提案,组织各承办单位、提案人召开提案办理推进会,部分驻县的自治区、市政协委员受邀参加会议,各承办单位就提案承办情况作了现场汇报,提案人就办理情况做出了满意答复。全年共收到提案27件,经提案审查委员会审查,予以立案25件,立案率达92.59%,同比增长25.89%。立案中的提案已解决的有12件,占比48%;被列入计划逐步解决的有7件,占比28%,办结率76%;未予以立案或不符合相关政策规定的提案作当面解释或书面回复,办复率100%,委员满意率100%,提案提质增效初见成效。

【乡村振兴战略】 2019年,县政协组织驻县自治区、市、县政协委员于12月下旬前往波密县、察隅县、米林县等兄弟县围绕经济种植业、旅游业、环境保护、脱贫攻坚、创新寺庙管理以及基层党建等方面进行学习考察,通过座谈、实地考察等形式,了解兄弟县在推进乡村振兴战略中各项工作取得的成绩和好的做法,并向县委提交专题调研报告1份。

【脱贫攻坚】 2019年,县政协深化驻村工作和“四对一”帮扶活动,为助力打赢脱贫攻坚战,主席直接分管驻村工作,深入驻村点指导安排驻村工作4次,政协领导班子成员看望慰问了困难群众

5月28日，中国社会科学院民族学与人类学研究所民族理论研究室副主任、副研究员刘玲（左二）到朗县政协调研指导工作

4次及驻村工作队4次，送上大米、面粉、食用油等价值近万元的慰问品。

【藏医藏药产业】 2019年，县政协先后深入拉多乡拉多村、藏医院实地走访查看6次，组织召开座谈会3次，安排部署藏医藏药产业推进工作，藏医南派创始人漫画故事宣传手册（初稿）等工作相继完成。

【重要活动】 2019年，县政协组织委员先后开展以“携手奋进新时代·同心同向谱新篇”为主题的庆“七一”活动，以“中华民族一家亲·同心共筑中国梦”为主题的庆祝中华人民共和国成立70周年活动，在国庆节前夕开展“不忘初心送温暖·牢记使命携手行”慰问困难政协委员活动；紧扣脱贫攻坚，乡村振兴围绕种植业、旅游业、环境保护、脱贫攻坚、寺庙管理、辣椒产业，组织委员外出开展专题调研活动，调研过程中查找问题、分析原因、提出对策和意见建议。通过系列活动，教育引导广大政协干部、委员把幸福感、获得感转化为对党和社会主义及祖国的热爱与忠诚，更加坚定“知党恩、感党恩，听党话、跟党走”的决心。

（古　入　闫玉琴）

【机构领导】

党组书记、主席

宋　步　川（6月选举产生）

副主席

卓　　嘎（女，藏族）

多吉次旺（藏族，党外民主人士）

琼　　达（藏族）

朗县政协组织和委员数一览表

（截至2019年年底）

表2

项目 / 级别	朗县	合计
组织数（个）	1	1
委员数（人）	45	45

政协第五届朗县委员会委员名录

表3

序号	姓名	界别	工作单位及职务	备注
1	宋步川	中共	政协主席	朗县政协常委
2	格桑次仁	中共	县委常委、统战部部长	朗县政协常委
3	卓　嘎	中共	政协副主席、三级调研员	朗县政协常委
4	琼　达	中共	政协副主席、仲达镇党委书记	朗县政协常委
5	多吉次旺	科技	政协副主席	朗县政协常委
6	次仁顿珠	中共	政协提案委员会主任	

续表 3

序号	姓名	界别	工作单位及职务	备注
7	白玛措吉	少数民族	登木乡小学教师	朗县政协常委，市、县两级政协委员
8	江白坚增	宗教	巴尔曲德寺管委会副主任	朗县政协常委，区、市、县三级政协委员
9	李 伟 伟	经济	个体工商户	朗县政协常委
10	次仁尼玛	特邀	林草局二级主任科员	
11	索　朗	特邀	退休（教师）	
12	德吉卓嘎	特邀	金东乡东雄村村民	
13	党　觉	农业	洞嘎镇江村村民	朗县政协常委
14	强巴曲珍	经济	个体工商户	
15	益西伦珠	宗教	甘丹热登寺民管会副主任	
16	平　措	社会福利与社会保障	政府副县长、人社局局长	
17	杨　莲	社会福利与社会保障	政府办主任、一级主任科员	
18	次　央	中共	民政局局长	
19	拉　巴	医卫	藏医院副院长	
20	强　巴	经济	个体工商户	
21	加　鲁	经济	朗镇小白若村种植合作社负责人	
22	次仁桑培	农业	仲达镇拉丁雪村村民	
23	巴　珠	农业	朗镇巴热村村民	
24	朗嘎次仁	农业	朗镇冲康村村民	
25	达　瓦	工青妇	洞嘎镇卓村村民	
26	洛桑平措	经济	金东乡秀村村民	
27	张　波	工青妇	县委巡察办主任	
28	次仁旺堆	农业	拉多乡藏村村民	
29	次仁罗布	中共	拉多乡白路村党支部副书记	
30	曲　珍	工青妇	商务局二级主任科员	
31	李　科	社会福利与社会保障	财政局二级主任科员	
32	代 国 桥	教育	朗县中学教师	
33	贺 旭 峰	教育	朗县中学教师	
34	王 德 亮	医卫	疾控中心	

续表 3

序号	姓名	界别	工作单位及职务	备注
35	索朗旺堆	宗教	孜列寺民管会副主任	
36	土登扎西	宗教	巴尔曲德寺僧人	
37	旦　增	文化艺术	文化活动中心员工	
38	巴　桑	农牧	朗镇朗巴居委会居民	区、县两级政协委员
39	格桑顿云	教育	朗县登木乡森木村退休教师	
40	格桑巴珠	社会福利	朗县政府后勤服务中心	
41	扎西曲珍	科技	朗县仲达镇大门 1 号	
42	次仁桑珠	社会保障	朗县住建局城管大队队长	
43	多　吉	农牧	金东乡西日卡村嘎木组	
44	益西措姆	特邀	朗县仲达镇人民政府退休干部	
45	扎西旺姆	特邀	朗县堆巴村	

办公室工作

【概况】 2019 年，县政协办在县政协党组的坚强领导下，以习近平新时代中国特色社会主义思想为指导，深入贯彻落实中共十九大、十九届二中、三中、四中、五中全会精神以及中央第六次、七次西藏工作座谈会精神，全面贯彻落实区党委九届七次、八次和市委一届十次、十一次以及县委九届六次全会精神，紧扣工作任务，认真履行职能，圆满完成了各项工作任务。2019 年县政协办和综合专委会共有干部职工 8 名，其中办公室主任 1 名，综合专委会主任 1 名，二级主任科员 1 名，副主任 1 名，四级主任科员 2 名，一级科员 2 名。

6月28日，朗县政协办开展以“携手奋进新时代　同心同向谱新篇”为主题的庆“七一”活动

【团结联谊】 2019 年，县政协办党支部先后联合人大办、宣传部党支部举办“庆祝西藏民主改革 60 周年暨‘3·28’西藏百万农奴解放纪念日”专题活动；联合教育局、医疗保障局等支部，以朗县第四届塔布文化旅游节召开为契机，开展“守初心、担使命、爱国爱家，共创五个朗县”的美化环境活动，增强了团结合作能力；接待各级政协调研团组 6 批 100 余人次。

【主题教育】 2019年，县政协办始终聚焦“不忘初心、牢记使命”主题教育，学习贯彻习近平新时代中国特色社会主义思想这一主线，坚持以更加坚决的态度、更加务实的作风、更加严格的要求投入主题教育过程中，开展专题研讨会11场次，对照《中国共产党章程》及党规查找差距抓落实1场次，查摆和检视问题24条，整改落实24条，长期坚持24条。

【机构改革】 2019年，县政协办1名副主席在中央党校参加一年制学习；政协办干部提拔3名，调整1名，充实优化工作机构设置和职能分工，专委会新增2个，更名1个，配置科级干部3名，进一步充实政协人员力量，优化政协干部队伍。

【作风建设】 2019年，县政协办严格贯彻落实中央八项规定精神及其实施细则，以工作作风为切入点，以党章党规为落脚点，以观看优秀影片、参观廉政教育基地、对照检查等为载体，以解决思想作风、工作作风、学习学风为目标任务，持续推进作风建设。全年召开警示教育会6场次，参观廉政教育基地2场次，观看《全面从严治党在西藏》等优秀影片4场次，结合“不忘初心、牢记使命”主题教育，对照对标党章党规开展专题研讨1场次，努力建设一支政治担当、作风优良的干部队伍。

（古　入）

【机构领导】

主　任

次　央（女，藏族）

副主任

胡　俊

四级主任科员

次仁多吉（藏族，1—5月任副主任科员，6月套转为四级主任科员）

宗亚斌（1—5月任副主任科员，6月套转为四级主任科员）

政协综合委员会主任

次仁顿珠（藏族）

纪检 监察

综 述

【概况】 2019年，朗县纪委监委以习近平新时代中国特色社会主义思想为指导，在市纪委监委和县委的坚强领导下，增强“四个意识”、坚定“四个自信”、做到“两个维护”，牢牢把握工作职责和定位，始终坚持政治标准，发挥监督、参谋、宣传助手作用，为推进全县经济社会长足发展和长治久安提供了坚强的纪律保障。朗县纪委监委共有干部19名（行政编制15名、事业编制4名），内设科室机构5个，信息中心1个。各乡镇纪委（监察室）配备干部3名，纪委书记（副科级）1名、纪检专干2名，均为专职专责。6个乡镇52个村（居）均挂牌成立村（居）务监督委员会，配备主任和委员156名（每村3名），形成了上下一盘棋的整体监督模式。

【党的政治建设】 2019年，县纪委监委坚持把学习贯彻落实习近平新时代中国特色社会主义思想、“两个维护”作为政治建设的首要任务，在全县范围内开展党员信仰宗教摸底清查工作。开展“不忘初心、牢记使命”主题教育等活动，学深悟透习近平新时代中国特色社会主义思想及中共十九大精神精髓要义。制定《关于推进领导干部落实党风廉政建设主体责任全程纪实工作办法（试行）》，推行使用《党风廉政建设全程纪实手册》。严格落实督导检查、廉政约谈等制度，对全县6个乡（镇）、10个县直部门“两个责任”落实情况开展检查调研，对12个2018年年终考评后进单位负责人进行约谈，讲问题、传压力。印发《关于进一步深化三转聚焦主责主业的通知》，全面清理县纪委监委参与的议事协调机构。严格执行民主集中制，认真落实“三重一大”集体决策、末位表态等制度，将选人用人情况作为监督重点，对全县420余名新任干部开展任前谈话，严把廉政意见回复关，出

3月26日，林芝市委常委、纪委书记、监委主任多布庆（左二）到朗县调研指导工作

5月13日，2019年朗县干部任前集体谈话会召开

具党风廉政意见复函167份，对2人提出不宜评选先进的意见，坚决防止“带病提拔”。

【从严监督执纪问责】 2019年，县纪委监委共受理问题线索29件，立案8件、办结8件，了结16件。运用“第一种形态”，给予提醒谈话、警示谈话等措施37人次，占70%；运用“第二种形态”，给予党纪政务轻处分和组织处理10人次，占19%；运用“第三种形态”，给予党纪重处分4人，占8%；运用“第四种形态”，处分2人，占3%。探索建立包片联系制度，出台《关于建立朗县纪委监委领导班子成员分片联系指导乡（镇）纪委工作制度的意见》，督促各乡（镇）纪委主动发现并办理问题线索，6个乡（镇）均实现问题线索零突破。组织召开2019年扶贫领域腐败和作风问题专项治理工作例会，集体约谈各成员单位，开展监督检查21次，发现并整改问题24个，办理5件扶贫领域问题线索（1起为2018年线索），了结4件，立案1件，给予党纪处分2人，诫勉谈话1人，约谈3人次，下达监察建议书4份。严查涉黑涉恶问题，全年办理涉恶问题线索2件，坚持“一案三查”，精准梳理涉案人员责任关系，对涉案的4名农牧民党员给予开除党籍处分，2名给予党内警告处分，对履职不力的直接责任人给予党内警告处分，对5名乡（镇）党委、政府主要领导和4名县直行业主管部门负责人进行约谈。

【纠正“四风”】 2019年，县纪委监委围绕上级重大决策部署及县委重点工作，开展1次全面调研、38次督导检查，发现并整改问题47项。坚持抓早抓小，开展例行检查13次，发现并整改问题7项。开展利用虫草等名贵特产特殊资源以权谋私、搞利益输送问题等四个专项整治工作，开展不作为慢作为、文山会海等形式主义、官僚主义集中整治以及“矮窗”问题专项整治等，在全县范围内进行自查自评。开展以“不忘初心、严守党纪法规，牢记使命、践行‘两个维护’”为主题的朗县第二十四个党风廉政宣教月，促使全县党员干部遵守党规党纪。

【巡察“政治体检”】 2019年，县纪委监委组成九届县委第五轮、第六轮巡察工作组，对20个县直部门、国有企事业单位开展巡察。第五轮巡察发现问题275个，移交问题线索2个；第六轮巡察发现问题205个，移交问题线索3个。强化成果运用，及时召开通报会，通报巡察中发现的共性问题，督促各单位压实主体责任。

【自身建设】 2019年，县检察院转隶干部与纪委干部的工作融合、思想融合、工作流程磨合已经成熟，办案文书使用和执纪执法流程得到进一步明确和规范。案件审理权限下放后，案件审理室全面梳理中共十八大以来自办案件106件，进一步规范案卷归档工作，整改一批手续资料缺少的问题，自主完成7个问题线索的审理工作。制定下发《朗县2019年监察工作向基层延伸改革试点工作实施方案》，完成各乡（镇）监察室办公场所和设备配置、挂牌、人员任免等工作，推动监察工作向基层延伸。创新开展“干部教、教干部”活动，举办1期纪检监察干部业务知识培训班，选派2名业务骨干到内地省、市交流，选派

7名干部到自治区、市纪委跟班学习，选派7名干部参加区、市纪委组织的业务培训，先后抽调乡（镇）纪委9人次跟班学习，不断提高纪检监察干部学习效果。

（陈 春 魏春红）

9月30日，朗县纪委党支部组织开展“为祖国七十华诞庆生”主题党日活动

【机构领导】

县委常委、纪委书记、监委主任、三级调研员

王焕清（12月晋升为三级调研员）

县纪委副书记、监委副主任、一级主任科员

欧 珠（藏族，11月晋升为一级主任科员）

县纪委副书记、监委副主任

拉达次杰（藏族）

县纪委常委、监委委员、二级主任科员

洛桑扎西（藏族，1—5月任主任科员，6月套转为二级主任科员）

县纪委常委、二级主任科员

王 琦（1—5月任主任科员，6月套转为二级主任科员）

县监委委员（副科级）

董建军

综合室主任

陈 春

党风政风监督室主任

李 艳（女）

监督检查室主任

央 宗（女，藏族）

审查调查室主任、三级主任科员

索朗次仁（藏族，11月晋升为三级主任科员）

案件审理室主任、三级主任科员

米 玛（女，藏族，11月晋升为三级主任科员）

信息中心主任

谭倩倩（女）

四级主任科员

魏春红（女，1—5月任副主任科员，6月套转为四级主任科员）

达瓦拉姆（女，藏族，1—5月任副主任科员，6月套转为四级主任科员）

人民团体

总工会

【概况】 2019年，县总工会内设1个办公室(帮扶中心)；有行政编制3名，其中副主席1名，四级主任科员1名，科员1名；聘用人员3名，其中社会化工作者2名，健身房管理员1名；公益性岗位1名。下辖基层工会62家，会员1792名。其中县直机关工会48家，会员997名；乡(镇)工会6家，会员325名；国企工会4家，会员27名；非公企业工会1家，会员61名；村级工会3家，会员382名。

【重要活动】 2019年三大节日期间，慰问了驻寺干部、警务站、困难职工，发放慰问金共计32500余元。4月29日，由县总工会、县团委、县妇联、县机关工委组织全县500余名干部职工开展登山活动，增强了干部职工身心健康，激发了群团活力，投入资金50000元。5月30日，"六一"儿童节来临之际，为让孩子们过上祥和快乐的儿童节，为他们送去党的温暖和工会的关爱，在县幼儿园开展慰问活动，发放慰问品价值4628.5元。5月31日，联合县委宣传部、县团委、县教育局在县中心小学举行欢庆"六一"喜迎"七一"践行"四讲四爱"文艺晚会，投入资金20000元。6月27日，县总工会联合检察院组织开展"不忘初心、牢记使命，关爱青少年与法同行"系列活动。7月2日，推动农牧民工加入工会组织，金东乡帮玛村129名村民中符合加入条件的58名群众全部入会。8月14日，到县人民医院看望干部患病家属，发放慰问金500元。9月5日，到洞嘎镇看望慰问重病会员格列，发放慰问金500元。9月13日，开展2019年中秋节、国庆节慰问一线干部职工活动，共慰问26个值班点，发放价值18000元的茶叶、月饼等慰问品。9月25日，联合县应急管理局深入中铁十一局开展朗县2019年"安康杯"知识竞赛，采购保温杯、暖水

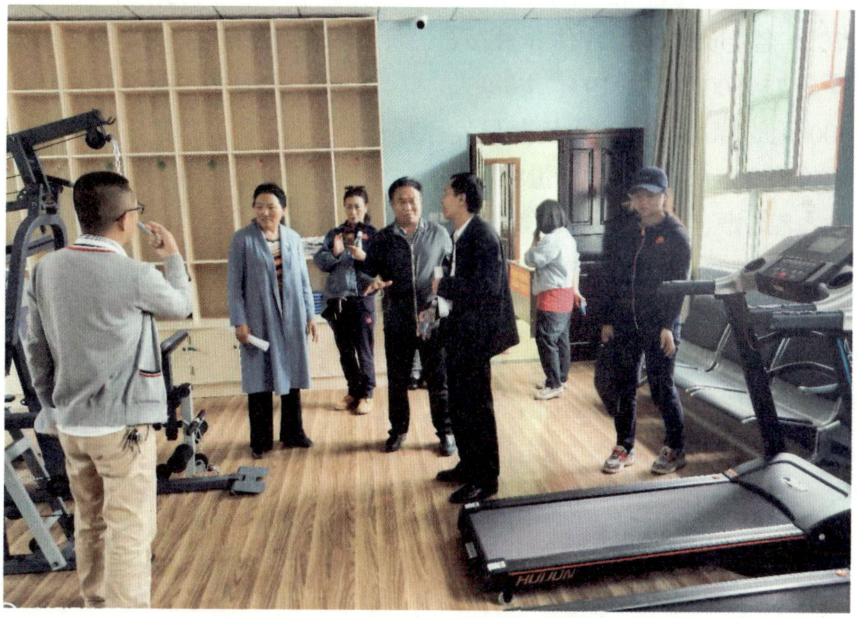

6月15日，西藏自治区总工会工作组在朗县调研"职工之家"工作

2月2日，朗县总工会慰问寺管会干部职工

壶、洗衣粉等价值共计3000余元的奖品。10月3日，联合市总工会、托麦村工会委员会在朗镇托麦村组织开展以“不忘初心、牢记使命”、庆祝中华人民共和国成立70周年为主题的“五送”活动，并送去慰问金和物资共计24364元。11月10日，投入资金6400元，为朗巴居委会妇女林工会会员开展蔬菜种植培训。12月15日，组织20名会员到厦门疗休养，投入资金159000元。2019年，以每人300元的标准，为1178名会员发放价值353400元的生日蛋糕；为167名结婚、生育子女的干部职工发放价值83500元的慰问品。

【工会维权服务】2019年，县总工会共组织参与了3次法治宣传，内容涉及《中华人民共和国工会法》《中华人民共和国劳动法》《中华人民共和国合同法》等法律、法规，发放各种法律法规宣传资料500余份，接受群众咨询170余人次。积极开展维权服务工作，督促全县国有企业实行厂务公开制度，保护了职工群众的知情权、参与权，进一步规范平等协商集体合同制度，保障职工的合法权益。

（次仁旺姆）

【机构领导】

主　席

孙　　刚（5月免）

副主席

拉巴卓玛（女，藏族，5月任）

共青团

【发挥服务和纽带作用】2019年3月2日，团县委组织志愿者参与文化科技卫生法律和爱国爱教“五下乡”活动；3月14日，为响应县环境卫生综合整治号召，组织7名西部计划志愿者开展清扫县城卫生活动；3月22日，朗县举办2019年“林芝市第十七届桃花旅游文化节朗县分会场开幕式”，团县委组织西部计划志愿者负责开幕式、会场布置工作；4月1日，组织西部计划志愿者参加“缅怀革命先烈、弘扬民族精神，倡导文明祭扫、树立文明新风”清明节祭扫活动，激发青年志愿者们对英烈的崇敬之情；4月29日，联合工会、妇联开展全县干部职工爬山活动，活动得到全县干部职工的积极响应，发放奖品700多份，价值5万余元；4月30日，组织观看纪念五四运动100周年大会直播；5月31日，联合总工会、妇联、教体局、县中心小学举行“欢庆‘六一’，喜迎‘七一’”践行“四讲四爱”，争做新时代好少年文艺晚会。

【促进青少年健康成长】2019年，朗县有社区闲散青少年13名，农牧区留守儿童6名，服刑在教人员未成年子女1名，家庭生活困难青少年29名，流浪乞讨未成年人、服刑未成年人、有不良行为和严重不良行为的青少年均无。为进一步做好朗县预防青少年违法犯罪工作，结合朗县实际，成立了朗县预防青少年违法犯罪专项组，下设办公室在团县委，建立多方面配合的防范工作机制，贯彻落实上级部门关于预防青少年违法犯罪工作的部署，将预青工作列入工作重要议事日程，做到“年有计划、月有中心、重点”。在县公安局、宣传部、法院、检察院、教育局、卫健委等相关职能部门的协作下，3月2日，开展了文化科技卫生法律和爱国爱教“五下乡”活动，发放宣传材料500余份，维权咨询300余人；“3·5”学雷锋日志愿服务活动团县委宣传点向往来的农牧民青年群众发放《西藏自治区未成年人自我保护知识读本》《儿童安全自护手册》《0～6岁儿童养育手册》等宣传资料，共计发放190余份；3月5日，县公安局洞嘎镇派出所积极组织民警深入校园开展法治宣传行动；3月27日，县委组织部、团县委、县妇联、教育局、金东乡等单位在朗县国门教育讲习所组织61名中小学生代表开展爱国主义教育培训；4月12日，朗镇小学举办“小手拉大手——我给爸妈讲党史”主题教育；4月16日，朗县教育系统开展全民国家安全教育日活动；4月25日，县中心小学强化食品安全教育，仲达镇中心小学开展饮食安全、社会生活安全主题教育；4月30日，县金东乡小学组织学生进行“弘扬四讲四爱精神，争当劳动先锋”的“五一”劳动节清扫卫生活动；5月29日，洞嘎镇小学组织全体师生，开展了“拒吸第一支烟，做不吸烟新一代”宣传活动。5月31日，县中学举行“三官”讲法进校园启动仪式暨2019年“法律进学校”法治宣传活动；6月1日，县中心小学开展践行四讲四爱“高举旗帜跟党走，长征精神代代传”活动，县城派出所圆满完成朗县小学长征路安保工作。

【开展助学活动，助力精准扶贫】2019年，为帮助贫困家庭学生上大学困难的问题，团县委开展了“中国农业银行‘金穗圆梦’深度贫困地区大学生助学活动”“中国茅台·国之栋梁——2019希望工程圆梦行动大型公益助学活动”“榕朗情”奖励基金等助学活动。朗县共有3名贫困家庭大学生申请“金穗圆梦”助学金，每人5000元已发放至学生手中，2名贫困家庭大学生申请了“国酒茅台”助学金，各5000元已落实，2019年考上大学的173名学生申请“榕朗情”奖励基金，共计发放资金186900元。这些助学活动的开展对朗县贫困家庭学生上大学困难的问题给予了帮助，助力了精准扶贫工作。

（王　涛）

6月1日，团县委在金东国门讲习所组织开展“欢庆‘六一’，喜迎‘七一’”践行“四讲四爱”，争做新时代好少年活动

【机构领导】

书　记

孙　　刚（3月任）

副书记

仁增旺姆（女，藏族）

妇　联

【概况】 2019年，朗县妇女联合会在县委、县政府的正确领导和市妇联的大力指导下，始终坚持以邓小平理论、“三个代表”重要思想和习近平新时代中国特色社会主义思想为指导，深入学习贯彻中共十九大精神，把落实自治区、市妇联会议精神与认真贯彻落实新时期党对群团工作的新要求相结合，坚持服务大局和服务妇女相统一，真抓实干，取得了一定成效。朗县妇女联合会核定行政编制2名，实有干部5名，其中主席1名，副主席1名，四级主任科员1名，科员2名。

【妇联改革】 2019年，朗县“会改联”工作启动，县、乡妇联上下联动，精心谋划，主动作为，统筹协调，多措并举全面完成“会改联”工作任务。通过“会改联”工作，

3月20日，村居妇女换届——登木乡村居妇女第一次代表大会

朗县共选举产生妇联领导班子成员384名（乡、村妇联主席58名，副主席208名，其他执委103名，县妇联执委15名）。乡（镇）、村（居）“会改联”后，妇联通过妇女代表和妇联执委将工作触角延伸到更广泛领域，有利于进一步加强妇联基层组织建设，真正夯实党的妇联组织在基层的工作力量。

【妇女代表大会】 朗县妇女第五次代表大会于2019年11月12日至11月13日召开，全县72名妇女代表参会，大会选举出了朗县妇联执行委员15名。此次大会的召开对今后一个时期朗县妇女儿童工作具有非常重要的指导意义。

【业务工作】 2019年，县妇联发挥婚姻家庭纠纷人民调解委员会和妇儿工委作用，联合县老干部局、司法局对朗镇仲温村受家暴的妇女白某进行2次调解，与县司法局相关人员到洞嘎镇聂村为受家暴的妇女达某调解维权。

5月初，县妇联组织乡镇妇联干部参与市妇联组织的妇女科普能力培训班，增强就业能力和业务水平。同时，县妇联又组织乡镇妇联主席和妇联干事进行业务培训和交流，取得了良好的效果。

县妇联充分利用“三八”维权周、3月综治宣传月、安全生产宣传月等有利时机，组织开展《中华人民共和国妇女权益保障法》《中华人民共和国婚姻法》《中华人民共和国反家庭暴力法》和“两规”等法律法规宣传6场次、预防结核病知识宣传1场次，共发放法律法规宣传资料1500余份。

朗县两癌筛查涉及朗县6个乡（镇）、52个村（居）的适龄妇女2427人，完成筛查人数2254人，采样标本1775个，乳腺彩超检查人数2254人。

【“两规”工作】 2019年，县妇联广泛宣传，扩大男女平等基本国策和“两规”工作内容的知晓率，做好“两规”数据的收集整理。调整“两规”成员单位，确保“两规”工作有人管、有人做。

【“不忘初心、牢记使命”活动】 2019年，县妇联按照县委安排部署，积极开展“不忘初心、牢记使命”活动，共组织学习交流会9次，撰写交流发言材料9篇，办实事2件，查找问题3个，开展活动7次，观看教育影片2次，听报告3次。

（王　策）

【机构领导】

主　席

李 玉 香（女）

副主席

其美卓嘎（女，藏族）

工商联

【概况】 朗县工商联于2012年6月6日正式挂牌成立，正科级单位。2019年年底，朗县工商联2名领导编制已配齐，有工作人员6名（财务1名、借调1名），平均年龄31岁，文化程度为本科5名、大专1名，兼职副主席4人。2019年，朗县共有个体市场1664家，个体户达1391家，合作社76家，民营企业163家，中共党员109人。县工商联会员企业70家，新增8家，其中从事建筑类企业有24家，种植养殖类22家，特色产品加工类14家，民族手工类2

家，预制加工类 3 家，服务业 5 家。全县民营企业占全县各类企业的比重达 99%，民营企业贡献税收占全部税收收入的 49%，民间固定资产投资占全县固定资产投资的比重达 5%。民营经济营业收入 1.03 亿元，社会销售品零售总额达 5293 万元。

【“四信”活动】 2019 年，县工商联将全面深化开展以增强民营经济人士对中国特色社会主义信念，对党和政府的信任，对企业发展信心，对社会的信誉“四信”（信念、信任、信心、信誉）为内容的理想信念教育实践活动，以“走进企业、贴近会员”的形式开展集中宣讲活动。

【精准扶贫活动】 2019 年，县工商联引导非公企业投身“百企帮百村”活动，组织会员企业顿珠种植养殖业农牧民专业合作社、朗巴居委会种植养殖农牧民专业合作社、朗墩红辣椒专业合作社、洞嘎镇旺热村碧娜牦牛养殖农牧民专业合作社、卓岗白玛藏香加工农牧民专业合作社、朗镇巴热村贡堆木碗加工厂农牧民专业合作社开展“献爱心、送温暖”慰问贫困活动，为当地 121 户贫困户送去慰问品慰问金共计 59645 元。

【非公有制经济发展专项资金项目拟报工作】 2019 年，按照《关于贯彻落实〈西藏自治区非公有制经济发展专项资金管理办法〉的实施细则》文件要求，县工商联与上级部门和本级财政部门进行协调，确定年度非公经济发展专项资金的支持重点和扶持范围，组织非公经济申报项目。

3月28日，朗县组织非公经济人士召开庆祝“3·28”百万农奴解放纪念日座谈会

【会员扩容】 2019 年，县工商联把那些政治素质高、专业知识好、发展后劲强的民营企业发展到会员队伍中来，把相同行业或相同爱好的会员企业分别组织起来开展有关活动，形成资源共享、优势互补、良性互动、合作共赢。完善组织数据库、执常委数据库、完善执常委履职综合评价机制，增强会员的归属感。

【调查研讨】 2019 年，县工商联深入调研非公企业的发展状况，和民营企业家们一起探讨非公有制经济发展的各项难题；围绕非公有制经济健康发展和非公有制经济人士健康成长的热点、难点和重点问题开展深度调研，为党委、政府掌握情况、科学决策、指导工作提供准确依据。充分发挥非公有制经济人士中人大代表、政协委员的参政议政作用。通过撰写议案提案和社情民意等形式，反映民营企业家新诉求、新建议，推动解决新常态下会员企业发展中遇到的新困难、新问题。

（张西涛）

【机构领导】

主　席

冯 彦 伟（5 月免）

罗布吉村（藏族，5 月任）

副主席

张 西 涛（女，珞巴族）

援藏工作

综 述

【概况】 2019年，在广东省第九批援藏工作队和林芝市委、市政府的坚强领导下，在惠州市委、市政府和朗县县委、县政府的大力支持下，广东省第九批援藏工作队朗县工作组坚持以习近平新时代中国特色社会主义思想为指导，深入学习贯彻中共十九大和十九届二中、三中、四中全会精神，学习贯彻习近平总书记关于"治边稳藏"的重要论述，学习贯彻粤藏两地有关会议和文件精神，紧紧围绕自治区和林芝市部署要求，主动融入朗县工作方方面面，较好地完成了各项目标任务。

主要工作

【项目建设】 2019年，工作组坚持抓好援藏资金落实和援藏项目落地，惠州援助朗县规划内项目6个，共计投资6964万元，2019年年底6个项目全部通过竣工验收。在广东省"十三五"规划项目之外，工作组重点围绕住房安全、饮水安全、常见病不出朗县等民生问题和朗县旅游业发展薄弱等情况，深入开展调研工作，向惠州市委、市政府请示汇报并得到支持，确定计划外新增5603.81万元，支援朗县开展朗镇冲康庄园及千年核桃园一体化AAA级景区建设项目、朗县卫生服务中心CT室防护和相关配套设备采购项目等8个计划外投资项目。2019年年底，所有规划外项目全部完成竣工验收并交付使用。

【医疗援藏】 2019年，工作组协调惠州市卫计局，探索实施"四帮一""二帮一""一帮一"的医疗援藏模式，惠州市累计派出两批援藏医疗队共11名医疗专家进驻朗县卫生服务中心和藏医院开展医疗援助工作，同时从朗县卫生系统选择9名医务人员分别到

11月26日，朗县工作组与援藏医疗队推动成立朗县人民医院眼科，进一步增强惠州中心人民医院与朗县人民医院"结对结亲"关系

惠州市中心医院和惠州市中医院进行跟岗培训学习。

工作组组织援藏医疗队开展下乡义诊4次，累计诊疗470人次，赠送价值8000多元的药品。工作组开展2场县人民医院急救技能培训及考核，完成全县6个乡镇卫生院42名乡镇医务人员102名村医人员急救技能知识培训。推进朗县卫生服务中心临床路径管理工作，增加及调整临床路径病种13种，共发布路径病种26种。推动朗县卫生服务中心开展新项目新技术试验，外科、检验科、妇产科等科室相继实施了10个新技术新项目，填补了朗县的技术空白。

10月2日，朗县组织开展庆祝中华人民共和国成立70周年暨惠朗一家亲活动

【教育援藏】 2019年，工作组落实惠州市《关于做好对口支援西藏朗县教育援藏工作的指导意见》等文件精神，协调惠州市11所优质中小学（幼儿园）与朗县9所中小学（幼儿园）建立结对帮扶关系，争取到惠州市结对帮扶学校累计派出5批次28名优秀教师分别到朗县各小学开展帮扶支教，总计捐赠资金22万元，捐赠物资价值1.6万余元，受助学校4所，受助学生822人。落实“粤藏校地共建大学生思想政治教育实践基地”要求，协调惠州学院选派2批次共32名大学生前来支教。推动构建链接全县各中小学的信息化平台，加强各校间的联系，整合全县教学资源，2019年年底该信息化平台已顺利安装并投入使用。争取惠州市财政每年出资43.49万元设立“鹅翔”教育奖励基金，对朗县籍新考取的大学生、考入其他省（区、市）西藏班学生、教育教学质量优秀的学校和个人进行奖励，对困难教师和困难学生进行慰问帮扶，全年共计奖励中小学生9人、教师92人，慰问在职教职工和退休教师491人，资助朗县籍大学生173人。向林芝市教育局争取6万元专项资金建设仲达镇小学劳动实践基地。

【招商推广】 2019年，工作组组织朗县招商部门参加林芝市雅江文化旅游节招商引资推介活动，协议签约2家投资企业。推进特色产业转型升级，应用高效生产方式，加快规模化、专业化、标准化建设，完善供应链和提升价值链。探索发展适度规模经营和全产业链经营，开发特色农业潜力，完善利益分享机制，拓宽农民增收渠道。2019年年底，招商引资及民间投资到位完成资金1.46亿元，实现转移就业532人次，增加群众劳务收入80余万元。

【援藏项目】 2019年，工作组召开惠州市对口支援朗县2020年援建项目部署会，调整充实“广东省第九批援藏工作队朗县工作组建设项目管理工作领导小组”，对2020年3个援藏规划内项目分别指定项目责任单位，组成由援藏干部牵头负责的项目现场管理小组。根据朗县项目建设相关管理规定，协调朗县住建、国土、环保等相关部门，完成2020年援藏项目的前置手续，并协调相关建设单位按规定选取符合要求的设计、地勘和咨询等单位，对已经确定的项目进行地形勘察、设计和招投标。2次召集发改、住建等相关单位和部门召开“十四五”援藏规划项目申报评审会，研究“十四五”援藏规划申报项目，确保项目和资金最大限度向基层倾斜、向农牧区倾斜。

【自身建设】 2019年，工作组坚持加强政治建设，始终把政治纪律摆在首位，树牢“四个意识”，坚定“四个自信”，做到“两个维护”，自觉在思想上政治上行动上同以习近平同志为核心的党中央保持高度一致。坚持树立良好形象，学习发扬英雄模范“忠诚、执着、朴实”的鲜明品格，学习发扬“老西藏精神”“两路精神”，坚定理想信念，做到敢于担当，务实工作，确保项目质量。

（陈志超）

【机构领导】

朗县县委常务副书记（惠州市安监局党组成员、副局长）

刘侃锋（6月免）

朗县县委常务副书记

郑陆滨（6月任）

朗县县委副书记、常务副县长（惠州市文广新局党组成员、副局长）

李卫华（6月免）

朗县县委副书记、常务副县长（广东省惠州市博罗县罗浮山国家风景名胜区管理委员会主任）

孙立武（6月任）

朗县朗镇党委副书记、常务副镇长（惠州市惠阳区平潭镇党委委员、纪委书记）

黄奇昌（6月免）

朗县发改委副主任（惠州市惠城区发改局副主任科员）

满　进（6月免）

朗县发改委副主任（广东省惠州市仲恺高新区科技创新局四级调研员）

周　瑜（6月任）

朗县卫计委副局长（广东省惠州市第一妇幼保健院计划生育服务中心麻醉科副主任医师）

郭文斌（6月任）

朗县教育体育局副局长（惠州市教育科学研究院办公室主任）

李保财（6月免）

朗县教育局副局长［广东省惠州市惠阳高级中学教师（初中数学一级教师）］

刘子文（6月任）

朗县农牧科技局副局长（惠州市惠城区畜牧兽医与渔业局、动物疾控中心主任）

朱汉棠（6月免）

朗县农业农村局副局长［广东省惠州市农业农村局执法监督科副科级科员（农艺师）］

杨智伟（6月任）

朗县住建局副局长［广东省惠州市规划设计研究院中级规划师（城乡规划工程师）］

吴　皓（6月任）

朗县登木乡巴桑村小康村改造建设（摄于2019年11月26日）

法　　治

政法委与综治

【概况】 2019年，中共朗县委员会政法委员会共有人员编制4名，在职干警14名，与综治办合署办公。

【队伍建设】 2019年，县委政法委深入学习中共十九大精神，以突出党的政治纪律和政治规矩为抓手，加大对干警的教育管理力度，进一步打造五个过硬队伍建设。9月11日，组织开展政法系统“不忘初心记使命·砥砺前行庆华诞”知识竞赛等活动，正式启动政法系统主题教育，涉及《中国共产党政法工作条例》《中国共产党章程》《中国共产党廉洁自律准则》《中国共产党纪律处分条例》及扫黑除恶打非治乱专项斗争工作等相关内容，达到了以赛促学、以学促干的目的。

【维护稳定】 2019年，县委政法委根据维稳工作面临的新形势及自治区党委、市委及上级国安指挥部关于维稳安保工作的部署要求，及时调整充实了县国安指挥部机构职责及分工，落实专项保障经费85万元，累计审查各类项目、活动风险评估报告60份（建设项目类56份、活动类4份），涉及项目资金2.8355亿元。县委主要领导分别深入基层督导调研维稳工作落实情况7轮，开展专题调研5次，形成调研报告5份，确保维稳各项措施落实到位。全年朗县无涉法涉诉信访案件。

【平安建设】 2019年1月，朗县召开2018年度综治工作（平安建设）暨“先进双联户”创建活动表彰大会，为荣获2018年度综治工作（平安建设）的3个先进乡（镇）、10个先进单位、6个“先进双联户”创建评选先进集体、11名平安创建先进个人颁奖，为4个县级平安单位、1个平安寺庙、86户平安家庭授牌，表彰金额共19.05万元。根据市委政法委统一部署，按照“一网格一个、一集镇一个、

9月11日，组织开展政法系统“不忘初心记使命·砥砺前行庆华诞”知识竞赛

6月20日，中央扫黑除恶第十三督导组到朗县督导调研扫黑除恶专项斗争工作

一村居一个、一寺庙一个、一学校一个”原则，在保留和整合原有群防群治队伍基础上，组建75支915人平安守护队，实施“12345”红袖章工程，形成群防群治工作新型发展和规范化管理的运行模式。全年排查安全隐患212处，整改212处，治安巡逻5775次，为辖区安全稳定奠定基础。筹集资金8.78万元，为全县52个村（居）520名平安守护队员配发迷彩服，并进行相关业务技能培训。

【“双联户”服务管理】 2019年，按照市综治办部署要求，县委政法委根据朗县城区新建周转房、商铺搬迁等实际情况，将全县原有的614个联户单位增加至620个，推进网格化与双联户工作对接，延伸搭建联户管理平台，划分县级网格1个，乡（镇）、城区二级网格7个，村（居）、便民警务站三级网格56个，以联户单位为触角延伸四级网格620个，实现了网格化管理服务全覆盖无盲区。

【法学会工作】 2019年，县委政法委及时调整充实日常工作班子，划拨专项活动经费1万元，购买《中国共产党政法工作条例》300本发放给全县政法各部门干（民、辅）警，开展法治基层行宣讲活动46场次，受教育群众2800余人次。2019年年底全县共有法学会56人。

【综治宣传】 2019年，县委政法委组织开展“综治宣传月”“综治宣传周”和“9·16”平安西藏宣传日活动，通过发放各类藏汉文宣传资料、张贴通报海报、悬挂标语横幅等方式，宣传各类法律、法规和相关政策。2019年3月1日，牵头组织“综治宣传启动仪式暨扫黑除恶专项斗争签名活动”，其间共设立签名墙7块，悬挂横幅64条，设立咨询点46个，发放宣传资料24678份，受教育群众9436人次。

【虫草采集工作】 2019年，按照县委、县政府部署要求，在县委政法委设县虫草办，为进一步加大虫草采集工作力度，成立了由县委书记扎西为组长，县委副书记、县长胡文平为常务副组长，其他县级领导为副组长，相关单位负

4月19日，朗县2019年三月综治宣传月启动仪式暨扫黑除恶 打非治乱 扫黄打非专项斗争签名活动召开

4月15日，朗县县委政法委组织各成员单位开展国家安全宣传日宣传活动

责人为成员的工作领导小组，进一步健全虫草管理领导机构。不断探索完善虫草采集管理工作思路、措施和办法，制定出台《2019年冬虫夏草采集管理工作方案》《冬虫夏草采集管理实施细则（试行）》，科学合理开放虫草资源、规范虫草采集秩序、解决群众利益问题。乡镇挂片县乡领导充分调动基层群防群治力量，通过入户宣讲、集中宣讲、深入田间地头等多种形式，开展虫草采挖政策法规宣讲工作，共宣传243场次，受教育群众2.69万人次。积极与周边县协作建立共管机制，与周边5县（林芝市米林县、工布江达县，山南市隆子县、加查县、曲松县）签订《虫草采集工作联防协议》，明确双方治安联防人员，完善信息共享制度，对影响虫草采集管理的各类隐患和苗头性问题进行排查梳理。2019年虫草采挖季，共设立卡点19个，设立一线警务区3个、组建工作组27个，成立临时党支部80个，开展矛盾纠纷排查145次，开展清山巡山95场次，为朗县虫草采挖期间社会稳定打下坚实基础，有力推进了虫草采集管理工作的规范化建设。

【扫黑除恶】 2019年，县扫黑除恶打非治乱专项斗争领导小组共做出重要指示批示近100次，召开动员部署会议2次、推进会议8次、县委常委会会议讨论4次、县委理论中心组学习5次、专题培训会1次、政法工作联席会议3次、案件分析会议5次，健全完善专项斗争工作17项制度，建立健全6类线索摸排台账。将专项斗争工作经费、线索奖励经费20万元纳入年初财政预算，投入资金55.8万元设立大型户外广告牌，全县各级各部门累计支出150万余元用于保障专项斗争工作。充分利用3月、6月、9月综治宣传月、宣传周、宣传日，通过入户上山、媒体传播、设立沿路广告牌、依托法治“夜校”、党建“双红”工程等方式，创新开展专项斗争签名仪式，做到全覆盖、无死角。紧紧围绕重点打击25项内容，带领各行各业联合作战，广大群众积极参与，以动真格、敢碰硬、扫彻底的决心，推动扫黑除恶打非治乱专项斗争向纵深发展。依法打击强迫交易，敲诈勒索案1起，涉案人数18人。

【排查、调处矛盾纠纷工作】 2019年，县委政法委按照《关于推广新时代“枫桥经验”创新社会治理能力、提升社会治理水平，努力构建平安林芝的实施办法》部署要求，推广“枫桥经验”，完善基层组织综治工作和责任体系的规范化建设。2019年，共排查矛盾纠纷635场次，排查出纠纷31起，调处31起。

【国家安全人民防线建设】 2019年，县委、县政府高度重视国家安全人民防线建设工作，投入专项经费2.1万元，组织开展基层防线办及工作人员慰问，发放价值4000元的慰问品，组织“4·15”国家安全日宣传活动，结合各类下基层法制宣传活动，累计开展国家安全知识宣传25场次，受教育群众9000余人，发放宣传资料1万余份，金东国门讲习所邀请市国家安全局骨干为全县110名科级以上领导干部开展国家安全知识专题授课2次2课时，发放《关于西藏自治区网络通信活动“二十禁”的通告》80余份。

【铁路护路联防】 2019年，县委政法委积极协调相关部门开展拉林铁路朗县段护路联防配套设施建设项目选址征地工作，一个营区、两个岗亭征地面积12.8亩，为扎实开展护路联防工作奠定了基础。

（米 玛）

【机构领导】

县委常委、政法委书记、国安办主任、公安局局长

夏华强

县委政法委常务副书记

次仁央宗（女，藏族）

县综治办主任

梁智鑫

县委政法委副书记

余圣喆（僜人）

史龙刚

二级主任科员

米玛曲珍（女，藏族，1—5月任主任科员，6月套转为二级主任科员）

四级主任科员

索朗卓玛（女，藏族，1—5月任副主任科员，6月套转为四级主任科员）

公安

【概况】 2019年，朗县公安局在县委、县政府和上级公安机关的领导下，高举习近平新时代中国特色社会主义思想伟大旗帜，深入学习中共十九大精神和十九届三中、四中全会及自治区第九次党代会精神，按照中央、自治区、市、县政法工作会议及各级公安工作会议部署要求，紧紧围绕维护国家安全和社会稳定总任务，以“对党忠诚、服务人民、执法公正、纪律严明”为总要求，不断提高政治站位，坚持底线思维，强化使命担当，立足岗位职能，圆满完成各项工作任务。

2月22日，林芝市副市长、市公安局党委副书记、局长、督察长任卫东（前右二）到朗县公安局检查指导工作

【打击违法犯罪】 接处警工作。2019年，县公安局共接有效警情93起，其中刑侦方面5起、治安方面47起、交警方面29起、群众求助3起、其他9起，处警率100%，回访率100%，实现了警情迅速接听，指令准确下达，处警及时高效。

刑事案件。共立刑事案件20起（其中盗窃案10起、电信诈骗案8起、故意伤害案1起、强迫交易敲诈勒索案1起），破案7起（其中盗窃案5起、强迫交易敲诈勒索案1起、故意伤害案1起），抓获犯罪嫌疑人24人（其中1名未成年人，交监护人严加看管），移送审查起诉23人，取保候审4人，缓刑2人，挽回群众经济损失23.9万余元。

治安案件。受理治安案件28起（查处11起、调解8起、移交7起、警告教育2起），查处率100%。

交通案件。2019年，共发生交通事故65起，其中无重特大交通事故，一般程序处理5起，简易程序处理17起，自行协商25起，交管“12123”快速处理18起；办理交通违法案件11起，其中，无证7起，超员2起，准驾不符2起；办理交通刑事案件（危险驾驶罪）1起；查处交通违法行为4347起，其中，现场纠违查处322起，非现场执法查处4025起。

【政治建警】 2019年，县公安局突出抓好党建和党风廉政建设，党委带头落实党建工作责任制，根据县（区）交叉巡察五组反馈的问题，专题安排部署，定期研

究，完善修正党内制度，强化抓党建的主体意识和责任意识，政工、督察部门开展巡察问题整改专项督导检查7次，党建工作专项检查5次。

夯实组织基础，规范党内政治生活。提高思想认识，做好党员审查管理；加强党务工作教育培训，组织2次党务干部和党建联络员专题教育培训；依托党委理论学习中心组、全局集中理论学习、个人自学等形式，开展各类教育学习，并积极运用理论指导实践。2019年，组织开展党委书记讲党课2次，党委副书记讲党课1次，党委班子成员讲党课1次；组织开展党委民主生活会3次，党支部开展组织生活会8次，累计下乡60余次，撰写调研报告14篇。

党风廉政建设。贯彻落实《建立健全教育、制度、监督并重的惩治和预防腐败体系实施纲要》，组织广大党员民警开展从政道德教育和党纪党规教育，继续推进廉政文化进机关活动，不断增强机关党员干部的拒腐防变能力，使廉政机关建设取得明显成效。制定了《中共朗县公安局委员会关于党委委员党建职责分工》《朗县公安局中层干部管理规定（试行）》和《朗县公安局铁军“八个严禁”（试行）》，印发了党风廉政建设工作方案和要点，开展廉政谈话120余次，廉政教育学习45次，签订《党风廉政建设目标责任书》23份，局党委班子、各部门负责人撰写述职述廉报告24份，每周开展岗位督察2次。

【维护社会稳定】 抓好情报信息搜集研判工作。2019年，县公安局强化“全警都是情报员”建设，加强秘密力量和群众性信息员选用组建工作，全力搜集各类情报信息。全年搜集情报信息共655条，经分析研判后上报国内安全保卫部门情报信息536条，市局采纳32条。

抓好边境管控。严格执行“两个一律”，加大对非法出入境渠道查控和堵截力度，严厉打击非法出入境活动。加强出入境管理工作，提升出入境管理工作规范化水平。

【专项打击整治】 扫黑除恶打非治乱。2019年，县公安局在县扫黑办统一部署下，组织召开部署会2次，召开动员部署会议2次，专题会议18次，推进会议4次，参加政法联席会议2次，公检法联席会议2次。出动警力860余人，公开举报电话3个，设立扫黑除恶打非治乱专项斗争工作举报信箱75个。深入开展宣传教育和线索摸排核查工作223次，深入村居52个，排查工地79家，检查企事业单位50余家，走访群众14900余人次，开展各类宣传活动125场，发放宣传资料21000余份。

打击非法组织。2019年，县公安局围绕境内外敌对势力、民族分裂势力、宗教渗透组织、邪教组织、重点境外非政府组织等开展基础专项调查工作，全面加强对非政府组织的依法管理，严密防范和严厉打击重点境外非政府组织渗透破坏活动。2019年，辖区未发现非法组织。

整治涉枪涉爆违法犯罪。2019年，县公安局开展检查183次，开展线索摸排238次；结合日常工作开展入村宣传231次，发放宣传资料14000余份。开展涉枪单位检查9次，出动警力45人，检查涉枪单位5家，各涉枪单位的枪支、弹药状态良好。未发现涉枪涉爆违法犯罪。

2月4日，朗县县委常委、政法委书记、国安办主任、公安局党委书记、局长、督察长夏华强（左二）到仲达检查站开展慰问活动

【公共安全监管】 道路交通安全管理。2019年，县公安局落实公路分段巡逻巡查责任制，深入开展道路交通巡逻管控工作。共出动巡查警力3100人次，“两限一警”警力1095人次，检查各类车辆23000余辆，查处各类交通违法行为2465起。发挥交警中队和“两站两员”工作效能，乡镇派出所成立交警中队，保障辖区道路交通安全，交警中队处理交通违法39起，其中简易程序23起，违停16起；全县各乡镇农村“两站两员”开展大劝导活动，启动劝导站52个，开展集中“交通违法大劝导”活动155次，出动劝导员3380余人次，劝导各类交通违法行为550起。

危爆物品管理。2019年，县公安局严格落实民爆物品审批、运输、使用、登记等制度，确保民用易爆物品安全。其间，开展涉爆单位检查372次，出动警力1240人次，检查涉爆单位2家，炸药库3个，发现安全隐患15处，当场整改13处，下达限期整改通知书2份。

消防安全监管。开展消防检查659次，检查各类行业场所2519家次，施工工地1008家次，检查出租房屋199家，发现安全隐患33处，当场整改33处，收缴零散成品油148升，杜绝了各类消防安全隐患。

【社会治安防控】 应急处突演练。完善各类应急处突方案、预案，积极开展应急处突演练。年内，组织全局性应急处突实战演练6次，组织开展庆祝中华人民共和国成立70周年维稳安保应急处突实战演练。

检查站安检盘查。2019年，盘查途经人员367348人次。

网格警务工作。朗县共有6个乡镇，52个行政村。根据实际情况，共划分为14个网格单元（除金东乡8个行政村未划分网格外），“一户一档”共完成建档4798余户。14个网格警务工作室均已全部完成了警务工作室办公房屋选定、挂牌、工作流程和制度上墙、张贴警民联系卡等工作。选派网格专职民（辅）警共28名，按照要求下沉到警务工作室做好本辖区基层基础工作信息采集、建档工作。网格专职民警在走村入户采集“一户一档”信息的同时，强化对辖区陌生面孔、流动人口的管理，建立好个体工商户、娱乐场所、建筑工地等场所精细化档案，定期调查并及时更新本村的流动人口量和流动动向，切实实现动态化管控。

油气管理。加强源头管控，强化油气、电解水、止疼药和易燃易爆物品的有效管理整治，严格落实加油站实名登记制度，严厉打击地下非法销售成品油违法犯罪活动，坚决防止发生自焚事件或引发非法聚集和暴力犯罪事件。2019年，朗县公安局出动警力550人次，检查临时储油单位2家，储油点6个，中石油加油站1家，加气站1家，发现安全隐患8处，当场整改8处。

网上信息监控。严格按照网上网下舆情“日分析”“零报告”制度，强化24小时网上巡查监控，密切关注互联网、手机短信、微博、微信网上动态。

【宣传引导】 2019年，县公安局利用今冬明春法治宣传、“110”宣传、“3月综治宣传月”、“6月综治宣传周”、“9·16”平安西藏宣传日、“12·4”国家宪法日等活动，采取藏语和汉语结合，用通俗易懂的语言，开展法治宣传活动，

7月1日，朗县公安局组织全体党员开展重温入党誓词活动

提升群众对党的各项富民惠民政策的知晓率，提高群众的执法、懂法、守法水平。同时，落实“谁执法谁普法”普法责任制，把法治宣传教育融入日常执法，提高法治宣传教育的针对性和实效性。期间，共开展综治集中宣传17次，各乡镇派出所出动警力3306人次，开展法治宣传563次，发放宣传资料56500余份。

（范旭东）

【机构领导】

县委常委、政法委书记、公安局党委书记、局长、督察长、三级高级警长

夏华强

公安局党委副书记、政委、四级高级警长

牛勇进

公安局党委委员、副局长、四级高级警长

普布多吉（藏族）

公安局党委委员、副局长、四级高级警长

达瓦罗布（藏族）

公安局党委委员、副局长、四级高级警长

达　瓦（藏族）

公安局党委委员、副政委、四级高级警长

查　果（藏族）

公安局党委委员、治安大队队长、四级高级警长

曲　扎（藏族）

边境管理

【概况】 朗县边境管理大队的前身为朗县公安边防大队（武警朗县边防大队），成立于2000年，副团级建制，下辖1个金东边防派出所，成立于2007年，正营级建制。2019年1月1日，公安边防部队完成转制改革工作以来，全体人员集体退出现役，由国家移民管理局垂直管理，纳入人民警察编制，自此更名为朗县边境管理大队。2019年，朗县边境管理大队党委以习近平总书记讲话精神和新时期公安工作“四句话，十六字”总要求为指引，坚决贯彻十九届四中全会精神，按照国家移民管理机构三级党委扩大会议总体工作部署，紧紧围绕边境维稳管控及安保工作这一主线，牢牢把握工作重点和任务中心，落实上级维护社会稳定工作系列会议精神，牢固树立“不出事就是大事”的中心思想，坚持打防结合、以防为主的管控模式，圆满完成西藏民主改革60周年、中华人民共和国成立70周年等重大活动期间的边境维稳管控及安保任务，实现辖区“四无”“三不出”“三稳定”的工作目标。

4月30日，朗县边境管理大队民警对辖区重点部位、行业场所进行安全检查

【党委班子建设】 2019年，朗县边境管理大队党委班子按照上级要求，把“围绕中心抓党建、抓好党建促中心”这一基本思路落到实处，把充分发挥党组织战斗堡垒作用、核心领导作用、党员队伍先锋模范作用作为加强自身建设、推动队伍全面发展的出发点和落脚点，不断改进工作方法，完善工作机制，为全面推进各项防控维稳任务提供政治保障。

【安保维稳】 2019年，朗县边境管理大队制定完善维稳安保工作方案和应对处置突发事件工作预案，成立以大队负责人为组长，副职领导和派出所负责人为副组长的安保工作领导小组，从情报信息搜集、山口道路管控、辖区社会面管控、群众工作、应急处突、队伍管理6个方面着手细化工作措

施和任务,在社会面管控、巡查管控、应急反应力量3个工作方向上部署警力任务,并加强同县维稳指挥部各职能部门和县公安局的联席协作,建立完善指挥体系,有效确保指挥机构政令、警令畅通。同时,集中警力全面清理排查辖区安全隐患,深入摸排走访,做好零散油料管控,加大危爆物品、管制刀具等违禁物品收缴力度,通过在金东乡新区设立临时执勤点,按照“四必查”工作原则,对进出辖区人员、车辆及物品开展24小时双向查缉工作,累计检查进出辖区人员7136人次、车辆3562台次、物品2047件。

(邱俊驰)

【机构领导】

边境管理大队大队长

姜　峰

边境管理大队副大队长

牟　葵(10月任)

检察

【概况】 2019年,朗县人民检察院在县委和上级检察机关领导下,在县人大及其常委会的监督下,在县政府支持和县政协民主监督下,以习近平新时代中国特色社会主义思想特别是习近平总书记关于治边稳藏和政法工作的重要论述为根本,深入学习贯彻中共十九大和十九届二中、三中、四中全会精神,紧紧围绕服务保障西藏长治久安和长足发展的目标任务,坚持“稳进、落实、提升”的检察工作总基调,践行“一个引领、两个紧扣、三个围绕”的西藏检察工作总体思路和县委“12345”工作思路,各项工作取得了新进展。

9月5日,朗县人民检察院党组书记、检察长索朗加措(右二)一行到登木乡洛龙村开展“四对一”结对帮扶活动,为7户结对亲戚送上3200元的慰问品

2019年,县检察院设办公室(检委会办公室)、侦查监督科、公诉科、民事行政检察科、刑事执行检察科、林业检察科、司法警察大队等9个内设机构和1个派出检察室。专项编制10名,实有干警14名;院党组成员5名(其中汉族2名、藏族3名),院支部党员12名;检察长1名,副检察长2名,检委会委员5名,检委会专职委员1名;入额检察官5名,检察官助理4名,书记员2名,司法行政人员3名;大学本科学历14名;男干警7名,女干警7名;藏族8名,汉族6名。

【诉讼监督】 2019年,县检察院做好批准逮捕和审查起诉工作,共受理公安机关提请批捕案件4件10人,不批捕2件2人,复议1件1人。依法向县人民法院提起公诉7件23人(含指定管辖1件1人),不起诉2件2人,移送起诉率、有罪判决率均达到100%,有力地打击了犯罪分子的嚣张气焰,同时保护了案件当事人的合法权益。加强对人权司法保护,对应当立案而不立案的,依法监督立案2件,依法纠正漏捕2人。深入开展社区矫正监督检查工作,对县法院2019年财产刑执行案件24人依法进行监督,确保判决得到依法执行。依法对朗县17名社区矫正人员中“四类罪犯”的减刑、假释、暂予监外执行等进行重新排查,强化刑事执行监督。为全面落实认罪认罚从宽制度和“捕诉一体”办案机制,县检察院坚持促进犯罪嫌疑人认罪伏法与维护被害人权益相统一,推行认罪认罚从宽制度,依法对3人适用认罪认罚从宽制度。全面推行“捕诉一体”办案机制,“捕诉一体”

办案率达 100%。

【公益诉讼】 2019 年，县检察院聚焦“五大领域”开拓推进检察公益诉讼工作，依职权主动核查公益诉讼案件线索 8 条，办理行政公益诉讼、诉前检察建议 7 件，行政机关采纳建议并积极履职，回复、整改 6 件。主动向县委、人大、政府、政协主要领导书面汇报 4 次，口头汇报 20 余次，县委书记 2 次作出重要批示，政府发文支持、促进公益诉讼检察工作，形成保护公益合力。

【未成年人检察工作】 2019 年，县检察院深入开展“携手关爱，共护明天”检察开放日，教育、团委、工会共青团妇联、学校等相关单位负责人、家长、学生代表 30 余人，走进检察机关，了解未成年人刑事检察工作工作，为做好未成年人刑事检察工作工作出谋划策；助推中华人民共和国最高人民检察院“一号检察建议”落实落地，与朗县教育局会签《关于推进落实最高人民检察院“一号检察建议”的工作机制》，检察长受聘为朗县中学法治副校长，与朗县中学共同建立“灯塔”未成年人刑事检察工作工作室，为未成年被害人及有不良行为的少年儿童提供心理咨询、法律咨询、普法宣传等多种服务。工作室成立以来，开展未成年人自我保护和犯罪预防知识宣传活动 4 场次，受教育师生达 1000 人次，推进了平安校园建设。

【扫黑除恶打非治乱专项斗争】 2019 年，县检察院全方位排查涉黑涉恶案件线索，深入 6 个乡（镇）52 个行政村（居）开展线索排查、法制宣传 10 次，受教育群众 2100 余人。排查县检察院近 5 年办理的 34 件刑事案件，未发现涉黑涉恶案件线索。依法快速办理涉黑涉恶案件，成立专案组，依法从严从快打击，维护社会大局和谐稳定，批捕 7 人（追捕 2 人），起诉 18 人，强化证据意识和程序意识，提前介入 1 件，发出侦查取证建议书 1 份。

【维护社会大局稳定】 2019 年，县检察院始终把维护国家安全和社会和谐稳定作为首要政治责任，牢牢掌握反分裂斗争主动权，严密防范和打击各种渗透颠覆破坏活动。按照县委部署，县检察院上下一心，集中精力做好中华人民共和国成立 70 周年等的维稳工作，共投入人力 1100 余人次，出动车辆 200 余台次。深入开展反分裂斗争教育，组织干警学习研讨习近平治边稳藏重要论述。全年共开展检察长接待 12 人次，接待群众 15 人，开展普法宣传 17 场次，发放宣传材料 5000 余份，接受干部群众法律咨询 20 余人次，受教育人数达 8000 人。

【强基惠民】 2019 年，县检察院驻村工作队聚焦驻村“七项重点任务”，宣传习近平新时代中国特色社会主义思想、中共十九大精神、党的十九届四中全会精神、扶贫脱贫政策 59 场次，受教育群众 2000 余人次；组织“四讲四爱”群众教育实践活动 6 场次，组织实施“美丽乡村”建设，开展村庄环境清洁行动 20 次；争取民生项目 7 个，总投资 510 余万元，基础设施得到进一步改善；为群众办实事好事 3 件，投入资金 21270 元。

4月16日，朗县人民检察院干警到拉多乡开展以“学法人人受益、守法处处和谐”为主题的法治宣传教育活动

【基层党建】 2019年，县检察院通过领导干部上党课、专题辅导、学习研讨等多种方式，组织集中理论学习7次，研讨发言26人次，院领导讲党课6次，听取专题辅导4场次，个人撰写学习心得33篇；对标对表检视问题，院党组及全体党员自我检视问题，检视出班子及成员存在的问题53条，其他党员干部存在问题46条，提出整改措施65条，并及时整改完毕、长期坚持。

【干警业务】 2019年，县检察院全面加强队伍专业化建设，提升执法办案素养，共派员参加各类培训11人次，参加远程视频培训、网络课堂28场200余人次。开展业务学习“晚间小课堂”活动，组织援藏干部、业务骨干开展各类业务讲座18场，参学干警达200余人次。落实中华人民共和国最高人民检察院“双百计划”，派出1名干警到广东省惠州市检察机关跟班学习先进办案理念和技能，提升干警的专业素养和业务能力。在县委、县政府的关心支持下，强力推进聘用制书记员招录制度改革，工资纳入本级财政预算予以保障，聘用3名书记员全部配置到办案一线，有效解决县检察院编制紧缺现状。

（郑　波）

【机构领导】

党组书记、检察长、四级高级检察官
索朗加措（藏族）
党组副书记、副检察长、一级检察官
尼玛坚增（藏族）
党组成员、副检察长、一级检察官
代园园
党组成员、一级检察官
巴　桑（藏族）
党组成员、办公室主任
李　红（女）

法院

【概况】 2019年，朗县法院坚持以习近平新时代中国特色社会主义思想为指导，深入学习贯彻中共十九大和十九届二中、三中、四中全会精神，贯彻落实自治区党委九届四次、五次、六次全会精神和市委、县委一系列重要会议精神，在县委的正确领导下、在县人大和上级法院的监督指导下、在县政府和县政协以及社会各界的关心支持下，围绕县委“12345”工作思路，全面履行以执法办案为中心的各项工作职责，为朗县发展稳定大局提供了有力司法保障。2019年，县法院内设办公室、立案庭、民事审判一庭、民事审判二庭、刑事审判庭、执行局、审判监督庭、行政审判庭、司法行政装备管理科、司法警察大队等10个部门，下设2个派出机构：仲达人民法庭、洞嘎人民法庭。2019年，县法院有编制27人，其中仲达法庭编制3人，洞嘎法庭编制3人。全院实有干警23人，本科以上学历干警共有23人，占全体干警的100%。

【发挥职能】 2019年，县法院受理各类案件165件，审执结160件，综合结案率96.97%，其中，由检察机关提起公诉的刑事案件7件，占案件总数的4.24%；受理其他省（区、市）司法机关移送的刑罚变更案件1件，占案件总数的0.61%；受理民商事案件103件，占案件总数的62.42%；受理公益诉讼行政案件1件，占案件总数的0.61%；受理执行案件53件，

11月21日，朗县人民法院召开十九届四中全会精神专题研讨会

占案件总数的 32.12%。

【刑事审判】 2019 年，县法院受理审结刑事案件 8 件 26 人，审结率 100%。其中，盗窃案 4 件 5 人，贪污案 1 件 1 人，敲诈勒索、强迫交易案 1 件 18 人，危险驾驶案 1 件 1 人，刑罚变更案 1 件 1 人。26 名被告人中被判处 7 个月以上有期徒刑 5 人，判处拘役 3 人，判处缓刑 13 人，单处罚金 4 人，撤销缓刑、执行原判刑 6 个月有期徒刑 1 人。收缴赃款 36.5 万元，判处 25 名被告人罚金共计 19.05 万元。

10月16日，朗县涉恶案件庭审现场

【民商事审判】 2019 年，县法院受理民商事案件 103 件，审结 101 件，审结率 98.06%，其中，合同类纠纷 76 件，婚姻家庭纠纷 21 件，劳动争议纠纷 4 件，侵权纠纷 1 件，公司股权纠纷 1 件，依法判决结案 26 件，通过调撤方式化解纠纷 75 件，案件调撤率达 74.25%。

【行政审判】 2019 年，县法院受理审结行政公益诉讼案 1 件，审结率 100%，系全区首例行政公益诉讼案，该案的依法审理，取得了较好的政治效果、社会效果和法律效果，对行政机关加强在新时期治理能力现代化建设和依法行政、主动履职起到了促进作用。

【县委工作部署】 2019 年，县法院贯彻落实自治区、市、县维稳工作会议精神和工作部署，做好维稳值班带班、平安创建工作，共安排干警值班带班 900 余人次，院主要领导参与县维稳指挥中心值班带班 30 余次；围绕“平安朗县、法治朗县”建设，落实“谁执法、谁普法”普法责任制，深入开展政策宣讲及“七五”普法、以案释法、法官说法等活动。选派干警配合政法其他部门开展社会治安综合治理宣讲 16 人次，紧密结合“四讲四爱”群众教育实践活动，组织双语法官到乡镇村开展政策宣讲、法制宣传 40 余场次，辖区宣讲覆盖率达 90% 以上。

【扫黑除恶】 2019 年，抓好制度建设，县法院制定了《扫黑除恶打非治乱工作机制》《档案保管制度》《扫黑除恶案件定期会商制度》《扫黑除恶工作专班制度》等制度机制，明确了各个阶段的工作任务和目标要求，细化了涉黑涉恶线索排查、快速移送、快速处置的具体工作步骤；开展线索摸排工作。对 2017 年以来受理的 234 件案件逐一进行排查，同时，从 2019 年 4 月 1 日起对所有受理的案件都逐一填写了“排查表”入卷，确保摸排工作全面清晰；抓好涉恶案件办理。成立以院长为审判长的涉恶案件合议庭，组织合议庭认真学习掌握关于办理涉黑涉恶案件指导意见和相关司法解释。

【立案涉诉信访窗口服务】 2019 年，县法院坚持按照“把最好的场所让给群众，把最好的服务提供给群众”的工作理念，推进案件“当场立案、就近立案”工作，凡符合立案要求的均做到当场立案，减轻当事人诉讼负担。全年案件当场立案率达 93.9%，为经济确有困难的当事人依法减免诉讼费 33804.8 元，指导当事人诉讼 70 余人次，提供法律咨询服务 40 余人次。

【从严治院】 2019 年，县法院党组始终把政治建设摆在突出位置，开展“两学一做”学习教育、

“不忘初心、牢记使命”主题教育、“全面加强政治建警，打造过硬政法队伍”专项教育整顿活动，着力打造信念坚定、执法为民、敢于担当、清正廉洁的法院队伍。全年，党组理论中心组组织学习研讨12场次，开展“不忘初心、牢记使命”主题教育和十九届四中全会精神专题学习研讨会13次，党支部开展主题党日活动12次，党员集中学习30余场次，作学习交流发言76人次；选派干警参加上级法院、县委组织的各类培训28人次，参训干警向全院干警作学习交流5场次，开展“法官教法官”活动5场次；开展廉政专题学习15场次，开展警示教育5场次，院领导上廉政党课4人次，召开“不忘初心、牢记使命”专题民主生活会和专题组织生活会各1次，对审结的160起案件进行质量评查，廉政监督卡发放率达100%，没有出现办“六难三案”等违纪违法现象。

【智慧法院建设】 2019年，县法院以促进审判体系和审判能力现代化为目标，推动现代信息科技与司法审判深度融合，实现全业务网上办理、全流程依法公开、全方位智能服务。全年在中国庭审公开网直播庭审38件，累计播放量60余万次；在中国裁判文书网公开藏语和汉语裁判文书和文书信息共80份，公开司法信息306条；执行指挥平台向上级法院汇报工作19次，接收指令60次，与全区其他法院进行业务互动2次，与区外其他法院进行互动30次。

【受援工作】 2019年，县法院通过与珠海横琴新区法院沟通协调，珠海横琴新区法院向县法院援助了30万元维修资金，赠送了价值29000余元的各类图书。2019年4月，分两批次安排13名干警参加在云南大学举办的“法治思维与业务能力提升培训班”，提升了法官司法能力和水平。

【自觉接受人大及各界的监督】 2019年，县法院自觉把法院工作置于县委的领导之下，做到重大事项、重要问题向党委请示报告，自觉接受人大及其常委会的依法监督，政协的民主监督和检察机关的法律监督以及社会各界的监督。主动向县委汇报工作3次，向人大及其常委会报告工作1次，邀请人大代表、政协委员视察法院工作10人次、观摩庭审40人次，邀请人民陪审员、案件当事人和部分群众参观法院20人次，院党组走访代表、委员4人次。

（陈　艳）

【机构领导】

党组书记、院长、四级高级法官
　戴　金（藏族）
党组成员、副院长、一级法官
　齐永奎
　边巴次仁（藏族）
党组成员、刑庭庭长、一级法官
　次仁潘多（女，藏族）
党组成员、民二庭庭长、一级法官
　谭得智
党组成员、执行局局长、一级法官
　巴桑次仁（藏族）
审判委员会专职委员、一级法官
　边巴次仁（藏族）
法警大队大队长
　扎巴益西（藏族）
立案庭庭长、二级法官
　次仁占堆（藏族）
仲达人民法庭庭长、一级法官
　桑　珠（藏族）
办公室主任
　张金花（女，藏族）
行装科科长
　德　吉（女，藏族）
法警大队四级主任科员
　次仁群培（藏族）
刑庭四级主任科员
　扎西曲珍（女，藏族）
立案庭四级主任科员
　次吉拉姆（女，藏族）

司法行政

【概况】 2019年，县司法局围绕习近平总书记关于治国理政新思想、新举措、新战略，立足“一个统筹、四大职能”的工作布局，协调推进“四个全面”，把讲政治贯穿于立法、执法、司法、守法、普法各环节，各项工作取得了新发展，为维护全县社会稳定、服务经济发展、促进社会公平正义做出了积极贡献。2019年，县司法局实有干部职工11名，其中副县级1名，正科级2名（二级主任科员2名），副科级4名（副局长3名、四级主任科员1名），一级科员3名，工人1名。

【党建工作】 2019年，县司法局

10月31日，深圳市律师协会章成（右排中）一行到朗县调研律师援藏工作

坚持突出政法机关的政治属性，把政治建设放在首位，引导党员干部树牢“四个意识”，坚定“四个自信”，坚决做到“两个维护”，确保中央政策落到实处。深入学习贯彻习近平新时代中国特色社会主义思想，特别是贯彻习近平总书记在中央政法工作会议上的讲话精神，以“不忘初心、牢记使命”主题教育为抓手，结合“两学一做”学习常态化制度化以及“全面加强政治建警，打造过硬政法队伍”专项教育整顿活动，开展集中学习、专题学习会议20余次，开展交流讨论8次。用好监督执纪“四种形态”，常态化开展节前廉政警示教育10余次，开展批评与自我批评3次。

【法治政府建设】 2019年，县司法局将依法行政作为建设法治政府的重点工作，明确了2019年度法治政府建设重点工作，强化与各部门的工作衔接，形成推动依法治县整体合力，促进全县依法行政能力和水平整体提升。开展行政执法监督，加强行政执法人员资格管理，开展全县行政执法人员资格考试1次，新办行政执法证107个，执法监督证4个。完善行政复议和行政应诉工作机制，推进行政复议规范化建设，健全行政复议案件审理机制，畅通行政复议渠道。

【法治宣传教育】 2019年，县司法局普及法律知识，推进“法律八进”活动。以开办“法治夜校”、在编宗教教职人员法律知识考试、扫黑除恶打非治乱专项斗争知识考试等活动为抓手，开展“法律八进”活动，共开展宣传讲座62场次，出动宣传人员150余人次，出动车辆60余台次，悬挂横幅110余条，张贴海报200余张，参考干部职工1300余人次，受教育群众5600余人次，法律咨询230余人次，发放宣传资料18000余份。推进落实“谁执法、谁普法”责任制，推动普法与执法深度融合，各普法执法单位共开展法治宣传教育180余次，发放宣传资料45000余份，受教育群众12000余人次，悬挂横幅300余条，张贴海报600余张，出动车辆320台次，解答法律咨询450余人次。

【扫黑除恶】 2019年，县司法局召开局办公会议6次、学习会4次、工作例会4次、专题会议7次，传达学习习近平总书记重要指示批示和中央、自治区、市、县决策部署精神，研究部署专项斗争工作，增强推进专项斗争的思想自觉和行动自觉；根据机构改革和人事变动，及时调整局扫黑除恶专项斗争领导小组成员，完善局扫黑除恶专项斗争领导小组办公室人员和工作制度；印制扫黑除恶专项斗争宣传手册5000份、海报200张，发放到各村（居）和社区服刑人员、刑满释放安置帮教人员手中。

【社区矫正和安置帮教】 2019年，县司法局加强重点人员排查管控，防止社区服刑人员脱管漏管。全县在册社区服刑人员5人，开展入户走访10次，集中教育3次，个别教育15次，公益劳动4次，谈话7次，涉黑涉恶社区服刑人员排查3次，未发生重新违法犯罪事件；全县在册刑满释放人员32人，重新犯罪率为零。走访服刑人员家庭及刑释人员37人次，帮助解决回归人员及服刑人员家庭临时困难20人次，安置帮教质量进一步提升。

10月1日，朗县司法局组织党员干部开展庆祝中华人民共和国成立70周年活动

【人民调解】 2019年，县司法局坚持发展和实践"枫桥经验"，提前介入，做到因人预防、因地预防、因事预防、因时预防，逐步建立起化解社会矛盾纠纷的长效机制。开展各级各类人民调解员业务培训工作，400余名人民调解员参加培训，发放宣传人民调解宣传资料500余份。全县各级人民调解组织共排查矛盾纠纷660余次，成功化解15起，其中，婚姻家庭纠纷10起，虫草资源纠纷3起，劳资纠纷2起。

【法律援助】 2019年，县司法局开展了以宣传《中华人民共和国刑事诉讼法》《法律援助条例》等法律法规为主要内容的法律援助宣传教育活动4次，发放法律援助知识宣传读本1500余份，接待法律咨询共计150人次，代写法律文书84份；发挥法律援助以非诉讼方式化解社会矛盾纠纷的作用，发挥法律援助在党和政府主导的维护群众合法权益机制中的作用，办理妇女维权案件2件；参与扫黑除恶打非治乱专项斗争，依法指派援助律师办理扫黑案件1件，结案率100%；介入拖欠农民工工资案件，办理涉及民工工资案件2件，为弱势群体讨回资金20.5万元。

（桑　吉）

【机构领导】

党支部书记、县司法局局长
　　罗布吉村（藏族，5月免）
党支部书记、局长、四级调研员
　　尼　　玛（女，藏族，5月任）
副局长
　　其美卓嘎（女，藏族，5月免）
　　拉巴玉珍（女，藏族）
　　罗　　桑（藏族）
　　杨 景 磊
二级主任科员
　　索　　朗（藏族，1—5月任主任科员，6月套转为二级主任科员）
　　达娃仓决（女，藏族，1—5月任主任科员，6月套转为二级主任科员）
四级主任科员
　　次仁卓玛（女，藏族，1—5月任副主任科员，6月套转为四级主任科员）

军 事

人民武装

【概况】 2019年，朗县人武部认真学习习近平新时代中国特色社会主义思想和强军思想，坚决贯彻党对军队绝对领导、党管武装原则制度，确保对党绝对忠诚、绝对纯洁、绝对可靠。召开部党委会、党员大会认真传达学习党的十九届四中全会和中央军委军事工作会议精神，确保思想上行动上与党中央、中央军委和习主席保持高度一致。扎实开展聚焦“传承红色基因、担当强军重任”主题深化思想政治教育活动，严密组织思想调查、形势分析、教育准备等步骤，确保主题教育活动有序有力开展。认真学习领会上级党委扩大会议精神，结合人武部工作任务，认真梳理、科学筹划，确保学习成效与工作实绩紧密结合。认真学习上级纪委下发的相关问题通报，严守政治纪律政治规矩，确保思想不抛锚，行为不失控。

【正规化管理】 2019年，深入贯彻军区、军分区安全稳定工作会议精神，结合观看军区安全警示教育片，围绕上级通报的案例及友邻单位发生的事故，紧盯重点人员、重点部位、重点问题，突出“人车枪弹密油、水火电钱黄酒”12个领域管控；严格落实条令条例，严格遵守一日生活制度，严格正规管理秩序，确保官兵思想稳定、管理正规、基础牢固。

【思想政治建设】 2019年，县人武部党委认真学习习近平新时代中国特色社会主义思想和习近平强军思想，坚决贯彻党对军队绝对领导、党管武装等系列原则和制度，以绝对的政治忠诚、严格的制度规矩、坚强的组织保证，确保绝对忠诚、绝对纯洁、绝对可靠。

认真学习贯彻习近平强军思想，提领认识、统领工作。召开部党委会、党员大会，原原本本传达学习中央军委党的建设会议、中共十九届四中全会精神、习近平总书记在“不忘初心、牢记使命”主题教育工作会议上的重要讲话，坚决贯彻军区、军分区党委书记座谈会精神，对照习近平总书记指出的“四个不纯”等问题，剖析反思单位党的建设形势，党的建设质量水平不断提升。

用习近平强军思想统领思想认识、引领各项工作。以《习近平强军思想学习纲要》《6个必读书目》为主要内容，认真组织开展深化“传承红色基因、担当强军重任”和“不忘初心、牢记使命”主题教育；按照有教育计划、有专题授课、有配套活动、有学习成果的标准要求，严格学习教育、调查研究、检视剖析、整改落实方法步骤，踩实规定动作，灵活自选动作，教育扎实，效果良好；区分部党委、党委委员、机关党支部和普通党员四个层面，开展问题检视，共收集整理18条意见建议；针对征集的意见建议、调研中发现的问题、群众反映的问题和自身查找的问题，以及各级工作组指出的问题，全体党员亮明态度、主动认领，拉单列条、责任到人，实行挂账销账，设定整改时限，确保整改到位、落实到位、成效到位。

【练兵备战】 2019年，县人武部党委坚持每月召开议训议边会议，研究训练落实及边防管控，强力推进军事训练考核；认真学习贯彻《国防动员单位军事训练大纲》《民兵军事训练大纲》，扎实开展实战练兵活动和“精武民兵”比武活动，组织6个乡镇民兵参加县级层面比武，选拔民兵军事训练尖子进行强化训练，在军分区组织的比武活动中，取得集体第二名。

【维稳控边】 组织民兵应急连携带防暴器材进行战备演练，有效提高了民兵应急处突能力。根据边防管控方案，组织官兵和边防民兵实施2次武装巡逻，确保到点到位，宣示主权和边防一线安全稳定。注重加强与公安、边防、统战及金东乡沟通协调，及时了解边境乡、村辖区边防动态情况，确保辖区边防稳定。

【后备力量建设】 根据工作及人员变动实际，县人武部建议县委、县政府调整充实县国动委领导小组成员，确保组织健全，领导有力；组织县国动委相关单位修订完善县国防动员方案预案2次，规范民兵器材库室，整治各类物资器材，做好战备拉动准备；组织县委、县政府相关部门和6个乡（镇）人武部部长紧前完善民兵整组各项准备工作，全力做好迎接军委国防动员部检查抽查；组织国防动员潜力统计调查2次，准确掌握全县国防动员潜力数据；组织适龄青年完成兵役登记，登记率100%。

【安全工作】 2019年，县人武部党委坚持把纪律规矩挺在前，以陆军“安全大检查”活动为抓手，着力强化官兵法治信仰、培塑法治思维、消除法治隐患，顽症痼疾得到全面纠治，部队正规化建设水平不断提高。参加陆军严格落实条令条例、正规“四个秩序”试点和西藏军区新条令大学习大落实活动，通过“日学一条、周析一例、月上一课”的方式，持续开展“学法规、用法规、守法规”活动，促进法规学习普及深化，使法治思维入脑入心、进岗进责。以迎接庆祝中华人民共和国成立70周年活动为契机，扎实开展陆军安全大检查、“迎国庆、保稳定”和专项整治活动，抓实问题排查，找准安全隐患，共计排查3类8个问题。坚持每季度召开安全稳定形势分析会，逐个问题剖析，建立问题台账，明确责任时限，全面消除安全隐患。

【扶贫帮困】 认真推进扶贫项目，先后3次深入仲达镇堆许村搞调研，与村民座谈，投入10万元专项扶贫经费支持仲达镇堆许村犏奶牛养殖棚建设。

【双拥工作】 坚决落实党管武装根本制度和人武部双重领导工作机制，以学习贯彻扎西书记“八一”建军节慰问人武部的讲话为契机，充分发挥人武部桥梁纽带作用，加强军地军民沟通协调，努力营造“军爱民、民拥军”的良好氛围。认真贯彻落实8月军地座谈会精神，重点围绕“征兵工作、民兵训练、专武干部”3个方面存在的困难，积极开展调研，协调县委、县政府解决。

【基础建设】 积极与乡镇人武干部开展座谈交流，正视基层人武工作面临的困难需求，为基层乡镇武装部配发笔记本、打印机等办公设施，有效改善基层单位办公条件。

（骆云亮）

武警朗县中队

【概况】 2019年，武警朗县中队以习近平总书记重要讲话精神为指导，认真贯彻落实习近平强军思想，按照《军队基层建设纲要》《基层正规化管理规定》，立足中队建设实际，树牢科学发展理念，注重建队育人，强化练兵备战，圆满完成上级赋予的各项任务，高标准实现了“四个确保”。

【支部建设】 2019年，武警朗县中队党支部坚持以习近平新时代中国特色社会主义思想和习近平强军思想为指导，紧紧围绕“听党指挥、能打胜仗、作风优良”的强军目标，大力加强思想政治建设，充分发挥党支部战斗堡垒作用和党员先锋模范作用，重点抓好团支部、军人委员会和干部队伍、党员队伍、士官队伍建设，搞好骨干培训，确保部队建设的正确方向。紧随改革强军步伐，学习党的创新理论，积极投身多样化军事任务实践，苦练本领，忠于职守，勤奋工作，带领官兵圆满完成各项工作任务。

10月1日，武警朗县中队参加全县武装巡逻行动

【思想教育】 2019年，武警朗县中队牢固树立政治首位意识，紧跟时代前沿、紧贴形势任务、紧扣思想脉搏，开展思想政治教育，着力培育“四有”革命军人。扎实开展“传承红色基因，担当强军重任”主题教育，认真组织课后讨论，教唱革命歌曲，开展“每周强军故事会”活动，培塑身边典型，引导官兵坚定理想信念，争当强军先锋。强力推进“四心工程”（知心、稳心、暖心、强心），大力开展“深知兵、真爱兵”“懂得战士、尊重战士、成就战士”等活动，做到“三个关心”（关心战士生活、关心战士困难、关心战士成长），为培养官兵成长成才打下坚实思想基础。

【军事训练】 2019年，武警朗县中队按照《军事训练与考核大纲》，坚持每月支部议训、每周分析训练形势和安全工作。结合上级组织的培训、集训，推进中队军事人才队伍建设，发挥教练员“酵母”作用，通过训练提高干部士官组织指挥和教学能力，带动中队整体训练水平提升。严格奖惩制度，坚持从难、从严训练，充分利用“五小练兵”（小时间、小课堂、小教员、小测试、小讲评）“军事竞赛”等活动，强化官兵基础体能，营造“比学赶帮超”训练氛围，激发官兵训练热情，提升遂行多样化军事任务能力。

【战备工作】 2019年，武警朗县中队聚焦执勤战备工作，紧盯中心任务，狠抓常态执勤，加强实战化训练，提高履职执勤能力；教育官兵牢固树立“危险就在身边，战斗随时打响”意识；修订完善战备方案，落实战备制度，圆满完成全年战备执勤工作。

【后勤建设】 2019年，武警朗县中队后勤工作始终以官兵是否满意作为工作出发点和落脚点，围绕服务大局、服务中心开展工作，不断提升后勤保障综合效益。落实后勤管理和保障制度，抓好后勤经费物资管理，严格执行账目及财务公开，树牢“小而精”理念。结合中队人员饮食习惯，精心调剂，定期收集官兵对伙食的意见建议，调整食谱、更新口味，粗菜细做、细菜精做，力求官兵满意。

（马永宏）

【机构领导】

武警朗县中队队长

马永宏

武警朗县中队指导员

李小军（11月免）

经济综合管理

发展和改革

【概况】 2019年，朗县发展和改革委员会认真贯彻落实县委、县政府的各项决策部署，牢固树立新发展理念，主动适应经济发展新常态，推进深化供给侧结构性改革，紧紧围绕县委“12345”工作思路，紧扣经济发展目标，主动适应宏观经济新常态，努力完成各项目标任务。2019年，县发改委实有干部职工20名（含工人1名、公益性岗位3名），其中少数民族干部有12名，男女比例为12 ∶8。设有办公室，包括重点项目建设领导小组办公室、重点项目验收领导小组办公室、综合办、拉林铁路建设协调领导小组办公室等。主要职责：负责制定并组织实施国民经济和社会发展、宏观经济监测、经济体制改革、固定资产投资、项目稽查、规范市场经济秩序、物价监测、粮食管理、小微型企业、民族手工业市场监测、管理三大运营商和协调配合拉林铁路朗县段建设等工作。

【国民经济和社会发展】 2019年，朗县实现生产总值7.75亿元，同比增长10.56％；固定资产完成17.05亿元，同比减少32.29%，完成社会固定资产投资23.1亿元，占年初目标的81.91%；农村居民人均可支配收入实现1.69万元，同比增长12.9％；接待游客359435人次，同比增长36.28%，实现旅游收入1.3亿元，同比增长24.1%；工业增加值实现0.14亿元，同比增长1％；全县社会消费品零售总额实现1.47亿元，同比增长9.5%；全县公共财政一般预算收入4639万元，同比增长10%。

【现代农业】 粮食生产有序。2019年，全县粮食产量共计0.45万吨，总播种面积1.89万亩（春播作物0.4万亩、冬播作物0.76万亩）；其中粮食作物1.16万亩（青稞0.63万亩、小麦0.53万亩）；经济作物0.73万亩（土豆0.05万亩、萝卜0.03万亩、其他0.65万亩）；

7月5日，金东乡来义村为第八批援藏工作队送去感谢锦旗

经济作物发展良好。全县核桃种植面积累计达1.02万亩，藏冬桃种植面积累计达0.5万亩。核桃产量达36.586万千克，实现经济效益877.9万元、藏冬桃产量达7.2万千克，实现经济效益216万元；牲畜存栏量可观。牦牛年末存量6.36万头，出栏6700头，出栏率10.53%，实现产值6365万元；能繁母猪存栏达3911头，实现产仔12300头，养殖量达21900头，出栏4909头，实现经济收入1700万元。

3月28日，朗县发改委组织党员干部在金东乡东雄村与驻村点村民同吃、同住、同劳动，接受党性教育

【项目建设】 2019年，朗县共开复工项目184个，总投资16.28亿元。援藏项目：2018年续建项目已全部完成，完成投资5156.38万元；2019年的新建项目完成30%，完成投资1440万元。续建项目：国家投资500万元以内的项目已经全部完成，完成投资3004.84万元；500万～5000万元以内的项目完成了总投资的98.29%，完成投资12300.15万元；5000万元以上的项目完成了总投资的71.52%，完成投资26685万元。新建项目：国家投资500万～5000万元的项目完成了总投资的86.98%，完成投资15232.02万元；投资500万元以内的项目完成了总投资的97.31%，完成投资10152.19万元。同时，为增加全县农牧民群众的收入，2019年已将登木乡文化展厅、朗镇堆巴塘村引水灌溉等15个项目，总投资1735.88万元，交由农牧民施工队实施。

【城乡"一体化"建设】 2019年，县发改委采取动态管理、综合管理、目标管理相结合管理模式，进一步巩固"治脏治乱、绿化美化"和"违必拆、六先拆"成果，严格落实保洁工作定人、定街道、定时间、定标准、定责任，做到了区域内垃圾清运工作全覆盖。加大力度对县城损坏公共设施、菜市场管理混乱、街道乱摆乱贴、商铺门前占道经营、招牌设置"多、滥、杂"等问题的治理。

【脱贫攻坚】 2019年，县发改委把握交通脱贫政策，拉林铁路朗县段境内8座隧道中贯通了7座；成立朗县快乐农村公交客运有限责任公司，县际班线客运改革固定资产移交工作已完成，并制订了县内班线客运开通计划，正在筹措客运车辆的购置资金；牢固树立"建管养"并重的工作理念，全面开展公路养护工作，全年绿化公路10千米，种植杨柳树1万株，成活率85%，有效巩固了公路建设成果，提高了公路好路率。

加强易地搬迁配套产业建设，完善易地搬迁迁入地草场、林地、耕地等资源配置政策，明确迁出、迁入地资源权属，统筹行业部门力量，加大资金投入，完善易地扶贫迁入点水、电、路、网、通信等基础设施。截至2019年年底，投资2545.1万元的14户109人的"三岩"跨市整体易地搬迁安置点达到入住条件，三岩搬迁3户25人，住房投资265万元，已开工建设。

【安全生产工作】 2019年，县发改委严格按照"全面排查、不留死角"的民爆等危险品检查整治要求，先后对项目建设工地、4个炸药库进行全面检查4次，发放120余份安全生产资料，对个别炸药库存在的问题提出整改要求。对朗县境内的民族手工业前后12次进行摸底调研，全县已登记注册的各类民族手工业市场主体12家，

3月28日，朗县发改委组织党员干部参观金东乡国民教育讲习所

其中农牧民专业合作社11家，私营企业1家，注册资本（金）352万元，在职人员236人，资产总额879万元，增加25.3万元，同比增长8.5%。

【基层党建】 2019年，县发改委支部始终坚持以习近平新时代中国特色社会主义思想和中共十九大精神为指导，牢牢抓住全面从严治党、落实党支部书记抓党建工作“主体责任”这条主线，紧紧围绕“党建领航改革发展”这一主题，突出抓班子、带队伍、破难题工作思路，深入开展各项工作。通过“授课”、理论研讨及“以会代训”的方式学习中共十九大等一系列重要会议精神及文件精神15次，支部书记上党课2次，纪检委员上党风廉政教育专题课2次，征求整改意见6条，班子成员研究“三重一大”决策事项会议8次；党员撰写各类心得体会总计180余篇。

【机构领导】

党支部书记、主任

普布次仁［藏族，5月前为发改委（工信局、粮食局）主任；5月后免去其当前职务，任命为发展和改革委员会主任］

党支部副书记、副主任

满　进（土家族，援藏，7月免）

周　瑜（8月任）

党支部组织委员、副主任、三级主任科员、经信局局长

杨建国［5月免去其发改委（工信局、粮食局）副主任，任朗县发展和改革委副主任、经济和信息化局局长，12月套转为三级主任科员］

副主任、粮储局局长

嘎玛次仁［藏族，5月免去其发改委（工信局、粮食局）副主任，任朗县发展和改革委副主任、粮食和物资储备局局长］

财政

【概况】 2019年，朗县财政局紧紧围绕县委、县政府“12345”工作发展思路，在各级部门的帮助支持下，坚持以习近平新时代中国特色社会主义思想为指导，全面贯彻落实中共十九大和十九届二中、三中、四中全会精神，贯彻落实习近平总书记重要讲话精神，特别是“治国必治边、治边先稳藏”的重要战略思想，贯彻落实区党委、全区经济工作会议精神，统筹抓好经济发展常态下产业发展、民生改善、项目建设、社会稳定等各项工作，不断强化党对经济工作的领导，奋力推进经济发展和长治久安。2019年，县财政局内设综合办公室、行财办、乡（镇）事业办、党委办、出纳办、公检法办、基建办、工资办、国库办、预算办、国资委、评审中心12个办公室，共有干部职工19名，其中行政干部4名，参公干部8名，事业干部4名，工人3名；中共党员11名，预备党员1名，入党积极分子1名。

【财政收支】 2019年，县财政局组织人员深入开展调查研究，摸排税源，协调税务部门加大征管力度，确保应收尽收。2019年，全县财政收入完成4639万元，比上年同期减少1579万元，下降

11月3日，朗县财政局组织干部职工在二楼党建会议室举行“不忘初心、牢记使命”应知应会测试

25.39%；税收收入完成1921万元，同上年相比减少692万元，下降26.48%；县级非税收入完成2718万元，同上年相比减少887万元，下降24.6%。全县财政支出完成86575万元，比上年同期增加1990万元，增长2.35%。政府性基金支出1574万元，比上年同期减少1184万元，降低42.93%。

【财政项目投资评审】 2019年，县财政局严格规范评审制度，完善评审机制，做好政府投资项目设计概算、施工图预算、工程结算和竣工财务决算等方面的评审工作。全年共完成评审项目132项，投资总额23709.67万元，审减资金864.57万元，其中预算评审项目49项，完成预算投资额2428.61万元，审减资金319.29万元；决算评审项目83项，完成决算投资额21281.05万元，审减资金545.28万元。加强朗县政府项目管理工作，推进项目审批、预算的科学化和规范化管理，合理确定和有效控制投资成本，充分发挥国家资金投资效益。

【脱贫攻坚】 整合涉农资金情况。2019年，朗县整合涉农资金9930.82万元，中央统筹整合资金5890.59万元，自治区统筹整合资金1994.69万元，林芝市统筹整合资金112.88万元，县级统筹整合资金1932.66万元；加大扶贫项目资金支出力度。向项目单位多次下发《加大项目资金支出力度的通知》文件，督促相关单位加大涉农统筹整合资金的支出力度，确保完成年底支出率达到92%的工作任务；清理扶贫项目结余资金。对两年及以上扶贫项目存量资金进行收缴入库，并将收缴资金统筹整合到2020年朗县涉农资金中。

【国库集中支付改革】 2019年，县财政局举办了4期国库集中支付财务系统培训，通过培训，使全县财务人员能够熟练掌握国库集中支付业务流程，按照国库集中支付制度要求，能独立完成经费的正常支付工作。在县农行开设一个财政局零余额账户，各预算单位共开设单位零余额账户49个，减少了资金流动的中间环节，有利于从根本上解决财政资金多

10月1日，朗县财政局组织党员干部在新区体育场举办庆祝新中国成立70周年活动

环节拨付、多户头存放的弊端，提高财政资金的使用效益。为保障各独立核算单位在财务交接后顺利开展各项财务工作，为预算单位统一购置了财务核算设备、软件，并做好软件安装、系统维护、业务培训等基础性工作，县财政局组织财务人员定期到预算单位进行财务工作监督指导，规范做账流程，及时解决财务工作难题，加强对单位的后续业务指导。

（丁丽敏）

【机构领导】

局 长

张应强

二级主任科员

李 科（1—5月任主任科员，6月套转为二级主任科员）

副局长

嘎玛次成（藏族）

尼玛见参（藏族）

四级主任科员

路文玉（1—5月任副主任科员，6月套转为四级主任科员）

德吉拉姆（女，藏族，1—5月任副主任科员，6月套转为四级主任科员）

统 计

【概况】 2019年，朗县统计局（社会经济调查队）按照林芝市统计局的部署和要求，在县委、县政府的正确领导下，以习近平新时代中国特色社会主义思想为指导，深入学习贯彻中共十九大精神，从严践行习近平总书记关于统计工作的一系列重要批示指示精神，以提高统计数据质量，提升统计服务水平为宗旨，加强统计法治建设进一步夯实统计基层基础，加强党风廉政建设，进一步改进机关工作作风。2019年，朗县统计局实有干部13名，其中行政干部4名，参公干部3名，事业编制5名，工人1名。

【经济指标完成情况】 2019年，朗县地区生产总值实现8.07亿元，同比增长8%，其中，第一产业增加值实现1.13亿元，同比增长2.9%；第二产业增加值实现2.23亿元，同比增长7.7%；第三产业增加值实现4.71亿元，同比增长8.6%。一、二、三产业的比重为14 ：27.6 ：58.4。全社会固定资产投资17.05亿元，同比减少32.3%。实现社会消费品零售总额1.74亿元，同比增长8.9%。农村居民人均可支配收入实现16912元，同比增长12.9%，现金收入11776元，同比增长11%。

【党建工作】 2019年，县统计局每周在全局组织一次学习，深入学习重要文件精神和业务知识，通过支部书记讲党课，要求全体干部要增强责任感使命感，坚决把中共十九大精神落到实处。落实“三会一课”制度。按时开展每月主题党日活动，深入推进“两学一做”学习教育常态化制度化，加强对脱贫攻坚政策文件和《中国共产党支部工作条例（试行）》的学习，开展“不忘初心、牢记使命”主题教育，开展集中学习7次，讨论发言7次，并组织党员干部参加主题演讲比赛活动2场次，坚持边学、边查、边改，把学习教育、调查研究、检视问题、整改落实贯穿始终，做到学以致用。

7月10日，林芝市统计局党组书记央珍（右二）到朗县统计局调研指导工作

1月3日，朗县召开第四次全国经济普查正式普查工作培训会议

【机关作风建设】 2019年，县统计局加强机关工作制度和统计调查制度建设，将统计行风建设融入日常事务和统计业务工作全过程，形成用制度管权、管人、管数的体制和按制度办事的风气。加强统计基层基础建设，严格实施统计规范化管理，增强全局维护和执行统计调查制度的自觉性、坚定性，以统计调查行为的规范化确保统计数据的准确性。推进权力公开透明运行，规范权力运行流程，加强党务、政务公开，保障干部群众的知情权、参与权和监督权，强化监督，提高统计系统执行力。

【统计服务】 2019年，县统计局加强经济运行预警监测，做好月度和季度经济运行监测分析，共编写朗县经济指标完成情况简析12期，及时为县委、县政府提供经济指标完成情况报告，为领导决策发挥参谋助手作用。开展专业统计报表进度分析，分析当前各个经济领域的运行状况，预测经济社会发展趋势，提出促进经济社会发展的政策与建议，提高统计综合能力。全年共上报专业进度分析报告5篇，较好地发挥统计反映发展、宣传发展、服务发展的职能。

【统计法治】 2019年，县统计局建立了领导班子和干部学法制度，制定详细的学习计划，将《中华人民共和国统计法》《统计法实施条例》《防范和惩治统计造假、弄虚作假督察工作规定》和各类统计执法案件通报等纳入普法宣传教育学习计划，定期组织开展学习，共组织学习统计法律法规和统计违法违纪典型案件通报25次，深刻把握统计督查的指导思想，增强干部思想意识，确保数据质量。

【月度劳动力抽样调查】 2019年，县统计局按照国家统计局林芝调查队的安排部署，做好月度劳动力抽样调查工作，月度劳动力抽样调查涉及朗巴居委会和仲达村村民委员会，通过张贴公告等方式，向辖区居民宣传调查工作的重要意义和调查方式，并利用假期，开展月度劳动力入户抽样调查工作，对随机抽取的居民家庭的相关情况进行实地入户核查，通过手持终端定位调查，并将数据上报国家数据库，同时对每户被调查对象兑现50元/次的误工补助。

（王　成）

【机构领导】

局　长

朗杰卓嘎（女，藏族）

社会经济调查队队长

土　　登（藏族）

二级主任科员

嘎　　姆（女，藏族，1—4月任主任科员，5月套转为二级主任科员）

副局长

代 敏 华（女，5月任）

旦增卓玛（女，藏族，5月任）

自然资源管理

【概况】 2002年10月10日，朗县自然资源局正式成立，成立之初为朗县农牧局管理的副科级机构（朗县土地管理局）。2010年6月30日，县土地管理局从县农牧局析出，升格为朗县人民政府直属正科级工作部门，并更名为朗县国土资源局。2019 年 3 月 15 日，重新整合相关部门职能，组建朗县自然资源局。2014 年以来，经朗县机构编制委员会批准，县自然资源局先后设立朗县国土执法大队、朗县土地储备中心、朗县不动产登记中心共 3 个副科级事业单位。2019 年，县自然资源局共有干部职工 20 名，党员干部 12 名，主要业务工作为耕地保护、土地利用管理、不动产统一登记、矿产资源管理、地质灾害防治、国土资源执法监察、土地储备。

【耕地保护】 2019 年年初，朗县耕地保有量 27454.47 亩，基本农田保护面积 16324.52 亩；年末，朗县耕地保有量 27454.47 亩，基本农田保护面积 16324.52 亩。2019 年，通过实施最严格的耕地保护制度，有序推进耕地动态巡查、实施土地开发（整理）项目、申报城乡建设用地增减挂钩、开展永久基本农田储备区划定及重大项目占用永久基本农田补划，县域耕地数量未减少，耕地质量及耕种条件得到有效提升。

7月7日，朗县自然资源局在朗镇路村开展“法律进村居”主题党日活动

【土地利用管理】 2019 年，县自然资源局严格按照《西藏自治区实施〈中华人民共和国土地管理法〉办法》和国家供地政策，按照优先向关乎民生、城镇基础设施建设项目供地倾斜的原则，严格做好土地用途管理，切实做好用地审查。全年完成土地预（初）审 40 宗，用地总面积 35081.76 亩，为全县经济建设提供有力的土地资源支撑。

【不动产统一登记】 2019 年，朗县不动产登记中心共办理不动产权证书 152 宗（其中，转移登记 106 宗、变更登记 9 宗、更正登记 1 宗、国有建设用地使用权首次登记 5 宗、国有建设用地使用权及房屋所有权登记 30 宗、补办证书 1 宗），共办理房地产一般抵押证明 6 宗，共收缴土地出让金 51.74 万元，登记费 20.667 万元。2019 年，县自然资源局有序推进朗县农村集体土地确权登记发证、林地使用权及森林林木所有权确权发证工作走向深入，截至 2019 年年底，共完成农村集体土地确权登记发证 2951 宗、林地使用权及森林林木所有权确权发证 12 宗。

【矿产资源管理】 2019 年，朗县自然资源局有序推进县域矿产资源动态巡查、在建矿山企业监管、建筑石材矿业权申报以及矿区生态环境修复工作，共组织开展矿产资源动态巡查 14 次，查处违法违规开发利用矿产资源行为 5 起；深入非煤矿山企业履行行业监管职责 31 次，发现并整改问题 11 项，督促企业制定并完善各类制度规章 13 条、作业规程 6 条、办法 2 条、台账 4 本；编制完成洞嘎镇达木村花岗岩矿采矿权申报前期资料并逐级报审；完成金东乡秀沟铬铁矿矿区生态环境修复方案编制并组织实施。

【地质灾害防治】 2019 年，朗县共有地质灾害隐患点 91 处，共发生地质灾害 4 起（其中小型塌方 1 起、小型泥石流 2 起、小型崩塌 1 起），均未造成人员伤亡及重大财产损失。2019 年 5 月 1 日，朗县地质灾害汛期应急值守工作正式启动。2019 年 7 月 19 日，县自然资源局邀请地质灾害专家到朗县开展地质灾害防治知识培训，参训 63 人，培训时长 2.5 小时，提高了朗县干部职工、群测群防员知灾、识灾、防灾、减灾、避灾、救灾能力，为做好地质灾害防治工作夯实了基础。2019 年 8 月 2 日，会同相关单位、部门在洞嘎镇达木村开展突发地质灾害应急演练活动，参演人数 94 人，通过演练，进一步检验朗县地质灾害防治工作成效，增强应对突发地质灾害的抵御能力。2019 年，邀请地质专家完成朗县江南新城、仲达镇伟列村藏木组地质灾害风险性评估，为下一步防治地质灾害提供科学依据。2019 年，朗县登木乡地质灾害治理项目、拉多乡白露村后山崩塌治理项目通过终验并正式投入运营。

8月2日，朗县自然资源局在洞嘎镇达木村举行突发地质灾害应急演练活动。图为应急抢险救援现场

【国土资源执法监察】 2019 年，县自然资源局将年度卫片执法、季度卫片执法与日常动态执法有机结合，不断加大国土资源动态巡查监管力度，坚持季度巡查制度和不定期巡查制度，完善土地、矿产违法案件的查处工作机制。全年共组织单独执法、联合执法 17 次，及时制止违法违规用地 1 起，及时查处违规采石 5 起。2019 年开展的 2018 年度卫片图斑核查整改工作中，朗县共涉及疑似违法用地图斑 60 个，确认违法用地图斑 9 个，相关举证材料已逐级提交报审。

【土地储备】 2019 年，县自然资源局按照《西藏自治区实施〈中华人民共和国土地管理法〉办法》和 2019 年度朗县土地供应计划要求，经县委、县政府批准，依法完成光明新区 15 宗共 18990.12 平方米国有建设用地使用权出让工作，出让成交价总计 3438.69 万元（其中拍卖 11 宗，总面积 10807.29 平方米，出让成交价 2133 万元；挂牌 4 宗，总面积 8182.83 平方米，出让成交价总计 1305.69 万元）。为提高全县财政收入和推动朗县城市建设奠定了基础。

【第三次全国国土调查】 2019 年，朗县第三次全国国土调查工作先后完成内业资料整理、外业调查、外业成果质检、外业成果复核、异议图斑抽样调查举证、外业核查整改及补充举证等工作，国土调查成果以 0.47% 差错率顺利通过国家审查。

（朱　坤）

【机构领导】

局　　长

顿　　珠（藏族，5 月免）

嘎玛次仁（藏族，5 月任）

主任科员

达娃仓决（女，藏族）

副局长

伍　国　兵（11 月提任三级主任科员）

索朗曲珍（女，藏族，10 月任）

德庆卓嘎（女，藏族，5 月任）

执法大队队长

吾坚平措（藏族）

副主任科员

德庆卓嘎（女，藏族）

二级主任科员

达娃仓决（女，藏族，10 月任）

三级主任科员

伍　国　兵（11 月任）

四级主任科员

王　凯　龙（5 月任）

不动产登记中心负责人

达瓦次仁（藏族）

税　务

【概况】 朗县国家税务局成立于

1994年，为正科级设置，实行垂直领导的管理体制。2018年7月5日，国家税务总局朗县税务局正式挂牌成立。2019年，朗县税务局共有干部12名，其中局长1名，副局长1名，纪检组组长1名，科员9名。

【组织收入】 2019年，朗县正常纳税户登记共786户，其中企业204户，个体工商户582户。2019年，朗县税务部门组织收入完成12095.17万元，同比增长128.46%。其中税收收入完成3828.65万元，同比下降24.64%。社会保险基金收入完成8124.88万元，非税收入完成141.64万元。

【纳税服务】 优化纳税服务。2019年，县税务局全面贯彻落实党对税收工作的全面领导，充分发挥党建统领作用，为税收工作顺利开展提供组织保证，为税收治理体系和治理能力现代化提供了政治可靠、作风过硬、业务精湛的人才队伍和完善的制度保障。

加强税收宣传力度。为纳税人及时提供政策培训，开展税法宣传活动，上门对纳税人进行辅导，促进减免政策落实。持续推进“便民办税春风行动”，推行办税事项“最多跑一次”，有效减少纳税人的办税时间。加强干部技能培训，提升业务水平。鼓励干部积极参加税务师考试，不断学习掌握税收新政策，提升业务能力，逐步提高依法治税能力。

落实税收优惠政策。主动提高站位，认识减税降费的重大意义，采取有效措施，确保政策落地生根，保障纳税人及时享受到改革的红利，同时开展自查工作，查找政策享受不到位情况，实现减税降费工作的动态管理，最大限度地保障纳税人的权益。

【征收管理】 推进社保费征管职责划转。2019年，县税务局严格按照“政府主导是保障，部门协作是关键，数据准确是核心，申报入库是目标”的工作思路，推进社保费划转工作，及时向县委、县政府汇报，并与人社、财政、银行等部门沟通联系，加强部门协调配合，组织多部门专题工作会议，实现数据核实、申报入库无缝衔接。

做好实名办税工作。开展实名办税宣传活动，及时组织相关人员进行《实名办税系统操作手册》《实名办税工作规范》《三合一高清拍摄仪设备接入系统操作手册》培训，制定工作方案，将实名办税落到实处。

落实小微企业政策工作。明确小微企业税收优惠政策的重要意义，多措并举，完成整改工作，小微企业税收优惠惠及面达100%。

提升纳税人获得感。开展电子税务局及自然人税收扣缴客户端等便民软件的注册，提升办事效率。2019年，共注册电子税务局260户，实现了电子税务局的百分之百注册，创新了办税模式。

【“不忘初心、牢记使命”主题教育】 2019年，县税务局抓好“不忘初心、牢记使命”主题教育，把握主题教育开展的重大意义，按照“守初心、担使命、找差距、抓落实”总要求，紧扣“不忘初心、牢记使命”这一主题，围绕深入学习贯彻习近平新时代中国特色社会主义思想这一主线，将学习教育、调查研究、检视问题、整改落实贯穿主题教育全过程。

7月31日，朗县税务局党支部举行换届选举

4月7日，朗县税务局开展减税降费政策宣传活动

【绩效工作】 2019年，绩效工作是县税务局工作的重点之一，根据市局绩效管理工作的部署、安排，严格按照制定、发放个人绩效考评指标台账，针对每个人负责的工作及报送任务、时间节点与分值进一步分解、细化，提高绩效管理工作的意识，以绩效工作为抓手，促进全局工作的高效、高质进行。

【机构领导】

党委书记、局长
　　罗布旦增（藏族）
党委委员、纪检组长
　　李　文　松
党委委员、副局长
　　王　　浩

市场监督管理

【概况】 2019年，朗县市监局在全体干部职工的共同努力下，坚持党建引领，积极融入改革大局，较好地完成了2019年的市场监管工作各项任务。2019年，朗县市场监督管理局共有干部17名（男性7名、女性10名），其中，局长1名，副局长2名，食品药品稽查队队长1名（事业），主任科员1名，四级主任科员2名，一级科员5名，员级3人，初级1人，公益性岗位1名。

【优化营商环境】 2019年年底，全县实有市场主体1552户，注册资本（金）12.8亿元，与上年底相比分别增长27.21%、30.35%，其中，企业180户（含内资、私营），注册资本（金）10.77亿元；农民专业合作社70户，出资总额0.39亿元；个体工商302户，注册资本（金）1.64亿元。全县2019年新登记各类市场主体427户，注册资本（金）3.1亿元。按照"四个谁"原则，2019年以来向县级相关后期监管部门发放后置审批告知函396份。

2019年年底，全县共有食品经营户576家，"两小"市场主体备案24家，医疗机构及药品经营使用主体16家，化妆品销售主体5家。全年新发放食品经营许可证107家，注销87家，变更25家。

【市场主体信用监管】 2019年，朗县应参加2018年度年报市场主体1175户，6月底已完成年报1158户，年报率98.55%，其中，企业应年报139户、已年报137户、年报率98.56%；合作社应年报66户、已年报65户、年报率98.48%；个体工商户应年报970户、已年报956户、年报率98.56%。将未依照《企业信息公示暂行条例》第八条规定的期限公示年度报告的17户市场主体，及时列入经营异常名录。根据自治区局确定的"双随机"抽查企业名单，已完成147户市场主体"双随机"检查。

【食品安全】 2019年，县市监局组织开展"三大节日"（元旦、藏历新年、春节）、"3·15"晚会问题辣条、"非洲猪瘟"疫情排查等专项检查11次，累计出动执法人员97人次，检查食品生产经营户734家次，整改各类隐患208处，累计签订《"非洲猪瘟"疫情告知书》《餐厨垃圾处理承诺书》各233份。加大食品宣传培训工作力度，共开展集中宣传16场次，出动宣传人员50人次，受众达1860余人次，发放宣传资料和各类宣传物品共计2200余份，发送食品安全短信提示2700余条。开展食品安全知识进校园专题培训19次，出动工作人员40人次，800余名师生参与，发放宣传物品280余份；开展食品安全进企业宣传培训1次，出动工作人员3人次，受教育员工100余人次，发放宣传物品100余份。开展食品抽检工作，共抽检湿面制品中柠檬黄含量6批次、食用农产品抽样78批次。开展餐饮服务食品保障工作5场次，出动工作人员68人次，开展快速检测160余批次，其间未发生任何食品安全事故。各乡镇协管员、信息员积极配合开展各项检查监督工作，共开展村宴登记227场次，累计参与村宴人数26200余人次。开展各类检查44次，出动检查人员108人次，检查食品经营企业260余家次。

【药械化监管工作】 2019年，朗县共有药品经营企业3家，县级医疗机构2家，疾控中心1家，乡镇卫生院6家，个体诊所4家，村卫生室51家，化妆品经营企业5家。与药械经营企业和使用单位共签订质量安全责任书8份、过期失效药械回收责任书16份，发放过期失效药械回收箱16个。在专项检查中，共出动执法人员15人次、执法车辆5台次，检查药品经营企业和使用单位60家次。疫苗专项检查共出动执法人员10人次、执法车辆3台次，检查单位7家。开展化妆品专项检查，共出动执法人员14人次，执法车辆2台次，检查化妆品经营企业和美容美发店共44家次。坚持以问题为导向，深入开展麻黄碱类易制毒药品安全管控工作，明确要求各涉药单位现售特殊药品必须进行实名、限量销售，并实事求是做好登记工作。

【完善消费维权机制】 2019年，县市监局按照“有诉必接、接诉必查、查诉必果”的工作要求，依托各乡镇已建立的“12315”投诉站，搭建消费者与经营者的协商调解平台，积极促进和解，提高投诉处理率，切实保护好广大游客的合法权益。对消费者、经营者开展新《中华人民共和国消费者权益保护法》《网络购买商品七日无理由退货暂行办法》《中华人民共和国电子商务法》等相关法律法规的宣传，提高消费者合法维权意识和经营者守法经营自律意识。2019年，共开展集中宣传7次，出动宣传人员36人次、执法车辆8台次，悬挂横幅19条次，发放宣传资料720余份，通过局微信公众号发布消费警示、提示7条，惠及县城及各乡镇周边群众1000余人次。受理消费投诉3起，其中调解成功1起，为消费者挽回经济损失，诉转案2起。

3月20日，朗县市监局组织成员单位召开食安委会议

【打击传销】 2019年，县市监局围绕打击传销联席会议平台，发挥基层组织作用，与各乡镇责任人签订打传责任状、创建责任书、承诺书18份。加强重点区域摸底排查工作和登记工作，做到“四知”，即知道是什么人、在干什么活、有什么资金来源、主要从事什么活动。全年县打击传销联席会议各成员单位共出动执法人员80余人次、执法车辆15台次，开展集中宣传24次，悬挂横幅13条次，发放藏汉双语宣传材料700余份，惠及群众600余人，现场接受咨询30余次；出动排查人员600余人次，排查重点场所、区城检查地点381个。

【安全生产】 2019年，县市监局

3月1日，朗县市监局发放首张新版营业执照

以加油站、液化气站、烟花爆竹销售点等为重点检查部位，确保证照齐全，索证索票、实名登记等制度落实到位。做好安全生产宣教工作，通过设立咨询台、发放宣传资料、讲授保健食品知识等形式，帮助群众树立正确的安全生产观念，并结合当前消费热点和重点，以发放宣传日历、宣传手册、宣传画等形式向群众宣传介绍《中华人民共和国安全生产法》《中华人民共和国食品安全法》《中华人民共和国消费者权益保护法》《中华人民共和国商标法》《中华人民共和国广告法》和打击传销、打击不正当竞争等相关知识。全年共出动执法人员40人次、执法车辆9台次，检查相关经营主体240余户次；出动法制宣传员4人次，设立咨询台2个，发放相关宣传资料150余份，悬挂横幅4条，接受群众咨询60余人次；与加油站、加气站等市场主体签订《朗县流通领域市场主体落实工业酒精、油漆稀释剂、香蕉水等易燃易爆危险品进（销）实名制登记责任书》9份、《安全生产责任书》9份。

【专题学习】 2019年，县市监局加强思想政治建设、作风建设、组织建设、队伍建设、制度建设和党风廉政建设，推进“两学一做”学习教育常态化制度化，促进全体党员学有成效。局党支部按照单位党建工作计划、党风廉政建设工作要点和学习计划，组织全部党员干部集体学习40余场次，开展讲党课5次，专题组织生活会3次（原工商行政管理局、原食品药品监督管理局、市场监督管理局各1次），民主生活会1次。

【机构领导】

党组书记、局长

明　珠（女，藏族）

副局长

王　飞（女）

副局长

多杰欧珠（藏族）

食品药品稽查队队长

达　珍（女，藏族）

二级主任科员

曲　英（女，藏族，1—5月任主任科员，6月套转为二级主任科员）

四级主任科员

蔡辅友（7月任）

四级主任科员

吴龙婷（女1—5月任副主任科员，6月套转为副主任科员）

商　务

【概况】 2019年，朗县商务局以中共十九大精神和习近平新时代中国特色社会主义思想为指导，紧扣高质量、高标准的总体要求，推进招商引资、电子商务、商贸流通等各项重点工作。朗县商务局共有行政编制3名，实有工作人员10名，其中局长1名，副局长2名，非领导职务二级主任科员1名，四级主任科员1名，一级科员3名，员级1名，公益性岗位1名。

【招商引资】 2019年，县商务局依托对口援藏、重大节日、招商推介交流会等平台，积极“走出去”，有针对性地对接洽谈项目，主动登门精准招商。在林芝市桃花节广东“消费援藏”、林洽会等招商推介会上，向外界宣传了朗县的资源、环境和特色产业优势，进一步提升了朗县的知名度。会上累计签约合同类、意向类项目12个，总意向投资5.18亿元，发放招商宣传册800余份，对接意向企业46家，接待来访考察朗县的企业22家。2019年，全县共招商引资2.51亿元。

10月25日，朗县雪山江景大酒店建设项目举行开工奠基仪式

【电商工作】 2019年，朗县已完成电子商务县级服务中心、物流服务中心、6个乡镇级服务站、26个村级服务点建设工作。电商服务站与物流配送点共享场地硬件设备均已到位，各电商服务站（点）已投入运营，并已为农牧民群众提供代买代卖等电商服务。电商人才培训，已培养本地电商讲师3名，开展电商各类培训36场，累计培训1383人次，电子商务远程培训系统已搭建完成，已上传培训相关视频教程90个。

【农产品上行】 2019年，县商务局已完成朗县农产品市场摸底报告，并对各合作社的生产信息进行登记造册；对3家符合标准的农牧民合作社，开展农产品生产、流通标准化的试点工作；完成溯源体系系统建设，到位10万枚溯源二维码及一台溯源一体查询机，2019年年底已收录朗县6个合作社的54个产品，并已分配了溯源二维码；检测中心所需设备均已到位，农产品上行基础数据服务系统已建设完成。

8月15日，朗县商务局带领7家农牧民合作社参加山南市雅砻文化节物资交流会

【安全生产】 2019年，县商务局从强化目标管理入手，认真履行安全监管工作职责，采取典型企业示范、隐患排查督促、专项整治检查等多种举措，坚持“安全第一，预防为主，综合治理”的工作方针，结合重大节日和季节，根据不同时期安全工作重点，定期不定期组织开展单位自查，并对重点领域进行抽查，共查处安全隐患12条并均已整改，有效地消除了各种安全隐患，确保整体平安稳定。

（欧吉扎西）

【机构领导】

局　长

格桑次仁

二级主任科员

曲　珍（女，藏族，6月套转）

副局长

李　敬　雅（女，5月免）

扎西尼玛（藏族，5月任）

文化和旅游

【概况】 县文化和旅游局与文物局合署办公，正科级建制，为朗县人民政府工作部门，下设朗县旅游执法大队1个参照公务员管理单位、朗县综合文化活动中心（艺术团）1个事业单位。2019年3月，县文化局和县旅发委合并为县文化和旅游局（文物局）。县文化和旅游局核定行政编制4名，参公编制6名，事业编制6名，工人编制1名，实有工作人员26名。

2019年，朗县共接待游客359435人次，同比增长36.28%，实现经营收入13012万元，同比增长24.1%。

10月1日，朗县文旅局全体党员干部与洞嘎镇嘎贡村驻村点党员、村民开展“不忘初心、牢记使命”主题教育暨庆祝中华人民共和国成立70周年活动

【文化旅游项目建设】 2019年，县文旅局完成投资2200万元的冲康景区创建国家AAA级旅游景区项目，完成投资300万元的冲康景区游客服务中心及附属设施建设项目、投资300万元的冲康村旅游示范村建设项目、投资70万元的琼日神水景区项目、援藏投资1903万元的拉多藏湖景区旅游公路项目、投资1000万元的嘎贡沟景区道路建设项目，完成援藏投资96万元的朋仁曲德寺藏香传习所陈列室、投资200万元的冲康庄园局部维修项目、投资20万元的朗县人民广场升级改造项目、投资25万元的朗县基层文化服务设施升级改造维修维护（朗县人民广场升级改造维修二期）项目。

3月22日，朗县文化和旅游局（文物局）举行挂牌仪式，图为政府副县长王程（前排左二）与参加活动的县文旅局干部职工合影留念

【文化旅游宣传】 2019年，县文旅局加大文化品牌宣传，成功举办林芝市第十七届桃花旅游文化节朗县分会场活动、第四届塔布文化旅游节暨第二届农民丰收节活动。加强文化旅游宣传推介，参加区外旅游宣传推介活动3次，通过微信平台发布旅游宣传资讯66条，宣传人数达9.3万人次。

【文艺演出】 2019年，县文旅局在元旦、春节、藏历新年等重大节日期间，先后举办“迎接春节藏历新年”、林芝市第十七届桃花旅游文化节朗县分会场、“3·28”百万农奴解放纪念日、第四届塔布文化旅游节、“不忘初心、牢记使命”主题教育、文化“八进”等文艺演出63场次，观众达14200人次；6月，朗县群众文化广场活动正式启动，10月中旬结束，历时150余天，累计参与群众达6800人次。

【文化服务】 2019年，县文化活动中心继续加大免费开放力度，累计开放2300余小时，累计为群众提供免费服务3700余人次；6个乡镇文化站累积免费开放1.3万余小时，累计服务人数达0.86万人次。

【文化旅游市场监管】 2019年，县文旅局加大文化旅游行业安全监管，开展检查54次，出动检查人员130人次，检查涉旅企业91家，查出安全隐患41处，现场整改23起，限期整改18起，已全部完成整改。

【文物工作】 2019年，县文旅局文物、非物质文化遗产保护工作持续推进，定期开展文物安全隐患检查32次，保障全县各级文物安全。

【非物质文化遗产工作】 2019年6月12—13日，县文旅局开展“文化和自然遗产日”宣传活动，活动以悬挂横幅、发放宣传册、展示展板、文艺演出的形式展开，参与群众700余人；开展非物质文化遗产普查工作，推进8处县级非物质文化项目及1位县级“非遗”传承人申报工作，成功申报朗镇马包传承人为第四批自治区级非物质文化遗产项目传承人。

（黄月香）

【机构领导】

朗县文化局

局　长

尼　　玛（女，藏族，5月免）

副局长

扎西尼玛（藏族，5月免）

主任科员

次仁桑珠（藏族，1—5月任主任科员）

副主任科员

米　　玛（藏族，1—5月任副主任科员）

文化活动中心主任

巴桑次仁（藏族）

文化活动中心副主任

普布卓嘎（女，藏族）

朗县旅发委

主　任

群　　措（女，藏族，5月免）

副主任

白玛央（女，藏族，5月免）

多杰欧珠（藏族，5月免）

主任科员

吴孟华（女，1—5月任主任科员）

副主任科员

次旦卓玛（藏族，1—5月任副主任科员）

朗县文化和旅游局

局　长

群　　措（女，藏族，5月任）

副局长

伍金桑珠（藏族，5月任）

白玛央（女，藏族，5月任）

旦增尼雄（藏族，5月任）

二级主任科员

吴孟华（女，6月套转为二级主任科员，12月免）

四级主任科员

米　　玛（藏族，6月套转为四级主任科员）

旅游执法大队队长

仓　　拉（女，藏族）

综合文化活动中心主任

巴桑次仁（藏族）

综合文化活动中心副主任

普布卓嘎（女，藏族）

社会生活

民政

【概况】 2019年，朗县民政局下设残疾人联合会、居民家庭经济状况核对中心、社会福利院，有正式编制20名，其中，正科级实职领导职数1名，正科级虚职领导职数1名，副科级实职3名，科级干部1名，事业编制干部9名，工人3名，公益性岗位2名。

【发挥职能】 2019年，完善城乡低保制度。县民政局加强城乡低保的规范化管理，加强入户调查和坚持公示制度，增强低保工作的透明度，同时抓好低保配套资金到位工作，把所有符合条件的城乡困难群众纳入低保范围，保持城乡低保应保尽保，保障城乡低保对象的基本生活；完善特困人员（“五保”）供养制度。在保持特困供养应保尽保和“按标施保”的基础上，加强社会福利院管理，提高管理服务水平；推进城乡医疗救助工作。抓好城乡医疗救助制度的落实，降低救助门槛，扩大救助面，提高救助水平，确保困难群众能够得到及时有效的医疗救助。

【基层政权建设】 2019年，在全县村（居）“两委”换届选举工作中，51个行政村1个居委会实有村（居）干部269人，新选任村（居）“两委”班子成员中，有村（居）党支部书记52名，副书记52名，委员104名；村（居）民委员会主任52名，副主任66名，委员92名。

【特困供养】 朗县特困人员供养标准农村分散供养由2018年的5760元/人/年提高2019年的至6675元/人/年，城市分散供养由2018年的11170元/人/年提高2019年的至12480元/人/年。2019年，朗县有特困人员159人，其中集中供养106人，分散供养53人，全年发放供养资金177.65万元。

【城乡居民最低生活保障】 朗县低保标准人均由2018年的3840

3月28日，朗县民政局局长旦平（右一）慰问分散特困人员

2月25日，朗县民政局支部召开组织生活会

元提高至2019年的4450元，实行差额救助。2019年，朗县有低保人员378人，全年兑现低保资金129.82万元。

【残疾人事业】 2019年，全县困难残疾人享受补贴100元/月，重度残疾人享受补贴200元/月。2019年，朗县有困难残疾人574名，重度残疾人247名，兑现两项补助资金127.27万元。

【婚姻登记】 结婚登记。2019年，朗县共办理结婚登记156对。

离婚登记。2019年，朗县共办理离婚登记47对。

复婚登记。2019年，朗县共办理复婚登记1对。

【优抚安置】 2019年“三大节日”（元旦、藏历新年、春节）期间，县民政局对朗县60岁以上农村籍退伍士兵、残疾军人等进行慰问，投入慰问资金共计5.23万元。4月4日，开展以缅怀革命先烈、继承和发扬革命传统为主题的祭扫活动，全县党、政、军、学等200余人参加。5月，根据机构体制改革的要求，民政优抚安置工作职能全部转划给新组建的退役军人事务局。

【机构领导】
局　长
　旦　　平（藏族）
副局长
　次旦卓嘎（女，藏族）
残疾人联合会理事长
　米玛卓玛（女，藏族）
居民家庭经济状况核对中心主任（救助站站长）
　委燕红
居民家庭经济状况核对中心副主任
　次　　仁（女，藏族）
社会福利院院长
　益西卓玛（女，藏族）
社会福利院副院长
　格旦白觉（藏族）

人力资源和社会保障

【概况】 2019年，朗县人力资源和社会保障局高举习近平新时代中国特色社会主义思想伟大旗帜，全面贯彻落实中共十九大和十九届二中、三中全会精神，坚持民生为本、人才优先、城乡统筹的工作主线，围绕全县经济社会发展大局，不断完善就业再就业服务，着力提高社会保障水平，强化人事人才支撑，加大维权执法力度，取得了较好工作成效。朗县人力资源和社会保障局实有在岗人员23名，其中干部19名，公益性岗位2名，“三支一扶”2名。

【统筹城乡就业】 2019年，全县城镇新增就业230人，实现农牧民转移就业3237人、6318人次，实现创收2450万元，城镇失业率控制在2.5%以内。注重就业培训实效性，围绕乡村振兴、脱贫攻坚，着力实施农民工技能培训，依托林芝市定点培训机构，坚持以劳动力意愿和需求为导向，充分利用农闲时节，创新培训方式，合理安排培训时间，共开展了烹饪、挖掘机操作员等10期技能培训，累计培训601人，同时派送24名农牧民群众参加市人社局举办的挖掘机操作和保安培训。积极对接技能扶贫援藏工作，与广东省惠州市对接开展惠州·朗县省际“粤菜师傅”技能扶贫、劳务协作对接工作，引导鼓励贫困群众到区外学习技能和实现就业，组织当地群众举办粤菜技能培训，共

9月11日，西藏自治区人社厅厅长李富忠（右三）到朗县人社局检查指导工作

30余名农牧民群众参训，为朗县与惠州市深入开展劳务协作、技能扶贫等工作奠定良好基础。

【高校毕业生就业创业】 县人力资源和社会保障局强化就业观念转变工作。2019年，通过开展“大学生就业创业座谈会”、“五进一”集中宣传、“一对一”帮扶服务等，引导高校毕业生市场就业，转变传统就业观念。搭建创业平台。组织23名高校毕业生举办1期创业培训班，投入15万元创建了朗县众创空间，用于大学生共享办公，于2019年3月正式投入使用。截至2019年年底已入驻朗县籍高校毕业生创办的企业6家，涉及建筑施工、广告设计等领域。运营以来，6家企业实现创收180余万元，8名高校毕业生实现就业，带动142名农牧民转移就业。多渠道宣传报送高校毕业生创业先进典型。以向民建筑有限公司法人洛桑旦增为代表的大学生创业典型事迹，先后通过县委宣传部向林芝市电视台、西藏自治区电视台驻林芝分站推送，并在西藏卫视进行报道。加大建档立卡户大学生就业工作。2019年度应届毕业生114人，实现就业113人，就业率达98.23%。

【社会保障】 2019年，朗县企业职工养老保险参保304人，征缴基金449万元；机关事业养老保险参保1470人，征缴基金4810万元；工伤保险参保2364人，征缴基金75.4万元，失业保险参保930人，征缴基金90万元。强力推进城乡居民社会养老保险，完成了所有的社会保障信息采集，于6月17日在朗巴居委会举行社会保障卡首发仪式。截至2019年年底，全县社会保障卡制卡15307张，已完成发放15307人。城乡居民养老保险参保7352人，征缴基金146万元，享受待遇1490人，养老保险金实现了按月发放。

【人事人才工作】 2019年，县人力资源和社会保障局为深化事业单位人事制度改革，健全事业单位岗位管理制度，加快推进事业单位岗位管理和聘用制度实施，切实维护事业单位广大职工的切身利益。7月10日，启动朗县事业单位岗位设置管理工作，按照规定，涉及岗位设置单位分别有教育系统（10家单位）、卫生系统（6家单位）、农牧系统（8家单位）、文化系统（7家单位）、统计局等6个系统。参加岗位设置的单位编制总数为509人，其中管理岗位79人，专业技术岗位430人；工勤岗位54人。年底，已完成前期筹备及制定岗位设置方案工作，并推进了岗位设置方案核准工作。

【和谐劳动关系】 2019年，县人力资源和社会保障局坚持“维民权、维民利、保民生”的指导思想，创新信访维权方式，为民众解难，为政府解忧。4月10日，联合中国农业银行朗县支行举行朗县农民工工资银行代发启动仪式，开设农民工工资专用账户施工企业11家。健全工程项目实名制管理制度、农民工工资保证金制度、农民工工资应急周转金等制度。加大劳动保障监察执法，开展清理非法用工和拖欠农民工工资等专项行动，累计对县域内21家用人单位开展日常检查工作，涉及民工3200人次，针对重点行业、重点领域进行6次突击检查，涉及民工900余人次。下达劳动保障监察限期整改指令书、责令改正指令书等劳动保障检查行政文书13个。全年共受理投诉举报35件、涉及民工264人、涉及金额658.88万余元；结案35起，结案率达100%，有效维护了劳动者合法权益。

【从严治党】 2019年，县人力资源和社会保障局党支部按照党建工作推进业务工作总要求，认真学习贯彻中共十九大精神、习近平新时代中国特色社会主义思想，坚持党建促业务工作，发挥局党支部战斗堡垒作用；组织重温入党誓词、理论知识竞赛等各种主题党日活动，发挥党员先锋模范作用。结合自身实际建章立制，规范局班子成员议事制度、局干部请事假制度，并认真贯彻落实中央八项规定及各类典型案例通报精神，组织干部到廉政教育警示基地接受廉政教育。

（加桑次仁）

【机构领导】

局　长

平　措（藏族）

副局长

益西顿珠（藏族）

白玛曲措（女，藏族，11月免）

赖贞宏（11月任）

二级主任科员

巴桑卓玛（女，藏族，1—5月任主任科员，6月套转为二级主任科员）

三级主任科员

白玛曲措（女，藏族，12月任）

社保中心主任

曲　珍（女，藏族）

社保中心副主任

达娃卓嘎（女，藏族，5月任）

四级主任科员

卓玛曲吉（女，藏族，1—4月任副主任科员，6月套转为四级主任科员）

11月5日，林芝市人力资源和社会保障局党组书记雍尚荣（前左二）到朗县拉多乡考察机械维修培训工作

退役军人事务

【概况】 2019年，朗县退役军人事务局内设综合办、财务室等科室，下设朗县退役军人服务中心；事业编制2名，实有人员1名，其中员级（借调）1名。6个乡（镇）、52个村（居）退役军人服务站陆续挂牌成立，安排乡镇工作人员12名、村（居）工作人员52名。

【成立党支部】 2019年，县退役军人事务局根据《中国共产党章程》《中国共产党基层组织选举工作暂行条例》和《关于成立中共朗县退役军人事务局支部委员会批复》，召开局党员大会，正式成立中共朗县退役军人事务局支部委员会，选举顿珠为党支部书记。抓好党建工作保障、落实党员教育管理，建立党员活动室，制作党建文化墙，加强党建文化阵地建设，组织党员开展活动、推动朗县退役军人服务高质量发展。

【退役军人信息采集】 2019年，县退役军人事务局做好前期宣传工作，动员全县广大退役军人及军烈属优抚对象参与退役军人信息采集录入，做到各项数据准确、可靠。

【退役士兵保险接续工作】 2019年，县退役军人事务局根据《林芝市退役军人事务局关于转发〈关于做好政府安排工作退役士兵社会保险接续相关工作的通知〉的通知》要求，张贴退役士兵保险接

3月22日，朗县退役军人事务局举行揭牌仪式

续工作公告和办事流程图，组织各专班单位召开专题座谈会，明确职责分工，对全县政府安排工作的退役士兵缴纳保险情况进行核实，核查无保险断缴、漏缴等情况。

【政策资金】 2019年，县退役军人事务局在“八一”建军节期间，组织慰问各乡（镇）60周岁以上退役士兵及英模家属1人、伤残军人1人，送去慰问金和各类慰问品。为全县优抚对象发放生活补助金3.96万元，为2018年度退役的士兵发放家庭优待金和一次性经济补助。

【残疾军人证换证】 2019年，县退役军人事务局为做好朗县残疾军人证换发工作，维护好伤残军人的合法权益和切身利益，利用服务站优势，及时告知服务对象换证需要提供的材料，保证了残疾军人证换证工作落实，已初审上报2名符合条件的办理人员。

（珠　色）

【机构领导】

党支部书记、局长

顿　珠（藏族）

副局长

卢治伪

教　育

【概况】 2019年，朗县教育局为正科级建制，内设教研室，共有干部职工38名，其中行政干部6名、援藏干部1名、事业干部4名、借调教师23名、公益性岗位4名。朗县共有各级各类学校28所，其中初级中学1所、县中心小学1所、乡镇中心小学6所、县中心幼儿园1所、乡镇双语幼儿园6所、村级双语幼儿园13所。全县在校在园学生2685人，其中小学生1276人、初中学生449人，在园幼儿960人。小学净入学率为100%，初中毛入学率为100.48%，幼儿园毛入园率为105.5%，净入园率为90.02%，义务教育巩固率为96.5%。

【师资队伍】 2019年，朗县有正式教职工291名，其中专任教师290名、工人1名。中学教师63名、小学教师181名、幼儿园教师46名，学历合格率100%。高级职称教师15名、中级46名、初级125名。全县教育系统有党支部10个，其中教育局党支部1个、学校党支部9个。全县在职教师正式党员125名，约占全体教师的42.96%。

全县调整教师岗位38名（5名高级职称教师、11名中级职称教师、22名初级以下职称教师），教师职称结构差异系数降低到0.65以下。根据各校师资需求，分配2019年第二批高校毕业生到各级各类学校，安排4名2017级拉萨师专学生到乡镇小学实习，招聘6名高校毕业生分配到各级各类学校任教。实施骨干教师和学科带头人培养计划，加强县教研室和学校教研力量，培育各校骨干教师和学科带头人，带动全县教师提高教育教学能力。强化教师师德师风建设，教育和引导广大教师强化责任意识，有组织、有计划地在县教育系统深入开展师德师风教育和师德师风整顿活动，开展一系列师德师风继续教育培训活动。

【教研工作】 2019年，县教育局

为全面推进素质教育，成立县素质教育评估领导小组，制定《朗县教育局实施素质教育工作督导评估的方案》，3 次召开素质教育推进会。为加强素质教育督导评估工作力度，安排教育局干部到县内外交流学习 5 次。

落实《林芝市教师教学技能大练兵活动实施方案》精神，开展教师教学技能大练兵系列活动，每个教师建立大练兵活动档案；各校每个学期在校内开展 2 ~ 3 次业务评比活动及“烛光杯”教学技能大赛、藏汉书法大赛等各类技能比赛。

先后制定《朗县教师常规管理办法》《班主任管理条例》《教师交流轮岗细则》《朗县教师激励办法》等条例和细则，严格管理常规工作，促进各校教学管理，提升教学质量。

【教育精准扶贫工作】 2019 年，县教育局按照《西藏自治区“十三五”时期教育脱贫攻坚实施方案》中提出的“321”工程和“十项提升工程”，紧紧抓住改善办学条件、农村教师培训培养、贫困学生资助等着力点，提高教育扶贫富民能力。2019 年共资助各级各类师生 441 人次，发放资金 117.11 万元；5 月，发放 2018—2019 学年建档立卡大学生补助资金 59.11 万元，资助贫困大学生 94 人。完善各类贫困学生信息库。核实 2018—2019 学年建档立卡学生（学前—大学）信息库，统计完善 2019—2020 学年建档立卡学生（学前—大学）信息库。2019 年年底，朗县有建档立卡学生 518 人，其中学前阶段建档立卡学生 94 人、小学阶段 156 人、初中阶段 95 人、高中阶段 102 人、大学阶段 71 人。组织各学校认真开展教师结对帮扶困难学生工作，建立了朗县教师结对帮扶困难学生信息库，年内，朗县各级各类学校共计帮扶家庭困难学生 240 人。严格执行“三包”惠民政策，县级财政投入 843.6 万元，解决了全县教师五险一金、临时工工资、各校维修等资金。落实“三包”标准逐年递增的财政保障机制，根据藏财教文件精神，边境县学前教育资助标准每名学生每学年 3320 元；义务教育资助标准每生每名学生年 3820 元，义务教育营养经费资助标准为每名学生每天 4 元，全年按 200 天核定；年初预算“三包”经费 792.88 万元，营养经费 128.08 万元，全额下拨至学校。

【控辍保学】 2019 年，县教育局落实属地管理原则，加强对控辍保学工作的组织领导，加大控辍保学工作力度。县政府与乡镇人民政府、县教育局与各学校、学校与科任教师层层签订控辍保学责任书，对所有辍学学生进行劝返工作，对辍学学生家访、劝返 45 人次。小学适龄儿童入学率达 100%，初中毛入学率达 100.48%。加强学籍管理，防止学生辍学、流失，确保学生顺利完成义务阶段教育。保障适龄三类残疾儿童接受教育，年内全县适龄残疾儿童有 21 名，其中随班就读 12 名、特殊教育学校 5 名、送教上门 4 名。完善出台《朗县义务教育阶段适龄残疾儿童少年送教上门工作方案》，保证“送教上门”服务时间，各学校送教上门 53 次，努力提高适龄残疾儿童受教育水平。

（周　波）

4月20—28日，广东惠州华南师范大学附属惠阳学校教师到朗县开展教学交流活动

9月9日晚，朗县举行庆祝中华人民共和国成立70周年暨庆祝第35个教师节文艺会演活动

【机构领导】

局长、一级主任科员

张　　伟

二级主任科员

扎西卓玛（女，藏族，1—5月任主任科员，6月套转为二级主任科员）

副局长

刘 子 文（广东援藏）

温 彦 威（12月免）

黄　　涛（广东援藏，5月免）

葛 洪 亮（挂职交流，7月免）

尼玛次仁（藏族，5月任）

次仁拉珍（女，藏族，5月任）

周 成 东（1—5月任副主任科员，6月套转为四级主任科员，12月任副局长）

四级主任科员

索朗曲珍（女，藏族，1—5月任副主任科员，6月套转为四级主任科员，12月免）

周 成 东（1—5月任副主任科员，6月套转为四级主任科员）

袁 宏 伟（11月任）

卫生健康

【概况】 2019年，朗县卫生健康委员会坚持以习近平总书记重要讲话精神为指导，认真贯彻落实中共十九大，十九届二中、三中、四中全会精神和自治区、市卫生健康大会精神，完善公共卫生服务体系和医疗服务体系，强化医疗卫生监管，深化卫生体制改革，各项卫生工作取得明显成效。2019年，县卫健委下设县卫生服务中心1个、县藏医院1个、县疾病预防控制中心1所、计生办及卫生监督所等多个部门，乡村共有6个乡镇卫生院。县卫健委共有干部职工16名，其中援藏干部1名，行政干部7名，从医保局抽调5名，从疾控中心抽调1名，工人2名。

【公共卫生服务】 2019年，县卫健委实施卫生惠民工程，完成全县在编僧尼、11864名城乡居民免费健康体检和建立健康档案工作，完成率分别达100%和82%。邀请深圳狮子会在朗县举办义诊活动，累计筛查白内障等患眼疾群众486人，免费治疗108人。加强基层基本医疗卫生服务力度，落实村医基本公共卫生服务奖励补助机制，为全县102名村医发放基本公共卫生服务奖励补助6.65万元。

【基层医疗卫生服务体系】 2019年，朗县卫生基础设施不断加强，完成了援藏总投资433万元的朗县藏医制剂所建设项目、总投资250万元制氧站、总投资350万元县卫生服务中心CT防护和国家总投资150万元的登木乡卫生院改扩建项目，进一步改善县、乡、村三级医疗机构就医环境。朗县卫生人才队伍建设取得新突破，选派县、乡、村级医务人员参加区内外各类培训累计300余人次，卫生人员总量持续增长，素质能力进一步提升。

【疾病预防控制】 2019年，全县共计报告传染病76例，其中各乡镇卫生院及县医院网络报告传染病56例，及时报告率为92.9%，处置各类传染病疫情40余起，有效阻止疾病的扩散蔓延。开展预防接种工作，根据《林芝市儿童免疫规划疫苗和二类疫苗接种工作交接实施方案》文件要求，县疾控中心与县卫生服务中心顺利完成预防接种业务交接，并对接种人员进行了岗前培训，全县强化补种率达93.9%，常规免疫疫苗接种率均达95%以上，新生儿疫苗接种建卡建证率达100%。

【妇幼保健】 2019年，朗县孕产妇住院分娩率达99.4%，高危孕产妇管理率达100%，孕产妇死亡率为零，婴儿死亡率为5.88‰；免费为2254名妇女进行“两癌”筛查，并建立健康档案；为113名孕前和孕早期妇女免费发放叶酸226盒，降低新生儿出生缺陷；全面完成全县119对夫妇的免费孕前健康检查和建档工作；为332名孕产妇实施免费产检，减免医疗费用共计6.4176万元。

【人口计划生育】 2019年，县卫健委确认“一孩双女”“特殊子女”“半边户”扶助对象385人，兑现扶助资金60.792万元。办理准生证57个，全县共出生170人（双胞胎3例），出生率为8.9‰，已婚育龄妇女4526人，避孕药具发放705盒，综合避孕率为32.6%。

【健康扶贫】 2019年，县卫健委实施“三个一批”救治工作。完成妇女乳腺癌和宫颈癌筛查2470人，免费救治先心病儿童3名。推进家庭医生签约服务，家庭医生服务团队签约3000余户，累计服务群众6648人次，随访覆盖率达90%。继续开通贫困户就医绿色通道，累计救助贫困户患者303人，投入救助资金达100.36万元。

【三级医院对口帮扶】 2019年，县卫健委开展各类培训讲座达775次，参训人员达1360人次。制定援藏专家“师带徒”帮教制度，并签订帮扶协议书，援藏医疗队累计接诊患者1061例，住院患者257例，开展住院手术48台，

2月18日，朗县卫健委在县特困人员集中供养服务中心开展健康扶贫冬季暖人心服务活动

会诊79人次。县卫生服务中心累计门急诊量达15281人次，住院量达359人次。重点学科建设取得突破，朗县卫生服务中心成功开设了眼科门诊，临床路径由11种增加至26种，开展新技术新项目11个，顺利实施了朗县首例妇科宫腔镜检查手术和宫颈癌三阶梯筛查，朗县妇科宫腔镜手术实现了新突破。

【卫生综合监督执法】 2019年，县卫健委强化公共卫生场所监督管理，对辖区内宾馆、美容美发等公共场所开展了卫生监督检查14次，累计监督检查54户次，检查从业人员168人次，卫生许可证持证率达100%，从业人员持证上岗率达100%，对公共设施不规范和无健康证者作出责令整改，下发卫生监督执法文书28份。2019年，核发公共场所卫生许可证9家（其中续证2家，新办证7家），医疗机构执业许可证5家，生活饮用水卫生许可证1家，办理公共场所从业人员健康证778人，食品风险监测累计送样2份。

【藏医藏药业】 2019年，县卫健委加强藏医南派文化建设，弘扬藏医药文化，完成总投资415.27万元的拉多乡苏卡·娘尼多吉故居修复工程。加大藏医药适宜技术推广，提高藏医药服务能力，广东省惠州市中医医院与朗县人民政府、朗县藏医院于2019年7月18日签订对口帮扶协议书，明确了对口帮扶总体目标和帮扶责任。

朗县藏医院藏药品品种达

10月30日，朗县卫生系统开展"不忘初心、牢记使命"首届急救技能竞赛

304种，各乡镇卫生院藏药品品种达160余种，均能提供把脉、针灸、火罐、按摩、放血、推拿等适宜技术。2019年，县藏医院门诊量达8448人次，住院病人285人次，藏医放血治疗141人次、霍儿梅治疗735人次、针灸理疗7417人次、按摩理疗870人次、涂擦理疗4488人次、牵引960人次。

【机构领导】

主　任

　　扎西江村（藏族）

副主任

　　周 廷 军

　　郭 文 斌（惠州援藏，4月任职）

　　禹 世 梦（女）

二级主任科员

　　许 莲 花（女，1—5月任主任科员，6月套转为二级主任科员）

四级主任科员

　　尼玛卓嘎（女，藏族，1—5月任副主任科员，6月套转为四级主任科员）

疾病预防控制中心主任

　　何 玉 萍（女）

疾病预防控制中心副主任

　　田　　君

人民医院

【概况】 2019年，朗县人民医院共有干部职工74名（其包含7名援藏医疗队人员），其中医生25名，注册护士16名；高级职称7名，中级职称2名，初级职称11名，开设病床位50张，设置17个临床医技科室，12个职能科室。

【业务工作】 2019年，县人民医院实现门急诊量达19696人次，入院病人466人，出院患者平均住院日6.9天；转上级459人（其中在外打工补证70人、乡镇卫生院转诊50人、外地上学转诊30人、剩余人员为本院转诊）；手术188例。业务培训25次，受训518人次。义诊12次，1011人，发放免费药物价值24360元，发放宣传资料635张。

【党建工作】 2019年，县人民医院中心按照县直机关党建工作要点的指导思想和总体要求，召开支委会12次、党日活动12次、党员大会4次、党课4次、换届选举1次，加强了支部班子建设和党员发展工作，使党建工作进一步提升。

【医疗质量管理】 2019年，县人民医院严格落实各项规章制度和技术操作规程，共完成病历的回收、整理、装订、编码、首页的录入466份，催还借出的病案30人次，归档率、完整性达100%。结合医院实际，制定临床路径管理办法及奖惩激励机制，增加及调整临床路径病种13种，开展路径病种26种，临床路径管理率从上半年的27.66%增长到下半年的62%。在援藏医疗专家的指导下在原有15项新技术新项目基础上，新增了8项新技术新项目。

【三级对口医院帮扶】 2019年3月12日，由广东省惠州市中心人民医院组成的"第三批组团式"援藏医疗队共7人，到县人民医院开展医疗帮扶工作。按照国家卫健委《关于加强三级医院对口帮扶贫困县县级医院工作方案》及

9月30日，朗县人民医院开展“不忘初心、牢记使命”主题教育暨“医心向党、医声嘹亮”活动

林芝市《关于加强三级医院对口帮扶县(区)卫生服务中心工作的意见》等文件精神要求，重新签订了与惠州市中心医院的对口帮扶协议，与重点科室妇产科、外科签订了科包科协议，完善对口帮扶机制。开展各项诊疗服务，推广适宜技术，填补朗县技术空白。根据自身专业特点，开设专家门诊收治病人，开展各项诊疗服务。截至9月底，医疗队累计接诊门急诊患者1061例，住院患者257例，住院手术48台，会诊79人次。实施走进来送出去的模式，进行人才培养，加强传帮带，一方面建立院内承接团队，通过签订帮扶协议，明确9名本地学员作为重点帮扶对象，确定帮扶目标，制定帮扶培训计划并开展每季度评估考核；另一方面于5月15日选派2名专业技术人员到惠州市中心人民医院进行为期6个月的眼科专科培训。

【健康体检】 2019年，县人民医院全年完成征兵体检，学生传染病筛查人次，完成本年度64名僧尼健康体检并建立档案，为1266名18岁到65岁人已婚妇女进行两癌筛查，HPV筛查1266人次、乳腺癌筛查1266人次，完成2019年度朗县居民健康体检工作11030人次。

【精准扶贫】 2019年，县人民医院按照《朗县关于推进县级医疗机构结对帮扶偏远乡镇卫生院工作的实施方案》的文件要求，结合工作实际，派出3名医务人员到登木乡开展帮扶工作。在2019年度居民健康体检工作中对因病治贫的2237人进行检查。在诊治、住院等环节开通医疗保障扶贫对象医疗就诊绿色通道，对91人实行绿色通道诊疗，救助资金29.21万元，改善了群众就医环境，减少因病返贫现象的发生。

（落　桑）

【机构领导】

院　长

白　珍(女，藏族)

常务副院长

何玲玲(女，惠州援藏)

吴　阳(惠州援藏，3月免)

副院长

嘎玛仁增(藏族)

藏医院

【概况】 2019年，朗县藏医院配备工作人员33名(高级职称1名，中级职称10名，初级职称5名，员级6名，其他人员11名)。

【服务保障】 2019年，县藏医院设置床位24张，拥有藏药药品品种280种，开展藏医特色疗法，开展尿诊、把脉、藏医药浴、藏医理疗、针灸、火罐、按摩、烤电、放血、火灸等藏医药适宜技术，开展常见病多发病基本医疗和预防保健服务，满足广大群众对藏医药服务的需求。2019年藏医院门诊量达9880人、住院病人365人次，总收入189.6732万元。藏医放血治疗82人次、霍儿梅治疗710人次、针灸理疗7080人次、按摩理疗500人次、涂擦理疗4080人次、牵引960人次。同时，县藏医院指导乡镇卫生院开展藏医药适宜技术，并定期组织乡镇卫生院医务人员进行跟班学习，2019年年底，各乡镇均能开展尿诊、把脉、火罐、针灸、放血、推拿等适宜技术，并能通过适宜技术，开展常见病、多发病基本医疗和预防保健服务。

【医疗报销】 2019年，县藏医藏药诊疗项目及藏成药纳入农牧区医疗报销范围，朗县县级报销比例达75%，乡级报销比例达80%。此外，在县城范围内广泛开展藏医药适宜技术及其惠民政策宣传，通过设立咨询台、发放宣传册等形式，积极鼓励城乡居民在基层使用藏医药服务，累计发放宣传册600余份，受教育群众2200多人次。

【基层党组织标准化建设】 2019年12月10日，县藏医院党支部召开“不忘初心、牢记使命”专题组织生活会，针对会议查摆出来的问题，认真组织学习研讨，班子成员结合思想和工作实际，认真进行自我剖析、相互批评，县藏医院党支部从实际出发，提出整改措施和今后努力的方向，并严格整改落实。集中学习《习近平关于“不忘初心、牢记使命”重要论述摘编》《习近平新时代中国特色社会主义思想学习纲要》《新中国发展面对面》等，深刻领悟习近平总书记提出的新思想、新观点、新论断。组织党员重温入党誓词，组织党员结合医院实际进乡镇免费义诊等系列志愿服务活动，活动的开展不但提高医院党员为民服务的意识，也提升了为民、务实、清廉的良好形象。

【援藏帮扶】 2019年，县藏医院指派专人参加云南昆明的对口帮扶第一期培训班，学习领会国家扶贫政策，借鉴全国对口帮扶成功经验，制定《朗县藏医院对口帮扶工作方案》，对派出进修学习人员各项福利待遇保持不变，在此项工作中优秀的，给予职称晋升、岗位聘用、提拔任用、评优评选先进时优先考虑等一系列保障机制。2019年7月16日，惠州市卫生健康局及惠州市中医医院领导在县藏医院调研指导工作，双方医院及朗县人民政府于7月18日共同签订对口帮扶朗县藏医院协议。根据中高海拔地区帮扶的指导意见，经多次协商，组织县藏医院医务人员到惠州医院进修学习，结束时考核合格后返回，同时带教老师跟随前往指导业务。

10月16日，林芝市卫健委党组书记边巴卓玛（中）到朗县藏医院调研

【藏药材资源普查】 2019年9月23日，县藏医院到巴宜区鲁朗镇参加林芝市第五届藏药材辨认大赛，经过紧张激烈的比赛，县藏医院取得了团体三等奖的好成绩。2020年8月，县藏医院组织人员到工字荣沟及拉多乡“苏卡药洲”一带进行为期两周的藏药资源普查及辨识，加强了医务人员的藏药材辨识能力和临床应用能力。

【硬件设施提升】 2020年，县藏医院总投资433万元的藏医院制剂室已全面竣工，并按照规定对基建及净化等各个环节进行验收，制剂室内原材料库、净药材库、破碎间、制丸间、蒸煮间、制水器、空气净化系统等功能间的设备配备齐全，各功能间严格做到规范化、科学化，制剂室配备工作人员有藏药学专业4名、制药工程专业1名。

（贡觉多吉）

【机构领导】

党支部书记、院长

益　西（藏族）

党支部纪检委、副院长

拉　巴（藏族）

医疗保障

【概况】 2019年6月，根据朗县机构改革方案，将县人力资源和社会保障局的城镇居民（职工）基本医疗保险、生育保险职责，县卫生和计划生育委员会的农牧区新型合作医疗职责，县发展和改革委员会的药品和医疗服务价格管理职责，县民政局的医疗救助职责等整合，组建朗县医疗保障局，为政府正科级工作部门。2019年，朗县医疗保障局核定编制9名，其中行政编制3名；下属副科级事业单位农牧区医疗管理办公室核定事业编制6名，实有干部11名，其中行政干部6名，事业工作人员5名。办公地点设在朗县南安教育基金楼三楼。

【党建工作】 2019年，县医保局将发挥基层党组织领导核心和党员先锋模范作用贯穿在党建工作及业务工作中，按照从严治党新要求，牢记和履行支部书记职责，支部召开专题研究党建工作会2次，重点部署《2019年朗县医疗保障局党建工作计划》《党员干部学习计划》，将党建工作列入单位工作年度计划，做到党建工作与中心工作目标同向、工作合拍、措施配套。医疗保障局成立后，于2019年6月27日成立了医疗保障局党组，于2019年8月12日成立了医疗保障局党支部，做好党组织标准化建设。全年开展党课3次，党员大会2次，支委会6次，开展主题党日活动6次。

8月16日，朗县医疗保障局工作人员在为农牧民收纳医疗保险报销单据

【农牧区合作医疗保险】 2019年，县医保局认真贯彻落实《西藏自治区农牧区医疗管理办法》，全县农牧民免费医疗经费标准为555元。全县参加农牧区合作医疗制度人数14243人，其中建档立卡参保2096人。农牧区医疗制度覆盖率达100%，个人集资率达100%。2019年，核算农牧区医疗保障基金1042万元，农牧区合作医疗报销1313人次，报销金额924.76万元；下拨至乡镇家庭账户基金200.82万元，有效解决贫困群众就医困难问题。

【医疗保险】 2019年，朗县参加城镇职工基本医疗保险2512人、征缴基金1390.9万元；2019年参加城镇居民基本医疗保险985人，个人缴费41820元；生育保险参保1665人，征缴资金83.53万元。

【医疗救助】 2019年，朗县医疗救助982人，发放救助金额437.25万元。

【药品采购】 2019年，县医保局规范药品采购工作，严格按照《中华人民共和国药品管理法》等有关法律法规开展药品采购，所采购药品做到100%集中采购，90%在网上阳光采购并对经费的管理和使用情况进行督促检查，未出现任何药品安全事故。2019年，为6个乡镇卫生院线上采购药品113种，金额总计78万元；线下采购药品12种，金额总计15万元。

（陈书洋）

【机构领导】

党组书记、局长

多布杰（5月任）

党组成员、党支部书记、副局长

曲央（女，藏族，5月任）

党组成员、副局长

康卓（女，藏族，5月任）

党支部纪检委员、二级主任科员

朗康卓玛（女，藏族，5月任）

农牧区医疗管理办公室主任

其它拉姆（女，藏族）

农牧区医疗管理办公室副主任

拉巴曲吉（女，藏族）

党支部组宣委员、四级主任科员

陈 书 洋（5月任）

扶贫开发

【概况】 2019年，朗县扶贫开发办公室负责朗县扶贫开发工作，宗旨为扶贫济困、开展专项扶贫、行业扶贫、社会扶贫活动、促进贫困地区经济的发展，为贫困地区扶贫开发、脱贫致富服务。业务范围是造福人民，让先富带动后富，通过国家税收等宏观调控，再分配的福利给贫困百姓，让贫困百姓也走出贫困，达到共同富裕，全面奔小康。2019年，朗县扶贫开发办公室共有干部职工10名，其中主任1名、主任科员1名、副主任3名、副主任科员1名、科员2名、公益性2名。

【脱贫成果】 2019年年初，全县共有建档立卡扶贫对象16户28人，贫困发生率为0.19%。朗县于2018年12月1日至5日，顺利通过了自治区第三方评估，并在2019年2月6日，自治区脱贫攻坚指挥部正式宣布脱贫摘帽，顺利完成脱贫摘帽任务。2019年10月，在县人民政府下达脱贫批复后，剩余16户28人完成脱贫，实现贫困人口清零。

【组织领导】 2019年，朗县县委、县政府及时调整充实以县委书记任组长、县长任常务副组长的脱贫攻坚领导小组和县长任总指挥长、分管副县长任副指挥长的脱贫攻坚指挥部以及脱贫攻坚11个专项组，县级领导分片包干6个乡（镇）的谋划部署，签订巩固提升责任书，召开巩固提升工作推进会，科学制定《朗县脱贫攻坚巩固提升实施方案》《朗县打赢深度贫困地区脱贫攻坚战三年行动计划》和产业、就业、医疗、教育等11项配套措施，加强“四对一”和社会帮扶，动员全社会参与脱贫攻坚巩固提升，进一步坚持和完善县委领导、政府统管、全社会参与的大格局脱贫攻坚巩固提升体系。

【产业项目】 2019年，扶贫产业“十三五”规划项目共计91个，总投资2.696亿元，完成项目75个，在建项目11个，按照规划其余项目2020年实施。项目建成预计直接带动建档立卡群众358户1114人，辐射带动全县农牧民2000余户1万余人，实现人均增收达1000元。

【“三岩”搬迁】 2019年，朗县计划安置“三岩”易地扶贫搬迁群众150人，实际搬迁群众134人，剩余16人搬迁群众信息尚不明确。完成洞嘎镇扎西塘村“三岩”易地搬迁群众9户71人、朗镇巴热村荣组2户15人、登木乡3户25人的入住工作，实现入住率达80%。完成土地整治214.4亩改良工作，并种植小麦、青稞等农作物。同时加大搬迁群众生产生活配套设施建设，实现每户1座温室大棚和牛棚修建等产业配套工作，针对朗县辣椒产业发展每个安置点修建了辣椒晒场及打麦场，同时整合资金加大对农田灌溉、渠道维修、土地整治、场地及道路硬化提升。

【教育帮扶】 2019年，朗县投入

白露村拉龙组易地搬迁后居住环境得到改善

资金3625.5万元，用于薄弱学校改造，改善基层农牧区学校硬件条件。

【医疗救助】 2019年，朗县推行绿色通道服务工作，享受就医绿色通道400余人次；明确定点医院，集中救治25名贫困患者；农牧区合作医疗基金共计702.13万元，全县农牧区合作医疗报销491.8953万元，救助707人次，建档立卡户参合率达100%；全县乡镇卫生院设置率达100%，51个行政村卫生室设置率达100%；家庭医生服务团队与1048户贫困户2843人签约，贫困人口签约率达100%，开展上门服务3次，随访覆盖率达90%以上。

【民生保障】 2019年，朗县共有低保对象179户378人，发放低保金129.82万元；全县在册特困人员共有153名，其中集中供养102人、分散供养51人，在供养标准上，集中供养特困人员标准由年人均4940元提高至12480元，分散供养标准由年人均4940元提高至6675元，分散供养特困人员与监护人签订了监护监管协议，并为分散供养特困人员发放生活补助金，使全县特困人员生活无忧。

【转移就业】 2019年，朗县累计开展温室大棚种植、藏餐烹饪技能、建筑基础操作、生态护林员业务知识、挖掘机操作、牦牛养殖、机车维修、旅游业客服等专业技能培训11期，培训559人次，劳务输出7856人，实现转移就业收入3321.62万元，人均收入达到4228.13元。

【援藏扶贫】 2019年，朗县安排完成20个规划内援藏项目（含8个小康村建设项目），总投资1.9383亿元，均已完工。

【结对帮扶】 2019年，朗县承担“四对一”结对帮扶任务干部共计829名，包户帮扶贫困户983户2717人，共开展慰问3515人次；各驻村工作队及各帮扶责任人共计帮助贫困群众研究制定帮扶措施173条，收集整理意见建议206条；发放慰问品、慰问金价值115万余元；帮助群众办实事好事716件，投入资金65万余元，有效改善了贫困群众的生产生活条件。

【企业帮扶】 2019年，朗县与26家非公有企业签订《精准扶贫企业对接帮扶协议书》，各企业为贫困户、老党员、学校等送去人力、物力、财力等扶贫资金共计163.587万元，结对帮扶贫困群众189户452人。

（宋春辉）

【机构领导】

主　任

平措益西（藏族，1月任一级主任科员，12月晋升为四级调研员）

副主任

旦增旺杰（藏族，5月免）

邱少林（5月免）

旦增卓玛（女，藏族，5月任）

石光亮（5月任）

王鹏磊（5月任）

主任科员

云登加措（藏族，5月免）

二级主任科员

旦增旺杰（藏族，5月任主任科员，6月套转为二级主任科员）

四级主任科员

次仁卓玛（女，藏族，6月套转）

农业农村·林业·水利

农业农村(科技)

【概况】 2019年,朗县农业农村局以乡村振兴战略统领为总布局,以农业供给侧结构性调整为抓手,全面提升现代农牧业发展水平,以特色产业选择为核心,促使农业农村经济稳定向好,农牧民收入持续增长,各项工作取得显著成效。2019年,县农业农村局下设科学技术局、乡村产业发展局、农业技术推广站、畜牧兽医防疫站,共有干部职工32名,其中,行政编制6名,事业编制22名,公益性岗位3名,临时工1名。中级职称1名,初级职称18名。

【农业生产】 2019年,全县粮食产量共4471吨,总播种面积2.04万亩,其中粮食作物1.16万亩、经济作物0.88万亩,全县粮食产量6000吨。调运化肥234吨,其中二胺134吨、尿素100吨,调运农药1.06吨,包括铁证、叶将、千里寻、叫停、爱秀等农药。防抗灾农药预留储备3吨。

【农机购置补贴】 2019年,县农业农村局完成农机购置补贴资金296.286万元(群众自筹),6个乡镇共发放农机327台,其中,大型收割机16台、微耕机307台、拖拉机4台,受益农户327户。

【农机深松、粮食功能区划定】 2019年,朗县完成5000亩耕地的农机深松工作,全县粮食功能区划定任务16300亩,最终划定粮食功能区17439.81亩,顺利通过自治区、市联合核验。

【经济林木发展】 2019年,全县核桃种植面积达10222.7亩,藏冬桃种植面积达5046亩。核桃产量达36.585万千克,实现经济效益877.9万元;藏冬桃产量达7.2万千克,实现经济效益216万元。

【畜牧业生产】 2019年,全县大牲畜存栏达8.2609万头(只、匹),其中,牛6.32万头、羊1.42万只、

3月21日,朗县政府副县长米玛顿珠(右一)参加县农业农村局揭牌仪式

马 0.02 万匹、猪 1.1 万头；禽 0.23 万羽；新生仔畜 0.71 头(只)，仔畜成活 0.78 头(只)。全年实现肉产量 0.99 万吨、奶产量 0.04 万吨、蛋产量 0.5 吨。

7月10日，朗县农业农村局组织干部职工参观警示教育基地

【重大动物疫病防控】 2019 年，县农业农村局做好春秋季疫病防疫工作，接种率达 98%。全县牛 O–A 型口蹄疫二价疫苗 13.9 万头份、羊 O–A 型口蹄疫二价疫苗 2.62 万只份、猪 O 型口蹄疫 6 万头份、猪瘟脾淋苗 1.1 万头份、禽流感疫苗 2995 羽份。

【疫病监测】 2019 年，县农业农村局按照自治区农牧厅关于全区动物疫病监测与流行病学调查计划，完成家畜的血样采集任务，包括牛 90 头、羊 50 只、猪 50 头、鸡 120 只、犬粪 280 份。

【渔政执法】 2019 年，县农业农村局开展执法 15 次，出动执法人员 30 人，没收渔网 10 张，劝退捕鱼人员 50 人。

【农产品质量安全】 2019 年，县农业农村局通过强化市场准入监管，规范生产过程监管，推广农业标准化生产技术规程，加强监督检查，出动执法人员 36 人次，农产品安全工作总体良好，未发生一起农产品质量安全事件。

【农牧特色产业】 2019 年，朗县大力发展辣椒产业，全县推广种植辣椒 3270 亩，产量 1874 吨；实现产值 1124.4 万元，销售额 739.56 万元(销售比率：群众 4.8%、引进公司收购销售 71.5%、政府 23.7%)，带动 1010 户实现户均增收 7322 元。全县苹果种植面积达 6445.4 亩(新增 1556 亩，旺村热 1300 亩、申木村 256 亩，由第八批援藏工作队实施)，产量 38.86 万千克，实现产值 388.6 万元。实现养殖规模 2.19 万头，能繁母猪 4508 头，实现产仔 1.23 万头，成活 8588 头，全年实现出栏 6870 头(含自食、死亡)，实现存栏 8937 头。全县共建成 11 个牦牛集中养殖点，养殖牦牛达 3500 余头，年出栏达 1050 头。

【人居环境整治】 2019 年，全县义务植树造林 29600 株，村庄居住区绿化面积达 201.6 亩。按照“户集、村收、乡运、县处理”的农村生活垃圾处理体系要求，实现村庄垃圾收集点覆盖率 100%，投资 31 万元用于新建或改建全县 52 个村(居)农村生活垃圾收集点。全县已投入使用的旅游区厕所和农村公共卫生厕所共 29 座，继续实施朗县登木乡孜列村新建旱厕项目、朗县拉丁雪自然村新建厕所项目和朗县朗镇娘村新建厕所项目 3 个，投入资金共计 42.96 万元。全县农村户用卫生厕所改造完成率达 88.3%，共上报农村户用卫生厕所需求 1886 个。

【农牧民增收】 2019 年，根据《朗县关于促进农牧民持续增收的实施意见》要求，朗县建立涉及“三农”发展部门协作工作机制，整合政府各类资源，发挥政策合力，想方设法促进群众增收，全县农村居民人均可支配收入实现 14899 元，同比增长 14%；现金收入实现 9880 元，同比增长 12%。

【农牧项目建设】 2019 年，县农业农村局共实施项目 11 个，总投资 3773.23 万元，其中国家投资 2273.23 万元，企业自筹 1500 万元。截至2019年年底，共完成项目3个，包括“三岩”搬迁扎西塘村、托麦村、巴热村的温室项目，总投资为65.94万元。正在实施项目8个，包括朗县高质果蔬种植基地建设项目、林芝市朗县高标准农田建设项目、“三岩”搬迁登木村的温室项目、“三岩”搬迁登木村的牛棚项目、朗县农牧特色产业扶持项目、朗县藏猪产业扶持项目、朗县辣椒产业扶持项目、朗县优质林果种植基地建设项目。

【扶贫产业项目建设】 2019年，全县扶贫产业项目共计21个，总投资5176.5万元（5个项目已列入2020年统筹整合实施方案，总投资2142万元），实施16个，总投资3035万元。截至2019年年底，在建项目6个，已完工项目10个。

【农牧特色品牌建设】 2019年，朗县辣椒通过花青素含量及维生素含量检测，均高于其他辣椒。2019年年底，朗县辣椒、核桃已获得国家农产品地理标志认证，朗敦辣椒专业合作社的藏冬桃、红花椒均已获得绿色食品证书。

【清产核资】 2019年，县农业农村局组织召开县、乡（镇）、村三级干部动员大会，在农村集体资产清产核资工作中，聘请四川省农业科学院遥感应用研究所专业人员对6个乡（镇）工作专班及县级工作专班人员开展县级培训，相继对各乡镇开展乡级培训，培训次数共达7次，培训人数达130人次。朗县6个乡（镇）52个村（居）30个自然组中，完成了52个行政村，30个自然组的账面调整、资料整理、系统录入工作。

【草原生态保护补助奖励】 2019年，全县牲畜存栏折合绵羊单位共计202579.1个，全县可利用草地面积226.99万亩。以“一卡通”形式完成兑现6个乡（镇）2019年草畜平衡奖励资金和村级天然草原监督员补助资金共计3594817.67元。

辣椒产业促进农牧民增收致富（摄于2019年7月9日）

【科技工作】 2019年，县农业农村局充分利用“科普活动日”“科技活动周”“全国科技工作者日”重大节日，积极开展“进学校、进社区、进寺庙、进农牧区”宣传活动，发放宣传资料1210份，参与的群众达1385人次，发放科普图书936册。通过辣椒示范基地建设，全面推广新品种和新技术，推广新品种1个。开展先进实用技术培训6场次，培训农牧民群众563人次，发放宣传资料279份，现场技术指导28场次。

（周　英）

【机构领导】

党组书记、局长

次　央（女，藏族）

二级主任科员

加　措（藏族，11月任）

党组成员、副局长

夏　多（藏族）

党组成员、党支部书记

张少伟（5月任）

党组成员、副局长

杨智伟（7月任，惠州援藏）

党组成员、兽防站站长

平措次仁（藏族）

农业技术推广站站长

白玛曲珍（女，藏族）

四级主任科员

德吉白珍（女，藏族，11月任）

林业和草原

【概况】 2019年，朗县林业和草原局在县委、县政府的正确领导下，在自治区、林芝市林业和草原局的具体指导下，以中共十九大精神为指导，认真贯彻落实习近平新时代中国特色社会主义思想，牢固树立“绿水青山就是金山银山”的理念，把林草生态建设和推进生态补偿脱贫、创建森林城市相结合，以扩面增绿、提质增效为目标，以重点区域造林、林业产业建设、生态绿化苗圃基地建设为依托，高起点谋划、高标准推进，打造全民义务植树增绿工程、560国道绿化工程等，坚持绿色发展、生态优先发展理念，全面落实林权制度改革、森林资源保护管理，加大林政执法力度和野生动植物保护力度，全面推进全县生态林草和民生林草持续快速、健康发展。2019年，朗县林业和草原局实有工作人员17名。

【党建工作】 2019年，县林业和草原局党建工作在县委、县直机关工委的大力支持和指导下，严格按照县委组织部党建工作的要求，在全局干部职工特别是党员干部中开展“两学一做”“四讲四爱”和党风廉政建设活动，通过集中学习、自学、开展党员活动日的方式丰富党建工作内容，提高干部职工参与到“两学一做”、“四讲四爱”、党风廉政建设工作中来的主动性、积极性和自觉性，树立林业良好形象。

6月19日，国家林业和草原局党组成员、副局长李树铭（前排左二）到朗县调研视察工作

【森林防火】 2019年，县林业和草原局全面落实森林草原防灭火各项工作，与各乡镇、各村签订了森林防火目标责任书，严格按照属地管理原则，以“谁主管、谁负责”的工作方针落实森林草原防灭火工作。及时调整森林草原防灭火工作领导小组、实施方案和应急预案，5个公益林专业管护站和52个村（居）护林管护点全天候管护到位。不定期开展对各管护站、管护点的督导检查，排查各类防火隐患，在重点林区、重点沟口、重点区域组织开展督导检查90余次，森林防火隐患排查187次，出动人员259人次，其中检查企业单位74次，重点检查沟口、群众巡山点和管护站113次，发现一般性隐患45次，整改45次，整改率为100%。

【国土绿化】 2019年，县林业和草原局按照上级关于全面落实造林绿化各项工作，在县城机关大院、中学路、仲达镇“巴塘区”、金东乡“太麦塘”以及各乡镇、各村庄重点区域、重点部位完成造林绿化2300余亩，栽植柳树、杨树、雪松、云杉等共计94764株。2019年度造林绿化工作多次被自治区、林芝市专题报道，得到上级部门和领导的充分肯定。

【林政管理】 2019年，县林业和草原局严格按照相关法律法规和政策要求，对全县各类建设项目和使用林地、草地办理林业相关行政审批130余件。按照国家林草局驻成都专员办关于违法违规使用林地项目进行督办有关要求和自治区林草局、森林公安关于森林资源监督报告反馈问题整改工作的有关要求，对全县范围内的17个重点项目进行督办，要求及时整改。协助自治区、林芝市林草局指派的林业规划设计单位完成了对全县森林资源排查、560国道绿化、“江水上山”、“十四五”

9月10日，朗县举行西藏林芝市巨柏野外回归种群恢复工程启动仪式，国家林业和草原局野生动植物保护司副司长刘德望（右七）出席活动

林草规划编制前期工作。加强行政审批事后监管服务工作，对全县新建、续建、拟建项目在征占用林地进行全面监管，与进入林区单位和个人签订了森防目标责任书。

【创建国家森林城市】 2019年，县林业和草原局为进一步推进生态文明建设，构建西藏高原生态安全屏障，按照市林草局的工作要求，朗县林草局配合国家林业和草原局昆明勘察设计院开展一系列调研编制工作，全力做好国家森林城市创建工作，确保认识到位、谋划到位、保障到位、落实到位，确保朗县创建国家森林城市工作扎实推进。

【脱贫攻坚】 2019年，朗县生态补偿脱贫工作在中央第三次巡视整改及审计整改工作中，通过前后3次认真梳理及整改，生态补偿脱贫组共清退了不符合岗位政策要求的人数260个、岗位腾换人数116个、核减岗位人数168个，实际落实生态补偿脱贫岗位人数3966个。同时，县、乡镇、村（居）以及岗位本人四级层层签订《朗县生态补偿脱贫目标责任书》4049份。进一步完善《朗县生态补偿脱贫岗位考核管理办法》，制定《生态岗位年度个人考核表》，简化岗位职责，制定藏语和汉语上岗证3966个、出勤台账56本。朗县重新遴选安排生态补偿脱贫岗位1077人（其中，林业系统生态保护岗位320个、草原监督员岗位和护渔员岗位72个、水生态保护和水管员岗位170个、农村公路养护员74个、旅游厕所保洁员岗位11个、城镇保洁员和村级环境监督员410个、地质灾害群防群测岗位20个），兑现补助资金186.2万元。2019年，累计兑现资金882.525万元，结余资金598.85万元，全部入缴国库。

【有害生物防治】 2019年，朗县主要林业有害生物发生面积3074亩。已实施防治2986亩，其中生物防治2055亩、其他防治911亩、人工防治20亩，防治覆盖率为97.1%。成灾面积696亩，无公害防治面积2679亩。有害生物发生种类粗略统计有十几种，主要有害生物有棉蚜、桃白粉等。

3月21日，朗县举行林业和草原局揭牌仪式

在上级林草部门的具体指导下，朗县林业和草原局制定了林业有害生物防治工作实施方案、应急预案，并成立了工作领导小组，采取喷洒农药、人工防治等措施，使各种林业有害生物得到有效的控制，全县范围内未发生大规模、破坏性有害生物灾害。

（孙亚宾）

【机构领导】

局　长

米玛旺堆（藏族）

副局长

孙　亚　宾

白玛拉珍（女，藏族）

水　利

【概况】 2019年，县水利局在岗人员共16名，其中行政编制6名、参照公务员管理2名、事业编制5名、工勤人员2名、公益性岗位1名。

【水利工程建设】 2019年，朗县水利局续建项目共3个，合计投资6376.3万元。即朗县2017—2018年小型农田水利专项县工程，总投资1904.56万元，于2018年8月开工，2019年8月完工；2018年小型农田水利专项县工程，总投资1001.41万元，于2018年6月开工建设，2019年8月完工；朗县县城饮用水水源地建设工程，总投资为3470.33万元，于2018年7月开工建设，至2019年年底已完成总工程量的97%。

5月3日，朗县召开河湖长制、水资源管理、防汛抗旱工作会议

2019年新建项目共3个，总计投资5533.46万元。即朗县拉多乡昌巴村、白露村山洪沟治理工程，投资928.12万元，于2019年5月开工，2019年11月完工；朗县新城区防洪堤工程，投资为1682万元，于2019年6月开工，至2019年年底已完成总工程量的80%；朗县金东曲金东段治理工程，投资2923.34万元，于2019年7月开工，2019年年底已完成总工程量的90%。

2019年，县水利局加强基层调研，及时沟通对接上级行业部门，争取计划外项目7个，总投资1155.28万元，已完成建设。

【推进落地项目】 2019年，县水利局为加快推进水利“十三五”饮水安全项目收尾工作，于2019年10月17日在拉萨公开开标了朗县2019年农村饮水安全巩固提升工程，投资196万元，其主要建设内容为新建取水口4座，新建沉砂池2座，铺设及维修输水管道1600米，新建蓄水池2座，铺设及维修供水管道总长11450米，安装入户水龙头289个，背水台289个，闸阀23个，减压阀6个。该工程的修建，可解决仲达镇林古村、瑞组、朗镇托麦村和拉多乡许村307户1535人的饮水安全问题。

【项目前期工作】 2019年，全县共完成7个项目的前期工作，包括朗县河塘整治综合工程、朗县登木至朗镇人工饲草料基地灌溉工程、2019年昌都“三岩”片区易地扶贫搬迁安置点饮水工程、朗县洞嘎灌区工程、朗县洞嘎乡噶贡清洁小流域治理工程、拉多灌区工程、拉多乡乡村防洪堤工程，合计投资为9844.95万元。

【防汛抗旱】 2019年，县水利局及时动员部署，科学编制防汛抗旱预案及山洪灾害，做到有计划、有准备的防御灾害；加强物资储备，及时补充县、乡防汛物资，确保安全度汛；强化山洪灾害防御，加强汛期安全检查，及时对山洪灾害防治设施进行排查，开展山洪灾害防御演练；完善机制，坚持值班带班和日报告制度，强化突发事件应急救援体系。2019年，受汛期持续强降雨影响，朗县部分乡镇支流猛涨，导致县城2002年修建的朗县防洪堤工程（朗泉宾馆后）存在堤顶局部塌陷，堤身出现裂纹等现象，登木乡如字沟河正在实施的山洪沟治理项目小部分被水毁，金东乡来义河来义村段河岸的耕地、草场部分被毁，县防办第一时间安排部署抢险工作，多次召开部署会议，采取多种防办措施，使朗县安全度汛，确保全县人民的生命财产安全。

【水资源管理】 2019年，县水利局实行最严格水资源管理，严把用水总量、排污总量、用水效率“三条红线”；强化河道采砂监管，编制《朗县河道采砂规划》，严格把关，杜绝违规采砂行为的发生。抓好朗县砂石厂，在建项目等的水土流失防治监督工作；加强对农田水利工程进行续建配套与节水改造，推广农牧民用水户协会工作，2019年全县范围内继续推广用水户协会工作，加大宣传培训力度，加大用水户协会水资源费征收力度，全县各村共收缴水费16.4万元。

【河湖长制工作】 2019年，县水利局开展河湖长制宣传工作12次，受教育人数达1980人，发放宣传单1000余份。加强资金保障力度，县政府解决河长制专项经费100万元，纳入财政预算，为全面推行河长制工作提供资金保障。2019年，朗县24条县级河长，共计巡河98次。在开展清河专项行动的基础上，全面摸清和清理整治河湖管理范围内乱占、乱采、乱堆、乱建“四乱”突出问题，全年总共开展大规模清洁活动20次，县级河长及河长制办公室组织群众自发举行河道清洁活动20次，活动累计出动干部群众1800余人，对全县河道内的生活垃圾、杂草、淤泥以及其他漂浮物收集整理后统一进行清运，共清理河道55千米，清理垃圾5吨，清理乱堆6处，制止乱采2处。

（海深娜）

9月10日，朗县水利局组织开展山洪灾害防御预案演练活动

【机构领导】

局　长

平措卓玛（女，藏族）

副局长

索朗加措（藏族）

二级主任科员

拉达次杰（藏族，1—5月任主任科员，6月套转为二级主任科员，12月免）

副局长

强巴扎西（藏族，5月任）

普布宗巴（女，藏族，12月任）

水利技术服务站站长

强巴扎西（藏族，5月免）

石　磊（6月任）

水利局四级主任科员

索　朗（藏族，5月调入）

水利技术服务站四级主任科员

普布宗巴（女，藏族，1—5月任副主任科员，6月套转为四级主任科员，12月免）

交通·邮政·通信

交通运输

【概况】 年内，朗县交通运输局紧紧围绕全县全面建成小康社会的重大目标，立足行业实际，进一步树立服务大局意识，精心制定各项工作安排，突出重点、强化措施、狠抓落实，确保各项工作有序地开展。县交通局属于正科级行政单位，2019年县交通局共有工作人员10名，其中行政人员7名，参照公务员管理3名。

【公路里程】 2019年，全县公路通车总里程达829.4千米，其中，国道2条共143.01千米(G560、G219)，占总里程的17.2%；省道2条162.645千米，占总里程的19.6%；县道3条共134.4千米，占总里程的16.2%；乡道4条共55.125千米，占总里程的6.6%；村道81条共219.95千米，占总里程的26.5%；专用公路15条共114.275千米，占总里程的13.8%。

【公路列养里程】 2019年，全县农村公路列养里程达469.9千米，平均好路率达52%，其中县道的优良率为81%，乡道优良率为56%，专用公路优良率为39%，村道优良率为45%。

【路网分布】 以“三横四纵”(三横为国道560、国道219、省道205，四纵为金东支线、拉多支线、登木支线和工字荣线)为主骨架的乡镇至县城“1小时交通圈”已形成，同时以6个乡(镇)为节点辐射52个行政村(居)的公路路网亦陆续完善，县、乡、村局部路网有所完善，公路局部互通性较之以往有所提高。

【公路通畅通达】 2019年，全县通油路里程为188.657千米，通油乡(镇)为6个；行政村公路通达率为100%、行政村通畅49个，行政村通畅率为94.2%；全县136个自然村已实现通达，通达率为100%。已通硬化路里程为247.639千米，砂石路里程为253.244千米，土路里程139.938千米。

【交通项目建设】 2019年，全县共实施20个交通项目，其中，续建项目15个，新建项目5个，建设项目总投资达60523.27万元。截至年底，累计完成投资额56654万余元，占总投资的93%。

续建项目。国道219线萨嘎至朗县金东乡段改建工程等10个续建项目总投资达60523.27万元，除国道219线项目和朗县经拉多乡藏村至219国道应急保通工程外，其余项目于2019年全面完工。

新建项目。工字荣桥梁维修加固工程、乡镇综合运输服务站等5个新建项目总投资达1707.14万元，2019年年底，已完成总投资的72%，除拉多乡白坡章村白组搬迁点公路外，其余新建项目于2019年全部完工。

【农村公路养护】 2019年，县交运局累计投入资金330余万元，先后完成江北公路、工字荣公路等20余条农村公路的养护工作。共修补路面坑槽6500平方米、修补路肩约4535立方米、清理滑坡约8500立方米、清理塌方约8000立方米、清理边沟约560千米，疏通涵洞270道，并完成了许村线、达切线等4条公路水毁挡墙、路面的修复工作。

【路政管理】 2019年，县交运局坚持农村公路“管养并重，以管促养”的方针，加大路政执法力度，规范路政执法行为，全面提高路政工作管理效率。利用每次下乡机会，大力宣传路政法律、法规，共发放《中华人民共和国公路法》《公路安全条例》等法律法规3000余份，受教育群众达4000人次，有效提高广大群众爱路、护路意识。加大公路巡查力度，采取一周一查的方式，在江北公路、朗杰线等重点农村公路沿线严查侵犯路产路权的行为，共查处侵犯公路产权的行为12起，已整改完毕，有效保障了路产路权的完好，维护了农村公路的合法权益。成立住建、环保、林业、水利、安监、交警等多部门联合的执法大队，开展农村公路路域环境综合整治，加大违法违规整治力度，坚持每半个月至一个月开展一次农村公路巡查工作，并且严格落实巡查负责制和违章建筑查处清理等工作的首办负责制，加强对防护网等设施的安全控制。2019年，朗县共出动路政执法车辆30余台次，人员50余人次，查处超载、违章等问题5起。

【道路运输管理】 2019年，县交运局以客运体制改革为契机，规范朗县道路运输秩序，加快朗县道路运输跨越式发展。2019年3月，针对朗县道路运输市场秩序混乱的实际情况，成立“朗县联合打击非法营运工作领导小组”，取缔了一批长期盘踞在客运站附近及城乡接合部的非法营运车辆，取得了良好的社会效果。加快建设集客运和物流服务功能于一体的乡镇综合运输服务站，开展综合运输服务站建设前期筹备工作，4座客运站均已开工建设，2019年年底全部建成。

【安全生产】 2019年，县交运局工作人员以“三大节日”及“安全生产月”等系列节点为契机，先后40余次深入朗县农村公路、国道219线等交通项目建设工地及县客运站，共开展安全生产检查80余次，出动人员200余人次，检查企业150余家次，下达整改通知书4份，开展安全生产宣讲活动9次，增设安全警示标牌14块，发现的安全隐患问题均已整改完毕，整改率达100%。同时针对公路病害现状，将朗县江北公路、朗杰线、仲列线、吉村公路等主干线作为养护重点，出动机械并组织“一所六站”（“一所”：在县交通局设养护所，“六站”：在各个乡镇设立养护站）的工作人员每天对自己辖区范围的道路进行日常作业，相继完成了对以上主干线的养护工作。

（索朗多吉）

【机构领导】

副局长

胡　　敦

运管所所长

旦增曲桑（藏族）

公路养护管理

【概况】 2019年，朗县公路养护段以习近平新时代中国特色社会主义思想为指导，深入学习贯彻“不忘初心、牢记使命”主题教育，认真贯彻落实林芝公路分局工作会议精神、决策部署，结合县养护段公路养护的实际状况，动员广大干部职工，更新养护管理观念，以精细化养护管理为手段，以年初制定的养护工作目标为出发点，创新工作理念，厘清工作思路，较好地完成了各项工作。2019年，朗县段共有干部职工183名（其中第一、二、三批补员75名，公益性岗位5名），退休工人63名。中共党员38名，在职党员26名，预备党员1名，退休党员12名，积极分子3名，养护段设有8个股室，2个工区，2个道班，1个农场。

【党建工作】 2019年，县养护段抓好学习教育，按节点完成了阶段性目标任务及规定动作。继续开展“一教育、两加强、三推进”活动，开展“知党情、感党恩、跟党走”教育活动。严明政治纪律和政治规矩，认真组织全段党员、干部职工学习“条例、准则”，严格按照“两学一做”常态化、制度化要求，开展“四讲四爱”主题教育实践活动。

【安全生产】 2019年，县养护段

9月13日，朗县公路养护段一线工人正在巩固下挡墙

始终坚持“安全第一、预防为主、居安思危、未雨绸缪”的工作方针，加强内部安全监管，成立了安全、综治工作领导小组，加强安全生产监管工作，建立了安全生产台账。段安全领导小组成员定期或不定期深入各工区、道班进行安全大检查，同时加强对广大干部职工的安全宣传教育和普法教育。全年上报安全生产简报10多份，召开安全生产专题会议10多次。

【抢险保通】 2019年，县养护段实行24小时值班上报制度，要求各道班（工区）对各自管养的公路、桥涵进行巡查，发现安全隐患及时上报，并做好安全警示与路政管理。一旦有灾情发生立即启动抢险应急保通预案，抢险保通小组配有巡路车1台、装载机2台、推土机2台、挖掘机1台、自卸车3台，机械工作率良好，随时待命。应急油材料、修路工具等抢险保通所需保障物资贮备齐全。

（聂艳青）

【机构领导】

段　长
　阿旺顿珠（藏族）
党组书记
　陈　波
工会主席
　喻长春
副段长
　卫　色（藏族）
工会副主席
　黄群香（女）
　周先辉

邮　政

【概况】 2019年，朗县邮政公司在林芝市分公司的正确领导下，严格贯彻落实省市邮政工作会议和党的建设暨纪检监察及全区金融工作会的安排部署，并结合县分公司的实际情况，开展邮政经营服务工作，提高服务水平。

【经营情况】 2019年，朗县邮政公司面对整体严峻的经营形式，通过转变经营观念，深挖市场需求，结合援藏特色，开发了一系列的特色土特产采购包装及快运业务，该类项目全年总收入预期达到887500元。

新业务收入情况一览表

表4

序号	项目详情	业务收入（元）
1	援藏队纪念画册	160000
2	广东邮政工会慰问礼包	118110
3	揭阳邮政工会慰问礼包	144460
4	中山邮政公司工会慰问礼包	107730
5	中山速递工会慰问礼包	55179
6	东莞邮政工会慰问礼包	49950
7	广东邮政公司党群部笔记本	76000
8	广东邮政公司慰问礼包	49450
9	阳江邮政工会慰问礼包	126630

该批业务的利润率均达30%，由主要负责人牵头，全体员工共同学习推进，成功地完成创收模式转型，从基层出发，结合全市、全区的力量，探索出一种合乎流程规范的商业运作模式。

【团队协作】 2019年，县邮政分公司通过前三季度抓新项目冲刺，第四季度抓金融业务，较好地完成全年经营进度。收官战役中，

3月6日，朗县邮政分公司为客户收寄东西

通过多次下乡拓展，一系列重要金融指标特别是新开卡、短信、手机银行、第三方绑卡及邮储饭堂等，办理数量居全市前列；寄递部业务收入也比2018年同期大有提高。全年综合经营进度预期达到125%，居全市前列，出色地完成市分公司党组交办的经营目标。

【管理工作】 2019年，县邮政分公司加强基础管理，调整员工队伍，员工能力得到锻炼提升，为经营生产打下基础。2019年年底，创建职工小家，开办员工饭堂，解决了三餐温饱和健康需求。在金融管理方面要求每月与银行及时对账，实现账实相符，强化责任追究，推动邮政储蓄资金安全工作发展。

【自身建设】 2019年，县邮政分公司建立下乡服务群众的拓展宣讲分队，下乡宣讲邮政服务业务，开展便民服务。建立扶贫、反洗钱、换新币等服务小分队，满足边区老百姓的生活、用邮需求。落实中央八项规定和六项禁令，深入开展“不忘初心、牢记使命”主题活动，发扬艰苦奋斗精神，坚守“钉子”刻苦钻研精神和“不浪费一面打印纸”的节约理念，加强新宪法、民族团结条例等法规、法律学习和教育，严格遵守企业的各项规章制度，对照巡视巡察整改方案，逐条过关。

（尼玛卓嘎）

【机构领导】

总经理

李大祺

电 信

【概况】 2019年，朗县电信局在各级党委、政府的坚强领导下，在市公司的正确指引下，以中共十九大精神为指引，紧紧围绕“通信精准扶贫”这条主线，以电信普遍服务和宽带双提升为抓手，扎实推进农村地区光纤、4G等高速宽带网络建设，大力提升农村地区宽带网络覆盖能力，提升服务质量，让群众切实受益，使用户的服务感知力和满意度大幅提升。

【贯彻落实“携号转网”政策】 2019年，朗县电信局坚持以用户为本的服务理念，从提升客户满意度、增强企业竞争力的高度认真做好“携号转网”工作，按照行业主管部门和集团公司、区公司、市公司的统一要求和安排，做到持续规范提供“携号转网”服务。严格遵守“两不一要”的靓号携转要求，“两不”即对携入靓号不做抵销限制，对携出靓号不进行协商赔付；“一要”是对携出靓号用户要在服务触点积极提供优质服务，认真了解用户诉求，努力满足用户需要。

【巩固脱贫成果】 2019年年初，朗县电信局集中开展下乡下村送扶贫终端活动，活动中送出扶贫终端（手机）210部，市场价合计146790元；对建档立卡户办理专属79元套餐（送宽带+高清），每月由中国电信补贴每个用户40元，共计补贴210人，年补贴金额为100800元；免费加载致富包450余人，全年补贴资金189000元。此次通信扶贫，共计补贴436590元。

【安全生产工作】 2019年，朗县电信局始终坚持“安全生产、通信畅通”的工作方针，将安全生产工作作为全局重点工作之一，加强领导、细化责任、完善制度、严格督查，认真落实上级部门要求，开展一系列的安全生产活动。部署专人巡查、检修朗县公安平安视频监控，确保每一台设备不出故障，关键时刻不掉链子。部署专人保障应急通信设备的正常使用，关键时刻能拉得出、连得通、用得上，为党政机关的抢险救灾、应急指挥提供通信保障。

（邵国华）

6月8日，朗县移动分公司员工在用户家中安装宽带

【机构领导】

副局长

旦　增（主持工作）

移　动

【概况】 年内，中国移动通信集团西藏有限公司林芝分公司朗县分公司全面贯彻落实县委、县政府工作部署及市公司工作会议精神，积极践行企业责任，着力加强党组织建设、转变工作作风、改善网络质量、发展信息化产品业务，完成了2019年各项工作任务。2019年，县移动分公司有经理1名，员工6名。

【业务完成情况】 2019年，县移动分公司手机上网用户达9000多户，宽带接入用户2500多户，移动用户份额达到80%。全年业务累计收入达500余万元。

【党建工作】 2019年，县移动分公司党支部共开展12次党员集中学习教育活动，慰问帮扶金东乡西日卡村困难学生宗吉3次，送去液晶电视、柴米油盐等生活必需品，价值2000余元，并按每月800元的标准送去助学金9600元。以学习雷锋月等活动为平台，组织公司全体员工看望慰问福利院孤寡老人，帮助老人洗剪头发、更换手机屏保，树立企业的社会公益形象。

【网络覆盖情况】 2019年，县移动分公司紧紧围绕中国移动“正德厚生臻于至善”的企业核心价值观，打造以“正身之德”承担社会责任的团队，新建宽带资源1000余端口，51个行政村宽带和4G网络覆盖率达100%，完成朗县塔布文化旅游节咪咕直播通信保障任务，累计开展应急通信保障3次，出动应急保障人员6人、应急保障车辆2台。

【服务提升情况】 2019年，县移动分公司把“不断拓展服务功能，持续提升服务水平”作为一项核心内容来抓，确定了“强化服务意识，规范服务行为，提升整体服务水平，维持和巩固服务优势领先”的工作目标，通过优化服务环境，提高客户满意度，树立起优质的行业服务标杆。在投诉方面，设置了专门的投诉电话，由专人负责投诉处理，对客户投诉的问题进行及时的处理和反馈。

（白玛康珠）

【机构领导】

经　理

次仁巴登（藏族）

联　通

【概况】 2019年，中国联通朗县营业部以深化精准营销为手段，

6月16日，中国联通朗县营业部在驻地部队中开展业务推广活动

以提升发展实效为依托，聚焦任务目标，网络支撑保障及时有力，成本管控与使用更加精细，队伍保持团结稳定。2019年，中国联通朗县营业部主营收入完成318万元，完成预算进度的107%，居全市第三位。

【业务经营】 2019年，中国联通朗县营业部每月对接发展指标，明确发展方向和重点工作内容，加强实名制管理，严格按照业务规范办理各项业务。将2I2C的发展作为移动网络发展的重点项目，发展地推网点，2019年年底联通用户已达300户，大王卡出账用户达285户。重视人员业务水平提升，对市公司下发的政策，先由市场部人员研究透彻，再组织进行二次培训，以简单明了的方式进行讲解。在维护建设方面及时完成光缆抢修和无线故障处理，加强与政府部门、施工地村民协调，快速响应政企客户专线开通，落实城市建设施工期间的埋地光缆防护和横跨公路线路的盯防。

【工作亮点】 2019年，中国联通县营业部为建档立卡贫困用户及贫困区域用户办理可享受5折优惠服务，套餐共分为3档：原价38元、优惠价19元/月，原价72元、优惠价36元/月，原价118元、优惠价59元/月，优惠政策为首次办理的赠送120元话费，次月起每月赠送10元，赠送12个月。云专线产品是基于SDN/NFV技术实现云网一体化协同，产品聚焦业务创新及业务融合，将中小企业快速专线接入作为突破口，不仅能为用户提供云专线业务以及语音通信服务的“一站式”解决方案，还能提供灵活、丰富的接入服务和云互联。

（张　路）

【机构领导】

经　理

张　路

城建·环保

住房和城乡建设

【概况】 2019年,朗县住房和城乡建设局坚持以习近平新时代中国特色社会主义思想为指导,认真贯彻落实中共十九大精神,以打造平安、和谐、生态朗县为第一战略目标,突出城乡规划、村庄规划、村镇建设、工程建设、工程质量监督等工作。2019年,县住建局编制人数11名,其中,行政编制人数3名,科级干部职数3名;下设副科级朗县城管监察大队,核定参公编制6名,其中科级干部职数1名;朗县工程质量监督检查站核定参公编制2名,其中科级干部职数1名。2019年年底,县住建局实有人数57名,其中,科级干部7名(包括1名援藏副局长),科员5名、工人2名,公益性岗位17名,临时工26名。

【城市规划建设】 规划管理。2019年,县住建局为有效规范、引导朗县各乡镇、村(居)和光明新区的建设发展,根据《中华人民共和国城乡规划法》《西藏自治区城乡规划条例》《西藏自治区村庄规划技术导则(试行)》《边境地区小康村村庄规划技术审查办法》《西藏自治区边境地区小康村建设规划(2017—2020年)》等相关法律法规的要求,牵头组织编制县域内的51个行政村的村庄规划,编制费用共计730万元。2019年年底,已完成所有程序。

7月23日,朗县县委书记扎西(前排右二)一行查看来义村小康示范村建设情况

规划实施。2019年,县住建局共核发选址意见书90份,建设工程规划许可证75份,建设用地规划许可证75份,建设施工许可证20份(一体化平台办理)。严格实施城乡规划管理,坚持“规划一张图、执行一条线”,确保了规划的权威性、严肃性和连续性。

【城乡项目建设】 2019年,县住建局城乡基础设施续建项目主要有3项,总投资4549.79万元,包括朗县污水处理及收集系统工程,已完成总工程量的95%;朗县登木乡崩嘎小康示范村建设项目、朗县拉多乡藏村小康示范村建设项目。

【保障性安居工程】 2019年，朗县续建公共租赁租房建设任务32套，总投资519.55万元。完成续建棚户区改造项目4项，总投资达2982万元，分别为朗县2017年拉多乡巴顿片区棚户区改造一期工程、朗县2017年拉多乡巴顿片区棚户区改造二期工程、朗县2018年洞嘎镇友谊路棚户区改造工程、朗县2018年仲达镇浣绕路棚户区改造项目。

5月5日，惠州市住建局考察结束后与朗县住建局干部职工合影留念

【建筑市场管理】 加强工程质量监督。2019年，县住建局以履行主体责任、确保结构安全、满足使用功能为着力点，加强对人员到岗到位、国家标准执行情况的监督检查，共开展巡查、抽查30次，下达停工通知书12份。

加强工程安全监督。牢固树立安全生产的理念，对全县建筑、市政领域开展“拉网式”“地毯式”大检查，共监管在建工程20个，针对节假日等重要节点，结合“安全生产宣传月”“综治宣传月”“综治宣传周”等活动，召开安全生产专题会议4次，组织开展安全隐患大检查30次，下达安全隐患整改通知书及停工通知书36份，消除安全隐患80余处。

推进工地扬尘治理。严格落实县委、县政府关于中央环保督查“回头看”的决策部署，对全县建筑工地开展扬尘治理，采取“六必须、六不准”“六个百分百”的措施，做到建筑工地环保工作全覆盖。

加强建筑市场监管。严格按照招投标程序，执行工程图纸设计文件审查备案制度、工程竣工验收备案制度和国家建筑节能标准，新建的各类居住建筑与公共建筑全部进行节能设计与施工，并结合朗县实际，制定了《朗县建设工程质量监督抽查抽测工作手册》。2019年在一体化平台上完成工程招投标备案20件，施工图审查、施工合同备案20件，工程受监率达100%。

推进企业民工实名制。加大对全县在建项目民工工资发放情况抽查力度，要求施工单位全面推行民工实名制登记，保障农民工权益。全年共排查民工工资拖欠情况12余次，协调处理拖欠民工工资事件7起，接待民工工资投诉3次，协调发放民工工资30余万元。

【市政管理】 县城环境综合治理。2019年，县住建局严格落实保洁工作定人、定街道、定时间、定标准、定责任，严格执行区域清扫保洁制度，各单位领导组织干部职工每周五对各自卫生责任区域进行集中清扫，并对周围绿化苗木进行浇灌；各乡（镇）自行组织行政村相关人员进行卫生清扫等一系列举措，保证县城环境质量，提升县城形象。2019年，朗县对河道及道路沿线组织集中清扫8次，出动820余人次，清理垃圾400余吨。

城管综合执法。针对县城公共设施损坏、朗县菜市场管理混乱、街道乱摆乱贴、违规占道等问题，县住建局安排城管队员以巡逻的方式开展日常管理工作，县城管理已日趋秩序化、规范化。2019年，县住建局城管部门对县城菜市场及职工周转房、县城公租房走廊开展集中整治12次，整顿占道经营摊铺、占用公共通道的共25家，没收清理占道物品

110 余件。

【燃气行业管理】 2019 年，县住建局与燃气企业签订安全生产责任书，并督促企业员工接受安全培训教育，企业员工受安全培训教育率达 100%。组织开展燃气领域安全生产检查 28 次，下发安全生产隐患整改通知单 8 份，排查出各类安全隐患共 29 处，整改率达 100%。

（张翠晏）

【机构领导】

党组书记、局长

尼玛次仁（藏族）

副局长

达娃普赤（女，藏族，5 月免）

旦增罗布（藏族，3 月任）

朱 汉 棠（惠州援藏，7 月免）

胡 立 邦（惠州援藏，7 月免）

党组成员、副局长

吴　　皓（惠州援藏，7 月任）

党组成员、副局长、城市管理和综合执法局局长

旦增罗布（藏族，5 月任）

二级主任科员

谭 言 庆（1—9 月任主任科员，10 月套转为二级主任科员，11 月免）

达娃普赤（女，藏族，5 月任）

四级主任科员

赖 贞 宏（1—9月副主任科员，6 月套转为四级主任科员，12月免）

国　　娘（女，藏族，12 月任）

朗县工程质量监督检查站站长

益　　西（藏族）

朗县城管监察大队队长

德　　吉（女，藏族）

生态环境

【概况】 2019 年，林芝市生态环境局朗县分局坚持以习近平生态文明思想为引领，坚决贯彻落实县委、县政府安排部署，始终把环境保护作为全县经济社会发展的底线、红线、高压线，深入学习贯彻中共十九大和十九届二中、三中、四中全会精神，深刻领会习近平新时代中国特色社会主义思想的精神实质和丰富内涵，全县广大干部群众生产生活环境日益优化，“天蓝、水绿、山青”的生态格局正在逐步形成。2019 年 8 月，原朗县环境保护局正式垂直改制为林芝市生态环境局朗县分局，正科级建制，内设 2 个机构，分别为办公室、环境监察大队，共有工作人员 12 名，其中领导干部 4 名。2019 年朗县在全区生态环境保护考核中，取得优秀成绩。

【环保整改】 2019 年，林芝市生态环境局朗县分局根据中央及自治区环保督察反馈问题，通过细化工作任务，梳理整改措施，明确责任单位，规定时间节点，整改工作顺利推进。认领的中央反馈的 23 项问题、64 项措施，已完成整改 61 项，3 项任务达到序时进度要求，其中加油站已建成并通过初验，已投入使用；认领的自治区反馈的 4 项问题、9 项措施，已全部整改完成。

【生态监督】 2019 年，林芝市生态环境局朗县分局组织县域 6 家预制场、4 家砂石场、2 家商砼站负责人召开了 2019 年非金属矿产资源环境保护工作会议，对下一步非金属矿产资源的开采提出具体要求；组织召开全县交通领域环保工作推进会，对交通领

6月20日，西藏自治区生态环境厅党组书记胡为民（右一）到朗县考察国道219线建设情况

域环保工作进行安排部署；组织召开未批先建项目专项整改推进会，如期完成了全县7个未批先建项目的整改任务，并编制报告上报市政府审批；对全县危废产生企业进行全面排查，对7家危废企业进行登记备案；对全县各类项目环评手续办理情况进行清查，完成了100个项目的环评备案登记工作。

以拉林铁路、国道219、农村公路项目施工地、娱乐场所等为重点，针对弃渣乱堆乱放、扬尘污染、植被破坏、噪声污染等生态破坏现象，采取联合执法检查13次，对铁路进行专项检查7次，对砂石场进行专项检查6次，对国道219、藏湖应急公路开展专项检查6次，共下发整改通知书18份，出动车辆32次，人员102次，被检查项目单位均按照要求如期完成整改。

【生态环境质量监测】 2019年，林芝市生态环境局朗县分局以朗县地表水、饮用水、环境空气质量为重点，制定了《朗县环境质量监测方案》，并邀请第三方监测机构定期开展一年4次的监测工作。据监测报告显示全县各项指标均在标准限值内。农村环境质量试点监测工作已在全县开展，主要监测农村地表水、土壤、空气状况，3个季度的监测工作已完成，2项监测数据显示，朗县地表水和饮用水均在Ⅲ类以上水质标准限值内，空气质量均在良好或优的状态。

【生态创建工作】 2019年，林芝市生态环境局朗县分局完成了48个自治区级生态村、5个自治区级生态乡镇和1个自治区级生态县创建工作并得到自治区环保厅命名，全面完成48个行政村（居）和5个乡（镇）、1个县的生态文明规划编制工作。对环保生态人员进行岗前培训，并定期不定期对工作开展情况进行督导检查。积极配合上级业务部门开展生态红线划定和二次污染源普查工作，红线划定方案已基本确定，符合朗县发展实际，为朗县今后项目建设提供了充足的发展空间，二次污染源普查工作已全面完成，相关数据已收集完成。

【宣传教育】 2019年，林芝市生态环境局朗县分局以“6·5”世界环境日、“法律七进”等为契机，通过发放宣传资料、宣传品、悬挂横幅和标语、举办活动等方式，深入村（居）、校园、企业等开展各类宣传活动，共发放各类环保资料2000余份，发放环保帽、环保杯、围裙、雨伞等各类宣传品1000余件，编发手机短信1.8万余条，受教育群众达5000人次，提升了广大干部和农牧民群众的环保意识。

【群众诉求】 2019年，林芝市生态环境局朗县分局设立了“12369”举报热线，畅通信访渠道，多渠道方便群众反映环境问题，对各类环境违法行为实行全面的环境安全排查。2019年，共收到“12369”举报投诉11起，检察院建议书1份，已全部解决，办结率为100%。

【党建工作】 2019年，林芝市生态环境局朗县分局坚决贯彻落实中共十九大和十九届二中、三中四中全会精神，加强党员政治纪律教育，引导全体党员进一步提高政治站位和施政能力，严格遵守政治纪律和政治规矩，坚持用习近平新时代中国特色社会主义思想武装头脑，进一步强化“四个意识”，坚定“四个自信”，做到“两个维护”。充分结合“两学一做”和“不忘初心、牢记使命”主题教育，强化基层党组织建设，实现党建业务融合，提升党建文化建设质量，加强党支部队伍建设，开展了学习新党章活动，教育引导党员干部特别是领导干部自觉学习党章、遵守党章、维护党章。

（张　雷）

【机构领导】

党支部书记、局长

其美卓嘎（女，藏族）

副局长

赵　章　亮

论珠索巴（藏族，5月任）

监察大队队长

李　增　军（5月任）

监察大队副队长

论珠索巴（藏族，5月免）

金 融

农业银行

【概况】 2019年，中国农业银行朗县支行在职员工33名，平均年龄34岁，其中，本科学历25名，大专学历4名，大专以下学历4名，营业所人员12名；设有1个党总支、3个党支部，党员有17名，占比52%；下设1个支行营业室、4个营业所；辖区内3镇3乡中，朗镇、登木乡属金融空白点，分别由拉多营业所、仲达营业所提供流动金融服务。

【党建工作】 2019年，农行朗县支行实行党建工作目标管理，成立党建工作领导小组，制订《2019年党建工作计划》，为做好党建工作指明方向。加强班子自身建设，坚持每月至少召开一次党总支会议，全年召开党总支会议14次，对4项重大经营和管理事项进行决策部署，确保决策的科学化、民主化和规范化。为加强党支部建设，成立营业室党支部、机关党支部，严格落实"三会一课"制度，严格执行发展党员记实制、公示制、票决制，保持党员队伍的生机活力，年内共有2名预备党员被发展成为正式党员，1名积极分子被发展成为预备党员。

【业务经营】 2019年，农行朗县支行各项存款余额99540万元，较年初增加-36061万元，其中对公存款余额达67215万元，同比增加30621万元。各项贷款余额达9.15亿元，较年初增加-2.48亿元，其中个人贷款余额达到3.54亿元，较年初增加3400万元。

【精准扶贫】 2019年，农行朗县支行成立"金融扶贫"工作领导小组，制定出台《农行朗县支行金融扶贫工作实施方案》，做好金融扶贫工作。2019年，扶贫贴息贷款余额达6892万元，同时充分发挥"三农"事业部制的作用，通过"4+1"小额农贷扶贫模式，精准对接309户建档立卡贫困户，"建档

1月21日，农行林芝分行党委书记、行长赵仕银（左一）参加朗县支行2019年领导班子民主生活会

12月20日，农行林芝分行“三农”金融部总经理培杰（右一）到金东乡扶贫户家中进行贷款调研

立卡贫困贷”余额已达1636万元。

【“三农”工作】 2019年，农行朗县支行为推动转变服务“三农”、普惠金融工作作风，提升工作能力和水平，加快推进互联网金融服务“三农”一号工程，累计发放惠农E贷1927万元，新开立惠农E商60户，新开立静态聚合码60户，有效降低农牧区百姓的服务成本。全面推进农牧区金融服务渠道建设，在全辖区设立61个“三农”取款服务点，实现行政村全覆盖，改善农牧区服务网点硬件设施，为空白网点及偏远村落农户及时查询惠农补贴资金、小额取款等提供保障。累计交易笔数4242笔，交易金额158万元。

【社保工作】 2019年，为贯彻落实自治区、林芝市关于加快推进标准统一、功能兼容的社会保障卡应用，实现社保卡“一卡通”要求，进一步发挥社保卡便民惠民的作用，真正做好社保卡发放这一民生工作，农行朗县支行在林芝分行党委的统一领导下，在组织领导、沟通协调、宣传引导、人员组织等方面进行认真谋划，确保社保卡发卡工作的稳步推进。2019年，县域社保卡激活8614张、激活率达60%，金融功能激活8614张、激活率达60%，短消息开通2000多张。

（阿旺顿珠　多吉拉姆）

【机构领导】

行　长

普布央（女，藏族）

副行长

扎　西（藏族）

李坛星

4月7日，农行朗县支行仲达营业所员工在登木乡开展精准扶贫政策宣讲

公共服务

气 象

【概况】 2019年，朗县气象局坚持以习近平新时代中国特色社会主义思想为指导，带领全局干部职工加强学习、强化管理，拓展气象服务，各项工作稳步推进。2019年朗县气象局有事业编制6名。

【党建工作】 2019年6月18日，成立中共朗县气象局党支部，参加县委理论中心组学习24次，支部集中理论学习42次、开展党员活动12次。“不忘初心、牢记使命”主题教育开展以来，县气象局采取个人自学与集中学习讨论相结合的方式，开展集中理论学习19次，专题讨论4次，撰写个人研讨发言材料2篇，调研报告2篇，观看红色电影、廉政警示片4场次，参观廉政警示教育基地1场次，提高了党员干部思想认识。

4月21日，朗县气象局和市委宣传部驻洞嘎镇扎西村工作队联合开展防雷避险科普知识培训活动

【气象事业建设】 2019年，县气象局为加快推进朗县各乡镇气象自动站建设工作，于2019年建成了5个地面天气站和1个农田小气候自动站，实现了3乡3镇气象自动站全覆盖，提高了朗县气象预报准确率。充分利用西藏县级公共服务平台、西藏气象业务一体化平台、“三农”专项管理平台、全国智慧农业气象服务平台、西藏突发事件预警发布系统、西藏山洪地质灾害风险预警平台等对天气趋势进行分析，制作每天天气预报，预报通过县级公共服务平台、突发性天气的预警发布平台等多种渠道发布到县“四大班子”、县级部门接收气象灾害预警责任人（54人）、气象协理员（12人）、村级气象信息员（284人）。

【气象农田小气候观测站建设】 2019年，县气象局在朗县洞嘎镇卓村辣椒种植基地建成了首个农田小气候观测站，全天候24小时不间断监测，实现对农作物生长的环境温度、湿度、雨量、风速、多层次土壤湿度、光合辐射等9

10月14日，朗县气象局首个农田小气候站建成并投入业务运行

个气象要素的自动监测。观测数据可同步上传至气象业务综合处理平台，实现监测与传输同步进行，为卓村辣椒种植基地及卓村其他农业农产品提供专业化的气象服务。

【气象服务】 2019年，县气象局根据本地的气象条件和气候特点，及时提供有针对性的决策和公众气象服务，遇有重大天气、转折性天气时及时向县委、县政府等相关部门及各乡镇通报，提醒及早做好防御气象灾害的准备。通过手机短信、县级公共平台、全国智慧气象信息员管理平台、朗县气象协理员和骨干信息员联络微信群、朗县防汛突击队微信群等渠道共发布每日乡镇预报365期、周末预报50期，一周趋势预报52期，旬预报36期，春运专题预报41期，天气实况365期，元旦专题预报1期，春节和藏历新年预报1期，“朗县桃花节”专题预报1期，清明节专题预报1期，“五一”专题预报1期，森林防火专题预报2期，金东乡第十四届仁瀑圣水文化旅游节及第三届农牧民运动会”专题预报1期，大庆专题预报12期，山洪地质灾害风险预警4期，天气公告8期，天气监测服务情况报送县委10期，其他节日专题预报10期。

【宣传普及】 2019年，县气象局进一步普及防灾减灾知识，增强群众防灾减灾意识，针对朗县主要发生的气象灾害类型、特征以及防灾避险基本常识，在“3·23”气象日、3月综治宣传月、“5·12”防灾减灾日、6月安全生产月、“9·16”平安西藏宣传日等各类宣传活动中组织干部职工面向社会公众开展气象宣传活动，大力宣传《中华人民共和国气象法》《西藏自治区防雷减灾管理办法》《西藏自治区气象条例》《西藏自治区探测环境和设施保护办法》《朗县气象灾害防御指南手册》《气象灾害防御知识明白卡》《气象信息服务站管理职责及工作流程》等法律法规。

（达瓦扎西）

【机构领导】
负责人、高级工程师
平措次仁（藏族）
副局长、工程师
琼　　啦（女，藏族）

2019年1—12月朗县平均气温、降水量实况值及对比一览表

表5

月份	1月	2月	3月	4月	5月	6月	7月	8月	9月	10月	11月	12月
气温（℃）	0.6	5.4	7.7	12.3	15.4	20.3	—	20.3	16.3	13.4	9	2.1
气温距平（℃）	−0.9	0	−0.8	0.9	−0.2	1.4	—	1.9	−0.4	0.9	2.3	−0.7
降水量（毫米）	0	0.1	—	4.5	4.2	0.2	126.8	0.1	9.4	6.8	—	—
降水量距平（毫米）	—	—	—	−0.8	−0.8	−1	0.5	−1	−8	−0.3	—	—

供电

【概况】 2019年，朗县供电有限公司坚持以习近平新时代中国特色社会主义思想和中共十九大精神为指导，始终围绕“建设坚强电网、构建优质供电服务体系，争创一流县供电公司”的核心发展目标，坚持党管企业、创新驱动和提质增效，深化“三个建设”，持续夯实管理基础，提升队伍服务能力。2019年，朗县供电有限公司拥有35千伏线路4条，总长度99.38千米；10千伏线路16条，总长度369.87千米；0.4千伏线路总长度146.32千米。电网已覆盖全县6个乡镇，1个居委会，51个行政村，通电率达100%。2019年，公司共有职工43名，其中经理1名、副经理2名，设有3个部门，分别为综合部、营销部、运维检修部。

12月9日，朗县供电公司党支部召开“不忘初心、牢记使命”专题教育组织生活会

【业务指标完成情况】 2019年，县供电公司累计完成供电量2346.426万千瓦时，同比减少9.45%；售电量2041.9617万千瓦时，同比减少9.22%；综合线损率12.98%，下降0.22%；电费回收率99.87%，同比上升3.75%；营业收入1509.17万元，同比下降23.32%；净利润-94.99万元，同比下降218.18%。

6月27日，朗县供电公司党员在朗县国门教育讲习所开展“不忘初心使命·传承红色基因”活动

【党建工作】 2019年，县供电公司开展第二批“不忘初心、牢记使命”主题教育，牢牢把握“守初心、担使命、找差距、抓落实”总要求，集中学习18次；党支部交流研讨6次；班子成员讲党课2次；开展调研2次；撰写调研报告2份；检视问题有15项，整改完成10项，把主题教育成果推动到工作的实际成效上来。提升基层党建工作质量，推进党支部“五个标准化”建设，持续开展电网先锋党支部创建。落实《基层党支部工作规则》，严格执行“三会一课”、主题党日等7项党的组织生活制度。组织党支部书记抓党建工作述职评议工作，实施党支部党建工作面审“三过关”。

【安全生产】 2019年，县供电公司全面开展安全大检查和专项隐患排查工作，累计发现安全隐患228处，并完成整改169处，整改率74.1%，其中59处隐患已申报

9月29日，朗县供电公司组织开展“不忘初心　牢记使命”庆祝中华人民共和国成立70周年系列活动

应急项目。强化设备运维管理，开展配网频繁跳闸专项治理，35千伏及10千伏线路跳闸率同比分别下降41.7%和66.6%。推进本质安全基础工作，组织消防安全、防汛应急演练，常态开展作业现场安全执规检查44次，举办7期安全生产专题培训，组织安规考试24场。

【供电服务】 2019年，县供电公司全面推进营销业务系统上线工作，用户系统建档率达99.31%，完善系统数据核对，实现系统抄核收户数占比95.98%。推进用电采集系统，以朗县机关大院台区、发改委台区、中学台区为试点，结合“三区两州”配网改造项目，逐步实施老旧计量装置改造，启用智能电表计量，逐步实现远程线上抄表。推进转供电加价清理整治，梳理转供电主体43户，完成区域转供电主体用户承诺书签订。优化营商环境，落实电价两连降，减少各类客户用电成本120余万元。

【宣传工作】 2019年，县供电公司抓好队伍建设，把好新闻宣传审核关，在加强新闻宣传工作的同时，完善新闻信息上报发布的程序，加强对外发布新闻信息的审核。每篇新闻信息必须经过单位分管领导的审核，从而确保信息真实，有效避免虚假信息的出现或泄露。做实做优正面宣传，树立“人民电业为人民”责任企业形象。2019年，共计被新华网、《国家电网报》、《西藏日报》等采用88篇，同比增长155.29%。

【机构领导】

经　理

尼玛占堆（藏族）

副经理

巴　　桑（藏族）

李 华 红（女）

综合部主任

旺　　宗（女，藏族）

营销部主任

普布次但（藏族）

营销部副主任

洛　　桑（藏族）

运检部主任

白玛旺青（藏族）

运检部副主任

益　　西（藏族）

桑　　珠（藏族）

乡（镇）概况

仲达镇

【概况】 仲达镇位于朗县西南部平均海拔3250米，距县城29千米。下辖8个行政村、14个村民小组、39个自然村，总人数580户2203人，中共党员492名，其中农牧民党员402名。2019年年底，仲达镇共有干部职工63名，其中行政编制32名、事业编制31名，公益性岗位8名。

【基层党建】 2019年，仲达镇共发展预备党员11名，预备党员转正3名。以政治纪律、政治规矩为学习重点，教育引导全镇党员干部群众牢固树立“四个意识”，不断增强“四个自信”，坚决做到“两个维护”。2019年，共召开理论中心组学习会议17次，党员干部、村“两委”班子共30余人先后参加党员政治教育培训。贯彻落实“党要管党、从严治党”的要求，严格落实党委书记抓党建责任制，制定了2019年党建工作要点，与镇所属党组织层层签订目标责任书，定期召开党委会，研究、部署党建工作，推动党建工作责任制全面落实。2019年，共召开党委会9次，研究重大事项30余项。

【党风廉政建设】 2019年，仲达镇从思想建设、工作职责、体制机制、工作流程等方面排查廉政风险点，共排查出廉政风险点22个，风险描述47条，制定防控措施28条，有效防范违法违纪行为的发生。加强监督执纪力度，畅通监督举报渠道，采取明察暗访、专项检查、随机抽查等方式，持续加大对节日期间违反中央八项规定精神问题的查处力度，共开展扶贫领域监督执纪问责走访活动4次，覆盖全镇户数的60%。

【“不忘初心、牢记使命”主题教育】 2019年，仲达镇制定了仲达镇“不忘初心、牢记使命”主题教育实施方案、学习计划，按照时间

8月29日，林芝市政府副市长肖鹤（右一）到仲达村检查指导环境综合整治工作

节点明确学习计划表。镇党委领导班子带头深入学习《习近平新时代中国特色社会主义思想学习纲要》《习近平关于"不忘初心、牢记使命"重要论述摘编》等学习资料，围绕11个研讨专题召开专题研讨会，班子成员、党员代表积极发言，形成了良好的学习氛围。2019年，共召开专题研讨会议11次，撰写发言材料80余篇；镇党员干部列出问题清单30余份，并结合自身实际制定整改措施。

7月1日，仲达镇仲达村党支部开展重温入党誓词活动

【强基惠民工作】 2019年，第八批驻村工作队入驻仲达镇以来，紧紧围绕新时代干部驻村七项重点任务，帮助村"两委"班子厘清发展思路25条，找准发展路子24个，制定完善发展规划8项；向群众宣讲政策54场次，协助开展建设美丽乡村活动412次；慰问"五保户"、贫困户、困难群众和"三老"人员888人次；开展"五送"活动88场次，为群众办实事746件，投入资金10余万元；建立健全村规民约等规章制度32条，为村"两委"班子上文化课157学时，为农牧区发展打下坚实基础。

【脱贫攻坚】 2019年，仲达镇建档立卡系统中共有脱贫户179户432人，稳定脱贫27户83人。召集农牧民群众集中系统学习扶贫政策知识354场次，参与群众6341人次。开展"四对一"帮扶活动44场次，帮扶贫困人口达536人次，帮扶资金及物折资累计11.96万元。落实产业扶贫项目10个，涉及资金1440.8万元。落实基础设施项目4个，涉及资金463.95万元。申报"十四五"扶贫开发规划项目8个，总投资10550万元。

【特色产业】 2019年，仲达村砂石厂为全村166户发放分红资金78万元。结合朗县"一果一椒"产业发展思路，完成辣椒种植任务400亩，辣椒销售到林芝、山南等地，累计销售4万余千克，销售金额达22万元，促进了农牧民群众增收。在总结仲达村核桃套种成功经验的基础上，2018年套种苹果12000株，2019年平整土地800亩，种植苹果3000株。开展藏鸡蛋销售包装盒制作及商洽附近销售公司，签订藏鸡蛋供销合同，增收4.2万元。

为带动朗县产业发展，进一步提升仲达镇产业园区经济效益，2019年9月初，西藏劲朗食品有限公司正式落地仲达。截至2019年年底，西藏劲朗食品有限公司累计为工人发放工资2.91万元，在县域范围内收购新鲜青辣椒185吨，收购金额74万元（4元/千克）；收购干红辣椒150吨，收购金额330万元（22元/千克）。

【文化旅游业】 2019年，仲达镇发挥资源优势，宣传推广特色农产品品牌，传播优秀传统文化。2019年9月11日，仲达镇第四届"古如朗杰"农牧民文化旅游节暨第十三届物资交流会开幕，交易额达20余万元。乡村旅游接待5900人次，从业人员220人，开设家庭旅馆（民宿）总数3家，乡村旅游收入达3.38万元。

【安全生产】 2019年，仲达镇成立了8支党员志愿者义务巡逻队，结合"两站两员"、村"两委"和驻村工作队共同发力，持续加强安全生产检查、矛盾纠纷排查等工作力度，联合派出所、卫生院共同开展安全生产大检查12次，对全镇项目施工单位、学校、道路交通安全、消防器材和零散成品油等进行重点排查和整治，共排查矛盾纠纷 73 次，排查各类矛盾纠纷 2 件，调解成功率达 100%。

【教育事业】 2019 年，仲达镇巩固义务教育均衡发展成果，提升仲达完小教学质量，镇完小考上其他省市西藏班学生 6 名，升学率位居全市 32 个乡（镇）完小第一。9 月，卓岗村、拉丁雪幼儿园顺利开园，受学前教育幼儿达 63 人。继续加大控辍保学力度，全镇义务教育阶段入学率、巩固率均达 100%。

【市场监管和医疗卫生】 2019 年，仲达镇召开食品安全工作部署会议，签订责任书共 77 份。召开食品安全专题会议 4 次，以商业街超市、饭店和学校等地为重点，共进行食品安全专项检查 20 次，发现问题 9 个，已完成整改。镇卫生院前三季度实现业务和药品收入共 290435.42 万元，完成西医门诊 4947 人次，藏医门诊 481 人次，开展村医技能培训班 2 次。抓好鼠疫防控工作，开展鼠防培训 2 次，下村宣讲 10 次，参与人数达 500 人次，开展保护性灭獭 2 次，堵洞 630 个，保障农牧区卫生安全。

【就业保障】 2019 年，仲达镇鼓励群众积极参加各项技能培训，提高就业能力，开展劳务输出培训，群众劳务输出 2000 人次，实现收入 700 万余元。开展烹饪培训 2 期，培训群众 83 人。开展建筑业钢筋工培训 1 期，培训群众 64 人。帮助 4 名大学毕业生实现就业，在乡村振兴专干报名窗口开启期间，积极动员未就业高校毕业生报名，共有 20 名未就业高校毕业生成功报名。

【民政救助】 2019 年，仲达镇共有低保 37 户 79 人，"五保户" 39 户（其中集中供养 18 人、分散供养 21 人），残疾人 152 人，孤儿 13 人，相关人员均登记在册。2019 年，发放低保资金 27.8 万元；发放分散"五保户"上半年生活补助 7.2 万元；办理医疗救助共 90 人、申请临时救助 1 人。

7月14日，仲达镇仲达村举办望果节，践行"四讲四爱"、传承民俗文化

【人大工作】 提升代表履职能力。2019 年，仲达镇采取以会代训、专题培训、代表交流等多种方式对仲达镇 41 名县、乡两级人大代表进行集中培训 7 次，开展县乡两级代表履职能力提升专题培训 2 次，提升代表意见建议质量专项培训 1 次，引导代表履职尽责。镇人大分 2 次组织仲达镇两级人大代表共 34 人次重点调研了仲达镇辣椒种植情况、仲达村砂石厂和伟列村藏猪养殖场等项目落实情况。在镇九届四次会议闭幕后，专门召开了代表意见和建议交办会，将 44 件代表建议意见、11 件情况反映类建议交办给镇政府，2019 年 9 月 30 日镇人大再次组织县、乡两级人大代表 16 人专门听取了镇九届四次会议代表意见建议办理情况报告。

【生态保护】 2019 年，仲达镇在 8 个行政村建立了"垃圾兑换超市"，80 余名农牧民群众累计兑换日常生活用品（商品）1272 件（次），收集可回收垃圾共 4000 余件，其他垃圾 1500 千克。强化生态文明思想宣讲工作，发放各类宣传资料 1000 余份，观看破坏环境等典型案例 2 场次，参与党员干部和群众达 1000 人。始终坚

9月25日，仲达镇举办庆祝中华人民共和国成立70周年系列活动

持推进辖区“一江一河三道”（雅鲁藏布江流域、登木河流域、国道560沿线、省道510沿线、各村村道）和小集镇（仲达镇集镇）环境整治，将每周星期一定为环境整治日，组织全镇机关干部、商业街双联户户长、农牧民群众，以各村卫生死角、河道垃圾及560国道沿线为整治重点，共清理生活垃圾及建筑垃圾约90吨，参与农牧民群众达3400人次，机关干部100余人次。

（何嘉敬）

【机构领导】

县政协副主席、镇党委书记
　　琼　　达（藏族）
党委副书记、镇长
　　庞 先 军（12月提任一级主任科员）
党委委员、人大主席
　　毕 俊 宽
党委副书记
　　尼玛论珠（藏族）
党委委员、副镇长、政务办主任
　　尼玛卓玛（女，藏族）
党委委员、宣传委员、党群办主任
　　符　　波
党委委员、综治办主任
　　尼玛顿珠（藏族）
党委委员、纪委书记
　　卓嘎拉姆（女，藏族）
副镇长、扶贫办主任
　　李 显 勇
文化服务中心主任
　　旦增玉珍（女，藏族）
后勤服务中心主任
　　达瓦拉姆（女，藏族）
农牧服务中心主任
　　保 善 辉（回族）
四级主任科员
　　次　　仁（女，藏族，6月套转）
　　尼玛卓玛（女，藏族，12月任）

朗 镇

【概况】 朗镇地处雅鲁藏布江南岸，东与洞嘎镇相望，南与拉多乡毗邻，西与仲达镇相连，北与加查县接壤。全镇耕地保有量面积4312亩，草场面积27.5万亩。平均海拔3200米，年平均气温11℃，年降水量350～600毫米。全镇辖8个行政村、1个居委会（16个自然村），2019年总人口789户2726人，其中劳动力人口1500人，占全镇总人口的56%。9个村（居）均实现通水、通电、通路、通广播、通电视、通电话。朗镇党委共有11个党支部，其中2个机关党支部、9个村（居）党支部。全镇共有党员386名，机关党员51名，农牧民群众党员335名。朗镇机关共有干部52名，其中行政编制29名，事业编制23名（含卫生院8名）。

【经济发展】 2019年，朗镇经济收入7105.97万元，同比增长5.5%，其中第一产业2474.37万元，同比下降4.1%；第二产业965.73万元，同比增长4.3%；第三产业3655.37万元，同比增长13.2%。农牧民人均纯收入16348.5元，同比增长14%；人均现金收入11117元，同比增长14%。

【党建工作】 2019年，朗镇坚持把学习作为“硬任务”贯彻始终，召开理论中心组学习会12次，召开政治理论学习会议24次，引导干部增强“四个意识”，坚定“四个自信”，做到“两个维护”。各党支部先后组织召开党员大会及集中学习会议33次；镇主要领导、党支部书记带头宣讲、带头讲党课

15次，开展党员固定日活动106次（含村居），通过党内政治生活的规范开展，进一步强化了党员理想信念。发展党员9名（机关干部3名、农牧民群众6名），进一步优化党员组成结构。全镇10支党员志愿服务队开展矛盾纠纷排查172次，讲先进事迹、讲民族团结、讲政策法规教育活动68场次，帮助贫困群众解决生活实际困难17件，慰问朗县福利院老人15人次，开展送文艺活动6场次，有效在群众中树立了干部的良好形象，搭建起了党与群众的连心桥。

【党风廉政建设】 2019年，朗镇及时调整充实党风廉政建设责任制领导小组，制订完善全年党风廉政建设工作计划，并有针对性地召开专题会3场次，确保党风廉政建设有序推进。深化作风建设，以开展“不忘初心、牢记使命”主题教育为契机，开展廉政党课2次、党章党规党纪教育2次，同时深刻自查自纠不作为、慢作为等形式主义、官僚主义突出问题以及领导干部利用名贵特产类特殊资源谋取私利问题，加强了全镇的作风建设。严格履行职责，领导班子严格履行“一岗双责”，带头深入学习《中国共产党廉洁自律准则》《中国共产党纪律处分条例》等，积极开展廉政谈话3次，并如实报告个人重大事项，确保责任落实到位。抓牢机制建设，研究制定《朗镇干部九个铁规》《朗镇干部管理制度》等一系列工作制度，有效促进全镇机关干部和村（居）干部工作作风转变，形成了人人自觉做朗镇纪律作风建设者和形象塑造者的良好局面。

【意识形态工作】 2019年，朗镇以深入推进“两学一做”学习教育常态化制度化、“四讲四爱”群众教育实践活动、“不忘初心、牢记使命”主题教育为契机，以“双红工程”为载体，通过上党课、观看电影、参观廉政基地、烈士陵园、邀请市委党校老师讲课等多种形式，开展政治理论教育16场次，受众560余人次，切实把基层党组织建成了遇事不糊涂、关键时刻起作用的坚强堡垒，让群众树立了健康文明的生产生活方式。有序推进“四讲四爱”活动，及时调整完善领导小组，筹备组建宣讲队伍1支，组织召开节点总结暨培训会4次；按照节点目标任务，大力开展宣讲教育9场次，受众350人次；开展实践活动35场次，受众630人次；开展社会面宣传275次、新闻宣传2次，学习转载阳光西藏文章231篇，有效确保活动成效。

1月21日，朗镇开展“不忘初心、牢记使命”主题教育集中学习暨第二次专题研讨会

【强基惠民工作】 2019年，朗镇各驻村（居）工作队努力做好基层党组织标准化建设、后备干部培养管理、软弱涣散基层党组织整顿、农牧民党员教育培训、规章制度建设等工作，组织党员开展“不忘初心、牢记使命”主题教育60余次，参与党员1622人次，发放学习宣传资料500余份，讲党课27次，不断增强基层党组织的政治领导力、思想引领力、群众组织力、社会号召力。帮助驻在村（居）健全组织生活会、民主评议党员、主题党日活动规章制度25个，党务村务财务公开制度13个，党风廉政建设等方面规章制度11个。

【脱贫攻坚】 2019年，朗镇各村（居）宣传学习中央、自治区、市、县各级脱贫攻坚政策相关内容，并引导致富能手发挥示范引领作用，带动贫困户增收致富。朗镇党政主要领导、各包村（居）领导、驻村（居）工作队开展脱贫攻坚政策宣传90余场次，发放宣传资料2000余份，受教育群众达5500人次。2019年，朗镇剩余建档立卡贫困户11户22人达到“两不愁、三保障”脱贫退出标准，经过贫困户自愿提交脱贫退出申请、入户统计收支情况、召开脱贫退出大会后上报县扶贫办，全面完成2019年建档立卡贫困户脱贫退出工作，朗镇建档立卡贫困户均实现脱贫退出，贫困发生率下降到零。

7月1日，朗镇组织党员干部开展重温入党誓词活动

【生态环境】 2019年，朗镇调整充实朗镇人居环境整治工作领导小组，召开生态文明建设和环境保护安排部署会议6场，签订《林芝市朗县朗镇国道沿线重点景区环境整治工作目标责任书》9份，开展环境保护宣传教育活动6场、受教育群众2640余人次，向各村（居）发放环保垃圾袋9500个，开展环境综合整治专项工作10起，清理河道、村庄周边垃圾达9吨以上。

【教育事业】 2019年，朗镇严格按照相关规定，充分发挥主体能动作用，认真指导朗镇小学、幼儿园开展具体工作。堆巴塘村、冲康村两个村级幼儿园已正式投入使用并完成招生工作，覆盖周边4个行政村7个自然村共94名适龄儿童。为确保适龄儿童及时接受教育，防止出现儿童辍学现象，组织工作人员入户走访35次，积极开展控辍保学工作，经走访，全镇无一辍学儿童。

【文化事业】 2019年，朗镇以“三大节日”、中华人民共和国成立70周年等重要节点为契机，依托朗镇“先锋讲堂”、文化站、各村（居）文化室等重要阵地，积极协调开展或配合组织群众性文化活动13场次、文艺演出13场次，自主拍摄宣传视频35个，在全镇范围内营造了浓厚的文化氛围。

【防汛抗旱】 2019年，朗镇修订2019年防汛抢险预案、应急预案，积极组织相关人员参加县防汛抗旱指挥部组织的应急抢险防汛演练以及业务技能培训，并严格落实防汛抗旱责任制，加强防汛值班管理和地质灾害监测治理等工作。2019年，全镇开展村级河长巡河达90次，镇级河长巡河105次。

【易地搬迁】 2019年，朗镇认真抓好辖区内“三岩”片区5户38人的扶贫搬迁工作，积极配合上级部门进行方案完善、选址点地灾勘测、产业发展规划、本地群众思想教育等工作。2019年年底，搬迁群众饮水安全、出行、用电等基本生活条件和教育、医疗等基本公共服务已逐步完善。

【食药卫生安全】 2019年，朗镇坚持层层负责的原则，按照年初计划及目标任务，充分发挥各包村（居）领导、卫生人员、村医和食品药品监督协管信息员等人员重要作用，组织开展食药安全宣传9次、食品安全检查10次，发现并督促整改问题9项，下架过期食品52件；筹办鼠防业务培训2次，68人次先后开展保护性灭獭面积达58150平方米，投放磷化铝50桶，填堵新旧洞590个，有效保障餐饮服务食品安全，降低鼠疫发生的风险。

【科技工作】 2019年，朗镇广泛深入开展可持续发展理念宣传活动6场次，受众170人次，并制定完善了科技特派员管理、考核、培养等科技管理制度6条，配合完成了科普活动站、科普e站、小学科技馆等基层科普阵地建设，切实提升了全镇科技工作水平。

【社会保障】 2019年，朗镇完成辖区785户群众的医疗参保工作，实现农牧区医疗保险参保率达100%。对25户低保户完成低保资金发放工作，实现低保对象应保尽保的目的。按照每人每年300元，对全镇17名寿星老人共发放资金5100元。同时积极帮助堆巴村已去世群众的2个小孩解决福利院入院问题，并申请寄养家庭临时求助资金1万元，为2名村民分别解决1万元救助资金。

【农牧业发展】 2019年，朗镇种植青稞651亩、小麦1473亩、土豆291亩、油菜347亩；镇政府与9个村（居）签订基本农田保护合同，协调下发农药600余瓶；种植辣椒298.37亩，产量100余吨，已销售64.6吨，经济收入达38.76万元。按时完成了9个村（居）779户农户12253块、5228.14亩耕地的土地确权验收工作，颁证率为100%。先后开展动物疫病防疫知识宣传2次，受教育群众达1000人次。全年虫草采集管理费收入57.15万元，采集虫草50余千克，经济收入400余万元，人均实现经济收入8400元。养殖藏猪846头，其中，仲温藏猪养殖点存栏109头，天厚合作社养殖点存栏707头，其余30头为各户分散养殖。

【项目建设】 2019年，朗镇续建、新建重点产业项目9个，总投资5727.22万元，其中，冲康村AAA级景区建设项目（投资2000万元）、申木村黑钻苹果种植项目（投资877万元）、朗巴居委会民兵林人饮及灌溉工程（投资170万元）、朗巴居委会新区扶贫商住楼项目（国家投资600万元、群众自筹200万元）、托麦村仲温如塘黑钻苹果种植项目（投资1000万元）为续建项目，共投资4847万元；小白若自筹商租房项目（投资300万元）、4个辣椒晒场项目（投资172.8万元、覆盖4个村）、卧巴组灌溉水渠项目（投资196万元）、巴热村牦牛养殖项目（投资190万元）、申木村水渠改造项目（投资21.42万元）为新建项目，共投资880.22万元。

【安全生产】 2019年，朗镇开展安全生产大检查及隐患排查工作，突出抓好建筑施工、电气火灾、危险化学品、森林防火、地质灾害等重点领域专项治理工作，维护社会大局的安全稳定。2019年，共举办相关宣传活动56场次，受众930人次；开展安全生产应急实战演练2次；开展安全生产隐患排查35次，排查化解各类隐患6起；开展专项督导3次，发现并纠正工作中存在的问题5个；与各村（居）和辖区企业签订安全生产责任书15份。

【扫黑除恶】 2019年，朗镇开展扫黑除恶专项斗争法制宣传活动24次、摸排工作130次，各村（居）驻村工作队自行开展宣传工作99次，摸排工作240次，镇派出所向各村（居）农牧民群众发放《最高人民法院、最高人民检察院、公安部、司法部关于依法打击黑恶势力违法犯罪的

7月1日，朗镇开展庆祝建党98周年文艺演出活动

通告》宣传资料 40 余份，受教育群众 2000 余人。开展扫黑除恶应知应会测试 3 场次，参与人数 600 余人，发放调查问卷 300 余份。做好乱圈乱占村集体土地、哄抬价格等摸排工作。2019 年，共摸排出 504 户家庭乱圈乱占村集体土地 1006 亩，其中 546.56 亩已全部拆除，剩余 459.44 亩均为经济林木种植，为保护经济林木、促进群众增收，均已与村签订租赁协议。

（王瑞青）

【机构领导】

党委书记

龙　飞（3 月免）

县政协副主席

李 青 云（3—4 月主持工作）

党委书记

周 小 义（7 月任党委书记）

党委副书记、镇长

巴　桑（藏族，4—7 月主持党委工作）

党委委员、人大主席

普布多吉（藏族，5 月免）

仁增加措（藏族，5 月任）

党委副书记

刘　强（5 月免）

党委副书记、二级主任科员

樊 维 杰（5 月任，6 月套转为二级主任科员）

党委委员、纪检书记

郑　白（藏族）

党委委员

普布扎西（藏族）

党委委员、组织委员、宣传委员、党群办主任

达娃顿珠（3 月免）

施 少 华（3 月任）

党委委员、副镇长、政务办主任

张 阿 丽（女，12 月免）

党委委员、副镇长

何　玲（女，12 月任）

人大专职副主席

施 少 华（3 月免）

索朗多吉（藏族，5 月任）

副镇长、政务办主任

次仁顿珠（藏族，5 月免）

副镇长、经社办主任

达娃曲吉（女，藏族）

文化综合服务中心主任

孟 凡 舒（5 月任）

后勤服务中心主任

姚　胜（12 月任）

四级主任科员

米　玛（女，藏族，6 月套转）

陈 顺 治（6 月套转）

洛布顿珠（藏族，8 月调入）

王 瑞 青（12 月任）

央　宗（女，藏族，12 月任）

洞嘎镇

【概况】 2019 年，洞嘎镇以党的十九大精神和习近平新时代中国特色社会主义思想为指导，紧紧围绕县委“12345”工作思路，全面做好稳增长、促改革、调结构、惠民生等各项工作，保持了经济持续健康快速发展。2019 年，全镇农村经济总收入达 7183.57 万元，同比增长 7.02%；农牧民人均纯收入达 17844.3 元，同比增长 14.6%，其中现金收入达 12669.5 元，同比增长 14.6%；实现旅游收入 17.35 万元，同比增长 68.45%。

【党建工作】 2019 年，洞嘎镇共有党支部 14 个，其中农牧区党支部 7 个、机关党支部 3 个、老干部党支部 1 个、驻村临时党支部 3 个。发展党员 8 名，培养入党积极分子 14 名，全镇共有党员 487

8月2日，中国共产党朗县洞嘎镇第九届代表大会第二次会议顺利召开。图为与会代表合影留念

名。全面开展党员信息核实，发现档案不齐党员81人，无档案党员38人，已全部完成档案补充工作。深化宣传引领，始终把学习宣传贯彻党的十九大精神作为首要政治任务，贯穿经济社会发展全过程，结合“不忘初心、牢记使命”主题教育、“两学一做”常态化制度化和“四讲四爱”群众教育实践活动，强化意识形态工作。2019年，开展“四讲四爱”群众教育实践活动转段会3次，专题部署会3次，培训会3次；召开理论中心组学习会11次、党员学习会60余次，撰写学习笔记900余篇、心得体会120余篇。

3月28日，洞嘎镇隆重举行“西藏民主改革60周年暨西藏百万农奴解放60周年”文艺会演。图为演出节目《脱贫政策好》

【“不忘初心、牢记使命”主题教育】 2019年，洞嘎镇推进主题教育，召开党委班子会议、理论学习中心组学习会议，专题研究部署全镇主题教育工作，成立了主题教育领导小组、主题教育巡回指导组。结合庆祝中华人民共和国成立70周年活动，在全镇范围内张贴相关宣传标语20余条，悬挂彩旗50余面，更换国旗500余面，同时在微信公众平台专门开设主题教育专栏，宣传主题教育中的好经验、好做法。镇党委开展专题集中学习12次，座谈会2次、专题交流研讨6次，邀请市委党校老师讲党课2节。各党支部累计开展理论学习56场次、专题辅导14场次。结合主题教育调查研究、检视问题，发现问题27个，梳理归纳为6大类11项13条，制定专项整改措施13项，立行立改12个，正在整改1个，整改率达92.3%。

【强基惠民】 2019年，洞嘎镇建立健全各项规章制度，深入开展反分裂斗争，排查调处化解各类矛盾纠纷，召开维稳大会52场次，参与人数6800余人次，开展健康知识宣讲24次，发放宣传册618份，开展感恩教育活动21场次，受教育群众3073人次。

【党风廉政建设】 2019年，洞嘎镇压实镇党委主体责任，发挥镇纪委监督责任，制定了《洞嘎镇2019年党风廉政建设工作计划》，签订了党风廉政建设责任书。制定规范相关制度3条，明确村级党务、政务新增公开内容6条，培训村务监督委员会成员21人，开展廉洁教育学习16场次，传达上级有关通报13次。结合洞嘎镇实际，对违反中央八项规定精神问题、扶贫领域腐败和作风问题等开展常规监督检查12轮次、特定片区走访14轮次，走访群众652人次，共发现问题线索9个，对发现的问题线索及时上报镇党委和县纪委。

【脱贫攻坚】 2019年，洞嘎镇实施扶贫项目9个，新建4个，续建5个，总投资1185.5万元，及时跟进2018年11个项目的后期管理工作，完善项目利益联结机制，建立了贫困户参与产业发展和受益花名册。

针对中央第三巡视组提出的四大类34项整改问题和上级扶贫领域督导检查发现的问题，做好相关整改工作的措施细化和组织实施，已全部完成整改。按照相关文件精神，分2次对全镇生态岗位进行清理腾换，由年初的685人清退为年底的179人。

【生态环境】 生态创建。2019年，洞嘎镇成立环境保护工作督察领导小组、环境网格化监管领导小组，每周定时组织开展全镇卫生大清扫活动，并形成长效机制；发挥生态岗位人员作用，动员广大群众积极建设生态文明。创新开展"村级环境卫生评比""文明商店评比""绿色兑换超市"的活动，兑换超市共回收各类废品3000余千克，为群众兑换2000余元。开展垃圾填埋场垃圾清运工作2次，累计清运垃圾540余吨。全镇干部群众开展环境卫生集中整治35次，出动人员2万余人次、车辆机械150余台次，清理卫生死角70余处。

森防和林业。制定森林防火应急预案，签订森林防火责任书20余份，开展专项森林防火工作讲座7场次，保障了森林总体安全，全年未发生森林火灾。完成春季义务植树5500余株，面积共计60余亩，成活率达93%。

兑现生态惠民补偿资金。共兑现草畜平衡奖励资金108.39万元、生态岗位资金151.2万元。

河长制工作。严格执行"镇级河长每月一巡查、村级河长每周一巡查"制度，共计巡河528次；开展湖河"清四乱"，清理出河流、水渠垃圾1.5吨。

【产业发展】 2019年，洞嘎镇共种植辣椒1417.03亩，苹果1549亩，辣椒产量155.85万千克，群众增收779.25万元，苹果产量12.745万千克，群众增收127.45万元。2019年，洞嘎镇有旅游景点（勃勃朗冰川、贡宇荣原始森林、嘎贡沟瀑布、琼日神水景区）4个，投资70万元的聂村"琼日神水"基础设施建设项目已完工，投资1000万元的嘎贡沟B区旅游景区道路硬化项目进展顺利。9月，成功举办了以"搭建交流平台助力乡村振兴宣传农牧文化促进民族团结"为主题的洞嘎镇农牧文化及绿色产品交流会，参与商户31家、合作社3家，收入11.3万元，提高了洞嘎镇文化、旅游、特色产业知名度。

【扫黑除恶】 2019年，洞嘎镇加强教育宣传，共张贴扫黑除恶打非治乱专项斗争宣传标语70条，喷绘、悬挂横幅38条，张贴户外宣传海报12份，发放重拳出击扫黑除恶宣传图册、扫黑除恶专项斗争应知应会图册800余份，开展扫黑除恶专项斗争应知应会知识考试2次。强化线索摸排，深入各村开展线索摸排111次，发现各村存在土地乱圈乱占现象，并在全镇范围内开展了土地乱圈乱占大整治工作，涉及7个行政村569户群众，整治乱圈乱占土地2857.74亩，重新租赁土地1476.84亩，归还集体土地1359.9亩。

【安全生产】 2019年，洞嘎镇建立健全安全生产管理机制，制订2019年安全生产工作计划，按照"全覆盖、零容忍、严执法、重实效"要求，定期对辖区内施工场所进行检查。对各行政村、合作社、砂石场和其他建筑施工单位进行安全隐患排查35次，发现安全隐患12处，已全部督促整改，并签订施工安全责任书11份。开展宣传教育5场次，发放安全手册600余份，受教育群众2600余人。

【项目建设】 2019年，洞嘎镇争取32个项目落地，总投资6633.88万元，其中，村级辣椒晒场建设、塔布林种植加工建设等24个项目已顺利完工；嘎贡景区道路建设、滚麦塘苹果种植基地、扎西塘

7月18日，洞嘎镇组织开展"传承长征精神、体验红色之旅"主题党日暨拉练活动

整村改造等4个项目进展顺利；达木村藏猪养殖、滚村高寒藏鸡养殖等4个项目已完成项目审批。

【民生实事】 教育事业迅速发展。2019年，洞嘎镇落实教育工作领导责任制，建立健全教育投入稳定增长机制和保障机制，继续加大对教育的投入力度，深入推进素质教育工作，加强“三包”经费管理，落实“控辍保学”工作，全镇适龄儿童入学率达100%；切实做好贫困学生的帮扶工作，争取“榕朗情”大学生奖励资金和煜恒公司61000元对洞嘎镇50名贫困大学生进行资助。

文化工作。结合藏历新年、西藏民主改革60周年、“五四”青年节、“七一”建党日、庆祝中华人民共和国成立70周年等重要节点，组织干部群众开展了升旗仪式、文艺会演、响箭比赛、书记上党课、红色电影赏析等形式多样的活动，累计参与群众2000余人次，丰富了群众业余文化生活；全面做好各村农家书屋自查整改，探索“农家书屋”管理模式，对全镇7个行政村的农家书屋制度上墙、图书编目、管理情况进行检查与规范。2019年年底，全镇图书量达85200余册。

卫生事业。组织人员对全镇食品安全情况进行检查，出动人员250余人次，查获过期伪劣产品180余件；开展居民健康体检、合作医疗报销、包虫病筛选和鼠疫防控工作，落实农牧区“一孩双女”困难家庭扶助政策和妇幼“两降一升”、“两癌”筛查等工作，收取合作医疗资金52440元，全镇参加新型农牧区合作医疗率达100%；全年完成门诊量6542人次，开展全民健康体检1次，为116名农牧民群众兑现城乡医疗救助资金45.67万元。开展保护性灭獭2批次，堵旱獭洞2481个，新洞1131个，旧洞1350个，发放鼠疫等传染病防控宣传资料800余册。

社会保障。协助县相关部门对农牧民务工人员进行相应的劳动技能和文化知识培训，实现农牧区转移就业660人、1980人次，转移就业收入85.46万元；开展城乡居民基本养老保险工作，全镇参保1359人，缴费金额24.11万元，待遇领取243人。已完成2019年养老金发放工作；全面做好全镇低保、特困人员、残疾人动态信息更新工作，做好各项补助资金的兑现工作。兑现8名分散特困人员2019年生活补助5.34万元、9户30人低保资金9.8万元，落实92名残疾人两项补贴21.12万元、9名低保户两项补贴5400元，为4名残疾人申请8万元的创业扶持金，为4户13人因病、因残等原因导致家庭困难的人员申请临时救助资金3.5万元，保障了困难群众的正常生活。

（翟林栋）

7月4日，洞嘎镇开展“四讲四爱”群众教育实践活动进校园活动

【机构领导】

党委书记、四级调研员
　边　贵（藏族，12月提任四级调研员）
党委副书记、镇长、四级调研员
　胡广宽（12月提任四级调研员）
党委委员、人大主席
　德吉央宗（女，藏族，6月免）
　普布多吉（藏族，6月任）
党委副书记、二级主任科员
　米玛次仁（藏族，6月套转为二级主任科员）
党委委员、纪委书记、朗县纪委派驻洞嘎镇监察室主任
　郑　轩

8月31日，洞嘎镇举办2019年农牧文化及绿色产品交流会，图为开幕式文艺会演

党委委员、派出所所长

拉　　次（藏族）

二级主任科员

普布次达（藏族，6月套转）

党委委员、政法委员、统战委员、维护稳定和综合治理办公室主任

仁增加措（藏族，5月免）

次　　久（珞巴族，5月任）

党委委员、组织委员、宣传委员、党群综合办主任

王 华 兵

党委委员、副镇长、政务综合办主任

鲜 东 洋（5月任）

党委委员、副镇长、财务室主任

旦增卓玛（女，藏族，5月免）

副镇长

次　　久（珞巴族，5月免）

伍金桑珠（藏族，5月免）

副镇长、经济发展与社会事务办公室主任

尼玛扎西（藏族，5月任）

人大专职副主席

鲜 东 洋（5月免）

央　　宗（女，藏族，5月任）

财务室主任

米玛德吉（女，藏族，5月任）

农牧综合服务中心主任

吉　　吉（女，藏族）

四级主任科员

嘎玛曲珍（女，藏族，6月套转）

梁 宇 宁（6月套转）

曹 海 啸（6月套转）

梁 少 金（女，6月套转）

翟 林 栋（12月任）

登木乡

【概况】 朗县登木乡意为“钥匙”，东与曲松、南与隆子、北与加查接壤。1988年建乡，距林芝市290千米，距县城55千米，所在地登木村海拔3800米。2019年，全乡总人口831户3015人，耕地面积3152.58亩，草场面积56.89万亩（可利用52.82万亩），林地面积38.92万亩。乡干部49名（行政26名、事业23名）；小学教师13名，学生128人；幼儿园教师4名，儿童67人；村“两委”干部52名（妇女干部11名），村监会干部30名；宗教场所3座（孜列寺、森木寺、久日追）。管辖10个行政村、16个村民小组、42个自然村，88个联户单位，劳动力1740人。党支部14个，中共党员448名。

【经济发展】 2019年，登木乡实现农村经济总收入6724.28万元，同比增长17.49%。其中农牧业产值3433.84万元，同比增长22.47%；乡镇企业产值340万元，同比增长0.44%；多种经营收入2950.44万元，同比增长14.32%，比重为51 ∶5 ∶44。农牧民人均纯收入15357元，同比增长14.22%，人均现金收入10443元，同比增长14.23%；全社会固定资产投资累计完成6086.51万元。年度虫草采集138.725千克，粮油产量58.22万千克；牲畜年末存栏16599头（只、匹）；耕地保有量3511.51亩，基本农田保护面积2393.71亩。

【脱贫攻坚】 2019年，登木乡围绕“两不愁、三保障”工作目标，圆满完成266户782人脱贫任务，产业扶贫累计投入4236.89万元；新建温室32座，累计达82座；洽谈乡扶贫商租楼招租事宜，2019年收取租金2.88万元；干部帮扶实现全覆盖，结对帮扶230对，帮扶资金7.61万元；接受贡布运输合作社、林芝一方建设管理有限公司等企业帮扶30余万元等。

【基层党建】 2019年，登木乡党建任务分工明确、责任到人，形成书记是第一责任人、分管领导是直接责任人、领导班子其他成员都是责任人的齐抓共管党建工作格局。每季度至少召开一次研究党建工作的专题会议，研究落实基层组织建设工作。健全奖惩机制和督查机制，结合实际制定党建工作部署、检查、奖惩制度，把党建工作任务完成情况作为考核、评选先进、奖惩的重要依据。根据新形势下经济社会和党的建设出现的新情况、新问题、新趋势，以改革创新的精神谋划党的建设各项工作，科学制订全年党建工作计划和季度、月份计划。强化理论武装，推进思想政治建设，制订理论学习计划，以党课和党员学习日等为载体，抓好理论学习。同时，引导广大党员干部积极学习市场经济、社会主义新农村、现代科技、历史文化、法律法规、党务政务等各方面的知识，增强为人民服务的本领。

【宣传思想】 2019年，登木乡深入贯彻落实中共十九大精神和习近平新时代中国特色社会主义思想，紧紧围绕"五位一体"总体布局和"四个全面"战略布局，深化社会主义核心价值观建设，结合"四讲四爱"群众教育实践活动、"两学一做"学习教育工作，强化理论武装，夯实思想基础。践行"四讲四爱"群众教育实践活动，全乡累计开展宣讲210余场次，受教育人数达9500人次，开展实践活动98次，参与人数达7500人次，领导班子走村入户宣讲"四讲四爱"及其他惠民利民政策20余场次，受教育人数达1200人次。在"不忘初心、牢记使命"主题教育开展期间，严格按照林芝市主题教育11项专项整治任务进行全面整治工作，并列出登木乡17项整治任务清单和21项班子办实事好事清单，从上至下、由内而外全覆盖地开展主题教育。

【项目建设】 2019年，登木乡争取项目44个，总投资7192.73万元。开复工40个，总投资6912.73万元，完成6086.51万元，完成总投资的88%。巴桑村村后道路改扩建项目、巴桑村基础设施建设项目等42个项目已开工建设，总投资300万元。投资1424.38万元建成登木乡新区防洪堤延伸、登木片区防洪修复、如字村山洪治理，地质灾害得到整治；投资112万元完成洛龙、登木人饮、崩嘎人饮蓄水池改造，改善了群众饮水条件。投资578.3万元完成多龙、洛龙土地整治、崩达农田灌溉，土地平整373.5亩，新建农渠5696.28米，提高了土地利用率。投资380.44万元进行登木乡崩达村15户维修改造建设项目。

3月28日，登木乡举行庆祝西藏民主改革60周年庆典活动

【产业发展】 2019年，登木乡围绕朗县"四大产业"发展规划，推动产业优化升级。将草场资源优势转变为产业优势，撰写《畜牧业发展报告》，利用拉贡塘合作社品牌优势，采取"党支部＋合作社＋集体养殖点带散户＋分销商"模式，推动登木乡畜牧业进一步发展。文化旅游产业成效明显，成功举办2019年朗县登木乡拉贡塘牧民旅游节暨农畜产品展销会，参与群众2000余人，商户40余家，实现文化旅游收入20万元。清洁能源产业有序发展，

8月7日，朗县登木乡举办拉贡塘牧民文化旅游节暨农畜产品展销会文艺会演

在保障国家生态安全基础上，加大与中国电建集团对接力度，完成拉贡塘风能项目选址、申报工作。藏医藏药产业稳步推进，实施“政府引导 + 合作社主导 + 群众参与”的发展模式，争取投资60万元用于藏药材种植，已开展藏当归、黄芩、党参三种药材10个温室育苗，不断优化种植增收渠道。

【安全生产】 2019年，登木乡加强安全生产工作，与施工企业签订《安全生产目标责任书》20份，开展重点领域安全隐患排查56次，督促整改安全隐患32处，已全部整改完毕。夯实平安创建，建立平安户797户、平安村10个、平安学校1所、平安寺庙3座，推进“双联户”服务管理。以“七五”普法为抓手，到学校、寺庙、村组开展各类法治讲座30余场次，发放宣传资料3500余份。

【民生改善】 2019年，登木乡坚持以民生凝聚民心、以民心推动发展、以发展维护稳定，着力解决关系群众切身利益问题。继续巩固教育均衡成果，适龄儿童入学率和巩固率达100%，双语教育普及率和小学数学课程开课率均达100%。小学开设一至四年级，教师13人，学生133人；建成左嘎、崩嘎等幼儿园4所，教师10名，入园儿童160名；为残疾儿童每月开展1次送教下村；落实“三包”经费56.71万元、营养改善计划经费10.24万元；2019年考上大学42人，考入其他省（区、市）西藏班1人。实施文化惠民工程，“农家书屋”覆盖到村，“村村通工程”覆盖到户，乡文化站定时免费对外开放，累计免费服务500余人次；建设村文艺队，在春节、藏历年、“三八”妇女节、百万农奴解放日、“七一”等重要节点开展文艺活动20余次，观众达6800人次；医疗卫生设施不断完善，“新农合”参保率100%，医疗核销19.3万元，完成门诊量3241人次，开展疾病防治宣讲93次，发放宣传册2790份。居民健康体检率95%，免疫规划单苗接种率100%，孕产妇住院分娩率98%。“新农保”“新农合”参保1346人，参保率为100%；征缴基金27.04万元，征缴率为100%。全年劳务输出27947人次，实现总收入558.94万元。新核定低保户49户118人（民政系统），发放低保金32.75万元。“五保户”34户34人，集中供养24户24人，发放“五保”金7万余元。发放117名残疾人补贴27.51万元。

【生态保护】 2019年，登木乡层层分解整治任务，划分卫生责任区12个，安排环保员岗位25个、保洁员岗位30个。开展“垃圾分类举手之劳，循环利用变废为宝”空瓶兑换行动，设立空瓶兑换站一个，收集4万余个空瓶，价值3500元。实施村庄卫生月督查、季评比，评选出登木、森木、多龙3个先进集体。发放环保编织袋4000余个，开展环保宣讲26次，悬挂横幅10条，张贴宣传标语12条，发放宣传册300余份，普及群众达2000余人。设立水源保护13处，安排水源保护岗位10个。完善《登木乡森林防火应急预案》，制定森林防火村规民约和森林防火考核制度，调整充实森林防火突击队，确保了全年无森林火灾发生。全面落实河长制，清淤疏浚河道5千米，巡河5批次。

8月18日，登木乡登木村开展环境卫生整治活动

【强基惠民】 2019年，登木乡10个驻村工作队40名队员，用藏语和汉语向群众宣讲习近平新时代中国特色社会主义思想和中共十九大精神56场次，受教育群众4300人次，举办专题讲座3次，发放宣传材料365份，开辟专题宣传栏4期。向群众宣讲习近平总书记治边稳藏重要战略思想在西藏的成功实践48场次，受教育群众3250人次。向群众宣讲以习近平同志为核心的党中央为西藏制定的一系列特殊优惠政策和对西藏各族群众的关心关怀52场次，受教育群众3706人次，发放宣传资料206份。向群众宣传自治区第九次党代会，自治区党委九届六次全会精神40场次，受教育群众3600人次。结对帮扶227户703人，为村“两委”班子上文化课156个学时，帮助所驻村（居）“两委”厘清发展思路10条，制定、完善、实施经济发展规划3项。帮助驻在村（居）解决“三就”“两保”“六通”等民生问题1件，为群众办实事好事11件。

（王俊杰）

【机构领导】

党委书记、四级调研员

姜　斌（12月晋升为四级调研员）

党委副书记、乡长

洛桑次成（藏族）

党委委员、人大主席

扎西多吉（藏族）

党委副书记

白　玛（藏族，12月免）

党委副书记、三级主任科员

温彦威（12月任）

党委委员、派出所所长

洛　桑（藏族）

党委委员、寺管会主任

次　仁（藏族）

党委委员、统战委员、政法委员、维稳办主任

达　娃（藏族）

党委委员、组织委员、宣传委员、党群办主任

王立伍

党委委员、纪委书记

徐亚洁（女，4月免）

尼玛琼达（女，藏族，4月任）

副乡长、经社办主任

董　伟

副乡长、政务办主任

白玛加布（藏族）

四级主任科员

吴　帅（5月任副主任科员，6月套转为四级主任科员）

农牧林综合服务中心主任

桑旦玉珍（女，藏族）

后勤服务中心主任

强巴卓嘎（女，藏族）

文化服务中心主任

索朗曲珍（女，藏族）

卫生院院长

边巴卓玛（女，藏族）

拉多乡

【概况】 拉多乡位于朗县东南部，乡政府驻地距离县城5.4千米，平均海拔3500米，气温低，日照强，年平均气温10.2℃，年降水量为350～600毫升，无霜期一般为130～170天，平均日照约2100小时，属于典型的高山峡谷地貌。由于受自然条件限制，资源匮乏，经济收入来源以种植业、畜牧业和虫草采集为主。2019年，全乡共有耕地2956.9亩，主要种植青稞1634.9亩和小麦578亩；林地面积1440亩；草场面积

22.92 万亩，主要养殖牦牛、黄牛、犏牛、山羊、马和猪，大牲畜 8520 头，牦牛 5826，黄牛 1600 头，犏牛 875 头，山羊 1507 只，马 212 匹，猪 59 头。全乡中型拖拉机（15 马力）154 台，大型拖拉机（18 马力以上）6 台，大货车 42 辆。2019 年，全乡生产总值达到 5414.3 万元，农牧民人均纯收入 17667 元，人均现金收入 12285 元。

全乡下辖 10 个行政村、24 个自然村，2019 年总人口 623 户 2258 人，其中劳动力 1147 人。拉多乡共有干部职工 61 人，其中行政干部 28 人，事业干部 28 人，公益性岗位 1 人，“三支一扶” 1 人，机关工勤人员 3 人。全乡共有党支部 12 个，其中，机关党支部 1 个，农牧民党支部 10 个，小学党支部 1 个；全乡党员 373 人，其中，机关党员 45 人（男性 22 人、女性 23 人），农牧民党员 328 人，小学支部党员 7 人。

【经济发展】 2019 年，拉多乡农村经济总收入达 5031 万元，同比增长 15%；粮食生产能力达到 86.64 万千克；虫草产量 277.65 千克；劳务输出 700 余人次，收入近 300 万元。农牧民人均可支配收入 16034 元，同比增长 13%，其中人均现金收入 11143 元，同比增长 11%。

【党建引领】 2019 年，拉多乡实行基层党建工作定点联系指导制度，在虫草采挖点建立 12 个临时党支部；开展政治纪律教育，指导所属党支部召开 12 场专题组织生活会，党员撰写 300 余份“政治纪律教育”学习心得。淡化宗教在拉多乡的影响力，加快宗教与社会主义相适应，引导更多的群众把更多的时间、更多的精力投入经济发展、个人致富上来。用好 68 万元党建巩固提升工程资金，加强党的基层组织建设。坚持全面从严治党，建立了乡纪委和村务监督委员会上下联动监督网。结合主题党日，开展党风廉政建设宣教月活动，发放 400 余份“百条党规党纪”，开展 11 场次廉政知识测试。

【脱贫攻坚】 2019 年，拉多乡加大资金和物资投入，将更多资源向贫困户倾斜，有效提升资源利用率。举办脱贫致富培训班 2 次，邀请乡内外致富能手、种养大户传授技能技术，提升贫困群众内生动力。加大产业项目跑办力度，积极协调上级部门，把更多资金、项目投放到拉多乡。做好脱贫户动态跟踪管理，确保脱贫不脱政策，防止返贫。

【产业发展】 农牧特色业端稳“金饭碗”。2019 年，拉多乡保持农作物播种面积稳定在 3300 亩以上，推广黑青稞 200 亩；推广耕地质量提升工程、化肥减量提效技术和农作物病虫害专业化防治，平整土地 100 亩以上，推进农业生产机械化；大力发展蔬菜生产，蔬菜种植面积在 30 亩以上；加快昌巴村 600 亩“高原油菜 + 黑青稞”种植基地建设，建成后与高原绿色农畜产品加工合作社共同打造“基地 + 合作社 + 市场”模式；加快完善巴顿村吉登雪经济林木种植地配套基础设施，推进拉多村农田水利项目；大力发展藏猪养殖业，巩固扩大昌巴村发展养殖合作社生产规模。

文化旅游业打造“一点两线三区”。依托拉多乡厚重的历史文化底蕴和壮丽的自然生态风光，

7月16日，朗县县委书记扎西（中）到拉多乡检查指导工作并看望慰问机关干部

着力打造旅游服务点、拉多河谷生态观光线、民俗体验线、苏卡故里景区、藏湖景区、药王谷景区，让拉多乡成为朗县文化旅游业的又一增长极。“一点”，按照“吸引游客、留住游客”的理念，在乡政府驻地附近建设旅游服务点，配套游客接待设施。“两线”，拉多河谷生态观光线以自驾游为主要形式，持续提升沿线村貌、8家藏餐馆卫生、商品种类以及巴顿度假林卡承载自驾游客能力，民俗体验线注重资源优势互补、优化组合，如将苏卡药香产品与苏卡故居相结合，巴顿度假林卡与“呗”歌舞相结合，“一乡一节”与各村特色美食相结合，同时大力开发其他特色旅游商品，提高文化旅游业附加值。“三区”，将苏卡故里景区、藏湖景区、药王谷景区打造成为“两线”上最为璀璨的明珠。分三步走建成苏卡故里景区，第一步，收集完善故里史料，配合制定建设规划；第二步，大力发掘藏医南派旅游保健医药产品，推进拉多村藏医药康体、养生、药浴项目；第三步，建设藏医药馆、藏医药文化主题酒店、药膳餐厅、藏医药特色商店、藏医药美容会所等，逐步提升苏卡故里的旅游影响力。做好“三篇文章”建设美丽藏湖，挖掘古老地域文化、神话传说，做好“传奇”文章，强化旅游管理服务，确保通往藏湖路线常年基本畅通，建立更加细致完善的引导标识系统，健全藏村配套设施，加强旅游从业人员培训，做好“提升”文章，立足藏湖自然生态环境脆弱的现实，加强农牧民放牧和虫草采挖管理，控制游客人数，做好“保护”文章。药王谷景区抓住“珍贵藏药材种植观光园”定位，健全完善观光园配套设施，将观光园打造成为“文化旅游+藏医藏药”的双产业发展引擎。

藏医藏药业更加注重“引进来”。既注重引进资金技术人才，也注重引进理念方法，管好用好上级各部门下拨的发展苏卡药香厂各项资金，确保“好钢用在刀刃上”；贯彻发展新理念，不断开发苏卡药香厂的其他附属产品，依托新老扎村藏药材种植地，做好藏药材的人工种植和加工等，拓宽营收渠道；积极主动与广东省惠州市博罗县衔接，利用博罗县信息平台做好对外宣传和招商引资工作；继续与博罗县先锋药业对接，做好藏药材育苗基地建设前期规划；以药王谷景区为中心，加快土地流转试点工作，引导更多农牧民群众种植藏药材。

4月2日，拉多乡组织乡级人大代表党员参观党建文化室

【民生改善】 优先发展教育。2019年，拉多乡坚持“立德、树人”的根本理念，保障义务教育，发展素质教育，确保适龄儿童全部入学，不落下一人，保持100%的中小学入学率和巩固率；落实惠州市博罗县关于帮助提升拉多乡教学水平的实施方案，做好拉多乡教师到博罗县交流学习等工作。

强化社会保障。全面落实农村医疗保险及落实78名残疾人、精神病人的“两项补贴”和12名学生补助；建成一座拉多乡应急物资储备仓库。

建设美丽拉多。开展10个水源地保护工作，推进饮用水源地安全化规范化常态化保护；以“美化、绿化、亮化”“三化”为主线，开展农村人居环境综合提升工程；开展“四个绿色”行动，创建绿色机关、绿色村落、绿色家庭、绿色学校，全面开创美好生活。

12月4日，拉多乡组织机关干部开展与国旗、宪法合影活动

【维护稳定】 2019年，拉多乡加强社会综合治理体系化建设，结合县情乡情村情的新变化新形势，细化各类社会综合治理方案，将责任落实到位、落实到人。发挥44名“两站两员”职能作用，调动双联户长、网格管理员、驻寺特派员等最基层的力量，实现社会综合治理更法治、更智能、更专业。推动科技创安，加大综治工作的科技投入，逐步提高监控设备覆盖率。落实安全生产责任制，在施工场地、道路交通等行业和领域进行“打非治违”专项整治行动。

（边　珍）

【机构领导】

党委书记

蒋云海

党委副书记、乡长

达　瓦（藏族）

党委委员、人大主席

尼玛桑旦（藏族）

党委副书记、二级主任科员

刘　强（6月套转为二级主任科员）

党委委员、纪委书记

贾阳春（女）

党委委员、统战委员、政法委员、综治办主任

平措多吉（藏族）

党委委员、副乡长、经社办主任

扎西措姆（女，藏族）

党委委员、组宣委员、党群办主任

胡照跃（11月任）

人大专职副主席

夏鹏飞（6月任）

副乡长、政务综合办主任

贡嘎次仁（藏族）

财务室主任

次仁群宗（女，藏族，6月任）

二级主任科员、巴绕拉康负责人

达　娃（藏族）

四级主任科员

马吉清（1—5月任副主任科员，6月套转为四级主任科员）

罗玲玲（1—5月任副主任科员，6月套转为四级主任科员）

王广磊（1—5月任副主任科员，6月套转为四级主任科员）

卫生院院长

普布卓玛（女，藏族）

农牧综合服务中心主任

仓　拉（女，藏族，11月任）

后勤服务中心主任

曲　珍（女，藏族）

金东乡

【概况】 金东乡位于西藏自治区东南部，林芝市西南部，地处喜马拉雅山脉北麓，雅鲁藏布江中下游，东与米林县接壤，南与隆子县毗邻，有朗县东大门之称，是朗县唯一边境乡。平均海拔3800米；草场面积42万亩，耕地面积2947.14亩，基本农田保护面积2730.1亩，公益林管护面积54.59万亩；全乡共有8个行政村（13个自然村）574户1778人，其中贫困户141户269人，均已达到脱贫标准。乡党委下辖10个党支部，其中8个村党支部、1个机关党支部和1个学校党支部，共有党员304名，其中农牧民党员257名，机关干部44人。2019年，全乡农村经济总收入实现4803.96万元；其中第一产业实现收入1880.83万元，第二产业实现收入413.91万元，第三产业实现收入2509.21万元；农牧民人均纯收入实现19154.7元，人均现金收入实

现13270元。

【党建引领】 2019年，金东乡党委结合“五型促五好党支部”、“六个模范党员”创建评选、党员政治教育，通过富民惠农政策落地、新旧西藏对比、移风易俗活动等多种途径，凝聚群众感党恩、听党话、跟党走的广泛共识。协助县委举办党员政治教育、青少年爱国主义教育等培训班11期，教育人群达1100人次，接待参观学习团（组）20余场次，人员达330余人次。

12月29日，朗县县委书记扎西（中）到金东乡松木材村入户调研脱贫攻坚工作

【“不忘初心、牢记使命”主题教育】 2019年，金东乡把学习教育、调查研究、检视问题和整改落实四项重要措施有机衔接，整体推进，贯穿始终，悬挂横幅、张贴海报、发放宣传单2000余条（份），拍摄主题教育微视频4个，“西藏金东”微信公众号推送专报50余条，开设好人好事专栏5期；开展集中学习150场次，专题学习研讨12场次，交流发言200余人次，走访党员群众800人次，形成调研报告8份，开展实践活动90场次；紧扣群众需求，打通服务群众“最后一千米”，查摆整改各类问题清单60条，帮助群众办实事解难事20条。

【党风廉政建设】 2019年，金东乡落实党风廉政建设“两个责任”，召开基层党组织书记述职会2次，党风廉政专题学习25次，讲廉政党课10次；以问题为导向开展谈心活动3次，廉政谈话6次；开展“党风廉政知多少”有奖问答活动，张贴标语120条，发放奖品365件；全面落实“三会一课”、主题党日、民主生活会、组织生活会，建立问题整改清单，查摆解决6个方面存在的20条问题；“三大节日”、端午节、中秋节等节假日期间，翻译并下发典型案例通报19份，推送廉洁信息8次；开展扶贫和扫黑除恶打非治乱专项斗争，入户走访调查145次。

【“四讲四爱”群众教育实践活动】 2019年，金东乡创新开展“激发志愿服务活力、点亮乡村‘文明之光’”“临时支部聚合力、和谐共富一家亲”“奋斗60年跨越两个社会、辉煌70载感恩伟大祖国——庆祝中华人民共和国成立70周年”等系列活动，展现了群众良好精神风貌；结合小康示范村搬迁仪式，来义村、松木材村村民为铭记党恩党情、在初心广场自发建造竖立感恩碑，寄托爱国情怀；开展“一红一绿一关怀”、70岁老人讲述“我与祖国同岁、心与祖国相连”的故事、绣国旗、为祖国点赞、观看国庆大阅兵等一系列紧扣主题、内容翔实、载体丰富的实践活动10场次，进一步增强全乡党员干部群众民族自豪感和认同感，自觉树牢“四个意识”，坚定“四个自信”，做到“两个维护”。依托朗县国门教育讲习所、金东乡党建教育基地，开展感党恩、新旧西藏对比等党性锻炼9场次，参与党员群众达640人次。

【群团建设】 2019年，金东乡始终把加强党对群团工作的领导作为重要职责，对工会、共青团和妇联的工作做到定期研究讨论4次，围绕全乡中心工作，广泛开展“送温暖”活动3场次，定制工会统一服装54件，在帮玛村挂牌成立林芝市第一个边民工会小组，共有会员58人；顺利召开金东乡第一次妇女代表大会，选举产生45名执委；成立“妇女微家”微信平台，开展帮扶济困温情服务11场次；2019年5月金东乡被评为林芝市五四青年奖章先进集体。

【项目建设】 2019年，金东乡开复工建设项目46项，其中续建项目37项，新建项目9项，总投资9.17亿元。在全力配合做好国道219建设工作的同时，累计对接争取资金1.51亿元，新建3条农村公路共34.8千米；依托小康村建设，实现巴龙村、来义村等6个村村内主道及入户道路硬化；秀村吞仓组易地搬迁工程现已完工，进入验收阶段；配合做好新型环保材料粉磨站建设项目，推进项目尽快落地；申请水利项目工程资金4000余万元，完善全乡农田水利设施和修缮金东曲河堤，在促进全县经济发展的同时，增加全乡农牧民群众收入。

【产业发展】 2019年，金东乡成立农牧民专业合作社7家、商贸服务有限公司1家、农牧民施工队3家，申报实施牦牛集体养殖项目1个，投入资金450万元，惠及全乡8个行政村，年收益85万元；在秀村、列村种植206亩辣椒，销售63767.75千克，实现收入407363元；朗县光明新区综合性商住楼一期、二期工程均已完工并投入使用，年收入40万余元。扶贫产业项目14个，正在运营扶贫产业项目9个，在建项目5个，总投资1676.515万元；2019年落地实施8个行政村牦牛集体养殖项目，涉及资金450万元，项目效益覆盖全乡574户1778人（其中建档立卡户141户269人）。

【教育事业】 2019年，金东乡小学共开设4个班级，在校生85人，教职工18人；对接争取建设幼儿园4所，其中东雄村幼儿园、西日卡村幼儿园已投入使用，共招收学生57人，配备教职工6名，来义村幼儿园已竣工，巴龙村幼儿园进入收尾阶段。

3月28日，金东乡举行纪念西藏民主改革60周年暨“践行四讲四爱、铭记党恩党情”活动

【卫生服务】 2019年，金东乡卫生院服务干部群众7456人次，配备藏药品种111种；全乡合作医疗参保率100%，开展计划免疫10次，共计384针次，接种群众198人次，农牧区妇女“两癌”筛查130人次；开展医疗卫生类专题宣传15次，发放宣传资料1650份，累计受教育群众2246人次；开展防治宣传33次，诊断包虫病3人，保障农牧民群众身体健康。

【安全生产】 2019年，金东乡召开安全生产专题会议8次，传达学习安全生产会议精神13次，与辖区内各村、各企业签订目标责任书22份；开展《中华人民共和国安全生产法》和《中华人民共和国职业病防治法》宣传4次，开展森防、消防应急救援演练5次，开展村食品安全信息员业务知识培训2次，切实提高农牧民群众防灾减灾意识和能力。

【脱贫攻坚】 2019年，金东乡始终坚持把持续巩固脱贫攻坚成果作为全面建成小康社会的中心任务，成立工作领导小组，班子成员对全乡8个行政村进行划区包片管理；与各村签订《脱贫攻坚目标责任书》，层层压实责任。开展精准扶贫“回头看”工作，加大政策宣传、强化走访调研，深入了解村（组）基本情况，形成调研报告15份；突出扶智扶志，开展扶贫政策知识宣传和感党恩教育活动

9月20日，金东乡在来义村举行以“奋斗60年跨越两个社会，辉煌70载感恩伟大祖国”为主题的庆祝中华人民共和国成立70周年活动

23场次，开展就业脱贫技能培训110人次，实现转移就业23人。

【平安建设】 2019年，金东乡成立维护稳定工作领导小组，明确各村党支部书记作为各村维稳工作的第一责任人。2019年，调处中心接访120余人次，提供法律咨询40余次，调处各类纠纷8次；强化组织领导，层层压实责任，努力打赢扫黑除恶“攻坚战”；开展宣传活动90余次，发放宣传资料3800余份，张贴通告、宣传栏76张，悬挂举报箱9个；开展走村入户80余场次，矛盾纠纷排查160余场次，摸排收集线索7条，核查处理7条，净化了社会环境。

【生态环保】 2019年，金东乡成立生态环境整治领导小组，制定下发《金东乡“四讲四爱”群众教育实践活动乡村卫生示范评比实施方案和考核办法》，形成“周清扫”“双联户相互评比”制度；组织各村建立一个垃圾集中堆放点并定期清理转运，定时清理房前屋后、河道沟渠、排水沟等，引导农牧民群众规范排放生活污水，着力解决村庄环境“脏乱差”问题。

【民族团结】 2019年，金东乡为贯彻落实习近平总书记“加强民族团结，建设美丽西藏”重要指示，召开民族团结专题推进会4次，开展集中学习30场次，观看《红河谷》等民族团结影片20场次；帮助困难家庭马文吉尼，以实际行动让民族团结之花结出硕果；协助县委、县政府承办以“民族团结一家亲、共建和谐新朗县”为主题的朗县民族团结主题联谊等活动；充分发挥基层党组织战斗堡垒作用，涌现出了以王宗元、单增拉姆为代表的一大批区、市、县先进个人和模范家庭。

【强基惠民工作】 2019年，自第八批驻村工作队进驻以来，金东乡按照县委统一安排部署，健全完善了以乡党委书记为组长的活动领导小组，召开强基惠民工作会议23次；开展各类宣讲活动210余场次，受教育群众3200余人次，为贫困群众耐心讲解党对西藏群众的特殊关心关怀以及各项惠农政策320场次，入户宣讲率达100%；慰问贫困户253人，

4月29日，金东乡第九届人民代表大会第五次会议召开

慰问金额达26.18万元；慰问“三老”人员28人次，发放慰问金、慰问品价值1万元；帮助群众解决“三就”“两保”“六通”等民生突出问题17件，为群众办实事好事95件，投入资金9.26万元。同时，为确保2019年年底完成脱贫攻坚任务，共开展扶贫知识培训62场次，培训村“两委”、村务监督委员及后备干部近430人次。

（冯全钰）

【机构领导】

党委书记、一级主任科员
乔 顿 珠（藏族）

党委副书记、乡长
朱 新 涛

党委副书记、主任科员
古　　入（藏族，5月免）

党委副书记、二级主任科员
李　　勋（5月任，6月套转为二级主任科员）

乡党委委员、人大主席
多吉才仁（藏族，12月免）
白玛江措（门巴族，12月任）

乡党委委员、政法委员、统战委员、综治办主任
洛松旺堆（藏族）

乡党委委员、纪委书记
格桑央金（女，藏族）

乡党委委员、组织委员、宣传委员、党群办主任
代 星 东（5月任）

乡党委委员、副乡长、财务室主任
达瓦卓玛（女，珞巴族，5月免）

乡党委委员、副乡长、
达娃卓嘎（女，藏族，5月任，12月免）
孙 路 鹏（12月任）

人大专职副主席
达娃卓嘎（女，藏族，5月免）
谢　　霜（5月任）

副乡长、政务办主任、经社办主任
张 少 伟（5月免）
悟更多吉（藏族，5月任）

农牧综合服务中心主任
巴桑玉珍（女，藏族）

财务室主任
益西旺姆（女，藏族，5月任）

后勤服务中心主任
德青卓玛（女，藏族，5月任，12月免）

文化综合服务中心主任
冯 全 钰（藏族，12月任）

四级主任科员
达瓦卓玛（女，珞巴族，5月任，12月免）
达娃卓嘎（女，藏族，12月任）
阿旺次仁（藏族，1—5月任副主任科员，6月套转为四级主任科员）
周 哲 宇（1—5月任副主任科员，6月套转为四级主任科员）

荣　誉

受县级及以上表彰的先进集体一览表

表6

获奖单位	获奖名称	表彰时间	授予单位
朗县林业和草原局	全国生态建设突出贡献先进集体	2019年9月	国家林业和草原局
朗县林业和草原局	全国绿化模范单位	2019年9月	全国绿化委员会
朗县县委办	2019年西藏自治区民族团结进步模范集体	2019年9月	中共西藏自治区委员会、西藏自治区人民政府
洞嘎镇人民政府	自治区创先争优强基础惠民生活动先进驻村(居)工作队	2019年	中共西藏自治区委员会、西藏自治区人民政府
朗县	自治区创先争优强基础惠民生活动先进驻村(居)工作队	2019年	中共西藏自治区委员会、西藏自治区人民政府
朗县县委办	自治区创先争优强基础惠民生活动优秀组织单位	2019年	中共西藏自治区委员会、西藏自治区人民政府
朗县纪委监委	自治区创先争优强基础惠民生活动优秀组织单位	2019年	中共西藏自治区委员会、西藏自治区人民政府
林芝市委政法委驻洞嘎镇滚村工作队	自治区创先争优强基础惠民生活动优秀组织单位	2019年	中共西藏自治区委员会、西藏自治区人民政府
自治区高等级公路管理局驻登木乡崩达村工作队	自治区创先争优强基础惠民生活动优秀组织单位	2019年	中共西藏自治区委员会、西藏自治区人民政府
林芝市委党校	自治区创先争优强基础惠民生活动先进单位	2019年	中共西藏自治区委员会、西藏自治区人民政府
林芝市扶贫办	2019年西藏自治区民族团结进步模范集体	2019年9月	中共西藏自治区委员会、西藏自治区人民政府
朗县人大办	2019年西藏自治区民族团结进步模范集体	2019年9月	中共西藏自治区委员会、西藏自治区人民政府
县委办	2019年西藏自治区民族团结进步模范集体	2019年9月	中共西藏自治区委员会、西藏自治区人民政府
巴尔曲德寺管委会	“遵行四条标准　争做先进僧尼”优秀组织单位	2019年12月	中共西藏自治区委员会、西藏自治区人民政府

续表6

获奖单位	获奖名称	表彰时间	授予单位
登木乡人民政府	2019年度全区纪检监察信息工作先进集体	2020年5月	中共西藏自治区纪委办公厅
朗县强基办	爱路护路模范乡镇	2019年7月	西藏自治区路政管理局委员会、西藏自治区路政管理局
朗县县委办	林芝市民族团结示范县	2019年12月	中共林芝市委员会、林芝市人民政府
朗县电信局	2019年度林芝市级“平安单位”	2020年1月	中共林芝市委员会、林芝市人民政府
朗县	林芝市民族团结示范县	2019年12月	中共林芝市委员会、林芝市人民政府
朗县人民政府办公室	2019年度林芝市民族团结进步模范集体	2019年	中共林芝市委员会、林芝市人民政府
金东乡	自治区创先争优强基础惠民生活动第八批市级优秀组织单位	2019年	中共林芝市委员会、林芝市人民政府
金东乡	林芝市“五四青年奖章”先进集体	2019年	中共林芝市委员会、林芝市人民政府
林芝市民宗局驻朗镇朗巴居委会工作队	林芝市创先争优强基础惠民生活动先进驻村(居)工作队	2019年	中共林芝市委员会、林芝市人民政府
林芝市自然资源局驻金东乡西日卡村工作队	林芝市创先争优强基础惠民生活动先进驻村(居)工作队	2019年	中共林芝市委员会、林芝市人民政府
朗县拉多乡人民政府驻拉多乡拉多村工作队	林芝市创先争优强基础惠民生活动先进驻村(居)工作队	2019年	中共林芝市委员会、林芝市人民政府
朗县仲达镇人民政府驻仲达镇卓岗村工作队	林芝市创先争优强基础惠民生活动先进驻村(居)工作队	2019年	中共林芝市委员会、林芝市人民政府
林芝市委宣传部	林芝市创先争优强基础惠民生活动优秀组织单位	2019年	中共林芝市委员会、林芝市人民政府
林芝市农业农村局	林芝市创先争优强基础惠民生活动优秀组织单位	2019年	中共林芝市委员会、林芝市人民政府
林芝市应急管理局	林芝市创先争优强基础惠民生活动优秀组织单位	2019年	中共林芝市委员会、林芝市人民政府
金东乡人民政府	林芝市创先争优强基础惠民生活动优秀组织单位	2019年	中共林芝市委员会、林芝市人民政府
朗县县委政法委	“先进双联户”创建评选先进县	2020年1月	中共林芝市委员会、林芝市人民政府
朗县仲达镇人民政府	脱贫攻坚先进集体	2019年	中共林芝市委员会、林芝市人民政府
朗县仲达镇仲达村	林芝市民族团结进步示范村	2019年	中共林芝市委员会、林芝市人民政府
巴尔曲德寺管委会	“遵行四条标准 争做先进僧尼”优秀组织单位	2019年12月	中共林芝市委员会、林芝市人民政府

续表6

获奖单位	获奖名称	表彰时间	授予单位
朗县纪委监委	2019年度林芝市纪检监察系统信息宣传工作先进集体	2020年5月	中共林芝市纪律检查委员会、林芝市监察委员会
朗县自然资源局	2018年度林芝市自然资源系统“土地整治”工作先进单位	2019年4月	林芝市自然资源局
朗县藏医院	2019年林芝市藏药材辨认大赛团体三等奖	2019年9月	林芝市卫生健康委员会
朗敦辣椒专业合作社	林芝市2019年全国“扶贫日”产业扶贫成果展优秀参展企业	2019年10月	林芝市脱贫攻坚指挥部
朗县林业和草原局	林芝市2017—2019年森林防火达标县区	2019年11月	林芝市森林和草原防火办公室
朗县人力资源和社会保障局	林芝市人社系统业务技能练兵比武活动第三名	2019年6月	林芝市人力资源和社会保障局
朗县卫生服务中心	巾帼文明岗	2019年4月	林芝市妇联会
洞嘎镇人民政府	纪念五四运动100周年表彰大会林芝五四红旗团支部	2019年5月	共青团林芝市委员会
朗县	林芝青少年事业发展特别支持奖	2019年5月	共青团林芝市委员会
朗县县委办	林芝青少年事业发展特别支持奖	2019年5月	共青团林芝市委员会
朗县县委办	纪念五四运动100周年表彰大会林芝青少年事业发展特别支持奖	2019年5月	共青团林芝市委员会
朗县供电有限公司	合作共赢共创佳绩	2019年1月	中国铁塔林芝分公司
共青团朗县委员会	林芝五四红旗团委	2019年	共青团林芝市委员会
朗县供电公司	2019年朗县民族团结进步先进集体奖	2019年8月	中共朗县县委会、朗县人民政府
中共朗县直属机关工作委员会	先进单位	2019年	中共朗县县委会、朗县人民政府
洞嘎镇人民政府	“坚持理想守初心　对党忠诚担使命”庆“七一”歌咏比赛一等奖	2019年7月	中共朗县委员会、朗县人民政府
洞嘎镇人民政府	朗县2019年冬虫夏草管理工作二等奖	2019年7月	中共朗县委员会、朗县人民政府
洞嘎镇人民政府	2019年朗县第四届塔布旅游文化节暨第二届农牧民丰收节文艺演出组织奖	2019年9月	中共朗县委员会、朗县人民政府
洞嘎镇人民政府	2019年度朗县民族团结进步模范集体	2019年12月	中共朗县委员会、朗县人民政府
洞嘎镇卓村村委会	朗县“先进双联户”创建活动先进村(居)	2019年1月	中共朗县委员会、朗县人民政府
洞嘎镇聂村村委会	2019年朗县第四届塔布旅游文化节暨第二届农牧民丰收节获得响箭比赛第一名	2019年9月	中共朗县委员会、朗县人民政府
朗敦辣椒专业合作社	朗县脱贫攻坚工作优秀合作社	2019年7月	中共朗县委员会、朗县人民政府

续表6

获奖单位	获奖名称	表彰时间	授予单位
朗县交通运输局	朗县脱贫攻坚工作先进单位	2019年7月	中共朗县委员会、朗县人民政府
朗县交通运输局	2019年项目建设管理优秀奖	2020年7月	中共朗县委员会、朗县人民政府
朗县卫健委	“坚持理想守初心　对党忠诚担使命”庆“七一”歌咏比赛一等奖	2019年7月	中共朗县委员会、朗县人民政府
朗县卫健委	朗县脱贫攻坚工作先进单位	2019年7月	中共朗县委员会、朗县人民政府
朗县县委办	朗县2019年度工作先进单位	2020年3月	中共朗县委员会、朗县人民政府
朗县县委办	朗县脱贫攻坚工作先进单位	2019年7月	中共朗县委员会、朗县人民政府
朗县县委办	朗县创先争优强基础惠民生活动优秀组织单位	2020年1月	中共朗县委员会、朗县人民政府
朗县县委办	朗县2019年度平安建设(综治)工作先进单位	2020年1月	中共朗县委员会、朗县人民政府
朗县发改委	2019年度朗县民族团结进步模范集体荣誉称号	2019年12月	中共朗县委员会、朗县人民政府
朗县发改委	朗县脱贫攻坚工作先进单位	2019年7月	中共朗县委员会、朗县人民政府
朗县扶贫开发办公室	2019年度脱贫攻坚工作先进单位	2019年7月	中共朗县委员会、朗县人民政府
朗县工商联	2019年项目建设管理良好奖	2020年	中共朗县委员会、朗县人民政府
朗县供电公司	朗县2019年度平安建设(综治)工作先进单位	2020年1月	中共朗县委员会、朗县人民政府
拉多乡扎村	示范村	2019年1月	中共朗县委员会、朗县人民政府
朗县人民检察院	2019年度先进基层党组织	2019年6月	中共朗县委员会、朗县人民政府
朗县人民检察院	2019年度朗县民族团结进步模范集体	2019年12月	中共朗县委员会、朗县人民政府
朗县人民检察院	朗县2019年度平安建设(综治)工作先进单位	2020年1月	中共朗县委员会、朗县人民政府
朗县人民检察院	朗县创先争优强基础会民生活动优秀组织单位	2020年1月	中共朗县委员会、朗县人民政府
朗县人民检察院	朗县2019年度工作先进单位	2020年3月	中共朗县委员会、朗县人民政府
中共朗县朗镇堆巴塘支部委员会	先进基层党组织	2019年	中共朗县委员会、朗县人民政府

续表6

获奖单位	获奖名称	表彰时间	授予单位
中共朗县朗镇托麦村支部委员会	先进基层党组织	2019年	中共朗县委员会、朗县人民政府
朗县林业和草原局	朗县脱贫攻坚工作先进单位	2019年7月	中共朗县委员会、朗县人民政府
中国农业银行股份有限公司林芝分行朗县支行	朗县脱贫攻坚工作先进单位	2019年7月	中共朗县委员会、朗县人民政府
朗县气象局	朗县2019年度工作先进单位	2020年3月	中共朗县委员会、朗县人民政府
朗县气象局	平安单位	2020年1月	中共朗县委员会、朗县人民政府
林芝市委统战部、市工商联驻朗镇娘村工作队	朗县创先争优强基础惠民生活动先进驻村(居)工作队	2019年	中共朗县委员会、朗县人民政府
林芝市应急管理局驻洞嘎镇堆村工作队	朗县创先争优强基础惠民生活动先进驻村(居)工作队	2019年	中共朗县委员会、朗县人民政府
林芝市农业农村局驻仲达镇解协村工作队	朗县创先争优强基础惠民生活动先进驻村(居)工作队	2019年	中共朗县委员会、朗县人民政府
林芝市卫生健康委员会驻拉多乡白露村工作队	朗县创先争优强基础惠民生活动先进驻村(居)工作队	2019年	中共朗县委员会、朗县人民政府
金东乡人民政府驻金东乡松木材村工作队	朗县创先争优强基础惠民生活动先进驻村(居)工作队	2019年	中共朗县委员会、朗县人民政府
朗县检察院、县委宣传部、县水利局驻登木乡洛龙村工作队	朗县创先争优强基础惠民生活动先进驻村(居)工作队	2019年	中共朗县委员会、朗县人民政府
朗县自然资源局、工商联、住建局驻登木乡崩嘎村工作队	朗县创先争优强基础惠民生活动先进驻村(居)工作队	2019年	中共朗县委员会、朗县人民政府
林芝市卫生健康委员会	朗县创先争优强基础惠民生活动优秀组织单位	2019年	中共朗县委员会、朗县人民政府
林芝市信访局	朗县创先争优强基础惠民生活动优秀组织单位	2019年	中共朗县委员会、朗县人民政府
林芝市外侨办	朗县创先争优强基础惠民生活动优秀组织单位	2019年	中共朗县委员会、朗县人民政府
朗县县委办	朗县创先争优强基础惠民生活动优秀组织单位	2019年	中共朗县委员会、朗县人民政府
朗县检察院	朗县创先争优强基础惠民生活动优秀组织单位	2019年	中共朗县委员会、朗县人民政府
朗县市场监督管理局	朗县创先争优强基础惠民生活动优秀组织单位	2019年	中共朗县委员会、朗县人民政府
朗县卫生健康委员会	朗县创先争优强基础惠民生活动优秀组织单位	2019年	中共朗县委员会、朗县人民政府
朗县发改委	朗县创先争优强基础惠民生活动优秀组织单位	2019年	中共朗县委员会、朗县人民政府

续表6

获奖单位	获奖名称	表彰时间	授予单位
朗县人大常委会办公室	2019年度朗县民族团结进步模范集体	2019年12月	中共朗县委员会、朗县人民政府
朗县人力资源和社会保障局	朗县脱贫攻坚工作先进集体	2019年7月	中共朗县委员会、朗县人民政府
林芝市生态环境局朗县分局	朗县2019年度工作先进单位	2020年3月	中共朗县委员会、朗县人民政府
林芝市生态环境局朗县分局	朗县2019年度平安建设(综治)工作先进单位	2020年1月	中共朗县委员会、朗县人民政府
朗县市场监督管理局	朗县2018年度工作先进单位	2019年2月	中共朗县委员会、朗县人民政府
朗县市场监督管理局	朗县民族团结进步示范机关	2019年12月	中共朗县委员会、朗县人民政府
朗县市场监督管理局	朗县"庆'七一'歌咏比赛"组织奖	2019年7月	中共朗县委员会、朗县人民政府
朗县水利局	朗县2019年度先进单位	2020年3月	中共朗县委员会、朗县人民政府
朗县水利局	朗县2019年度平安建设(综治)工作先进单位	2020年1月	中共朗县委员会、朗县人民政府
朗县水利局	朗县2019年度项目建设管理达标奖	2020年7月	中共朗县委员会、朗县人民政府
朗县县委宣传部	朗县"庆'七一'歌咏比赛"组织奖	2019年7月	中共朗县委员会、朗县人民政府
朗县县委宣传部	2019年先进基层党组织	2019年7月	中共朗县委员会、朗县人民政府
朗县仲达镇人民政府	朗县脱贫攻坚工作先进集体一等奖	2019年	中共朗县委员会、朗县人民政府
朗县仲达镇人民政府	朗县2018年度工作一等奖	2019年	中共朗县委员会、朗县人民政府
朗县仲达镇人民政府	朗县2018年度社会治安综合治理第一名	2019年	中共朗县委员会、朗县人民政府
朗县仲达镇仲达村	2019年朗县第四届塔布文化旅游节暨第二届农牧民丰收节获得文艺演出组织奖	2019年	中共朗县委员会、朗县人民政府
朗县仲达镇仲达村	朗县脱贫攻坚优秀村集体	2019年	中共朗县委员会、朗县人民政府
朗县仲达镇堆许村	先进基层党组织	2019年	中共朗县委员会、朗县人民政府
教育局	朗县脱贫攻坚先进单位	2019年7月	中共朗县委员会、朗县人民政府
洞嘎镇人民政府	朗县2018年度工作二等奖	2019年2月	中共朗县委员会、朗县人民政府
洞嘎镇人民政府	2018年林业工作先进集体	2019年4月	中共朗县委员会、朗县人民政府
洞嘎镇人民政府	朗县脱贫攻坚工作先进集体二等奖	2019年7月	中共朗县委员会、朗县人民政府

续表6

获奖单位	获奖名称	表彰时间	授予单位
金东乡人民政府	先进基层党组织	2019年	中共朗县委员会、朗县人民政府
金东乡人民政府	朗县脱贫攻坚工作先进集体二等奖	2019年	中共朗县委员会、朗县人民政府
金东乡人民政府	金东乡党委、政府被评为朗县民族团结进步先进集体	2019年	中共朗县委员会、朗县人民政府
金东乡人民政府	朗县2019年度“冬虫夏草”采集管理工作组织奖	2019年	中共朗县委员会、朗县人民政府
金东乡人民政府	2019年朗县第四届塔布文化旅游节暨第二届农牧民丰收节获得文艺演出组织奖	2019年	中共朗县委员会、朗县人民政府
金东乡人民政府	“坚定理想守初心对党忠诚担使命”庆“七一”歌咏比赛三等奖	2019年	中共朗县委员会、朗县人民政府
金东乡人民政府	朗县民族团结进步示范乡镇	2019年	中共朗县委员会、朗县人民政府
巴尔曲德寺管委会	先进基层党组织	2019年	中共朗县委员会、朗县人民政府
巴尔曲德寺管委会	“遵行四条标准 争做先进僧尼”优秀组织单位	2019年7月	中共朗县委员会、朗县人民政府
巴尔曲德寺管委会	2019年度朗县民族团结进步模范集体	2019年7月	中共朗县委员会、朗县人民政府
巴尔曲德寺管委会	“遵行四条标准 争做先进僧尼”优秀组织单位	2019年11月	中共朗县委员会、朗县人民政府
洞嘎镇卓村村委会	先进基层党组织	2019年7月	中共朗县委员会
洞嘎镇滚村村委会	先进基层党组织	2019年7月	中共朗县委员会
朗县县委办	先进基层党组织	2019年7月	中共朗县委员会
朗县扶贫开发办公室	2019年度先进基层党组织	2019年7月	中共朗县委员会
朗县纪委党支部	先进基层党组织	2019年7月	中共朗县委员会
拉多乡人民政府	先进基层党组织	2019年7月	中共朗县委员会
拉多乡扎村	先进基层党组织	2019年10月	中共朗县委员会
拉多乡扎村	朗县第四届塔布文化旅游节暨第二届农牧民丰收节获得文艺演出组织奖	2019年9月	中共朗县委员会
朗县人大常委会办公室	先进基层党组织	2019年7月	中共朗县委员会
朗县人力资源和社会保障局	先进基层党组织	2019年7月	中共朗县委员会
朗县老干部局	先进基层党组织	2019年7月	中共朗县委员会
朗县卫生服务中心	2019年度朗县民族团结进步模范集体	2019年12月	朗县人民政府

说明：由于各单位资料提供不全，可能有遗漏

受县级及以上表彰的先进个人一览表

表7

姓名	性别	民族	工作单位	获奖名称	表彰时间	授予单位
拉巴次仁	男	藏族	拉多乡扎村党支部	全国农村青年致富带头人	2019年11月	共青团中央、农业农村部
平措次仁	男	藏族	朗县兽防站	国家级渔业执法工作先进个人	2019年	农业农村部
明　珠	女	藏族	朗县市场监督管理局	全国市场监管系统先进工作者	2019年12月	人力资源和社会保障部、国家市场监督管理总局
索　加	男	藏族	朗县仲达镇人民政府	希望工程希望之星	2019年	中国青少年发展基金会
次仁尼玛	男	藏族	朗县林业和草原局	全国绿化奖章	2019年9月	全国绿化委员会
张艺超	男	汉族	朗县强基办	自治区创先争优强基础惠民生活动先进工作者	2019年	中共西藏自治区委员会、自治区人民政府
张艺超	男	汉族	朗县县委组织部	自治区创先争优强基础惠民生活动先进工作者	2019年	中共西藏自治区委员会、自治区人民政府
穷　达	男	藏族	林芝市农业农村局	自治区创先争优强基础惠民生活动先进驻村(居)工作队员	2019年	中共西藏自治区委员会、自治区人民政府
平措罗布	男	藏族	仲达镇人民政府	自治区创先争优强基础惠民生活动先进驻村(居)工作队员	2019年	中共西藏自治区委员会、自治区人民政府
旦增维色	男	藏族	洞嘎镇人民政府	自治区创先争优强基础惠民生活动先进驻村(居)工作队员	2019年	中共西藏自治区委员会、自治区人民政府
胡照跃	男	汉族	拉多乡人民政府	自治区创先争优强基础惠民生活动先进驻村(居)工作队员	2019年	中共西藏自治区委员会、自治区人民政府
普布次仁	男	藏族	林芝市民政局	自治区创先争优强基础惠民生活动先进驻村(居)工作队员	2019年	中共西藏自治区委员会、自治区人民政府
边　巴	男	藏族	林芝市民宗局	自治区创先争优强基础惠民生活动先进驻村(居)工作队员	2019年	中共西藏自治区委员会、自治区人民政府
白玛玉珍	女	藏族	林芝市统计局	自治区创先争优强基础惠民生活动先进驻村(居)工作队员	2019年	中共西藏自治区委员会、自治区人民政府
次仁拉姆	女	藏族	林芝市自然资源局	自治区创先争优强基础惠民生活动先进驻村(居)工作队员	2019年	中共西藏自治区委员会、自治区人民政府
德吉曲珍	女	藏族	自治区高等级公路管理局	自治区创先争优强基础惠民生活动先进驻村(居)工作队员	2019年	中共西藏自治区委员会、自治区人民政府
谭　猛	男	汉族	朗县县委宣传部	自治区创先争优强基础惠民生活动先进驻村(居)工作队员	2019年	中共西藏自治区委员会、自治区人民政府
扎西曲珍	女	藏族	朗县人民检察院	优秀公务员	2019年12月	中共西藏自治区委员会、西藏自治区人民政府
格桑央金	女	藏族	朗县人民检察院	优秀公务员	2019年12月	中共西藏自治区委员会、西藏自治区人民政府
尼玛坚增	男	藏族	朗县人民检察院	自治区先进驻村工作队员	2019年12月	中共西藏自治区委员会、西藏自治区人民政府

续表7

姓名	性别	民族	工作单位	获奖名称	表彰时间	授予单位
姚　胜	男	汉族	朗县朗镇人民政府	西藏自治区“三区三州”事业单位脱贫攻坚专项嘉奖	2019年	中共西藏自治区委员会、西藏自治区人民政府
张艺超	男	汉族	朗县县委组织部	自治区创先争优强基础惠民生活动先进工作者	2019年12月	中共西藏自治区委员会、西藏自治区人民政府
曾　健	男	汉族	巴尔曲德寺管委会	“遵行四条标准　争做先进僧尼”先进寺管干部	2019年12月	中共西藏自治区委员会、西藏自治区人民政府
江白坚增	男	藏族	巴尔曲德寺管委会	“遵行四条标准　争做先进僧尼”优秀僧尼	2019年12月	中共西藏自治区委员会、西藏自治区人民政府
洛桑玉珍	女	藏族	仲达镇中心小学	西藏自治区乡村教师从教25年荣誉奖	2019年9月	西藏自治区人民政府
索朗多吉	男	藏族	朗县朗镇人民政府	农村承包地确权登记颁发工作先进个人	2019年	中共西藏自治区委员会农村工作领导小组办公室、西藏自治区农业厅
成　利	女	汉族	朗县县委宣传部	2019年度宣传思想文化系统先进工作者	2019年3月	中共西藏自治区委员会宣传部
达瓦次仁	男	藏族	中国农业银行股份有限公司林芝分行朗县支行	“信用风险管理”先进个人	2019年	中国农业银行西藏自治区分行
赤来顿珠	男	藏族	中国农业银行股份有限公司林芝分行朗县支行	“信用风险管理”先进个人	2019年	中国农业银行西藏自治区分行
谭倩倩	女	汉族	朗县纪委监委	2019年度全区纪检监察信息工作先进个人	2020年5月	中共西藏自治区纪委办公厅
查　果	男	藏族	朗县公安局	三等功	2019年1月	西藏自治区公安厅
多杰拉加	男	藏族	朗县公安局	先进个人	2019年7月	西藏自治区公安厅
嘎玛仁增	男	藏族	仲达镇中心小学	西藏自治区民族传统体育项目打牛角第三名	2019年5月	西藏自治区社会和民族传统体育指导管理中心
索　加	男	藏族	朗县仲达镇人民政府	第二届全国创业培训讲师大赛西藏赛区选拔赛中荣获优秀奖	2019年	西藏自治区人力资源和社会保障厅
平措次仁	男	藏族	朗县气象局	在西藏气象工作中做出突出贡献，给予嘉奖	2019年7月	西藏自治区气象局
达瓦扎西	男	藏族	朗县气象局	2019年度个人嘉奖	2020年5月	西藏自治区气象局
拉姆次仁	男	藏族	朗县气象局	在西藏气象工作中做出突出贡献，给予嘉奖	2019年7月	西藏自治区气象局
扎西达瓦	男	藏族	洞嘎中心小学	模范班主任	2019年9月	西藏自治区教育厅
丹增卓玛	女	藏族	朗县中心小学	全区优秀思想政治教育工作者	2019年9月	西藏自治区教育厅
云旦加措	男	藏族	仲达镇中心小学	全区优秀教师	2019年9月	西藏自治区教育厅

续表7

姓名	性别	民族	工作单位	获奖名称	表彰时间	授予单位
王红伟	男	汉族	共青团朗县委员会	2019年全区优秀团干部——驻村专项	2020年5月	共青团西藏自治区委员会
卓玛曲吉	女	藏族	朗县人社局	林芝市创先争优强基础惠民生活动先进驻村(居)工作队员荣誉称号	2019年12月	中共林芝市委员会、林芝市人民政府
丁孔圣	男	汉族	林芝市卫健委	林芝市创先争优强基础惠民生活动先进驻村(居)工作队员	2019年	中共林芝市委员会、林芝市人民政府
于海泉	男	汉族	林芝市委统战部	林芝市创先争优强基础惠民生活动先进驻村(居)工作队员	2019年	中共林芝市委员会、林芝市人民政府
王凯龙	男	蒙古族	朗县自然资源局	林芝市创先争优强基础惠民生活动先进驻村(居)工作队员	2019年	中共林芝市委员会、林芝市人民政府
仁增加措	男	藏族	朗县朗镇人民政府	林芝市脱贫攻坚先进个人	2019年	中共林芝市委员会、林芝市人民政府
白玉洁	男	汉族	林芝市应急管理局	林芝市创先争优强基础惠民生活动先进驻村(居)工作队员	2019年	中共林芝市委员会、林芝市人民政府
乔卓玛	女	藏族	朗镇中心小学	优秀班主任	2019年9月	中共林芝市委员会、林芝市人民政府
次仁央宗	女	藏族	林芝市委政法委	林芝市创先争优强基础惠民生活动先进驻村(居)工作队员	2019年	中共林芝市委员会、林芝市人民政府
严晶	男	汉族	自治区高等级公路管理局	林芝市创先争优强基础惠民生活动先进驻村(居)工作队员	2019年	中共林芝市委员会、林芝市人民政府
苏华	男	汉族	林芝市经信局	林芝市创先争优强基础惠民生活动先进驻村(居)工作队员	2019年	中共林芝市委员会、林芝市人民政府
何鹏阳	男	汉族	金东乡人民政府	林芝市创先争优强基础惠民生活动先进驻村(居)工作队员	2019年	中共林芝市委员会、林芝市人民政府
汪旭	女	汉族	朗县县委组织部	林芝市创先争优强基础惠民生活动先进驻村(居)工作队员	2019年	中共林芝市委员会、林芝市人民政府
其律	男	藏族	仲达镇人民政府	林芝市创先争优强基础惠民生活动先进驻村(居)工作队员	2019年	中共林芝市委员会、林芝市人民政府
卓玛曲吉	女	藏族	朗县人社局	林芝市创先争优强基础惠民生活动先进驻村(居)工作队员	2019年	中共林芝市委员会、林芝市人民政府
赵辉	男	汉族	林芝市政协	林芝市创先争优强基础惠民生活动先进驻村(居)工作队员	2019年	中共林芝市委员会、林芝市人民政府
洛松邓达	男	藏族	朗县县委统战部	林芝市创先争优强基础惠民生活动先进驻村(居)工作队员	2019年	中共林芝市委员会、林芝市人民政府
洛桑曲珍	女	藏族	朗县人大办	林芝市创先争优强基础惠民生活动先进驻村(居)工作队员	2019年	中共林芝市委员会、林芝市人民政府
洛桑曲珍	女	藏族	朗县人大办	林芝市创先争优强基础惠民生活动先进驻村(居)工作队员	2019年11月	中共林芝市委员会、林芝市人民政府
姚胜	男	汉族	朗县朗镇人民政府	林芝市脱贫攻坚先进个人	2019年	中共林芝市委员会、林芝市人民政府

续表7

姓名	性别	民族	工作单位	获奖名称	表彰时间	授予单位
格桑次仁	男	藏族	仲达镇中心小学	"优秀教师"称号	2019年9月	中共林芝市委员会、林芝市人民政府
格桑德吉	女	藏族	林芝市委党校	林芝市创先争优强基础惠民生活动先进驻村(居)工作队员	2019年	中共林芝市委员会、林芝市人民政府
索　朗	男	藏族	朗县司法局	林芝市"遵循四条标准　争做先进僧尼"教育实践活动先进工作者	2019年12月	中共林芝市委员会、林芝市人民政府
索朗占堆	男	藏族	林芝市农业农村局	林芝市创先争优强基础惠民生活动先进驻村(居)工作队员	2019年	中共林芝市委员会、林芝市人民政府
索朗卓玛	女	藏族	金东乡人民政府	林芝市创先争优强基础惠民生活动先进驻村(居)工作队员	2019年	中共林芝市委员会、林芝市人民政府
曹宏泰	男	汉族	林芝市扶贫办	林芝市创先争优强基础惠民生活动先进驻村(居)工作队员	2019年	中共林芝市委员会、林芝市人民政府
普布扎西	男	藏族	林芝市发改委	林芝市创先争优强基础惠民生活动先进驻村(居)工作队员	2019年	中共林芝市委员会、林芝市人民政府
熊林飞	男	汉族	林芝市委宣传部	林芝市创先争优强基础惠民生活动先进驻村(居)工作队员	2019年	中共林芝市委员会、林芝市人民政府
樊红亮	男	汉族	林芝市自然资源局	林芝市创先争优强基础惠民生活动先进驻村(居)工作队员	2019年	中共林芝市委员会、林芝市人民政府
曾　健	男	汉族	巴尔曲德寺管委会	"遵行四条标准　争做先进僧尼"先进寺管干部	2019年12月	中共林芝市委员会、林芝市人民政府
江白坚增	男	藏族	巴尔曲德寺管委会	"遵行四条标准　争做先进僧尼"优秀僧尼	2019年12月	中共林芝市委员会、林芝市人民政府
加　措	男	藏族	金东乡人民政府	"四讲四爱"优秀宣讲员	2019年	中共林芝市委员会、林芝市"四讲四爱"领导小组
加　措	男	藏族	金东乡人民政府	"四讲四爱"最美人物	2019年	中共林芝市委员会、林芝市"四讲四爱"领导小组
悟更多吉	男	藏族	金东乡人民政府	林芝市"四讲四爱"先进个人	2019年	中共林芝市委员会、林芝市"四讲四爱"领导小组
次仁罗布	男	藏族	拉多乡中心小学	"最美乡村教师"荣誉称号	2019年9月	林芝市人民政府
索朗卓嘎	女	藏族	洞嘎中心小学	林芝市乡村教师奉献奖	2019年12月	林芝市人民政府
冯甲男	男	汉族	朗县仲达镇人民政府	林芝市"中国梦　我们加油"朗县庆祝中华人民共和国成立70周年主题演讲比赛三等奖	2019年	中共林芝市委宣传部
王伟保	男	汉族	朗县县委宣传部(县广播电视台)	2019年度《林芝新闻》栏目供稿先进个人	2020年6月	中共林芝市委宣传部
王伟保	男	汉族	朗县县委宣传部(县广播电视台)	新闻作品《朗县洛龙村贫困户增收有术》获得2019年度林芝优秀新闻作品三等奖	2020年5月	中共林芝市委宣传部
白　央	女	藏族	朗县县委宣传部	林芝市"遵循四条标准　争做先进僧尼"教育实践活动先进工作者	2019年12月	中共林芝市委宣传部

续表7

姓名	性别	民族	工作单位	获奖名称	表彰时间	授予单位
李亚超	男	汉族	朗县县委宣传部	2019年度林芝市宣传思想工作先进工作者	2019年11月	中共林芝市委宣传部
阿　旦	男	藏族	朗县县委宣传部(县广播电视台)	新闻作品《年关将近喜洋洋　如字村里分红忙——朗县登木乡如字村全体村民的幸福小康路》获2018年度林芝优秀新闻作品三等奖	2019年7月	中共林芝市委宣传部
郝　晗	男	汉族	朗县县委宣传部	2018年度林芝市宣传思想工作先进工作者	2019年2月	中共林芝市委宣传部
钱加典	男	汉族	朗县县委宣传部(县广播电视台)	新闻作品《朗县洛龙村贫困户增收有术》获得2019年度林芝优秀新闻作品三等奖	2020年5月	中共林芝市委宣传部
钱加典	男	汉族	朗县县委宣传部(县广播电视台)	新闻作品《坚定不移跟党走　手缝国旗献给党》获得2019年度林芝优秀新闻作品三等奖	2020年5月	中共林芝市委宣传部
钱加典	男	汉族	朗县县委宣传部(县广播电视台)	新闻作品《十九大系列报道——今天的热米村、堆村的变迁、水电路巨变》获得林芝优秀新闻作品三等奖	2020年2月	中共林芝市委宣传部
钱加典	男	汉族	朗县县委宣传部(县广播电视台)	林芝市2018年度新闻宣传工作先进个人称号	2019年7月	中共林芝市委宣传部
鲁　闯	男	汉族	朗县县委宣传部	林芝市2017年度新闻宣传工作优秀通讯员	2019年2月	中共林芝市委宣传部
强巴德吉	女	藏族	朗县县委宣传部(县广播电视台)	新闻作品《朗县洛龙村贫困户增收有术》获得2019年度林芝优秀新闻作品三等奖	2020年5月	中共林芝市委宣传部
强巴德吉	女	藏族	朗县县委宣传部(县广播电视台)	新闻作品《十九大系列报道——今天的热米村、堆村的变迁、水电路巨变》获得林芝优秀新闻作品三等奖	2020年2月	中共林芝市委宣传部
嘎玛益西	男	藏族	朗县县委宣传部(县广播电视台)	林芝市2017年度新闻宣传工作先进个人	2019年2月	中共林芝市委宣传部
谭　猛	男	藏族	朗县县委宣传部	林芝市新闻宣传优秀通讯员	2019年12月	中共林芝市委宣传部
谭　猛	男	藏族	朗县县委宣传部	新闻作品《朗县洛龙村贫困户增收有术》获得2019年度林芝优秀新闻作品三等奖	2020年5月	中共林芝市委宣传部
索朗边久	男	藏族	朗县人大财经委	庆祝中华人民共和国成立70周年暨2019西藏林芝雅鲁藏布生态文化旅游节书画展优秀奖	2019年10月	中共林芝市委宣传部、林芝市文学艺术联合会
多吉拉姆	女	藏族	中国农业银行股份有限公司林芝分行朗县支行	“七一”优秀共产党员	2019年	中国农业银行股份有限公司林芝分行
丹增卓玛	女	藏族	朗县中心小学	少先队建队70周年林芝市“优秀辅导员”	2019年10月	共青团林芝市委员会、少先队林芝市工作委员会

续表7

姓名	性别	民族	工作单位	获奖名称	表彰时间	授予单位
索朗曲珍	女	藏族	朗县自然资源局	2018—2019学年优秀教育工作者	2019年9月	林芝市八一中学
马少平	男	汉族	朗县卫健委	2019年度医德医术模范奖	2020年	林芝市卫健委
王国玺	男	汉族	朗县卫健委	2019年度医德医术先进奖	2020年	林芝市卫健委
扎西卓嘎	女	藏族	朗县卫健委	2019年度医德医术先进奖	2020年	林芝市卫健委
丹巴卓玛	女	藏族	朗县卫健委	2019年度优秀乡镇医务工作者	2020年	林芝市卫健委
丹增旺姆	女	藏族	朗县卫健委	2019年度优秀乡镇医务工作者	2020年	林芝市卫健委
巴桑卓玛	女	藏族	朗县卫健委	2019年度医德医术模范奖	2020年	林芝市卫健委
白玛曲珍	女	藏族	朗县卫健委	2019年度医德医术先进奖	2020年	林芝市卫健委
白珍	女	藏族	朗县卫健委	2019年度白衣天使医德医术模范奖	2020年	林芝市卫健委
尼玛卓玛	女	藏族	朗县卫健委	2019年度优秀乡镇医务工作者	2020年	林芝市卫健委
边珍	女	藏族	朗县卫健委	2019年度白衣天使医德医术先进奖	2020年	林芝市卫健委
达娃措吉	女	藏族	朗县卫健委	2019年度最美乡村医生	2020年	林芝市卫健委
多旺旺堆	男	藏族	朗县卫健委	2019年度最美乡村医生	2020年	林芝市卫健委
次仁拉姆	女	藏族	朗县卫健委	2019年度白衣天使医德医术模范奖	2020年	林芝市卫健委
次旺卓嘎	女	藏族	朗县卫健委	2019年度医德医术模范奖	2020年	林芝市卫健委
米玛次仁	男	藏族	朗县卫健委	2019年度最美乡村医生	2020年	林芝市卫健委
贡觉多吉	男	藏族	朗县卫健委	2019年度医德医术先进奖	2020年	林芝市卫健委
李颂梅	女	藏族	朗县卫健委	2019年度最美乡村医生	2020年	林芝市卫健委
陈巧巧	女	汉族	朗县卫健委	2019年度医德医术先进奖	2020年	林芝市卫健委
贵桑旺姆	女	藏族	朗县卫健委	2019年度白衣天使医德医术先进奖	2020年	林芝市卫健委
索朗群旦	男	藏族	朗县卫健委	2019年度医德医术模范奖	2020年	林芝市卫健委
索朗德吉	女	藏族	朗县卫健委	2019年度最美乡村医生	2020年	林芝市卫健委
普训	男	藏族	朗县卫健委	2019年度医德医术模范奖	2020年	林芝市卫健委
强巴朗杰	男	藏族	朗县卫健委	2019年度优秀乡镇医务工作者	2020年	林芝市卫健委

续表7

姓名	性别	民族	工作单位	获奖名称	表彰时间	授予单位
德吉卓玛	女	藏族	朗县卫健委	2019 年度医德医术模范奖	2020 年	林芝市卫健委
巴桑顿珠	男	藏族	朗县公安局	个人三等功	2019 年 2 月	林芝市公安局
旦　增	男	藏族	朗县公安局	二级优秀辅警	2019 年 1 月	林芝市公安局
旦增群培	男	藏族	朗县公安局	二级优秀辅警	2019 年 1 月	林芝市公安局
边巴琼达	男	藏族	朗县公安局	三级优秀辅警	2019 年 1 月	林芝市公安局
阿旺西热	男	藏族	朗县公安局	个人三等功	2019 年 1 月	林芝市公安局
其美次仁	男	藏族	朗县公安局	个人三等功	2019 年 1 月	林芝市公安局
周兆玉	男	汉族	朗县公安局	个人嘉奖	2019 年 1 月	林芝市公安局
孟可心	男	汉族	朗县公安局	个人嘉奖	2019 年 1 月	林芝市公安局
胡　坤	男	汉族	朗县公安局	个人嘉奖	2019 年 1 月	林芝市公安局
班　靖	女	汉族	朗县公安局	个人嘉奖	2019 年 1 月	林芝市公安局
索朗多布杰	男	藏族	朗县公安局	三级优秀辅警	2019 年 1 月	林芝市公安局
普布顿珠	男	藏族	朗县公安局	个人嘉奖	2019 年 1 月	林芝市公安局
强巴边旦	男	藏族	朗县公安局	个人嘉奖	2019 年 1 月	林芝市公安局
德吉措姆	女	藏族	朗县公安局	三级优秀辅警	2019 年 1 月	林芝市公安局
陈虹旺	男	汉族	朗县仲达镇人民政府	林芝市 2019 年国家扶贫日脱贫攻坚征文三等奖	2019 年	林芝市脱贫攻坚指挥部
达瓦次仁	男	藏族	中国农业银行股份有限公司林芝分行朗县支行	2016—2018 年林芝市金融助力脱贫攻坚“先进个人”	2019 年 4 月	林芝市脱贫攻坚指挥部、中国人民银行林芝市中心支行
格桑四朗	男	藏族	中国农业银行股份有限公司林芝分行朗县支行	2016—2018 年林芝市金融助力脱贫攻坚“先进个人”	2019 年 4 月	林芝市脱贫攻坚指挥部、中国人民银行林芝市中心支行
多　杰	男	藏族	朗县人武部	优秀个人	2019 年	林芝军分区
骆云亮	男	汉族	朗县人武部	优秀参谋	2019 年	林芝军分区
王　浩	男	汉族	国家税务总局朗县税务局	优秀公务员	2019 年 12 月	国家税务总局林芝市税务局
邹陇君	男	汉族	国家税务总局朗县税务局	优秀党务工作者	2019 年	国家税务总局林芝市税务局

续表7

姓名	性别	民族	工作单位	获奖名称	表彰时间	授予单位
赵四溪	男	汉族	国家税务总局朗县税务局	优秀公务员	2019年12月	国家税务总局林芝市税务局
益西卓玛	女	藏族	国家税务总局朗县税务局	优秀共产党员	2019年	国家税务总局林芝市税务局
平措次仁	男	藏族	朗县气象局	优秀党务工作者	2020年7月	林芝市气象局
达瓦扎西	男	藏族	朗县气象局	优秀个人	2020年2月	林芝市气象局
达瓦扎西	男	藏族	朗县气象局	优秀共产党员	2020年7月	林芝市气象局
措姆	女	藏族	朗县气象局	先进个人	2020年2月	林芝市气象局
索朗边久	男	藏族	朗县人大财经委	林芝市第三届“智慧笔尖”书法比赛三等奖	2019年11月	林芝市藏语委办（编译局）
索朗多吉	男	藏族	朗县朗镇人民政府	林芝市农村土地承包经营权确权登记颁证工作先进个人	2019年	林芝市农村土地（耕地）承包经营权确权登记颁证工作领导小组办公室
晓次仁	男	藏族	滚村	朗县脱贫攻坚工作先进个人	2019年7月	中共朗县委员会、朗县人民政府
晓次仁	男	藏族	滚村	朗县民族团结进步先进个人	2019年8月	中共朗县委员会、朗县人民政府
晓次仁	男	藏族	滚村	先进双联户	2019年11月	中共朗县委员会、朗县人民政府
嘎玛曲珍	女	藏族	洞嘎镇人民政府	优秀公务员	2019年12月	中共朗县委员会、朗县人民政府
曹海啸	男	汉族	洞嘎镇人民政府	优秀公务员	2019年12月	中共朗县委员会、朗县人民政府
梁宇宁	男	汉族	洞嘎镇人民政府	优秀公务员	2019年12月	中共朗县委员会、朗县人民政府
格列	男	藏族	洞嘎镇人民政府	优秀公务员	2019年12月	中共朗县委员会、朗县人民政府
仁增白珍	女	藏族	洞嘎镇人民政府	优秀公务员	2019年12月	中共朗县委员会、朗县人民政府
达玛	男	藏族	洞嘎镇人民政府	优秀公务员	2019年12月	中共朗县委员会、朗县人民政府
高攀	男	汉族	洞嘎镇人民政府	优秀公务员	2019年12月	中共朗县委员会、朗县人民政府
沈琳琳	女	汉族	洞嘎镇人民政府	优秀公务员	2019年12月	中共朗县委员会、朗县人民政府
胡敦	男	汉族	朗县交通运输局	优秀公务员	2019年12月	中共朗县委员会、朗县人民政府

续表7

姓名	性别	民族	工作单位	获奖名称	表彰时间	授予单位
袁鹏	男	汉族	朗县交通运输局	优秀公务员	2019年12月	中共朗县委员会、朗县人民政府
索朗多吉	男	藏族	朗县交通运输局	优秀公务员	2019年12月	中共朗县委员会、朗县人民政府
周廷军	男	汉族	朗县卫健委	优秀公务员	2019年12月	中共朗县委员会、朗县人民政府
禹世梦	女	汉族	朗县卫健委	优秀公务员	2019年12月	中共朗县委员会、朗县人民政府
郭文斌	男	汉族	朗县卫健委	优秀公务员	2019年12月	中共朗县委员会、朗县人民政府
朱新涛	男	汉族	金东乡人民政府	朗县民族团结进步先进个人	2019年	中共朗县委员会、朗县人民政府
代星东	男	汉族	金东乡人民政府	优秀公务员	2019年12月	中共朗县委员会、朗县人民政府
益西旺姆	女	藏族	金东乡人民政府	优秀公务员	2019年12月	中共朗县委员会、朗县人民政府
悟更多吉	男	藏族	金东乡人民政府	优秀公务员	2019年12月	中共朗县委员会、朗县人民政府
王富利	男	汉族	金东乡人民政府	优秀公务员	2019年12月	中共朗县委员会、朗县人民政府
保文斐	男	汉族	金东乡人民政府	优秀公务员	2019年12月	中共朗县委员会、朗县人民政府
阿旺次仁	男	藏族	金东乡人民政府	优秀公务员	2019年12月	中共朗县委员会、朗县人民政府
索朗央吉	女	藏族	金东乡人民政府	冬虫夏草采集管理工作优秀个人	2019年	中共朗县委员会、朗县人民政府
江白卓玛	女	藏族	金东乡人民政府	脱贫攻坚优秀工作者	2019年	中共朗县委员会、朗县人民政府
德青卓玛	女	藏族	金东乡人民政府	脱贫攻坚优秀工作者	2019年	中共朗县委员会、朗县人民政府
达瓦	男	藏族	拉多乡人民政府	2019年优秀党员	2019年	中共朗县委员会、朗县人民政府
高耀远	男	汉族	拉多乡人民政府	优秀公务员	2019年12月	中共朗县委员会、朗县人民政府
陶忠胜	男	汉族	拉多乡人民政府	优秀公务员	2019年12月	中共朗县委员会、朗县人民政府
孔伟朋	男	汉族	拉多乡人民政府	优秀公务员	2019年12月	中共朗县委员会、朗县人民政府
贡嘎次仁	男	藏族	拉多乡人民政府	优秀公务员	2019年12月	中共朗县委员会、朗县人民政府

续表7

姓名	性别	民族	工作单位	获奖名称	表彰时间	授予单位
格桑拉姆	女	藏族	拉多乡人民政府	优秀公务员	2019年12月	中共朗县委员会、朗县人民政府
边　珍	女	藏族	拉多乡人民政府	优秀公务员	2019年12月	中共朗县委员会、朗县人民政府
布姆布古	女	藏族	拉多乡人民政府	优秀公务员	2019年12月	中共朗县委员会、朗县人民政府
白央啦	女	藏族	拉多乡人民政府	优秀公务员	2019年12月	中共朗县委员会、朗县人民政府
索朗旺久	男	藏族	朗县人民检察院	优秀公务员	2019年12月	中共朗县委员会、朗县人民政府
宋学武	男	汉族	朗县应急管理局	优秀公务员	2019年12月	中共朗县委员会、朗县人民政府
郭泽刚	男	汉族	朗县应急管理局	优秀公务员	2019年12月	中共朗县委员会、朗县人民政府
路继位	男	汉族	朗县人民政府办公室	优秀公务员	2019年12月	中共朗县委员会、朗县人民政府
石　井	男	汉族	朗县人民政府办公室	优秀公务员	2019年12月	中共朗县委员会、朗县人民政府
王　利	女	汉族	朗县人民政府办公室	优秀公务员	2019年12月	中共朗县委员会、朗县人民政府
杨琪源	男	汉族	朗县县委办	在朗县脱贫攻坚工作中表现突出，成绩显著	2019年7月	中共朗县委员会、朗县人民政府
洛桑玉珍	女	藏族	朗县商务局	优秀公务员	2019年12月	中共朗县委员会、朗县人民政府
杨子安	男	藏族	朗县商务局	优秀公务员	2019年12月	中共朗县委员会、朗县人民政府
巴桑乔	男	藏族	朗县扶贫办	优秀公务员	2019年12月	中共朗县委员会、朗县人民政府
普　珍	女	藏族	朗县扶贫办	优秀公务员	2019年12月	中共朗县委员会、朗县人民政府
孙　岩	男	汉族	朗县脱贫攻坚指挥部	优秀公务员	2019年12月	中共朗县委员会、朗县人民政府
王　策	男	汉族	朗县妇女联合会	优秀公务员	2019年12月	中共朗县委员会、朗县人民政府
其美卓嘎	女	藏族	朗县妇女联合会	2019年度优秀共产党员	2019年12月	中共朗县委员会、朗县人民政府
郑　波	男	汉族	朗县人民检察院	2019年度优秀共产党员	2020年7月	中共朗县委员会、朗县人民政府
陈书洋	男	汉族	朗县医疗保障局	优秀公务员	2019年12月	中共朗县委员会、朗县人民政府

续表7

姓名	性别	民族	工作单位	获奖名称	表彰时间	授予单位
仓　　拉	女	藏族	朗县医疗保障局	优秀事业单位工作人员	2019年12月	中共朗县委员会、朗县人民政府
索朗多吉	男	藏族	朗县朗镇人民政府	优秀公务员	2019年12月	中共朗县委员会、朗县人民政府
米　　玛	女	藏族	朗县朗镇人民政府	优秀公务员	2019年12月	中共朗县委员会、朗县人民政府
陈顺治	男	汉族	朗县朗镇人民政府	优秀公务员	2019年12月	中共朗县委员会、朗县人民政府
索朗江村	男	藏族	朗县朗镇人民政府	优秀公务员	2019年12月	中共朗县委员会、朗县人民政府
洛桑土登	男	藏族	朗县朗镇人民政府	优秀公务员	2019年12月	中共朗县委员会、朗县人民政府
王钦洋	男	汉族	朗县朗镇人民政府	优秀公务员	2019年12月	中共朗县委员会、朗县人民政府
刘秀婷	女	汉族	朗县朗镇人民政府	优秀公务员	2019年12月	中共朗县委员会、朗县人民政府
郑　　白	男	藏族	朗县朗镇人民政府	优秀党务工作者	2019年	中共朗县委员会、朗县人民政府
甄　　平	男	汉族	朗县朗镇人民政府	优秀党务工作者	2019年	中共朗县委员会、朗县人民政府
杨洁平	女	汉族	朗县朗镇人民政府	优秀共产党员	2019年	中共朗县委员会、朗县人民政府
成　　利	女	汉族	朗县朗镇人民政府	优秀共产党员	2019年	中共朗县委员会、朗县人民政府
强巴朗杰	男	藏族	朗镇卫生院	优秀共产党员	2019年	中共朗县委员会、朗县人民政府
旦　　增	女	藏族	堆巴村	优秀共产党员	2019年	中共朗县委员会、朗县人民政府
旦增普巴	男	藏族	朗巴居委会	优秀共产党员	2019年	中共朗县委员会、朗县人民政府
扎西欧珠	男	藏族	娘村	优秀共产党员	2019年	中共朗县委员会、朗县人民政府
索朗多吉	男	藏族	巴热村	优秀党务工作者	2019年	中共朗县委员会、朗县人民政府
管永强	男	汉族	仲达镇人民政府	朗县创先争优强基础惠民生活动先进驻村（居）工作队员	2019年	中共朗县委员会、朗县人民政府
魏立梅	女	汉族	仲达镇人民政府	朗县创先争优强基础惠民生活动先进驻村（居）工作队员	2019年	中共朗县委员会、朗县人民政府
洛桑顿珠	男	藏族	林芝市农业农村局	朗县创先争优强基础惠民生活动先进驻村（居）工作队员	2019年	中共朗县委员会、朗县人民政府

续表7

姓名	性别	民族	工作单位	获奖名称	表彰时间	授予单位
蒋长江	男	汉族	林芝市外侨办	朗县创先争优强基础惠民生活动先进驻村(居)工作队员	2019年	中共朗县委员会、朗县人民政府
黄　丽	女	汉族	林芝市发改委	朗县创先争优强基础惠民生活动先进驻村(居)工作队员	2019年	中共朗县委员会、朗县人民政府
边　巴	男	汉族	林芝市农业农村局	朗县创先争优强基础惠民生活动先进驻村(居)工作队员	2019年	中共朗县委员会、朗县人民政府
曲　珍	女	藏族	朗县政府办	朗县创先争优强基础惠民生活动先进驻村(居)工作队员	2019年	中共朗县委员会、朗县人民政府
尼玛央宗	女	藏族	林芝市委政法委	朗县创先争优强基础惠民生活动先进驻村(居)工作队员	2019年	中共朗县委员会、朗县人民政府
任　为	男	汉族	林芝市应急管理局	朗县创先争优强基础惠民生活动先进驻村(居)工作队员	2019年	中共朗县委员会、朗县人民政府
央　宗	女	藏族	洞嘎镇人民政府	朗县创先争优强基础惠民生活动先进驻村(居)工作队员	2019年	中共朗县委员会、朗县人民政府
驳　吉	女	藏族	林芝市国资委	朗县创先争优强基础惠民生活动先进驻村(居)工作队员	2019年	中共朗县委员会、朗县人民政府
白玛央	女	藏族	登木乡人民政府	朗县创先争优强基础惠民生活动先进驻村(居)工作队员	2019年	中共朗县委员会、朗县人民政府
次仁央金	女	藏族	洞嘎镇人民政府	朗县创先争优强基础惠民生活动先进驻村(居)工作队员	2019年	中共朗县委员会、朗县人民政府
付小娇	女	汉族	拉多乡人民政府	朗县创先争优强基础惠民生活动先进驻村(居)工作队员	2019年	中共朗县委员会、朗县人民政府
李后天	男	藏族	朗县民政局	朗县创先争优强基础惠民生活动先进驻村(居)工作队员	2019年	中共朗县委员会、朗县人民政府
洛　桑	男	藏族	林芝市卫健委	朗县创先争优强基础惠民生活动先进驻村(居)工作队员	2019年	中共朗县委员会、朗县人民政府
次吉拉姆	女	藏族	朗县法院	朗县创先争优强基础惠民生活动先进驻村(居)工作队员	2019年	中共朗县委员会、朗县人民政府
格桑扎西	男	藏族	林芝市民政局	朗县创先争优强基础惠民生活动先进驻村(居)工作队员	2019年	中共朗县委员会、朗县人民政府
陈顺治	男	汉族	朗镇人民政府	朗县创先争优强基础惠民生活动先进驻村(居)工作队员	2019年	中共朗县委员会、朗县人民政府
旺　扎	男	藏族	林芝市民政局	朗县创先争优强基础惠民生活动先进驻村(居)工作队员	2019年	中共朗县委员会、朗县人民政府
甄　平	男	汉族	朗镇人民政府	朗县创先争优强基础惠民生活动先进驻村(居)工作队员	2019年	中共朗县委员会、朗县人民政府
施少华	男	汉族	朗镇人民政府	朗县创先争优强基础惠民生活动先进驻村(居)工作队员	2019年	中共朗县委员会、朗县人民政府
刘志强	男	藏族	林芝市信访局	朗县创先争优强基础惠民生活动先进驻村(居)工作队员	2019年	中共朗县委员会、朗县人民政府

续表7

姓名	性别	民族	工作单位	获奖名称	表彰时间	授予单位
史文榕	女	汉族	林芝市统计局	朗县创先争优强基础惠民生活动先进驻村(居)工作队员	2019年	中共朗县委员会、朗县人民政府
张强	男	汉族	林芝市总工会	朗县创先争优强基础惠民生活动先进驻村(居)工作队员	2019年	中共朗县委员会、朗县人民政府
论珠索巴	男	藏族	林芝市生态环境局朗县分局	朗县创先争优强基础惠民生活动先进驻村(居)工作队员	2019年	中共朗县委员会、朗县人民政府
唐堆郎桑	男	藏族	林芝市自然资源局	朗县创先争优强基础惠民生活动先进驻村(居)工作队员	2019年	中共朗县委员会、朗县人民政府
田园	男	汉族	金东乡人民政府	朗县创先争优强基础惠民生活动先进驻村(居)工作队员	2019年	中共朗县委员会、朗县人民政府
嘎玛益西	男	藏族	朗县电视台	朗县创先争优强基础惠民生活动先进驻村(居)工作队员	2019年	中共朗县委员会、朗县人民政府
片多	女	藏族	金东乡人民政府	朗县创先争优强基础惠民生活动先进驻村(居)工作队员	2019年	中共朗县委员会、朗县人民政府
加措	男	藏族	林芝市自然资源局	朗县创先争优强基础惠民生活动先进驻村(居)工作队员	2019年	中共朗县委员会、朗县人民政府
达娃	男	藏族	登木乡人民政府	朗县创先争优强基础惠民生活动先进驻村(居)工作队员	2019年	中共朗县委员会、朗县人民政府
胡俊	男	汉族	朗县政协办	朗县创先争优强基础惠民生活动先进驻村(居)工作队员	2019年	中共朗县委员会、朗县人民政府
杨蛟	男	汉族	朗县人大办	优秀公务员	2019年12月	中共朗县委员会、朗县人民政府
王瑞雪	女	汉族	朗县人大办	优秀公务员	2019年12月	中共朗县委员会、朗县人民政府
李增军	男	汉族	林芝市生态环境局朗县分局	优秀公务员	2019年12月	中共朗县委员会、朗县人民政府
贡觉曲珍	女	藏族	林芝市生态环境局朗县分局	优秀公务员	2019年12月	中共朗县委员会、朗县人民政府
尚江慧	女	汉族	朗县市场监督管理局	优秀公务员	2019年12月	中共朗县委员会、朗县人民政府
王旭	女	汉族	朗县市场监督管理局	优秀公务员	2019年12月	中共朗县委员会、朗县人民政府
张瑶	女	汉族	朗县市场监督管理局	优秀公务员	2019年12月	中共朗县委员会、朗县人民政府
央吉	女	藏族	朗县水利局	2019年度朗县优秀共产党员	2019年	中共朗县委员会、朗县人民政府
吴俊	男	汉族	朗县民宗局	优秀公务员	2019年12月	中共朗县委员会、朗县人民政府
白珍	女	藏族	朗县民宗局	优秀公务员	2019年12月	中共朗县委员会、朗县人民政府

续表7

姓名	性别	民族	工作单位	获奖名称	表彰时间	授予单位
关天铭	男	汉族	朗县民宗局	优秀公务员	2019年12月	中共朗县委员会、朗县人民政府
达娃仓决	女	藏族	朗县司法局	优秀公务员	2019年12月	中共朗县委员会、朗县人民政府
杨景磊	男	汉族	朗县司法局	脱贫攻坚优秀个人	2019年7月	中共朗县委员会、朗县人民政府
桑吉	男	藏族	朗县司法局	优秀公务员	2019年12月	中共朗县委员会、朗县人民政府
索朗	男	藏族	朗县司法局	朗县民族团结进步先进个人	2019年8月	中共朗县委员会、朗县人民政府
杨景磊	男	汉族	朗县司法局	朗县脱贫攻坚优秀个人	2019年7月	中共朗县委员会、朗县人民政府
成利	女	汉族	朗县县委宣传部	2021年度朗县优秀事业干部	2019年11月	中共朗县委员会、朗县人民政府
旦增曲珍	女	藏族	朗县县委宣传部	优秀公务员	2019年12月	中共朗县委员会、朗县人民政府
叶阳	男	汉族	朗县县委宣传部	优秀公务员	2019年12月	中共朗县委员会、朗县人民政府
阿旦	男	藏族	朗县县委宣传部(县广播电视台)	2019年度朗县优秀事业干部	2019年11月	中共朗县委员会、朗县人民政府
强巴德吉	女	藏族	朗县县委宣传部(县广播电视台)	2019年度朗县优秀事业干部	2019年11月	中共朗县委员会、朗县人民政府
洛桑次仁	男	藏族	朗县县委宣传部(县电影队)	2019年度朗县优秀事业干部	2019年11月	中共朗县委员会、朗县人民政府
史龙刚	男	汉族	朗县县委政法委	优秀公务员	2019年12月	中共朗县委员会、朗县人民政府
索朗卓玛	女	藏族	朗县县委政法委	优秀公务员	2019年12月	中共朗县委员会、朗县人民政府
索朗多杰	男	藏族	朗县县委政法委	优秀公务员	2019年12月	中共朗县委员会、朗县人民政府
米玛	男	藏族	朗县县委政法委	民族团结进步模范个人	2019年9月	中共朗县委员会、朗县人民政府
次仁多吉	男	汉族	朗县政协办	优秀公务员	2019年12月	中共朗县委员会、朗县人民政府
闫玉琴	女	汉族	朗县政协办	优秀公务员	2019年12月	中共朗县委员会、朗县人民政府

续表7

姓名	性别	民族	工作单位	获奖名称	表彰时间	授予单位
尼玛卓玛	女	藏族	朗县仲达镇人民政府	2019年朗县“民族团结你我同创 美好家园全民共享”主题演讲比赛获三等奖	2019年	中共朗县委员会、朗县人民政府
保善辉	男	汉族	朗县仲达镇人民政府	朗县2019年度冬虫夏草采集管理工作“优秀个人”	2019年	中共朗县委员会、朗县人民政府
尼玛卓玛	女	藏族	朗县仲达镇人民政府	优秀公务员	2019年12月	中共朗县委员会、朗县人民政府
李显勇	男	汉族	朗县仲达镇人民政府	优秀公务员	2019年12月	中共朗县委员会、朗县人民政府
冯甲男	男	汉族	朗县仲达镇人民政府	优秀公务员	2019年12月	中共朗县委员会、朗县人民政府
谢美竹	女	汉族	朗县仲达镇人民政府	优秀公务员	2019年12月	中共朗县委员会、朗县人民政府
陈虹旺	男	汉族	朗县仲达镇人民政府	优秀公务员	2019年12月	中共朗县委员会、朗县人民政府
西洛	女	藏族	朗县仲达镇人民政府	优秀公务员	2019年12月	中共朗县委员会、朗县人民政府
次珍	女	藏族	朗县仲达镇人民政府	优秀公务员	2019年12月	中共朗县委员会、朗县人民政府
达瓦仓决	女	藏族	朗县仲达镇人民政府	优秀公务员	2019年12月	中共朗县委员会、朗县人民政府
洛桑曲珍	女	藏族	朗县仲达镇人民政府	优秀公务员	2019年12月	中共朗县委员会、朗县人民政府
拉姆普赤	女	藏族	朗县仲达镇人民政府	优秀公务员	2019年12月	中共朗县委员会、朗县人民政府
达娃仓决	女	藏族	朗县自然资源局	优秀公务员	2019年12月	中共朗县委员会、朗县人民政府
吾坚平措	男	藏族	朗县自然资源局	优秀公务员	2019年12月	中共朗县委员会、朗县人民政府
拉西卓玛	女	藏族	朗县自然资源局	2019年朗县民族团结进步模范个人	2019年12月	中共朗县委员会、朗县人民政府
罗良	男	汉族	朗县县委组织部	朗县民族团结先进个人	2019年8月	中共朗县委员会、朗县人民政府
陈云	男	汉族	朗县县委组织部	优秀公务员	2019年12月	中共朗县委员会、朗县人民政府
蒙友建	男	汉族	朗县县委组织部	优秀公务员	2019年12月	中共朗县委员会、朗县人民政府

续表7

姓名	性别	民族	工作单位	获奖名称	表彰时间	授予单位
益　西	女	藏族	朗县县委组织部	优秀公务员	2019年12月	中共朗县委员会、朗县人民政府
罗　良	男	汉族	朗县县委组织部	优秀公务员	2019年12月	中共朗县委员会、朗县人民政府
王　旋	女	汉族	朗县县委组织部	优秀公务员	2019年12月	中共朗县委员会、朗县人民政府
张艺超	男	汉族	朗县县委组织部	优秀公务员	2019年12月	中共朗县委员会、朗县人民政府
尼　珍	女	藏族	朗县县委组织部	优秀公务员	2019年12月	中共朗县委员会、朗县人民政府
多　吉	男	藏族	巴尔曲德寺管委会	遵行四条标准　争做先进僧尼”先进寺管干部	2019年11月	中共朗县委员会、朗县人民政府
索朗江村	男	藏族	巴尔曲德寺管委会	优秀公务员	2019年12月	中共朗县委员会、朗县人民政府
江白坚增	男	藏族	巴尔曲德寺管委会	遵行四条标准　争做先进僧尼”优秀僧尼	2019年12月	中共朗县委员会、朗县人民政府
杨　琪	男	汉族	巴尔曲德寺管委会	“遵行四条标准　争做先进僧尼”先进寺管干部	2019年7月	中共朗县委员会、朗县人民政府
杨　琪	男	汉族	巴尔曲德寺管委会	优秀公务员	2019年7月	中共朗县委员会、朗县人民政府
李　勋	男	汉族	金东乡人民政府	优秀党务工作者	2019年	中共朗县县委会
丁海梅	女	汉族	金东乡人民政府	优秀共产党员	2019年	中共朗县县委会
王富利	男	汉族	金东乡人民政府	优秀共产党员	2019年	中共朗县县委会
王红伟	男	汉族	共青团朗县委员会	优秀公务员	2019年12月	中共朗县县委会
旦增曲桑	男	藏族	朗县交通运输局	优秀共产党员	2019年	中共朗县委员会
宋学武	男	汉族	朗县应急管理局	优秀共产党员	2019年7月	中共朗县委员会
孙　势	男	汉族	朗县县委办	在纪念党建98周年评选表彰活动中被评为优秀共产党员	2019年7月	中共朗县委员会
杨琪源	男	汉族	朗县县委办	在纪念党建98周年评选表彰活动中被评为优秀共产党员	2019年7月	中共朗县委员会
白　玛	男	藏族	登木乡人民政府	优秀共产党员	2019年7月	中共朗县委员会
张西涛	女	珞巴族	朗县工商联	优秀公务员	2019年12月	中共朗县委员会

续表7

姓名	性别	民族	工作单位	获奖名称	表彰时间	授予单位
李俊莹	女	汉族	县直机关工委	优秀公务员	2019年12月	中共朗县委员会
谭倩倩	女	汉族	朗县纪委监委	优秀公务员	2019年12月	中共朗县委员会
欧　珠	男	藏族	朗县纪委监委	优秀公务员	2019年12月	中共朗县委员会
洛桑扎西	男	藏族	朗县纪委监委	优秀公务员	2019年12月	中共朗县委员会
陈　春	男	汉族	朗县纪委监委	优秀公务员	2019年12月	中共朗县委员会
央　宗	女	藏族	朗县纪委监委	优秀公务员	2019年12月	中共朗县委员会
达瓦拉姆	女	藏族	朗县纪委监委	优秀公务员	2019年12月	中共朗县委员会
魏春红	女	汉族	朗县纪委监委	朗县2019年民族团结先进个人	2019年11月	中共朗县委员会
丁海梅	女	汉族	金东乡人民政府	先进工作者	2019年	中共朗县委员会
扎西多布杰	男	藏族	金东乡人民政府	先进工作者	2019年	中共朗县委员会
索朗央吉	女	藏族	金东乡人民政府	先进工作者	2019年	中共朗县委员会
姚志超	男	汉族	金东乡人民政府	先进工作者	2019年	中共朗县委员会
李颂梅	女	藏族	金东乡人民政府	先进工作者	2019年	中共朗县委员会
孙立武	男	汉族	朗县人民政府	优秀公务员	2019年12月	中共朗县委员会
张应强	男	汉族	朗县人民政府	优秀公务员	2019年12月	中共朗县委员会
李后天	男	汉族	朗县民政局	优秀公务员	2019年12月	中共朗县委员会
益西卓玛	女	藏族	朗县民政局	先进个人	2019年	中共朗县委员会
封　莹	女	汉族	朗县民政局	先进个人	2019年	中共朗县委员会
加　措	男	藏族	农业农村局	优秀公务员	2019年12月	中共朗县委员会
蔡辅友	男	藏族	产业组	优秀公务员	2019年12月	中共朗县委员会
斯朗土登	男	藏族	推广站	先进工作者	2019年	中共朗县委员会
卓玛才宗	女	藏族	推广站	先进工作者	2019年	中共朗县委员会
周　英	女	汉族	兽防站	先进工作者	2019年	中共朗县委员会
达娃玮斯	女	藏族	推广站	先进工作者	2019年	中共朗县委员会
杨　蛟	男	汉族	朗县人大办	优秀共产党员	2019年7月	中共朗县委员会
洛桑曲珍	女	藏族	朗县人大办	优秀共产党员	2019年7月	中共朗县委员会

续表7

姓名	性别	民族	工作单位	获奖名称	表彰时间	授予单位
益西顿珠	男	藏族	朗县人社局	优秀公务员	2019年12月	中共朗县委员会
卓玛曲吉	女	藏族	朗县人社局	优秀公务员	2019年12月	中共朗县委员会
达娃卓嘎	女	藏族	朗县人社局	优秀公务员	2019年12月	中共朗县委员会
巴桑卓玛	女	藏族	朗县人社局	优秀公务员	2019年12月	中共朗县委员会
曲尼卓玛	女	藏族	朗县人社局	优秀公务员	2019年12月	中共朗县委员会
但　均	男	汉族	朗县人社局	2019年优秀事业干部	2019年12月	中共朗县委员会
文世新	男	汉族	朗县统计局	2019年优秀共产党员	2019年7月	中共朗县委员会
成　利	女	汉族	朗县县委宣传部	2019年优秀共产党员	2019年7月	中共朗县委员会
朱　坤	男	汉族	朗县自然资源局	2019年度县级优秀事业干部	2019年12月	中共朗县委员会
德　央	女	藏族	朗县自然资源局	2019年度优秀共产党员	2019年7月	中共朗县委员会
罗　良	男	汉族	朗县县委组织部	2019年优秀党务工作者	2019年7月	中共朗县委员会
吕　买	男	汉族	朗县县委组织部	2019年优秀共产党员	2019年7月	中共朗县委员会
次　仁	女	藏族	朗县县委组织部	优秀事业干部	2019年11月	中共朗县委员会
王明亮	男	汉族	朗县县委组织部	优秀事业干部	2019年11月	中共朗县委员会
洛　桑	男	藏族	卓村	优秀党务工作者	2019年7月	中共朗县委员会
其　律	男	藏族	聂村	优秀党务工作者	2019年7月	中共朗县委员会
仁增白珍	女	藏族	洞嘎镇人民政府	优秀党务工作者	2019年7月	中共朗县委员会
拉巴次珍	女	藏族	洞嘎镇人民政府	优秀共产党员	2019年7月	中共朗县委员会
尼玛卓玛	女	藏族	洞嘎镇人民政府	优秀共产党员	2019年7月	中共朗县委员会
邵俊杰	男	藏族	洞嘎镇人民政府	优秀共产党员	2019年7月	中共朗县委员会
王学强	男	藏族	洞嘎镇人民政府	优秀共产党员	2019年7月	中共朗县委员会
格　列	男	藏族	洞嘎镇人民政府	优秀共产党员	2019年7月	中共朗县委员会
沈琳琳	女	藏族	洞嘎镇人民政府	优秀共产党员	2019年7月	中共朗县委员会

说明：由于各单位资料提供不全，可能有遗漏

附　　录

朗县人民代表大会常务委员会工作报告

——在朗县十三届人大六次会议上

朗县人大常委会副主任　向　阳

（2020 年 4 月 1 日）

2019 年工作回顾

2019 年是中华人民共和国成立 70 周年，是西藏民主改革 60 周年，是朗县全面建成小康社会的关键之年。在县委的坚强领导下，在市人大常委会的有力指导下，县人大常委会深入学习贯彻中共十九大，十九届二中、三中、四中全会精神和习近平新时代中国特色社会主义思想及关于坚持和完善人民代表大会制度的重要论述，扎实开展“不忘初心、牢记使命”主题教育，贯彻落实区党委九届五次、六次全会及市委一届七次、八次全会精神和县委九届三次、四次、五次全会精神，紧扣市人大一届六次会议工作目标，增强“四个意识”、坚定“四个自信”、做到“两个维护”，认真履行宪法法律赋予的各项职责，主动作为、忠实履职、担当尽责，为促进朗县经济社会长足发展和长治久安做出了应有贡献。

一、坚持党的领导，切实提高政治站位

一年来，常委会坚持以政治建设为统领，坚决把严守党的政治纪律和政治规矩放在首位，始终在政治立场、政治原则、政治方向、政治道路上同以习近平同志为核心的党中央保持高度一致，确保围绕中心不偏、服务大局有力，保证人大工作始终与党的工作同心同向、同频共振。

一是不忘初心，坚定理想信念。结合开展“不忘初心、牢记使命”主题教育、“两学一做”学习教育常态化制度化及“四讲四爱”群众教育实践活动，以学习贯彻落实习近平新时代中国特色社会主义思想为指导，先后在县人大常委会党组理论中心组、常委会会议、主任会议上对十九大，十九届二中、三中、四中全会精神，《习近平新时代中国特色社会主义思想学习纲要》、《习近平关于“不忘初心、牢记使命”重要论述选编》以及习近平关于脱贫工作的重要论述等内容进行认真学习，共集中学习 48

次，专题研讨 13 次，深入基层调查研究 15 次，形成调研报告 4 篇，征求意见并完成整改 6 条，确保牢固树立坚定的理想信念，不断强化人大依法履职能力，牢记初心和使命，不忘担当和职责，提振精气神，汇聚正能量，为加快建设“五个朗县”[①]奠定了坚实的理论基础。

二是牢记使命，决定重大事项。人大及其常委会坚持把认真讨论、决定重大事项与全县经济社会发展紧密结合起来，围绕计划、预算执行等重大事项，深入调查研究，依法作出决议、决定。一年来，代表大会及常委会依法审议、审查和决定了人大及“一府两院”各项工作报告 19 项，主要涉及国民经济和社会发展计划及执行、财政（预算、执行、调整）、十三届人大五次会议建议意见办理、拉林铁路征地补偿、新型农村合作医疗、机关后勤保障、国有资产管理、朗县人大常委会组成人员守则、虫草采集管理、旅游景区景点建设、脱贫攻坚成果巩固、环境保护、三岩搬迁等工作。通过听取和审议，及时对各行业部门提出意见建议，有效推动了相关工作改进和落实。

三是模范带头，维护社会稳定。县人大常委会从人大工作的职责和特点出发，把维护社会稳定作为人大常委会的日常重要工作之一，结合“扫黑除恶”专项斗争活动，切实发挥人大代表在人民群众中的先锋模范作用，倡议代表积极广泛参与到活动中来，人大常委会组织向农牧民代表宣讲扫黑除恶专项斗争相关知识 6 场次，向全县 359 名四级人大代表发放了《致全县各级人大代表的一封信》及扫黑除恶学习资料 150 份，组织全体机关干部前往驻村点召开学习宣讲会和知识竞赛活动，积极引导各级人大代表始终坚持顾大局、识大体，与广大人民群众一道，全面深入扎实地投入社会管理工作中。为进一步加强虫草采集管理工作，及时化解和消除因虫草资源引发的各种矛盾和不稳定因素，2019 年“两会”召开期间，组织全体参会人员共 200 余人，举办了 2019 年虫草采集管理培训会。大会闭幕后，全体代表利用各乡（镇）“人大代表之家”平台进一步深入宣讲，真正做到了让相关政策家喻户晓、人人皆知，切实为维护全县社会稳定和虫草采集工作有序推进奠定了良好的基础。一年来，常委会班子成员共计 46 人次参加县维稳指挥中心值班带班工作，2 人次到联系乡镇维稳蹲点共计 60 天，22 人次到联系乡镇、学校、寺庙开展维稳督导和虫草采集管理宣传工作，4 名人大常委会领导分别担任县级河长并开展巡河工作 14 次，有力推动了我县社会和谐稳定。

四是行权履职，依法任免干部。坚持党管干部和人大依法任免干部相结合的原则，严格按照法定程序，认真行使人事任免权，确保党委的人事安排意图圆满实现。2019 年，县人大及其常委会先后依法选举、任免国家机关工作人员 57 人次，其中，选举县监察委员会主任 1 人次、任免政府及组成部门负责人 25 人次、法检两院工作人员 31 人次。依法接受辞去林芝市一届人大代表职务 3 人次和朗县第十三届人大常委会委员职务 1 人次。人大常委会通过对任命人员进行任前发言、投票选举、颁发任命书、向宪法宣誓，进一步增强了任命干部的宪法意识、法律意识、公仆意识、责任意识和主动接受人大监督的自觉性。

二、坚持履职尽责，维护人民根本利益

一年来，常委会按照习近平总书记关于对地方人大及其常委会工作的重要指示批示精神，全面贯彻实施监督法，坚持问题导向，抓住事关改革发展稳定的重大问题、影响法律法规实施的关键问题、人民群众普遍关注的热点难点问题，综合运用多种监督方式，有重点有计划地加强监督，着力在依法行使好监督权、任免权上下功夫，全力以赴履行宪法法律赋予的各项职责，助力朗县改革发展稳定各项事业向纵深推进。2019 年，共组织召开“三会”14 次，其中代表大会 1 次，县人大常委会会议 5 次，主任会议 8 次，共听取和审议“一府两院”专项工作报告 18 个，开展执法领域专项监督 3 次，开展民生领域视察 2 次，开展人大业务工作、扶贫工作、土地平整、考察学习、代表意见建议办理工作专项调研各 1 次。人大常委会领导班子成员按照监督分工，对各自监督单位开展调研督导 6 人次，全面了解掌握各单位工作开展情况，帮助解决面临的实际困难。

一是履行请示报告制度。县人大常委会严格

贯彻落实市委、市人大常委会《关于进一步加强和改进人大工作的意见》，认真落实每半年向县委常委会汇报工作制度，坚持重大会议活动、重要工作向县委请示报告。2019 年，先后向县委请示报告 6 次，确保了党的领导始终贯穿于人大依法履职全过程、各方面。

二是认真听取专项报告。听取和审议“一府两院”专项工作报告，是宪法和法律赋予地方人大常委会的一项重要职权，是地方人大常委会行使监督权的基本形式和主要途径，也是提高人大常委会会议质量乃至整个人大常委会工作质量的重要组成部分。县人大常委会始终把听取专项工作报告、提高审议质量作为人大的重要工作之一。听取专项报告中，在肯定成绩的同时，重点反映存在的问题及意见、建议，促使“一府两院”能够在专项报告中及时作出回应，使专项工作监督达到预期目的。全年共提出审议意见 46 条，及时交办有关部门 46 条。

三是认真开展专题视察。根据 2019 年监督议题，紧紧围绕人大重点工作、服务发展大局的职能定位，为进一步督促政府做好特色农牧业、水利、旅游发展、城乡建设、环境保护等工作以及各乡镇开展“扫黑除恶”专项斗争相关活动，五月和八月，由县人大常委会牵头、乡镇人大配合、职能部门参与，组织开展了 2 次专项视察。县人大常委会及时召开视察情况反馈会，针对视察发现的具体问题，形成了视察情况报告，及时反馈给政府相关部门及乡镇予以整改办理。同时，围绕重点热点问题开展专题调研。第一，对朗镇申木村土地平整项目未按期完工交付使用的问题进行调研 1 次，查出问题 3 个，提出整改工作建议 4 条并跟踪督促落实。第二，人大常委会班子成员 16 人次到联系乡镇对辣椒种植管理情况开展调研指导。第三，围绕学习贯彻习近平新时代中国特色社会主义思想和宪法情况、坚持党的领导情况、依法履职情况、代表工作情况、自身建设情况五个方面 28 项内容对全县人大工作进行了一次总体调研。第四，围绕乡镇人大工作、扶贫工作开展情况各调研一次。第五，积极配合市人大相关执法检查组，对我县《中华人民共和国工会法》《中华人民共和国文物保护法》等法律法规的执行情况和学校食品安全进行了检查。

三、坚持主体地位，充分发挥代表作用

一年来，常委会坚持把支持和保障代表依法履职作为做好新时代人大工作的重要课题，积极搭建代表履职平台，丰富代表活动内容，健全完善体制机制，提升服务水平，充分发挥人大代表参与决策、监督协助、桥梁纽带作用，努力拓展代表工作。

一是认真办理代表建议。为紧密结合“不忘初心、牢记使命”主题教育和人大工作实际，切实抓住为民解难题、办实事这个关键，2019 年 10 月，人大常委会组织召开了朗县第十三届人大第五次会议代表意见建议办理情况汇报会，建议承办单位负责人汇报了涉及本单位的建议办理情况，专题调研组针对汇报会中发现的重点难点问题、民心民生工程、群众热切期盼的相关建议进行了调研，切实掌握意见建议办理情况和存在的主要问题，并要求承办单位提高认识，加强沟通协调，增强宗旨意识，针对问题立即整改，加大答复和办结力度。2019 年，向政府转交的 49 件代表建议中，问题已解决或基本解决的 20 件，占 40.82%，正在解决或列入计划解决的 17 件，占 34.69%，条件限制或其他原因需要研究解决的 12 件，占 24.49%。

二是认真搭建履职平台。县人大常委会不断创新举措、完善机制、拓展平台，支持和保障代表依法履职，更好地发挥代表作用。第一，邀请人大代表参加视察、执法检查、专项调研、列席常委会等活动。第二，深入开展各层各类培训。县人大常委会紧密结合主题教育、“四讲四爱”群众教育实践活动、代表业务知识、“扫黑除恶”专项斗争知识等大力开展培训活动，覆盖全县各级人大代表。第三，持续推进“人大代表之家”规范化建设，切实利用平台帮助群众解决基层服务、文化教育、农牧区建设等方面的重点难点问题。第四，完善代表之家台账，建立县级人大代表履职档案和代表为民办实事相关台账。

三是认真开展代表活动。充分发挥“人大代表之家”宣传人民代表大会制度的阵地作用、联系人大代表的窗口作用和收集民意诉求的平台作用。第一，组织各级人大代表开展了一次以“‘礼赞新中

国书写新时代'——喜迎新中国成立70周年"为主题的书法比赛，人大代表书法爱好者胸怀感恩祖国之心，用手中的笔书写伟大的祖国，书写伟大的时代，充分表达了代表对祖国的热爱和感恩之情。第二，通过邀请自治区级宣讲员嘎多和人大代表平措杰布、强巴格列等10名人大代表分别结合主题教育就西藏的光辉历史和发展变化进行巡回宣讲，激发人大代表的履职热情，使他们能够对标先进，检视自己，将宣讲成效转化为发挥代表作用的具体行动，在先进事迹的感召下，凝聚初心、践行使命。

四是积极扩大对外宣传。坚持正确舆论导向，以庆祝地方人大及其常委会设立40周年和全国人民代表大会成立65周年为契机，组织部分朗县十三届人大代表开展了丰富多彩的巡回宣讲活动，强化人大制度与实践典型宣传，充分发挥"朗县人大"公众号宣传阵地作用，展示朗县人大工作特色亮点，弘扬社会主义民主法治，努力讲好朗县人大故事、传播好朗县人大声音。

四、坚持创新引领，切实加强自身建设

一年来，常委会围绕"两个机关"[②]建设目标，精准把握新时代强化人大自身建设的特点规律，持续在党的建设、组织建设、能力建设等重点领域聚焦发力，推动履职能力和服务水平再上新台阶，为常委会高质量高标准开展各项工作奠定了坚实基础。

一是突出党建引领。认真贯彻新时代党的建设总要求，切实履行管党治党政治责任，深化落实党风廉政建设责任制，带头廉洁自律、严于律己、摆正心态、守住底线，严格执行中央八项规定及其实施细则精神和区党委实施办法，扎实推动机关全面从严治党各项措施落实落细。

二是严肃党内生活。人大常委会党组召开了2019年第二批"不忘初心、牢记使命"主题教育民主生活会，通过严肃党内政治生活，不断引导全体人大常委会组成人员树牢核心意识，对党绝对忠诚，坚持以人民为中心的工作理念，站在县委中心工作和全县大局的高度，站在全县各族人民根本利益的立场上，重民生、保生态、提建议、作决策、解难题。

三是健全组织架构。抓住深化党政机构改革机遇，向县委建议增设县人大教科文卫委员会、社会建设委员会，实现了县级人大"一室三委"的机构设置，为进一步发挥好人大监督作用提供了保障。

四是投身强基惠民。按照上级党委和县委要求，县人大办选派1名干部到仲达镇拉丁雪村开展驻村工作并担任党支部第一书记。其间，县人大机关先后16人次深入驻村点检查、调研工作并为驻地群众和驻村工作队送去慰问金、慰问品总价值达7700元。2019年，人大办获得"自治区创先争优强基础惠民生活动优秀组织单位"荣誉称号。

各位代表！过去的一年县人大常委会各项工作取得的成绩，得益于习近平新时代中国特色社会主义思想科学引领，得益于县委高度重视，得益于"一府一委两院"[③]大力支持，得益于全体人大代表和常委会组成人员履职尽责，得益于全县各族人民集思广益和积极参与。在此，我代表县人大常委会表示崇高的敬意和衷心的感谢！

在总结成绩的同时，我们也清醒地认识到，与县委的要求、人民群众的期望。与宪法法律赋予的职责还有差距：一是监督的重点需进一步聚焦，跟踪检查力度需进一步加大；二是代表作用发挥得还不够充分，代表履职服务保障水平还有待提升；三是人大常委会自身行权履职的能力和水平还需进一步提升；四是对宪法的宣传力度还有待加强。对此，县人大常委会将在今后工作中高度重视，自觉接受人大代表和人民群众监督，虚心听取各方面意见建议，采取务实管用的措施，认真加以改进。

2020年主要工作任务

2020年既是全面建成小康社会的决战决胜之年，又是"十三五"的收官之年，更是实现中华民族伟大复兴"两个一百年"第一个百年梦的关键之年。县人大常委会的总体工作思路是：坚持以习近平新时代中国特色社会主义思想为指导，全面贯彻落实中共十九大和十九届二中、三中、四中全会精神，深入贯彻落实习近平总书记关于坚持和完善人民代表大会制度的重要思想、关于治边稳藏的重要论

述，坚持党的领导、人民当家作主、依法治国有机统一，按照自治区党委、市委关于人大工作的要求和朗县县委九届五次、六次全会精神，认真履行宪法和法律赋予的职责，不断改进监督方式、提高监督实效，严格按照县委“12345”④工作思路和县人大常委会“1235”⑤工作思路，紧扣县委决策，依法履行职责，勇于开拓进取，为建设“五个朗县”作出积极贡献。

一是持续在坚定理想信念上精准发力。常委会将始终站在树牢“四个意识”、坚定“四个自信”、做到“两个维护”的政治高度，全面贯彻落实党的十九届四中全会精神，深刻理解掌握蕴含其中的科学内涵和创新观点，掌握其政治意义、历史意义、理论意义和实践意义，着力在学深悟透、融会贯通上下功夫，做到内化于心、外化于行。发扬学到底、悟到位的精神，认真贯彻落实习近平总书记关于坚持和完善人民代表大会制度的重要思想及关于地方人大及其常委会的重要指示批示精神，坚持逐字逐句学、反复认真学，通过学习不断筑牢做好新时代人大工作的思想政治基础。

二是持续在强化政治担当上精准发力。不断巩固“不忘初心、牢记使命”主题教育成果，始终把党的领导贯穿人大工作的全过程和各方面；正确处理人大与“一府一委两院”的关系，把握好监督与支持的关系，依法行使监督权，使监督工作更有利于发挥“一府一委两院”工作的积极性、主动性和创造性；紧紧抓住我县发展不平衡不充分的重点问题、影响社会大局和谐稳定的关键问题以及人民群众普遍关心的热点难点问题，依法讨论、决定本行政区域内的重大事项，把党的主张通过法定程序转化为全县人民的共同意志。

三是持续在抓好贯彻落实上精准发力。按照吴英杰书记对自治区人大设立常务委员会40周年的重要批示精神和市委、县委的要求，坚决执行向县委请示报告制度，自觉接受县委对人大工作领导，保证人大工作始终沿着正确的政治方向前进。按照县委决策部署，围绕全县改革发展稳定大局，依法研究决定重大事项和人事任免工作，及时作出决议决定，通过法定程序全力推动县委重大决策部署的贯彻落实。充分发挥人大及其常委会在服务全县改革发展稳定大局中的职能作用，牢牢把握维护祖国统一、加强民族团结这个着眼点和着力点，认真开展国家级民族团结进步示范县创建工作，坚定不移开展反分裂斗争，争做神圣国土的守护者、幸福家园的建设者。

四是持续在突出监督实效上精准发力。坚持维护宪法法律权威，认真贯彻落实和广泛宣传新修正的《中华人民共和国宪法》，切实履行好县人大常委会的法定职责，充分发挥人大常委会的积极作用。不断强化监督职能。认真开展执法检查，及时听取和审议专项工作报告，加强对行政机关、监察机关、审判机关和检察机关的监督，加强预算决算审查监督，健全听取和审议工作报告、执法检查、组织专题询问和质询、开展备案审查等机制措施，切实推动“一府一委两院”改进工作、解决问题；不断推进依法行政。适时组织对政府专项工作开展评议，加大对执法主体单位依法行政的监督。坚持问题导向，选择若干事关改革发展稳定全局的重大问题、人民群众普遍关注的热点难点问题，重点针对生态保护、脱贫攻坚成果巩固、代表建议办理以及新冠肺炎疫情防控等工作加强有力监督，组织代表及人大常委会组成人员进行调研、视察，有力促进经济社会健康发展；不断规范人事任免。把好任前了解关，述职表态关，审议表决关和任后监督关。

五是持续在发挥代表作用上精准发力。聚焦提升代表履职能力，加强理论学习，精心组织人大代表履职培训。密切结合人大常委会工作和代表履职需要，组织代表开展专题培训。完善代表议案审议办理机制、加大代表建议督办力度，推动解决代表反映的突出问题。利用“人大代表之家”平台，做好人大常委会组成人员联系代表、代表联系选区群众的工作，畅通村情民意反映渠道。

六是持续在加强自身建设上精准发力。按照新时代党的建设总要求，全面加强机关党的建设和作风建设，扎实对主题教育提出的问题开展集中整治，持续改作风转作风，用实际行动落实好党风廉政建设各项规定，筑牢拒腐防变的思想道德防线和制度防线。以高质量开好人民代表大会、人大常委会、人大主任会为目标，加强政治理论和业务学习、加强调查研究、加强民主议事，不断提升人大常委会把握大局、反映民意、依法履职、推动落实的能力和水平。进一步提升党的建设水平，严格落实“三重一大”“三会一课”制度，加强人大常委会机关及干部的自身建设。保持斗争精神，增强斗争本领，自觉加强经济、政治、文化、社会、生态文明等方面知识的学习，着力把对法律的尊崇转化为谋划工作时的法治思维、推进工作时的法治方式，努力建设一支忠诚干净担当的高素质人大干部队伍。坚持深入基层、深入实际开展调研，及时掌握新情况新问题新变化，提出高质量的意见建议。加大对基层人大工作指导力度，总结推广基层好经验、好做法，推动全县人大工作整体上台阶、上水平，努力构建适应新时代排头兵先行者要求的地方国家权力机关。

各位代表！新使命凝心聚力，新时代继往开来。让我们更加紧密地团结在以习近平同志为核心的党中央周围，在县委的坚强领导下，充分发挥人民代表大会制度优势，以时不我待的责任意识、勇于担当的为民情怀和奋发有为的工作激情，凝心聚力、团结奋进，只争朝夕、不负韶华，不忘初心、牢记使命，努力在新征程上书写新时代朗县人大工作的新篇章，为谱写中华民族伟大复兴的中国梦而努力奋斗。

注释：

①“五个朗县”：美丽、幸福、文明、法治、和谐朗县。

②“两个机关”：健全人大组织制度和工作制度，支持和保证人大依法行使立法权、监督权、决定权、任免权，更好发挥人大代表作用，使各级人大及其常委会成为全面担负起宪法法律赋予的各项职责的工作机关，成为同人民群众保持密切联系的代表机关。

③“一府一委两院”：“一府”是指人民政府，“一委”是指监察委员会，“两院”是指人民法院、人民检察院。

④县委“12345”工作思路：“实现一个目标”（即实现全面建成小康社会目标）；“推进两大工程”（即进一步推进“党的建设和民族团结”两大工程）；“坚守三条底线”（即：坚守“维护稳定、安全生产、生态环境保护”三条底线）；“做精四个产业”（即做大做精“特色农牧业、文化旅游业、藏医藏药业、清洁能源业”四个产业）；“建设五个朗县”（即：建设“美丽、幸福、文明、法治、和谐”五个朗县）。

⑤县人大常委会“1235”工作思路：“一个目标”“两个坚持”“三个加强”“五个着力”。（即1. 围绕全面建成小康社会目标；2. 坚持党的领导、思想和行动与县委的决策部署相统一，坚持抓好党建工作；3. 加强党风廉政建设，加强班子建设，加强队伍建设；5. 着力健全“一府一委两院”由人大产生、对人大负责、受人大监督制度，着力健全人大讨论、决定重大事项、工作评议制度；着力健全人大常委会同人大代表的联系制度；着力完善人大体系和工作机制；着力推进民主政治建设和人民代表大会制度理论、实践创新）。

中国人民政治协商会议第五届朗县委员会常务委员会工作报告

——在政协第五届朗县委员会第七次会议上

朗县政协主席　宋步川

（2020 年 3 月 31 日）

2019 年工作回顾

2019 年，是人民政协发展史上极不平凡、具有里程碑意义的一年。这一年是新中国和人民政协成立 70 周年，党中央首次召开了中央政协工作会议，习近平总书记出席会议并发表重要讲话，站在党和国家事业发展全局的高度，为新时代加强和改进人民政协工作进一步指明了前进方向、提供了根本遵循。这一年，也是西藏自治区政协成立 60 周年，区党委召开了政协工作会议暨庆祝自治区政协成立 60 周年大会，会上明确提出了关于新时代加强和改进西藏政协工作的实施意见，为基层政协工作开展提出了具体要求。这一年，也是朗县政协砥砺奋进的一年。一年来，县政协常委会在市政协的精心指导下，在县委的坚强领导下，在政府、各承办单位的大力支持下，在全体委员的共同努力下，坚持以习近平新时代中国特色社会主义思想为指导，学习贯彻习近平总书记关于加强和改进人民政协工作的重要思想以及中央政协工作会议、区党委政协工作会议精神，学习贯彻区党委九届五次、六次和市委一届八次、县委九届五次全会精神，全面贯彻落实党中央、区党委、市委和县委系列决策部署，团结带领广大政协委员，牢牢把握团结民主两大主题，聚焦发展稳定生态三件大事，紧扣县委、县政府中心工作，紧盯人民群众关心的热点、难点问题，坚持建言资政和凝聚共识双向发力，在更加注重思想政治引领上凝聚共识，在持续围绕中心、服务大局上实现新作为，在充分发挥专门协商机构作用上取得新突破，在委员发挥作用上展现新担当，在不断健全政协工作制度上迈出新步伐，在自身建设上取得新进步，以实际行动诠释新时代朗县政协人的初心和使命，为建设“五个朗县”做出积极贡献。

一年来，我们不忘初心，充分发挥政协党组把方向、管大局、保落实的领导作用

县政协在政协党组的领导下，始终把坚持党的领导这一初心贯穿政协工作全过程，充分发挥政协党组在政协工作中把方向、管大局、保落实的领导作用，确保政协工作始终沿着正确方向坚定前进。全面落实新时代党的建设要求。学习贯彻习近平总书记在庆祝人民政协成立 70 周年的重要讲话精神、《中共中央关于加强新时代人民政协党的建设工作的若干意见》、全国政协系统党的建设工作座谈会精神、自治区党委丁业现常务副书记在关于加强新时代人民政协党的建设座谈会上的讲话精神及区党委、市委实施意见，专题研究部署政协党的建设工作，建立健全主席、副主席联系各界别委员、党员委员联系党外委员、党员委员参加双重组织生活会、乡（镇）基层委员联络人员等机制，创新“党建＋会议”“党建＋调研”“党建＋培训”模式，实现党的组织对党员委员的全覆盖，党的工作对政协委员的全覆盖，确保政协落实各项决策部署的政治方向不偏、工作力度不减、干劲儿不松。始终把政治建设作为党的根本性建设，严肃党内政治生活，严明政治纪律和政治规矩，严格执行“三重一大”集体决策制度，规范落实“三会一课”制度，严格落实民主集中制，认真召开专题民主生活会与组织生活会，积极参加党风廉政建设和林芝市学习党纪法规知识线上测试，进一步涵养风清气正政治生态，更加坚定了政治信仰。坚决执行重大事项请示报告制度。始终将政协工作的开展置于县委领导下，一切工作围绕县委中心任务谋划、推动，政协各项重大工作都及时向县委请示报告。

一年来，我们勤于学习，强化理论武装，不断筑牢思想根基

始终把理论学习摆在重要位置，作为一项重要的政治任务来抓，作为一项永恒课题常抓不懈。建立健全领导干部引领学、党组（支部）集中学、深化学和党员干部自学体制，坚持理论中心组学习与党支部学习相结合，学习与研讨相结合，学习内容与工作实践相结合，建立完善多层次、常态化、全覆盖的学习体系。深入贯彻落实习近平新时代中国特色社会主义思想和中共十九大及十九届二中、三中、四中全会精神，深入学习《中国共产党章程》《中国共产党党组工作条例》《中国共产党支部工作条例》和习近平总书记关于脱贫攻坚、全面从严治党、生态文明建设等系列重要论述精神，学习贯彻习近平总书记关于加强和改进人民政协工作的重要思想以及中央政协工作会议、区党委政协工作会议精神，学习贯彻区党委九届六次、七次全会和市委一届八次及县委九届五次全会精神，并采取多渠道、多形式的解读内容，以“学习强国”学习平台、《人民日报》社评、微信公众号等为学习载体，在学懂弄通做实上下真功夫，不断增进“五个认同”，增强“四个意识”，坚定“四个自信”，做到“两个维护”。全年组织召开理论中心组学习会议23场次，开展学习专栏3次，组织委员学习培训2场次。

一年来，我们勇于担当，围绕中心，服务大局，助推朗县长足发展和长治久安

面对新时代新任务新要求，主动新担当新作为，认真落实县委各项决策部署，在建设“五个朗县”中彰显政协新作为，努力真正成为县委、县政府的“智囊”。紧扣重点、难点提案专题协商。按照“懂政协、会协商、善议政”的要求，围绕政协五届五次会议上提交的重点、难点提案，组织各承办单位、提案人召开提案办理推进会，部分驻县的区、市政协委员受邀参加会议，各承办单位就提案承办情况作了现场汇报，提案人就办理情况作出了满意答复。全年共收到提案27件，经提案审查委员会审查，予以立案25件，立案率达92.59%，同比增长25.89%。立案中的提案已解决的有12件，占比48%；列入计划逐步解决的有7件，占比28%，办结率76%；未予以立案或不符合相关政策规定的提案作当面解释或书面回复，办复率100%，委员满意率100%，提案提质增效初见成效。紧扣辣椒产业发展献计出力。组织部分委员于10月中旬围绕辣椒产业发展展开专题调研。调研过程中，始终以知民心、懂民意、解民忧为出发点和落脚点，采取不发通知、不打招呼、不听汇报、不用陪同的方式直接深入农牧民群众中走访调研，与农牧民群众零距离交谈，在调研中查找问题、分析原因、提出对策，及时向县委、县政府提交专题调研报告，提出意见建议6条，得到县委主要领导的高度重视和首肯，并批转各部门交流学习。紧扣学前教育发展建言献策。于10月下旬实地走访登木乡森木村幼儿园、登木乡幼儿园及仲达镇幼儿园等乡（村）幼儿园，调研学前教育暨乡（村）幼儿园建设情况，将调研报告提交给市政协，反映困难7条，提出意见建议5条。紧扣乡村振兴战略汇聚智力。组织驻县区、市、县政协委员于12月下旬前往波密县、察隅县、米林县等兄弟县围绕经济种植业、旅游业、环境保护、脱贫攻坚、创新寺庙管理以及基层党建等方面进行学习考察，通过座谈、实地考察等形式，了解了兄弟县在推进乡村振兴战略中各项工作取得的成绩和好的做法，并向县委提交专题调研报告1份。紧扣发展稳定担当献力。扎实开展保平安促稳定工作。始终将维护社会稳定作为重要政治任务，政协党组书记认真履行第一责任人，坚持亲自抓、同部署、同落实，精心部署各项工作，政协领导班子督导检查维稳工作12次，并做好挂点乡（镇）蹲点工作。参加综治宣传活动2次，向群众发放宣传资料180余份，积极参加线上线下“网络安全法”和“扫黑除恶专项斗争”考试，认真完成了县委关于维护社会稳定的各项工作任务，确保了“三无”“三不出”，为我县社会大局持续稳定、长期稳定、全面稳定做出了积极贡献。深化驻村工作和“四对一”帮扶活动。为助力打赢脱贫攻坚战，主席直接分管驻村工作，深入驻村点指导安排驻村工作4次，政协领导班子成员看望慰问了困难群众4次及驻村工作队4次，带去党的关怀与温暖，并送上大米、面粉、食用油等价值近万元的慰问品。助推藏医藏药产业发展。全年先后深入拉多乡拉多村、藏医院实地走访查看6次，组织召开座谈会3次，安排部署藏医藏药产业推进工作，苏卡·娘尼多吉故居遗址保护、农牧民群众安置搬迁、展览馆修建、藏医南派创始人漫画故事宣传手册（初稿）等工作相继完成。做好其他工作。全年先后接待“铁艺加工搬迁”商户4次，深入搬迁地走访查看2次，组织召开座谈会2次；落实“河（湖）长制”4次，组织领导对相应河（湖）进行管理、清洁和保护，有序推动环境综合整治工作；1名副主席抓朗县农牧林综合示范场建设，农牧林综合示范场建设初具规模，为建设美丽、和谐朗县做出了积极贡献。

一年来，我们善于团结，牢牢把握大团结大联合主题，以实际行动凝聚共识

习近平总书记指出，要把加强思想政治引领、广泛凝聚共识作为履职工作的中心环节。县政协牢牢把握大团结大联合主题，积极做好增进共识工作。团结联谊加强。政协办党支部全年先后联合人大办、宣传部党支部举办“庆祝西藏民主改革60周年暨‘3·28’西藏百万农奴解放纪念日”专题活动；联合教育局、医疗保障局等支部，以朗县第四届塔布文化旅游节召开为契机，开展“守初心、担使命、爱国爱家，共创五个朗县”的美化环境活动，增强了团结合作能力；接待各级政协调研团组6批100余人次，积极推介朗县，为朗县“引进来”“走出去”奠定了良好基础。凝聚共识能力增强。全年先后携手委员开展以“携手奋进新时代·同心同向谱新篇”为主题的庆“七一”活动，以“中华民族一家亲·同心共筑中国梦”为主题的庆祝新中国成立70周年活动，及在国庆节前夕，开展“不忘初心送温暖·牢记使命携手行”慰问困难政协委员活动，通过系列活动，教育引导委员把幸福感、获得感转化为对党和社会主义及祖国的热爱与忠诚，更加坚定“知党恩、感党恩，听党话、跟党走”的决心，更加坚定在思想上拥戴核心，在政治上信赖核心，在组织上忠诚核心，在行动上捍卫核心的决心，进一步增强在思想上政治上行动上与以习近平同志为核心的党中央保持高度一致的思想自觉与行动自觉。

一年来，我们狠抓自身建设，推进政协工作提质增效

不断加强和创新自身建设，提高履职能力，推进政协工作提质增效。扎实开展主题教育。始终聚焦“不忘初心、牢记使命”主题教育学习贯彻习近平新时代中国特色社会主义思想这一主线，坚持以更加坚决的态度、更加务实的作风、更加严格的要求投入主题教育过程中，学习教育突出实，调查研究突出深，检视问题突出准，批评与自我批评深入，整改落实突出严，全年开展专题研讨会11场次，对照党章党规查找差距抓落实1场次，查摆和检视问题24条，整改落实24条，长期坚持24条，实现理论学习有收获、思想政治受洗礼、干事创业敢担当、为民服务解难题、清正廉洁作表率的目标。稳步推进机构改革，充实政协人员力量。在县委重视关心下，1名副主席在中央党校参加一年制学习，政协办干部提拔3名，调整1名，充实优化工作机构设置和职能分工，专委会新增2个，更名1个，配置科级干部3名，进一步充实了政协人员力量，优化了政协干部队伍，推动了政协履职质效。深入推进作风建设。始终秉持“打铁还需自身硬”的基本原则，党组书记认真履行第一责任人责任，党组成员认真履行“一岗双责”，主要领导干部站好岗、掌好舵，带头讲政治、树正气，严格贯彻落实中央八项规定精神及其实施细则，以工作作风为切入点，以党章党规为落脚点，以观看优秀影片、参观廉政教育基地、对照检查等为载体，以解决思想作风、工作作风、学习学风为目标任务，持续推进作风建设，全年召开警示教育会6场次，参观廉政教育基地2场次，观看《全面从严治党在西藏》等优秀影片4场次，结合“不忘初心、牢记使命”主题教育，对照对标党章党规开展专题研讨1场次，努力建设一支政治担当、品格过硬、作风优良的干部队伍。

各位委员，一年来我们取得的所有成绩，根本在于习近平新时代中国特色社会主义思想的科学指引，是县委坚强领导的结果，是政府及有关部门、社会各界人士大力支持的结果，是政协各参加单位和广大委员共同奋斗的结果，在此，我代表常委会向长期以来关心、支持政协工作的各位领导、社会各界人士及各位委员表示衷心的感谢！

同时，我们也清醒地认识到，常委会工作还存在一些问题和不足。如思想政治引领还需进一步加强，调查研究工作还需进一步改进，界别活动还需进一步活跃，委员队伍还需进一步加强，委员履职能力水平还需进一步提高，专委会作用发挥还需进一步增强等。对这些问题，我们将在今后的工作中采取更加务实有效措施，切实加以改进。

2020年工作任务

2020年，是全面建成小康社会目标实现之年，是全面打赢脱贫攻坚战收官之年，更是学习贯彻党的十九届四中全会精神开局之年，做好政协工作，意义十分重大。县政协工作的总体要求是：我们将继续在市政协的精心指导下，在县委的坚强领导下，以习近平新时代中国特色社会主义思想为指导，深入学习贯彻十九届四中全会精神、习近平总书记关于治边稳藏的重要论述和“加强民族团结，建设美丽西藏”的重要指示精神，全面贯彻落实中央政协工作会议尤其是习近平总书记重要讲话精神，贯彻落实区党委九届七次全会暨区党委经济工作会议、区党委政协工作会议及市委一届九次暨市委经济工作会议、县委九届六次全会暨县委经济工作会议精神，立足新起点，着眼新目标，主动新作为，在加强思想政治引领和广泛凝聚共识上更进一步、在健全完善制度上更进一步、在发挥专门协商机构作用上更进一步、在强化委员责任担当上更进一步，切实把人民政协制度优势转化为参与社会基层治理的效能，为开创新时代朗县长足发展和长治久安新局面做出应有贡献。

一、坚持党对政协工作的领导，全面加强政协党的建设

坚决贯彻落实党的十九届四中全会关于“坚持和完善党的领导制度体系”的重大决策部署，按照新时代党的建设总要求，贯彻落实全国、全区、全市政协系统党的建设工作座谈会精神，肩负起实现党对政协领导的政治责任，定期向县委汇报党组工作、常委会工作情况，切实发挥好政协党组把方向、管大局、保落实的领导作用，切实把党的领导贯穿政协工作全过程。调整充实政协党组，优化党组织设置，建立健全党建工作机制，实现党的组织对党员委员全覆盖、党的工作对政协委员全覆盖，确保各项决策部署落实无死角、无遗漏、无缝隙。巩固“不忘初心、牢记使命”主题教育成果，教育引导广大党员干部在深学笃思中筑牢守初心、担使命的思想根基，在真抓实干中助力朗县发展，在整改落实中践行初心使命，在转变作风中营造风清气正的政治生态。

二、坚持思想政治引领，全面凝聚共识

深入学习贯彻习近平新时代中国特色社会主义思想，认真贯彻落实习近平总书记关于加强和改进人民政协工作的重要思想，把做到“两个维护”作为责任担当的首要任务，突出思想政治引领，坚持在政协党组的领导下，以政协办党支部为主阵地，努力把政协建设成坚持和加强党对各项工作领导的重要阵地，用党的创新理论团结教育引导广大政协委员的重要平台，全面增强凝聚共识的重要渠道，不断增强求同存异、聚同化异能力。坚持把思想政治引领同经常性思想政治工作结合起来，政协党组全面抓、各专委会着力抓，继续深化管理政协委员微信群平台，深入开展委员讲堂，努力找到最大公约数、画出最大同心圆，积极引导广大委员与全县拧成一股绳、上下一条心、同下“一盘棋”。

三、坚持围绕中心履职，充分发挥专门协商机构作用

坚持把发挥专门协商机构作用作为重要任务，紧紧围绕县委、县政府中心工作，把协商民主贯穿履职全过程，积极探索政协协商与县委、县政府目标任务有效衔接，聚焦打赢脱贫攻坚、四大产业发展、保护生态环境、维护社会稳定等中心任务，密切关注改革发展稳定中出现的新情况新问题，广纳群言、广集民智、广谋良策。建立健全专委会工作制度，明确专委会职能，加强专委会与各部门、各界别委员的联系与沟通，继续深化重点、难点提案协商机制，继续加强和改进调查研究方式，完善协商形式，丰富协商内容，提高协商能力，着力提升协商质量，增强履职建言的针对性和实效性，切实做到发声发在点子上，当好县委、县政府的“智囊团”、经济发展的“助推器”、人民群众的“贴心人”，为助推新时代朗县经济社会发展和长治久安作出积极贡献。

四、坚持强化责任担当，全面加强委员队伍建设

按照“懂政协、会协商、善议政，守纪律、讲规矩、重品行”的要求，强化委员政治责任，增强“四个意识”，坚定“四个自信”，认真贯彻落实党的各项决策部署，以正确的认识和行动坚决做到“两个维护”，推动形成贯彻落实的强大合力，自觉做到同心建言资政，同向建言献策。强化委员履职责任，推进委员履职考核机制，教育引导委员加强学习，全面增强履职本领，牢固树立人民政协为人民的思想，想人民之所想、急人民之所急、忧人民之所忧，自觉做党的政策宣传者、人民利益维护者、社会和谐促进者。提升委员履职水平，提交高质量提案，加强委员提案撰写的培训，丰富调查研究内容和形式，不断开阔委员的视野，拓宽委员的眼界，做到建睿智之言、献务实之策。

同时，严把“准备关、质量关、推荐关”，增强与统战、组织部门的沟通，推荐具有高度政治责任感和使命感、政治上靠得住、遇事不糊涂、关键时起作用的社会各界人士加入政协队伍，扎实做好政协人才储备工作，为政协委员换届做好前期准备工作，为推动新时代政协委员队伍建设注入新的活力。

五、坚持新时代新政协的要求，全面加强政协自身建设

始终把加强自身建设作为加强和改进人民政协工作的重要基础，确保在新时代思想不落后、步调跟得上、肩膀扛得住。加强专委会建设，完善各项工作制度，推进各专委会之间、专委会与党政部门之间的联动协作，完善各专委会联系服务界别和委员的工作机制，着力提升专委会联系服务能力和水平；完善提案办前、办中、办后机制，持续深化提案督办机制，着力提升提案办理的时效性与有效性；进一步加强和改进调研方式，继续强化“四不”调研机制，探索创新更高效、更实效的调研方式，更真实地反映社情民意；进一步加强政协机关建设，持续推进机关作风建设，着力打造让委员和群众满意的新时代政协机关，不断提升机关服务保障水平。

各位委员，站在新的历史方位，人民政协任重道远。习近平总书记对人民政协提出了新要求，汪洋主席指出了人民政协“是什么”“干什么”“怎么干”，新时代人民政协是“舞台”，各位委员是“主角”。让我们更加紧密地团结在以习近平同志为核心的党中央周围，高举习近平新时代中国特色社会主义思想伟大旗帜，共同承担新的时代使命，以新思想引领前进的方向，以新面貌展现政协担当，坚持建言资政和凝聚共识双向发力，在凝聚共识上有新担当，在服务发展上有新作为，在解决问题上有新声音，为决胜全面建成小康社会、决战脱贫攻坚，为如期实现“两个一百年”奋斗目标，为建设“美丽、幸福、文明、法治、和谐”朗县做出新的更大的贡献。

注释：

1. 中央重要会议主要内容：中共十九大主题（不忘初心，牢记使命，高举中国特色社会主义思想伟大旗帜，决胜全面建成小康社会，夺取新时代中国特色社会主义伟大胜利，为实现中华民族伟大复兴的中国梦不懈奋斗；十九届二中全会主要议题：修改宪法；十九届三中全会主要议题：深化党和国家机构改革；十九届四中全会主要议题：坚持和完善中国特色社会主义制度、推进治理体系和治理能力现代化）。

2. 中央政协工作会议：中央政协工作会议暨庆祝中国人民政治协商会议成立70周年大会于2019年9月20日至21日在北京召开，习近平总书记出席会议并发表重要讲话。以党中央名义召开政协工作会议，在党的历史、人民政协历史上都是第一次。会议全面回顾了人民政协的光辉历程，高度评价了人民政协在各个历史时期所做的重要贡献，全面总结了党的十八大以来对人民政协工作提出的一系列新要求，深刻阐明了新时代人民政协工作的使命任务、总体要求和着力重点。会后，下发了《中共中央关于新时代加强和改进人民政协工作的意见》。

3. 区党委政协工作会议：区党委政协工作会议暨庆祝自治区政协成立60周年大会于2019年11月11日在拉萨召开，是西藏历史上以区党委召开的第三次政协工作会议，是进入新时代后以区党委名义召开的第一次政协工作会议。会议以习近平新时代中国特色社会主义思想为指导，认真学习党的十九届四中全会、中央政协工作会议暨庆祝中国人民政治协商会议成立70周年大会精神和《中共中央关于新时代加强和改进人民政协工作的意见》，深入贯彻习近平总书记关于加强和改进人民政协工作的重要思想、关于治边稳藏的重要论述，庆祝自治区政协成立60周年，全面总结辉煌成就和实践经验，安排部署新时代加强和改进西藏政协工作。

4. 新时代党的建设总要求：坚持和加强党的全面领导，坚持党要管党、全面从严治党，以加强党的长期执政能力建设、先进性和纯洁性建设为主线，以党的政治建设为统领，以坚定理想信念宗旨为根基，以调动全党积极性、主动性、创造性为着力点，全面推进党的政治建设、思想建设、组织建设、作风建设、纪律建设，把制度建设贯穿其中，深入推进反腐败斗争，不断提高党的建设质量，把党建设成为始终走在时代前列、人民衷心拥护、勇于自我革命、经得起各种风浪考验朝气蓬勃的马克思主义执政党。

5.“四个意识”：政治意识、大局意识、核心意识、看齐意识。

6.“四个自信”：中国特色社会主义道路自信、理论自信、制度自信、文化自信。

7.“两个维护”：坚决维护习近平总书记党中央的核心、全党的核心地位，坚决维护党中央权威和集中统一领导。

8.“两个一百年”奋斗目标：在中国共产党成立一百年时全面建成小康社会，在新中国成立一百年时建成富强民主文明和谐美丽的社会主义现代化强国。

9. 社会主义核心价值观：富强、民主、文明、和谐、自由、平等、公正、法治、爱国、敬业、诚信、友善。

10.“五个认同”：对伟大祖国认同，对中华民族认同，对中华文化认同，对中国共产党认同，对中国特色社会主义认同。

11.“三个离不开”：汉族离不开少数民族、少数民族离不开汉族、各少数民族之间也互相离不开。

12. 遵行“四条标准”：政治上靠得住、宗教上有造诣、品德上能服众、关键时起作用。

13. 乡村振兴战略：坚持农业农村优先发展，按照产业兴旺、生态宜居、乡风文明、治理有效、生活富裕的总要求，建立健全城乡融合发展体制机制和政策体系，加快推进农业农村现代化。

14. 福利陷阱：在脱贫攻坚中出现的贫困群众坐等帮扶、缺乏内生动力的情况。

15. 人民民主的真谛：有事好商量、众人的事情由众人商量，找到全社会意愿和要求的最大公约数。

16. 落实下去和凝聚起来：把中共中央对人民政协工作的要求落实下去、把海内外中华儿女实现中华民族伟大复兴中国梦的智慧和力量凝聚起来。

17.“四个能力”：政治把握能力、调查研究能力、联系群众能力、合作共事能力。

18. 我区社会特殊矛盾：西藏各族人民同以十四世达赖集团为代表的分裂势力之间的矛盾。

19.“四讲四爱”：讲党恩爱核心、讲团结爱祖国、讲贡献爱家园、讲文明爱生活。

20.“十三对关系”：国家投资和社会投资的关系，重大项目和民生项目的关系，发挥优势和补齐短板的关系，城镇就业和就近就便、不离乡不离土、能干会干的关系，扶贫搬迁向城镇聚集和向生产资料富裕、基层设施相对完善地区聚集的关系，央企在藏资源开发和解决当地农牧民增加收入的关系，保护生态和富民利民的关系，城市发展和提高农牧民基本公共服务能力的关系，高校毕业生政府就业和市场就业的关系，简政放权和地方承接的关系，企业增产提效和改善企业职工福利待遇、促进农牧民群众增收的关系，中央关系、全国支援和自力更生、艰苦奋斗的关系，鼓励干部担当干事和容错纠错的关系。

21. “四对一”帮扶活动：按照乡镇包村到户、村“两委”班子包户到人、驻村工作队包村到户、乡科级以上党员领导干部包户到人的对口帮扶模式。

22. “五个林芝”：幸福、繁荣、绿色、美丽、和谐林芝。

23. “五个走在前列”：在固边兴边上走在前列，在产业发展上走在前列，在农牧民增收上走在前列，在脱贫攻坚上走在前列，在宗教管理上走在前列。

24. 林芝“二十怪”：冰天雪地百花开，云雾飘飘脚下踩。青松不老胡子戴，兰花好看不好摘。五个柠檬一麻袋，千年桃花开不败。出门四季衣服带，房屋都在空中盖。一把木锁传万代，毕秀响彻云霄外。冬天未到新年来，唱歌喜欢巴扎嗨。衣服无袖人更帅，结婚不见新郎在。老虎也当祖先拜，僜巴女子大烟袋。石头用来做饭菜，猪鼻象鼻分不开。家家红旗挂房外，赶着牛羊守边寨。

25. “12345”工作思路：围绕全面建成小康社会的目标；进一步推进“党的建设和民族团结”两大工程；坚守“维护稳定、安全生产、生态环境保护”三条底线；做大做精“农牧特色业、文化旅游业、藏医藏药业、清洁能源业”四个产业；建设“美丽、幸福、文明、法治、和谐”五个朗县。

坚定不移推进全面从严治党
为决战脱贫攻坚决胜全面建成小康社会
提供坚强保障

——在中国共产党朗县第九届纪律检查委员会第五次全体会议上的工作报告

县委常委、纪委书记、监委主任 王焕清

（2020 年 3 月 26 日）

一、2019 年工作回顾

2019 年是中华人民共和国成立 70 周年，是西藏民主改革 60 周年，也是朗县全面建成小康社会的关键之年。面对新形势新任务新要求，朗县县委以习近平新时代中国特色社会主义思想为指导，切实担负起党风廉政建设主体责任，坚定不移全面从严治党，始终保持正风肃纪反腐高压态势，久久为功营造良好政治生态。在市纪委监委和县委的坚强领导下，全县纪检监察机关增强“四个意识”、坚定“四个自信”、做到“两个维护”，牢牢把握工作职责和定位，始终坚持政治标准，把握要点，突出重点，充分发挥监督、参谋、宣传助手作用，为推进全县经济社会长足发展和长治久安提供了坚强的纪律保障。

（一）以全面从严治党为政治引领，强化管党治党责任，推动各级决策部署取得实效。一是严明政治纪律。坚持把学习贯彻落实习近平新时代中国特色社会主义思想、“两个维护”作为政治建设的首要任务，坚决推动理论指导实践在朗县落地生根、开花结果。以“不忘初心、牢记使命”主题教育、“两学一做”学习教育、“四讲四爱”群众教育实践活动等为载体，以集中学习、交流学习、自我学习为抓手，学深悟透习近平新时代中国特色社会主义思想及十九大精神精髓要义，同时加强对学习贯彻落实情况监督检查，督促党员干部把思想行动统一到党中央的决策部署上来。在全县范围内开展党员信仰宗教摸底清查工作，坚决查处对党不忠诚、不老实的问题。二是压实两个责任。制定《关于推进领导干部落实党风廉政建设主体责任全程记实工作办法（试行）》，推行使用《党风廉政建设全程记实手册》，进一步明确责任分工。严格落实督导检查、廉政约谈等制度，对全县 6 个乡（镇）、10 个县直部门“两个责任”落实情况开展检查调研，对 12 个 2018 年年终考评后进单位负责人进行约谈，讲问题、传压力，督促“两个责任”落实。印发《关于进一步深化三转聚焦主责主业的通知》，明确职责定位，回归纪委主责主业。全面清理县纪委监委参与的议事协调机构，保留 16 个，坚决从政府和职能部门业务工作中脱离。三是净化党内政治生态。县委认真贯彻落实《关于新形势下党内政治生活的若干准则》，严格落实“三会一课”、民主生活会、领导干部双重组织生活、民主评议党员、个人事项报告等制度，确保了党内关系的纯洁性、严肃性。严格执行民主集中制，认真落实“三重一大”集体决策、末位表态等制度，进一步增强了党内政治生活的政治性和原则性。将选人用人情况作为监督重点，对全县420余名新任干部开展任前谈话，严把廉政意见回复关，出具党风廉政意见复函167份，对2人提出不宜评先的意见，坚决防止“带病提拔”。

（二）以驰而不息的不懈努力，狠刹狠治四风顽疾，深入落实中央八项规定精神。一是抓好日常监督。围绕上级重大决策部署及县委重点工作，开展1次全面调研、38次督导检查，发现并整改问题47项，为朗县重点工作有效推进提供了坚强的纪律保障。坚持抓早抓小，开展例行检查13次，发现并整改问题7项。始终坚持节日监督不放松，采取宣传教育、短信提醒、监督检查、通报曝光等手段，在春节、藏历年、“五一”、国庆等节日期间开展监督检查11次，严查公款吃喝、公车私用等问题，确保朗县政治生态环境风清气正。二是突出专项治理。结合《不忘初心、牢记使命主题教育专项整治工作任务分工方案》，积极开展利用虫草等名贵特产特殊资源以权谋私、搞利益输送问题等4个专项整治工作，开展不作为慢作为、文山会海等形式主义、官僚主义集中整治以及“矮窗”问题专项整治等，在全县范围内进行自查自评，做到了即查即改，整改到位。三是强化廉政教育。以开展主题为“不忘初心、严守党纪法规，牢记使命、践行‘两个维护’”的朗县第24个党风廉政宣教月为契机，通过单位负责人讲党课、观看警示教育片、廉政知识测试等，做到廉政教育常抓不懈、警钟长鸣，促使全县党员干部遵守党规党纪，深化作风建设，营造风清气正的政治氛围。

（三）以惩治腐败的高压态势，聚焦聚力执纪审查，凸显案件查办的震慑效力。一是畅通信访渠道。发挥信访主渠道作用，引导干部群众以来信、来访、来电、邮件等方式向县纪委积极反映关于违纪违规问题线索，打通群众监督“最后一千米”，从近年信访举报结果来看，干部群众主动参与监督的意识明显提升。积极探索建立包片联系制度，出台《关于建立朗县纪委监委领导班子成员分片联系指导乡（镇）纪委工作制度的意见》，督促各乡（镇）纪委主动发现并办理问题线索，6个乡（镇）均实现问题线索零突破。二是严肃执纪审查。精准运用“四种形态”，用好《中国共产党廉洁自律准则》《中国共产党纪律处分条例》等制度利器，严惩腐败不手软，惩治震慑作用不断增强。2019年县纪委监委共受理问题线索29件，立案8件、办结8件，了结16件。运用“第一种形态”，给予提醒谈话、警示谈话等措施37人次，占70%；运用“第二种形态”，给予党纪政务轻处分和组织处理10人次，占19%；运用“第三种形态”，给予党纪重处分4人，占8%；运用“第四种形态”，处分2人，占3%。

（四）以维护人民利益为初心使命，严查侵害群众利益行为，推动全面从严治党向基层延伸。一是开展扶贫领域腐败和作风问题专项治理。组织召开2019年扶贫领域腐败和作风问题专项治理工作例会，集体约谈各成员单位，开展监督检查21次，发现并整改问题24个，持续压实监督责任、监管责任。坚持全面从严治党向基层延伸，严格按照扶贫领域问题线索快查快办要求，共办理5件扶贫领域问题线索（1起为2018年线索），了结4件，立案1件。给予党纪处分2人，诫勉谈话1人，约谈3人次，下达监察建议书4份。二是严查涉黑涉恶问题。全年办理涉恶问题线索2件，坚持“一案三查”，精准梳理涉案人员责任关系，对涉案的4名农牧民党员给予开除党籍处分，2名给予党内警告处分，对履职不力的直接责任人给予党内警告处分，对5名乡（镇）党委、政府主要领导和4名县直行业主管部门负责人进行了约谈。三是深入开展重点领域督查。注重日常监督，着重在项目建设、教育“三包”经费、“三公”经费等领域，开展专项监督检查，切实解决群众反映强烈的问题。

（五）以自我革命的政治勇气，抓实抓细政治体检，“利剑作用”更加锐利。县委切实加强对巡察工作的领导，扎西书记坚决担起第一责任人职责，多次主持召开县委常委会、书记专题会，研究部署、强力推动巡察工作。完成九届县委第五轮、第六轮巡察工作，对20个县直部门、国有企事业单位开展巡察，第五轮巡察发现问题275个，移交问题线索2个，现已了结；第六轮巡察发现问题205个，移交问题线索3个现正在初核，巡察“利剑”作用得到有效发挥。强化成果运用，针对巡察中发现的问题，及时召开通报会，通报巡察中发现的共性问题，督促各单位以通报的问题为镜子，压实主体责任，认真查找病灶、对症下药、堵塞漏洞，扎紧制度笼子。

（六）以敢破敢立的坚定决心，锻造忠诚干净担当、善于敢于斗争的纪检监察铁军。一是纪法衔接更紧密。朗县监察委员会挂牌组建的一年多时间里，县检察院转隶干部与纪委干部的工作融合、思想融合、工作流程磨合已经成熟，办案文书使用和执纪执法流程得到进一步明确和规范。案件审理权限下放后，案件审理室全面梳理十八大以来自办案件106件，进一步规范案卷归档工作，整改一批手续资料缺少的问题，并自主完成7个问题线索的审理工作。二是率先成立监察室。制定下发《朗县2019年监察工作向基层延伸改革试点工作实施方案》，完成各乡（镇）监察室办公场所和设备配置、挂牌、人员任免等工作，细化分工、明确职责，并对县（区）派驻机构改革工作提出意见、建议，推动监察工作向基层延伸。三是加强自身建设。创新开展"干部教、教干部"活动，高度重视业务素质培养，举办1期纪检监察干部业务知识培训班，积极选派2名业务骨干到内地省、市交流，选派7名干部到自治区、市纪委跟班学习，选派7名干部参加自治区、市纪委组织的业务培训，先后抽调乡（镇）纪委9人次跟班学习，不断提高纪检监察干部学习效果，力促纪检监察干部队伍整体素质提升。

回顾一年来的工作，我们深刻体会到，抓好党风廉政建设和反腐败工作，要以习近平新时代中国特色社会主义思想为引领，坚持正确的政治方向，时刻与以习近平同志为核心的党中央保持高度一致；要带头践行"两个维护"，确保党中央和各级党委重大决策部署到哪里、政治监督就跟进到哪里，督促党员干部不断提高增强"四个意识"、坚定"四个自信"、做到"两个维护"的政治自觉；要牢牢把握协助党委推进全面从严治党的政治定位，坚持党章和宪法赋予的职责定位，推动纪检监察工作高质量发展；要坚持以人民为中心的政治立场，坚决纠正损害群众利益的行为，不断增强群众的安全感、幸福感、获得感；要坚持发扬斗争精神、增强斗争本领，切实增强纪检监察干部的综合素质和业务本领，锤炼纪检监察干部忠诚干净担当的政治品格。这些经验在我们今后的工作中具有重要意义，我们要在下一步的工作中不断巩固深化，用以指导实践。

总结成绩的同时，我们也应该清醒地认识到，我县党风廉政建设和反腐败斗争形势依然严峻复杂，全面从严治党任务依然艰巨，还不同程度地存在一些问题和不足：有的单位对党风廉政建设和反腐败工作重部署、轻落实，履行主体责任"上热下冷"、层层递减；"四风"问题禁而不绝、树倒根在，有的党员干部落实中央八项规定精神时打折扣、搞变通；有的党员干部在高压态势下仍然不收敛、不收手；有的党员干部作风不实，不作为、慢作为、乱作为；个别纪检监察干部在理念思路上、方法举措上，与全面从严治党的要求有一定差距，还存在着能力不足、作风不实的问题。对于这些问题，必须高度重视，采取有效措施加以解决。

二、2020年主要工作

2020年是全面打赢脱贫攻坚战、全面建成小康社会的关键之年，是"十三五"规划的收官之年，做好全县纪检监察工作意义重大。2020年工作的总体要求是：以习近平新时代中国特色社会主义思想为指导，全面贯彻中共十九大和十九届二中、三中、四中全会精神，增强"四个意识"、坚定"四个自信"、做到"两个维护"，按照十九届中央纪委四次全会、区党委九届七次全会、区纪委九届五次全会、市委一届九次全会、市纪委一届六次全会和县委九届六次会议部署要求，坚持稳中求进工作总基调，协助县委深化全面从严治党，推进新时代纪检监察工作高质量发展，为朗县决胜全面建成小康社会、决战脱贫攻坚提供坚强保障。

（一）从严监督，全力营造风清气正的政治生态。始终坚持以政治建设为统领，持之以恒抓好习近平新时代中国特色社会主义思想的深入学习和贯彻落实，督促全县各级党组织和全体党员把对党忠诚、为党分忧、为党尽职、为民造福作为根本政治担当，做到步调一致、令行禁止。聚焦政治立场、政治原则、政治担当、政治纪律，强化监督执纪问责，注重动态分析判断，协助党委有针对性、与时俱进地加强政治生态建设，发展积极健康的党内政治文化。继续抓好在疫情防控工作中强化政治监督工作，确保各项防控措施落细落地落到实处。

（二）从严问责，全力推动“两个责任”落地生根。强化落实主体责任，把党要管党、从严治党的要求贯穿“五位一体”建设全过程，种好自己的“责任田”，做到守土有责、守土负责、守土尽责。紧紧围绕“谁来抓、抓什么、怎样抓”这一关键问题，创新方式方法，紧扣定责、履责、追责三个环节，探索建立主体责任纪实制度，形成履责全程留痕、检查一目了然、追溯问责有据的工作新机制，着力解决责任虚化、履责弱化、问责淡化等突出问题。强化落实监督责任，深入监督执纪问责，全面收集整理我县在全面从严治党方面存在的问题线索。同时，将关口前移，加强跟踪督办力度，高举惩腐利剑，切实把纪律挺在前面。用好问责利器，坚持问题导向，以事实为依据、以法规为准绳，查清责任事实，准确定性量纪，把“板子”打准打到位，形成良性的责任导向。

（三）从严执纪，全力保持严惩腐败的高压态势。深入各乡（镇）、各部门，了解“两个责任”落实情况，准确把握辖区内党风廉政建设和反腐败工作开展情况，及时听取汇报、谈心谈话，分析研判当前的形势和任务。聚焦十八大以来不收敛、不收手，问题线索反映集中、群众反映强烈，现在重要岗位且可能还要提拔使用的领导干部，重点查处政治问题和经济问题相互交织的腐败案件。严肃党内政治生活，科学正确运用“四种形态”，经常开展批评和自我批评、约谈函询，让“红脸出汗”成为常态。进一步发挥反腐败协调小组职能作用，构建权威高效的反腐败工作协调机制，高度重视审查调查安全，严格依纪依法审查调查，做到有什么问题就解决什么问题、什么问题突出就集中整治什么问题，打通全面从严治党“最后一公里”。

（四）从严查处，全力释放正风肃纪的强烈信号。紧盯“四风”问题，关注新动向、新表现，严肃查处顶风违纪行为，坚决防止“四风”问题反弹回潮，巩固拓展落实中央八项规定精神成果。紧盯扫黑除恶、脱贫攻坚工作中出现的腐败和作风问题，持续深入开展治理整顿，既正风肃纪，又反腐惩恶。继续加强干部作风建设，特别是集中整治不作为慢作为、文山会海等形式主义官僚主义问题，坚持从纪检监察系统内部做起，再带动其他部门从严从实抓好落实干部作风建设。继续抓好领导干部利用名贵特产类特殊资源以权谋私问题的监督检查工作。着力解决文风会风方面问题，严格控制会议规模、时间，提倡开短会、讲短话，县纪委监委将根据精文简会要求开展专项督查，促进全县各级各部门把更多精力时间集中到干事创业、狠抓落实上。

（五）从严惩腐，全力整治损害群众利益的突出问题。要把实现好、维护好、发展好人民群众的根本利益作为工作的出发点和落脚点，把查处侵害群众利益的不正之风和腐败问题摆在突出位置，敢抓敢管，推动全面从严治党向基层延伸。要坚持“蝇贪”与扫黑除恶相结合，严厉打击“村霸”、宗族势力，既抓涉黑组织，也抓后面的“保护伞”，坚决查处黑恶势力幕后的腐败问题。要盯紧民生资金、“三资”管理、低保救助、扶贫攻坚、教育医疗等重点领域，加大集中整治和督查督办力度，严肃查处虚报冒领、优亲厚友、套取挪用等“微腐败”问题，坚决维护最广大人民群众的根本利益。

（六）从严巡察，全力发挥巡察标本兼治战略作用

将“两个维护”、遵守反分裂斗争纪律等政治纪律、政治规矩和脱贫攻坚工作作为巡察重点，为我县营造风清气正的政治生态和脱贫巩固工作提供坚强保障。加大督查力度，联合纪委、组织部组成专项督察组，对整改情况进行全面督查，对整改过程中发现的问题进行分类汇总，建立整改台账，对典型问题进行通报批评，形成震慑，确保整改任务按时高质量完成。强化成果运用，不断释放巡察监督越往后越严、巡察整改越往后越紧的强烈信号。要求被巡察单位既要落实“当下改”的治标举措，压实责任，加大力度，又要形成“长久立”的治本机制，持续深化、形成合力，不断巩固巡察成果。

（七）从严要求，全力打造忠诚干净担当的执纪铁军。加强对乡（镇）纪委、派出监察室的工作指导，帮助解决监督执纪问责中遇到的困难和问题。严格按照区市既定的“路线图”“时间表”，积极主动开展县（区）派驻机构改革。进一步健全办案硬件设施，规范化建设一般谈话室和“走读式”谈话室，不断完善问题线索调查处置过程的安全管理。严格执行保密制度，签订《保密承诺书》，严禁泄露审查工作情况。加大干部轮岗交流、培养使用、考核选拔力度，严把入口关，畅通出口关，把政治好、业务强、作风正的党员干部充实到纪检监察队伍中，逐步提升纪检监察干部业务素质能力。

同志们，全面从严治党永远在路上。让我们更加紧密地团结在以习近平同志为核心的党中央周围，在市纪委监委和县委的坚强领导下，不忘初心、牢记使命，团结一心、开拓进取，坚定不移推进全面从严治党，把党风廉政建设和反腐败工作引向深入，为我县决战脱贫攻坚、决胜全面建成小康社会提供坚强保障！

朗县人民法院工作报告

——在朗县十三届人大六次会议上

朗县人民法院院长 戴 金

（2020 年 4 月 1 日）

2019 年工作回顾

2019 年，朗县法院坚持以习近平新时代中国特色社会主义思想为指导，深入学习贯彻中共十九大和十九届二中、三中、四中全会精神，贯彻落实区党委九届四次、五次、六次全会精神和市委、县委一系列重要会议精神，在县委的正确领导下、在县人大和上级法院的监督指导下、在县政府和县政协以及社会各界的关心支持下，坚持“努力让人民群众在每一个司法案件中感受到公平正义”的目标，紧密围绕县委“12345”工作思路，全面履行以执法办案为中心的各项工作职责，为朗县发展稳定大局提供了有力司法保障。全年，受理各类案件 165 件，审执结 160 件，综合结案率 96.97%，收案数同比增长 44.74%，结案率同比上升 1.15 个百分点。受理案件中，由检察机关提起公诉的刑事案件 7 件，占案件总数的 4.24%；受理内地司法机关移送的刑罚变更案件 1 件，占案件总数的 0.61%；受理民商事案件 103 件，占案件总数的 62.42%；受理公益诉讼行政案件 1 件，占案件总数的 0.61%；受理执行案件 53 件，占案件总数的 32.12%。

一、坚持围绕稳定发展大局，充分发挥职能作用

（一）依法打击刑事犯罪，维护社会大局稳定。始终把维护社会大局稳定作为首要任务，严格执行刑事诉讼法、刑法和相关司法解释，突出从重从快打击涉黑涉恶等影响人民群众安全感的犯罪和腐败犯罪，同时坚持宽严相济刑事司法政策[①]，落实认罪认罚从宽制度[②]，做到罚当其罪，有效打击了各类刑事犯罪。共受理审结刑事案件 8 件 26 人，审结率 100%。其中，盗窃罪 4 件 5 人，贪污罪 1 件 1 人，敲诈勒索、强迫交易罪 1 件 18 人，危险驾驶罪 1 件 1 人，刑罚变更案 1 件 1 人。26 名被告人中被判处 7 个月以上有期徒刑 5 人，判处拘役 3 人，判处缓刑 13 人，单处罚金 4 人，撤销缓刑、执行原判刑 6 个月有期徒刑 1 人。收缴赃款 36.5 万元，判处 25 名被告人罚金共计 19.05 万元。

（二）有效化解民商事纠纷，努力促进社会和谐。坚持“调解优先、调判结合”的原则，把有效化解纠纷，促进社会和谐作为办案准则，依法审理化解了一大批诉讼纠纷。共受理各类民商事案件 103 件，审结 101 件，审结率 98.06%，受理案件中合同类纠纷 76 件，婚姻家庭纠纷 21 件，劳动争议纠纷 4 件，侵权纠纷 1 件，公司股权纠纷 1 件。审结案件中判决 26 件，依法通过调撤方式结案 75 件，案件调撤率达 74.25%。被发回重审案件 17 件。

（三）不断强化执行力度，全力攻坚执行难。不断巩固“基本解决执行难”取得的成果和经验，加强网上网下被执行人财产查控查找工作，加大对执行“老懒”的惩戒力度，努力保障权力人合法权益的实现。共受理执行案件 53 件，执结 50 件，执结率 94.34%。联合相关部门曝光失信被执行人 10 人次，限制高消费 9 例，司法拘留 1 人次，采取布控措施 3 人。通过网络查控系统扣押、冻结、划拨被执行人财产 20.4186 万元，执行到位资金共计 99.811 万元，到位率 34.89%。对 3 名经济确有困难的执行案件当事人提供国家司法救助[③]共计 1.08 万元。

（四）强化行政审判职能，推进依法行政。坚持监督、支持行政机关依法行政与保护社会合法权益并重，努力提高行政审判工作水平。2019年，受理审结行政公益诉讼案1件，审结率100%，系全区首例行政公益诉讼案，该案的审理，取得了较好的政治效果、社会效果和法律效果，体现了朗县法院认真贯彻落实习近平总书记关于生态文明思想和践行绿色发展理念，同时，也对行政机关加强在新时期治理能力现代化建设和依法行政、主动履职起到了促进作用。

（五）坚决响应上级党委工作要求，深入开展扫黑除恶专项斗争。认真落实党中央决策部署和各级党委要求，结合审判工作实际，扎实抓好各项工作。认真抓好制度建设，及时制定了《扫黑除恶打非治乱工作机制》《档案保管制度》《扫黑除恶案件定期会商制度》《扫黑除恶工作专班制度》等制度机制，明确了各个阶段的工作任务和目标要求，细化了涉黑涉恶线索排查、快速移送、快速处置的具体工作步骤。认真抓好宣传教育工作，充分利用"车载流动法庭"[④]、驻村工作队、派出人民法庭深入寺庙、村居、工地、砂石厂等地大力宣传扫黑除恶相关法律法规和政策共56场次，发放宣传材料4600余份，安排法官到金东乡国门教育基地授课5场次。认真开展线索摸排工作，对2017年以来受理的234件案件逐一进行了排查，同时，从2019年4月1日起对所有受理的案件都逐一填写了"排查表"入卷，确保了摸排工作全面清晰。认真抓好涉恶案件办理，成立了以院长为审判长的办理涉恶案件合议庭，组织合议庭认真学习掌握两高两部关于办理涉黑涉恶案件指导意见和相关司法解释，对朗县人民检察院提起公诉的旦某等18人强迫交易、敲诈勒索涉恶案件，严把程序关、事实关、证据关，经过提前介入、召开庭前会议和公开庭审等程序，于2019年11月1日进行了集中宣判，对18名被告人视情节判处了刑罚，同时，针对办案中发现的问题，及时向6个乡镇和政法委发出司法建议6份，案件办理切实起到了打击一起，震慑教育一片的效果，有效净化了社会治安环境。

（六）落实县委工作部署，抓实综治维稳工作。认真贯彻落实自治区、市、县维稳工作会议精神和工作部署，扎实做好各个敏感时段和常态化维稳值班带班、平安创建工作。全年共安排干警值班带班900余人次，院主要领导参与县维稳指挥中心值班带班30余次，新中国成立70周年等重要节点到登木乡蹲点抓维稳工作50余天，切实做到"三无""三不出"；积极参与社会治安综合治理，围绕"平安朗县、法治朗县"建设，按照"谁执法、谁普法"要求，深入开展政策宣讲，"七五"普法、以案释法、法官说法等活动，全年，选派干警配合政法其他部门开展社会治安综合治理宣讲16人次，紧密结合"四讲四爱"群众教育实践活动，组织双语法官到乡镇村开展政策宣讲、法制宣传40余场次。

二、坚持服务人民，努力提升便民利民工作水平

（一）努力提升窗口服务水平。坚持按照"把最好的场所让给群众，把最好的服务提供给群众"的工作理念，认真推进案件"当场立案、就近立案"工作，凡符合立案要求的均做到当场立案，一次办结，尽全力减轻当事人特别是弱势群体诉讼负担。全年，案件当场立案率达93.9%，为经济确有困难的当事人依法减免诉讼费33804.8元，指导当事人诉讼70余人次，提供法律咨询服务40余人次。

（二）积极延伸便民服务措施。始终把有效减轻人民群众的诉讼负担作为践行司法为民理念的切入点和落脚点，认真发挥好"车载流动法庭"、派出人民法庭的作用，深入乡镇村居开展执法办案和宣传宣讲工作，努力向群众提供方便快捷优质的司法服务。全年"车载流动法庭"深入各乡镇、村巡回办案59件次，开展政策宣讲、法制宣传42场次，发放宣传资料6400余份，受教群众达7400人次。仲达法庭审理各类案件12件，向群众提供法律咨询服务120余人次，开展法制宣传、扫黑除恶和虫草采挖法规宣讲10场次，开展纠纷化解6场次。

（三）认真开展服务群众工作。一是按照县委部署，选派一名干警到拉多乡藏村任第一支部书记。自入驻以来，驻村工作队紧紧围绕驻村工作"七项任务"，扎实开展维稳安保、党的建设、精准扶贫、生态环保等各项工作。开展党的方针政策宣讲、"扫黑除恶专项斗争"宣传教育、"四讲四爱"宣讲和法

律法规宣传等活动15场次，组织全村党员开展“两学一做”学习教育10场次，为民办实事10件。二是院党组成员先后4次到驻村点看望、慰问驻村工作队，送去慰问物品合计资金4000元，开展驻村工作指导检查4次，开展政策宣讲和“扫黑除恶专项斗争”专题调研4次。三是认真落实“四对一”帮扶工作，开展专题调研3次，深入联系点开展工作指导10余次，组织全体党员捐款5300元，先后3次购买物品到10户结对户家中进行慰问和宣讲党的富民惠民政策。四是积极支持我县产业发展，先后赴列村指导辣椒生产工作5次，想方设法为群众销售辣椒2500余千克，合计人民币2.5万元。

三、坚持高标准严要求，着力打造过硬法院队伍

（一）突出政治建设，铸就信念坚定。始终把政治建设摆在突出位置，扎实开展“两学一做”学习教育、“不忘初心、牢记使命”主题教育。按照“守初心、担使命、找差距、抓落实”的总要求，通过领导带头学、党组理论中心集中学、专题研讨和讲党课等形式，深入学习贯彻习近平新时代中国特色社会主义思想、党的十九届四中全会精神以及习近平总书记重要批示指示精神和治边稳藏重要论述，引导广大干警不断增强“四个意识”、坚定“四个自信”、做到“两个维护”。全年，党组理论中心组组织学习研讨12场次，开展“不忘初心、牢记使命”主题教育和十九届四中全会精神专题学习研讨会13次，党支部开展主题党日活动12次，党员集中学习30余场次，作学习交流发言76人次，党组书记、党支部书记上党课各1次。

（二）突出能力建设，造就本领过硬。坚持以正规化、专业化、职业化建设为导向，不断提高干警的职业素养和专业水平。全年，选派干警参加上级法院、县委组织的各类培训28人次，参训干警向全院干警作学习交流5场次，开展“法官教法官”活动5场次。通过一系列学习培训，干警的综合素质、办案能力和信息化应用水平得到有效提高。

（三）突出党风廉政建设，打造廉洁队伍。认真落实“两个责任”和“一岗双责”，深入学习习近平总书记关于全面从严治党的重要论述，学习党章等党内法规，严格执行中央八项规定精神，坚决抵制“四风”，不断强化审判执行权力运行的监督，着力构筑不能腐、不想腐、不敢腐的长效机制。积极开展向张富清、黄文秀等时代楷模人物学习活动，进一步增强干警对党忠诚、司法为民、公正司法责任感和使命感。深入进行反面典型警示教育，以案示警、以案明纪、以案为戒，确保队伍忠诚干净担当。全年，开展廉政专题学习15场次，开展警示教育5场次，院领导上廉政党课4人次，召开“不忘初心、牢记使命”专题民主生活会和专题组织生活会各1次，对审结的160件案件进行了质量评查，廉政监督卡发放率达100%，没有出现办“六难三案”⑤等违纪违法现象。

四、坚持抓重点工作不放松，不断提升审判执行工作质效

（一）不断深化完善审判工作机制。认真落实司法责任制，加强院庭长办案常态化机制，充分发挥示范引领作用，院庭长带头办案123件，占所有案件的86%。如院长带头办理了朗县首起涉恶案件和全区首起行政公益诉讼案件。认真推进以审判为中心的刑事诉讼制度改革，严格落实刑事诉讼庭前会议、非法证据排除、法庭调查“三项规程”⑥。积极推动司法人员分类管理，在市中院的统一协调下，本院公开招录聘任制书记员3名，充实了书记员力量。充分发挥人民陪审员在促进社会和谐、提高案件质效、监督司法的重要作用，取得明显效果。全年，人民陪审员参与案件审理87件98人次，参审率达102.35%。

（二）不断深化智慧法院建设。以促进审判体系和审判能力现代化为目标，推动现代信息科技与司法审判深度融合，实现全业务网上办理、全流程依法公开、全方位智能服务。内网应用系统和执行指挥互联网应急服务平台⑦运行良好，不断提升了司法审判工作的透明度，满足了人民群众的司法需求。全年在中国庭审公开网直播庭审38件，累计播放量60余万次；在中国裁判文书网公开藏汉双语裁判文书和文书信息共80份，公开司法信息306条；执行指挥平台向上级法院汇报工作19次，接收指令60次，与全区其他法院进行业务互动2次，与区外其他法院进行互动30次。

（三）不断完善诉讼服务水平。认真落实上级法院一站式诉讼服务中心建设工作要求，9 月底落实资金 3.54 万元建成了远程跨域立案系统[⑧]，当事人可在我院诉讼服务中心向全国法院申请立案，切实为当事人提供了便捷高效、智能精准的诉讼服务，努力实现了“让数据多跑路，让群众少跑腿”。

（四）不断推进对口援助工作。对口援助工作有效开展，通过与珠海横琴新区法院沟通协调，珠海横琴新区法院向我院援助了 30 万元维修和修缮资金，赠送了价值 29000 余元的各类图书，2019 年 4 月份，分两批次安排我院 13 名干警参加了在云南大学举办的“法治思维与业务能力提升培训班”，对口法院物质援助和智力援助，解决了本院存在的困难，丰富了干警文化需要，提升了法官司法能力和水平。

五、坚持党的领导，自觉接受人大及各界监督

自觉把法院工作置于县委的领导之下，做到重大事项、重要问题向党委请示报告，自觉接受人大及其常委会的依法监督，政协的民主监督和检察机关的法律监督以及社会各界的监督。主动向县委汇报工作 3 次，向人大及其常委会报告工作 1 次，邀请人大代表、政协委员视察法院工作 10 人次、观摩庭审 40 人次，邀请人民陪审员、案件当事人和部分群众参观法院 20 人次，院党组走访代表、委员 4 人次。

在总结成绩的同时，我们也清醒地认识到，法院工作还存在一些不足和问题：个别法官办案件质量不高、解决复杂问题的能力不足；信息化建设步伐与上级法院要求尚有差距，运用信息化手段辅助办案、服务群众等方面仍需加强；执行难问题依然比较突出，被执行人财产难寻、逃避执行，造成一些权利人的合法权益难以实现；个别干警怕吃苦、怕受累，敬业担当精神不足。针对存在的问题和不足，我们将采取切实有效的措施，努力加以解决。

2020 年工作安排

2020 年，是全面建成小康社会的关键一年，是“十三五”收官之年。我们将坚持以习近平新时代中国特色社会主义思想为指导，深入学习贯彻中共十九大，十九届二中、三中、四中全会精神和习近平总书记治边稳藏重要论述，坚持稳中求进工作总基调，坚持新发展理念，坚持“司法为民公正司法”工作主线，紧扣县委“12345”工作思路，为朗县发展稳定大局提供强有力的司法保障。

一是旗帜鲜明讲政治，始终坚持党的绝对领导。坚持以习近平新时代中国特色社会主义思想武装头脑、指导实践、推动工作，全面贯彻落实党的十九届四中全会精神，将党的领导贯穿到法院工作的各领域、全过程，教育引导全院干警牢固树立“四个意识”、坚定“四个自信”、做到“两个维护”。认真执行《中国共产党政法工作条例》，严格落实重大事项请示报告制度，主动积极接受上级党委的领导，始终将法院工作置于党委的领导之下，确保法院工作始终沿着正确方向前进，确保上级党委的决策部署在法院得到不折不扣的贯彻落实。

二是全力以赴抓主业，服务朗县发展稳定大局。要立足“人民法院是党领导下的国家审判机关”这个职能定位，深入推进平安朗县建设，扎实开展“扫黑除恶”专项斗争，坚决打击影响社会稳定和人民群众安全感的涉黑涉恶犯罪以及腐败等其他严重刑事犯罪，切实提升人民群众的幸福感、安全感和满意度。深入推进和谐朗县建设，充分利用民商事审判权依法调节社会关系，化解人民内部矛盾纠纷，维护人民群众合法权益。深入推进法治朗县建设，充分发挥行政审判职能作用，妥善处理相关案件，监督行政机关依法行政，维护行政相对人的合法权益，为法治政府建设做出应有贡献。深入推进诚信朗县建设，依规依法用足用好执行措施，最大限度兑现好、维护好申请执行人的合法权益，切实提升人民群众的获得感，不断提升司法公信力。扎实开展司法便民利民工作，积极推进两个“一站式”建设[⑨]，不断提升诉讼服务中心工作质量，努力满足人民群众的司法需求，进一步完善人民调解、行政调解、司法调解衔接联动机制，不断促进矛盾纠纷多元化解通道。充分发挥法制宣传主力军作用，积极深入基层群众、学校、军营、寺庙等地开展政策宣讲、法制宣传、法官讲法等活动，努力营造尊法学法

守法用法的良好氛围。

三是坚定不移推改革，完善司法改革配套机制。要严格落实上级党委和上级法院关于司法改革的各项要求，紧紧抓住有利机遇，不推、不拖、不等，充分结合自身实际，立足完善“以司法责任制为中心的各项机制建设”，广泛借鉴、积极探索，认真做好现有制度的“废、改、立”工作，不断增强制度的民主性、科学性、可操作性。重点加强工作考核考评机制建设，严格落实人员分类管理要求，紧密结合不同岗位工作实际，充分借鉴有益做法，分门别类地制定并完善工作考核考评办法，切实增强考核考评的公正性、合理性。

四是多措并举建队伍，实现忠诚干净担当目标。坚持“既要政治过硬，也要本领高强”的要求，努力打造一支忠诚干净担当的法院队伍。要以“两学一做”学习教育常态化制度化为抓手，不断深化巩固“不忘初心、牢记使命”主题教育成果，继续突出党性教育和政治理论教育，深入学习习近平新时代中国特色社会主义思想，学习党中央的大政方针，积极开展形势政策教育，教育引导干警正确认识形势，坚定理想信念，把思想和行动统一到党中央要求上来。严格落实中央八项规定精神，坚决抵制“四风”，引导干警遵守党章党规党纪，不忘初心、牢记使命，不断推动作风建设取得新成效。要加强队伍廉洁教育，加强审判权力运行的监督检查，始终以零容忍的态度惩治司法腐败和“六难三案”等违纪违法行为，坚决清除队伍中的“害群之马”，不断向法官清正、法院清廉、司法清明的目标迈进。

各位代表，新的一年，我们将紧密团结在以习近平同志为核心的党中央周围，在县委的领导、人大的监督下，认真落实本次大会决议，不忘初心、牢记使命，忠实履行宪法和法律赋予的职责，为朗县发展稳定大局做出新的贡献！

注释：

①宽严相济刑事司法政策：宽严相济刑事司法政策，是党中央在构建社会主义和谐社会新形势下提出的一项重要政策，是我国的基本刑事政策。它对于最大限度地预防和减少犯罪、化解社会矛盾、维护社会和谐稳定，具有特别重要的意义。

②认罪认罚从宽制度：是指犯罪嫌疑人、被告人自愿如实供述自己的犯罪，对于指控犯罪事实没有异议，真诚悔罪，愿意接受处罚。在侦查阶段表现为愿意接受处罚；在审查起诉阶段表现为接受人民检察院拟作出的起诉或不起诉决定，认可人民检察院的量刑建议并签署认罪认罚具结书；在审判阶段表现为当庭确认自愿签署具结书，愿意接受刑罚处罚。

③国家司法救助：是国家对遭受犯罪侵害或民事侵权，无法通过诉讼获得有效赔偿的当事人，采取的辅助性救助措施。

④“车载流动法庭”：2009 年实施“天平基层基础工程”，在全区 73 个基层人民法院启动了“车载流动法庭”。在于充分发挥车载流动法庭广覆盖、宽服务、机动快捷的功能，深入乡镇村巡回办案，认真落实司法为民各项措施。

⑤“六难三案”：“门难进、脸难看、事难办、立案难、诉讼难、执行难”和“关系案、人情案、金钱案”。

⑥“三项规程”：为确保中央改革要求落地见效，优化完善审判特别是庭审程序，最高人民法院在出台《关于全面推进以审判为中心的刑事诉讼制度改革的实施意见》的基础上，制定深化庭审实质化改革的《人民法院办理刑事案件庭前会议规程（试行）》《人民法院办理刑事案件排除非法证据规程（试行）》和《人民法院办理刑事案件第一审普通程序法庭调查规程（试行）》，进一步明确和细化庭前会议、非法证据排除、法庭调查等关键环节、关键事项的基本规程，有助于解决庭审虚化、非法证据排除难、疑罪从无难等问题，有助于提高刑事审判的质量、效率和公信力。

⑦执行指挥互联网应急服务平台：是为了落实完善执行联动指挥机制形成的信息化系统，是执行办案、执行指挥、执行管理、执行考核、决策分析的一体化、信息化基础性平台，是执行工作统一管理、统一指挥、统一协调的平台和抓手，是执行工作的信息交换中心、指挥调度中心和决策分析中心。

⑧远程跨域立案系统：是为贯彻落实习近平总书记关于“加快推进跨域立案诉讼服务改革，推动

诉讼事项跨区域远程办理、跨层级联动办理，解决好异地诉讼难等问题”重要指示精神，人民法院运用“互联网＋诉讼服务”的方式，为当事人提供方便快捷的“跨域立案”服务，切实解决异地诉讼不便的问题，畅通司法为民服务“最后一千米”的具体举措。

⑨两个“一站式”建设：根据《最高人民法院关于建设一站式多元解纷机制一站式诉讼服务中心的意见》以及西藏自治区高级人民法院《关于一站式诉讼服务中心建设的指导意见》《关于进一步加强一站式多元解纷机制建设的指导意见》，“一站式诉讼服务中心建设”，是将分散在立案、审判执行等各个环节的职能进行整合，把司法服务从“后台”集中到“前台”，让人民群众可以在中心完成除开庭之外的几乎所有诉讼事务，努力为各族群众提供更加优质高效的诉讼服务；“一站式多元解纷机制建设”，是坚持党委领导、政府负责、社会协同、公众参与、法治保障的原则，充分发挥人民调解、法律服务等队伍的解纷作用，促进纠纷多元化解；坚持依法治理，充分发挥司法的引领、推动和保障作用；坚持运用法治思维和法治方式化解矛盾纠纷，促进社会公平正义；坚持“调解为先、诉讼断后”，进一步完善人民调解、行政调解、司法调解衔接联动机制，鼓励纠纷当事人运用调解方式解决问题；坚持以人为本、高效便民，尊重当事人意愿，方便群众参与；坚持预防为主，加强诉源治理，引导、鼓励和支持“无讼”乡村社区创建活动。

朗县人民检察院工作报告

——在朗县十三届人大六次会议上

朗县人民检察院检察长　索朗加措

（2020 年 4 月 1 日）

2019 年工作回顾

2019 年，在县委和上级检察机关的坚强领导下，在县人大及其常委会的有力监督下，在县政府大力支持和县政协民主监督下，朗县人民检察院以习近平新时代中国特色社会主义思想特别是习近平总书记关于治边稳藏和政法工作的重要论述为根本遵循，深入学习贯彻中共十九大和十九届二中、三中、四中全会精神，紧紧围绕服务保障西藏长治久安和长足发展的目标任务，坚持“稳进、落实、提升”的检察工作总基调，践行“一个引领、两个紧扣、三个围绕”[①]的西藏检察工作总体思路和县委“12345”工作思路，忠实履行宪法法律赋予的职责使命，各项工作取得了新进展。

一、全面履职尽责，推动“四大检察”协调发展

牢牢把握检察机关的宪法定位，全力推动刑事、民事、行政、公益诉讼“四大检察”协调发展，努力让人民群众在每一个司法案件中感受到公平正义，全年共办理各类案件 50 件。

做优刑事检察，保障社会公平正义。依法严惩各类刑事犯罪。充分履行批捕、起诉职能，依法批准逮捕 4 件 10 人，不批捕 2 件 2 人，复议 1 件 1 人。依法向县人民法院提起公诉 7 件 23 人（含指定管辖 1 件 1 人），不起诉 2 件 2 人。强化刑事诉讼监督。应当立案而不立案的，依法监督立案 2 件，依法纠正漏捕 2 人；对重大疑难复杂敏感案件应邀提前介入 1 件。强化刑事执行监督。对县法院 2019 年财产刑执行案件 24 人依法进行监督，确保判决得到依法执行；依法对我县 17 名社区矫正人员中“四类罪犯”[②]的减刑、假释、暂予监外执行等进行重新排查，切实强化刑事执行监督。全面落实认罪认罚从宽制度[③]和“捕诉一体”[④]办案机制。坚持促进犯罪嫌疑人认罪伏法与维护被害人权益相统一，积极推行认罪认罚从宽制度，依法对 3 人适用认罪认罚从宽制度；全面推行“捕诉一体”办案机制，“捕诉一体”办案率达 100%。

做强公益诉讼，守护国家和社会公益。聚焦“五大领域”[⑤]开拓推进检察公益诉讼[⑥]工作，依职权主动核查公益诉讼案件线索 8 条，办理行政公益诉讼诉前程序 6 件，制发检察建议 6 份，均得到行政机关采纳、回复、整改。成功办理全区首例行政公益诉讼案件，标志着朗县人民检察院在保护国家、社会公益领域迈出了坚实的一步，体现了检察担当。积极争取重视和支持，主动向县委、人大、政府、政协主要领导书面汇报 4 次，口头汇报 20 余次，县委书记 2 次作出重要批示，政府发文支持、促进公益诉讼检察工作，形成保护公益合力，为开展公益诉讼检察工作营造良好环境。坚决捍卫食品药品安全底线。加大线索排查和检察办案力度，发出诉前检察建议 2 份，行政机关采纳建议并积极履职，设置 16 个过期药械回收点，无害化处理过期药品 806 种，切实保障群众用药安全。对已办理的 6 起公益诉讼案件均深入案件现场及时开展“回头看”，现均已整改到位无反弹现象，达到检察建议的预期目的，有效保护了国家利益和社会公共利益。

做细未成年人检察工作，保障青少年健康成

长。深入开展"携手关爱，共护明天"检察开放日。教育、团委、工青妇、学校等相关单位负责人、家长、学生代表30余人，走进检察机关，了解未检工作，积极为做好未检工作出谋划策，携手共同保护未成年人合法权益。助推高检院"一号检察建议"⑦落实落地。与朗县教育局会签《关于推进落实最高人民检察院"一号检察建议"的工作机制》，检察长受聘为朗县中学法治副校长，与朗县中学共同建立"灯塔"未检工作室，加强对未成年被害人及有不良行为的少年儿童提供心理咨询、法律咨询、普法宣传等多种服务。工作室成立以来，开展未成年人自我保护和犯罪预防知识宣传活动4场次，受教育师生达1000余人次，进一步推进了平安校园建设。

*做实扫黑除恶打非治乱专项斗争，确保社会和谐稳定。*全方位排查涉黑涉恶案件线索。深入6个乡镇52个行政村（居）线索排查、法制宣传10次，受教育群众2100余人，达到了良好的效果。对我院近5年办理的刑事案件进行排查，未发现涉黑恶案件线索。依法快速办理涉黑涉恶案件。落实黑恶犯罪一个不放过，不是黑恶犯罪一个不凑数的原则，成立专案组，由检察长带头办案，依法从严从快打击，维护社会大局和谐稳定。批捕7人（追捕2人），起诉18人。强化证据意识和程序意识，提前介入1件，发出侦查取证建议书1份，参加联席会议4次。

二、服务县委工作大局，全力保障经济社会发展稳定

立足检察职能，自觉把检察工作融入全县经济社会发展大局，积极为朗县跨越发展提供强有力的司法保障。

*服务保障打好防范化解重大风险攻坚战。*一年来，按照县委部署，全院上下一心，集中精力做好新中国70周年大庆等期间的维稳工作，共投入人力1100余人次，出动车辆200余台次。检察长深入金东乡维稳督导41天。深入开展反分裂斗争教育，组织干警学习研讨习近平治边稳藏重要论述、消除宗教消极影响等2场次。

*扎实有效推进精准扶贫工作。*认真落实中央和区党委、市委、县委关于脱贫攻坚的决策部署，及时传达学习相关文件精神15次。院主要领导深入金东乡8个行政村开展了脱贫攻坚调研，发现问题5条，提出整改意见6条，形成调研报告1份。深入登木乡洛龙村开展"四对一"结对帮扶活动4次。派驻单位解决驻村工作办实事5000余元，党员干警实地走访结对帮扶贫困户，宣讲党的扶贫政策，发放慰问金、慰问品共计7200元。

*深入开展强基惠民活动。*驻村工作队聚焦驻村"七项重点任务"，宣传习近平新时代中国特色社会主义思想、中共十九大精神、党的十九届四中全会精神、扶贫脱贫政策59场次，受教育群众2000余人次；深入开展反分裂斗争活动，"四讲四爱"群众教育实践活动6场次，组织实施"美丽乡村"建设，开展村庄环境清洁行动20次；争取民生项目7个，总投资510余万元，基础设施得到进一步改善；为群众办实事好事3件，投入资金21270元。强化宣传报道，积极推广典型示范，各大主流媒体采用18条，其中，中央级媒体采用5条。

*提供检察服务，满足人民群众司法需求。*全年共开展检察长接待12人次，接待群众15人，开展普法宣传17场次，发放宣传材料5000余份，接受干部群众法律咨询20余人次，受教育人数达8000余人，得到了干部、师生、群众的好评。

三、守初心担使命，全面从严治党治检

*牢记民心，努力践行司法为民的初心使命。*强化理论学习。把"不忘初心、牢记使命"主题教育与学习党的十九届四中全会精神、区党委九届六次全会精神有机结合起来，通过领导干部上党课、专题辅导、学习研讨等多种方式，组织集中理论学习7次，研讨发言26人次，院领导讲党课6次，听取专题辅导4场次，个人撰写学习心得33篇。创新活动载体。邀请老党员、老检察官畅谈新旧西藏对比、新旧检察变化；组织开展了参观警示教育基地，重温入党誓词、党员政治承诺、与国旗合影同唱"我和我的祖国"，观看爱国主义教育影片等相关活动。对标对表检视问题。院党组及全体党员以刀刃向内的自我革命精神，对照党章党规找差距自我检视问题，检视出班子及成员存在的问题53条，其他党员干部存在问题46条，提出整改措施65条，现已

整改完毕，并长期坚持。

严明党的纪律，从严治党、治检。坚持党要管党、从严治党。贯彻落实中央八项规定精神、实施细则及区党委实施办法，严格控制“三公经费”开支，严格遵守公车管理使用制度，对单位“三公经费”及其他经费使用情况进行季度公示。强化廉洁教育。组织党员干部专题学习《中国共产党廉洁自律准则》《中国共产党纪律处分条例》和《中国共产党政法工作条例》，观看廉政教育片和参观警示教育基地，真正做到公正严明地办理各类案件，廉洁从检。

全面加强队伍专业化建设，提升执法办案素养。广泛开展了以领导干部、业务骨干为重点的分类培训，共派员参加各类培训 11 人次，参加远程视频培训、网络课堂 28 场 200 余人次。主动挖掘自身潜力，检察官助理、书记员列席检察委员会；扎实开展业务学习“晚间小课堂”活动，组织援藏干部、业务骨干开展各类业务讲座 18 场，参学干警达 200 余人次。积极落实高检院“双百计划”[⑧]，派出 1 名干警到广东省惠州市检察机关跟班学习先进办案理念和技能，不断提升干警的专业素养和业务能力。在县委、县政府的关心支持下，强力推进聘用制书记员招录制度改革，工资纳入本级财政预算予以保障，聘用 3 名书记员全部配置到办案一线，有效解决我院编制紧缺现状。

四、接受监督，在秉公执法中提升品质

坚持把检察工作置于党的绝对领导之下，认真贯彻党的理论、路线、方针和政策。紧紧围绕县委中心工作，主动向党委、人大报告工作 4 次，主动邀请人大代表、政协委员、人民监督员及社会各界参加民主生活会、“检察开放日”[⑨]活动、视察检察工作等 4 次，积极做好代表委员意见和建议的落实，在广泛深入的监督中确保检察权规范运行。自觉接受社会监督，以公开促公正，向社会发布案件程序性信息 28 条、法律文书公开 9 份、重要案件信息 16 条，对外发送微博 46 条，微信 60 条。

各位代表：一年来，在全院干警的共同努力下，朗县检察工作取得了良好的成绩，荣获“朗县 2019 年度民族团结进步模范集体”“朗县 2019 年度平安建设（综治）工作先进单位”“朗县创先争优强基础惠民生活动优秀组织单位”“朗县 2019 年度先进单位”等荣誉称号。这些成绩的取得，得益于县委和上级检察机关的正确领导，得益于县人大及其常委会的依法监督，得益于县政府、县政协的关心支持，得益于各位代表、委员和社会各界群众的关心帮助。在此，我代表朗县人民检察院向长期关心支持检察工作的县委、人大、政府、政协领导及有关部门，向各位代表、委员和社会各界群众表示衷心的感谢和崇高的敬意！

与此同时，我们也清醒地认识到仍存在很多不足。一是检察监督效力不强。监督案源线索主要依赖司法机关的移送提请和当事人的控告申请，存在主动挖掘线索能力不强。二是办案质量有待进一步提高。办案程序不规范、相关法律文书及材料制作不规范、统一业务应用系统使用不规范等方面问题时有发生，规范司法办案做得还不够。三是缺乏过硬的专业法律知识能力。民事检察工作停滞不前，行政检察工作仍然难以打开局面。公益诉讼工作虽然有了一定进步，但离人民群众的期盼尚有差距。对于这些问题，我们将在下一步工作中以求真务实的态度，认真采取有力措施，努力加以解决。

2020 年工作安排

2020 年是全面建成小康社会的决胜之年，我院将更加紧密地团结在以习近平同志为核心的党中央周围，以习近平新时代中国特色社会主义思想为指导，深入学习贯彻中共十九大，十九届二中、三中、四中全会精神，坚持高检院“讲政治、顾大局、谋发展、重自强”新时代检察工作总要求；按照县委和上级检察机关的部署，积极服务大局，主动迎接检察职能调整新挑战，主动落实深化司法改革新要求，主动适应全面从严治党新要求，加强法律监督，强化队伍建设，着力为朗县经济社会发展创造安全的政治环境、稳定的社会环境、公正的法治环境和优质的服务环境。

一是始终坚持党对检察工作的绝对领导。进一步树牢“四个意识”、坚定“四个自信”、做到“两

个维护”，确保在政治立场、政治方向、政治原则、政治道路上同以习近平同志为核心的党中央保持高度一致。坚持党的治藏方略，按照吴英杰书记“以防患于未然为原则”“以可能出大事为基础和底线做好充分应对准备”和“以无事为大事，无功为大功”的指示要求，提高政治站位，始终站在反分裂斗争的前沿阵地，旗帜鲜明地同十四世达赖反动分裂集团作坚决斗争。坚持党的领导，依法接受人大及其常委会的监督，主动接受政协民主监督，广泛接受社会各界的监督。

二是努力服务保障经济社会发展大局。紧紧围绕县委中心工作，立足检察职能积极作为、精准服务。充分发挥批捕、起诉等职能，依法有力推进扫黑除恶专项斗争，坚决惩治犯罪，在打防并举、标本兼治上下功夫。更精准服务打好三大攻坚战，加大对风险防范、脱贫攻坚、生态环保等领域犯罪打击力度。进一步加强未成年人司法保护，深入开展检察长兼任法治副校长工作，积极参与社会治理，深入剖析案件反映出的倾向性问题和管理漏洞，及时提出检察建议，努力做到办理一案、治理一片，促进全社会增强法治观念、坚定法治信仰。

三是扎实推进检察职能工作。继续做优刑事检察工作，强化法律监督职能，认真履行立案、侦查、审判和刑罚执行活动上的法律监督工作，提高认罪认罚制度适用率。继续做强民事检察工作，持续开展民事生效裁判监督，重点针对虚假诉讼、枉法裁判、消极执行、选择执行等案件开展有效监督。下大力气补齐行政检察短板，重点加强对行政非诉执行进行监督。

四是持续推动检察公益诉讼工作。始终坚持党对检察公益诉讼的绝对领导，主动向党委、人大汇报工作，积极争取党委、人大、政府和社会各界对公益诉讼检察工作的大力支持。继续聚焦生态环境和资源保护、食品药品安全、国有财产保护等领域相关专项行动，深入摸排案件线索，促进公益诉讼检察职能持续发力。坚持以双赢多赢共赢为原则，继续加强与相关职能部门的沟通协作，促进依法履职，汇聚公益保护合力。要扎实开展“回头看”专项检查，对已办案件持续跟进监督，做到“件件有整改”“件件有结果”，确保取得实效。

五是不断强化检察队伍建设。深入开展“不忘初心、牢记使命”、“两学一做”常态化制度化、“全面加强政治建设、打造过硬检察队伍”专项教育整顿活动。继续深入学习习近平新时代中国特色社会主义思想，党的十九届四中全会精神；深入贯彻落实党纪党规，严格落实党组议事规则、检察长办公会议事规则和检委会议事规则，提高班子的决策议事能力和水平。严格遵守政治纪律、政治规矩，以党性党风党纪教育为主要内容，以政法机关和身边发生的腐败问题为反面教材，加强正面教育，着力打造一支让党放心、让人民满意的检察队伍。

各位代表，在新的一年里，我们始终坚持以习近平新时代中国特色社会主义思想为指导，认真落实县委和上级检察院的系列部署，按照本次会议的决议要求，奋力推进检察工作转型创新发展，努力为全面建成小康社会做出新的更大贡献！

注释：

①“一个引领、两个紧扣、三个围绕”：“一个引领”就是坚持以习近平新时代中国特色社会主义思想特别是习近平总书记关于治边稳藏和政法工作的重要论述为根本引领，聚焦推进新时代西藏检察工作转型创新发展的一系列理论和现实问题，把思想行动统一到党中央、区党委和高检院要求的轨道上来，把根本遵循转化为破解难题、推动发展的思路举措，把检察要素资源配置到与职责担当要求相适应的领域和环节，增强“四个意识”、坚定“四个自信”、做到“两个维护”，确保西藏检察工作正确的政治方向。“两个紧扣”就是紧扣西藏各族人民同以达赖集团为代表的分裂势力进行斗争的社会特殊矛盾，把维护国家安全和社会稳定摆在首位，在特殊矛盾表现突出的敏感时期和特殊节点，举全区检察系统之力、全力以赴助力打赢维稳攻坚战；紧扣新时代人民日益增长的美好生活需要和不平衡不充分的发展之间的社会主要矛盾，以推进检察领域供给侧结构性改革为抓手，积极回应人民对物质文化的更高要求和在民主、法治、公平、正义、安全、环境等方面的新需求。“三个围绕”就是紧紧围绕深

化依法治国实践新要求，着力强化检察法律监督；紧紧围绕司法体制改革新要求，着力优化检察职权和资源配置；紧紧围绕新时代党的建设总要求，切实加强过硬检察队伍建设。

②“四类罪犯”：刑罚执行中，能够适用社区矫正的罪犯仅限于四种，即被判处管制的罪犯、宣告缓刑的罪犯、假释或者暂予监外执行的罪犯。

③认罪认罚从宽制度：是指犯罪嫌疑人、被告人自愿如实供述自己的犯罪，对于指控犯罪事实没有异议，同意检察机关的量刑意见并签署具结书的案件，可以依法从宽处理。

④“捕诉一体”：是指对公安机关移送的刑事案件，由受理案件的检察官，在法定权限范围内完成案件审查批捕、起诉、出庭公诉、履行立案监督、侦查监督、审判监督职责的一种办案制度。

⑤“五大领域”：公益诉讼的五大领域是指生态环境和资源保护领域、食品药品安全领域、英烈权益保护领域、国有财产领域、国有土地使用权出让领域。

⑥公益诉讼：包括民事公益诉讼和行政公益诉讼，这是按照适用的诉讼法的性质或者被诉对象（客体）的不同划分的。诉讼法理论认为，利益受到了损害，受害者就有权向法院起诉，请求司法救济。

⑦“一号检察建议”：最高人民检察院于2018年10月19日向教育部发出了一份针对校园安全管理规定执行不严格、教职员工队伍管理不到位，以及儿童和学生法治教育、预防性侵害教育缺位等问题提出三项具体建议，因这是最高人民检察院首次直接向国务院组成部门发送的检察建议，也是最高人民检察院首次发出的关于社会治理创新方面的检察建议书，编号为一号，故称为“一号检察建议”。

⑧“双百计划”：2016年4月20日，最高人民检察院制发《关于组织实施2016年全国检察机关干部人才援藏“双百计划”的通知》，要求从2016年起内地检察机关援藏干部人才数量、西藏到对口支援检察机关岗位实践锻炼人员数量分别从每年50名增加到100名。

⑨“检察开放日”：是检察机关深化检务公开，确保检察权在阳光下运行，邀请人大代表、政协委员、人民监督员、党员代表、群众代表及社会各界人士走进检察院，“零”距离了解检察工作，接受外部监督的一种方式。

朗县2019年国民经济和社会发展计划执行情况与2020年国民经济和社会发展计划草案的报告

——在朗县十三届人大六次会议上

朗县发展和改革委员会

（2020年4月1日）

一、2019年国民经济和社会发展计划执行情况

2019年，是新中国成立70周年，西藏民主改革60周年，是实现“十三五”规划目标的冲刺之年，是全面建成小康社会的决战之年。面对严峻复杂的国内外形势，全县上下坚持以习近平新时代中国特色社会主义思想为指导，紧紧围绕全面建成小康社会的目标，以项目建设为抓手，聚力创新、聚焦富民，统筹推进稳增长、促改革、调结构、惠民生、优生态、防风险各项工作，全县经济社会呈现出运行平稳、转型加快、民生改善、和谐稳定的良好态势。

全年实现生产总值7.75亿元，同比增长10.56％；固定资产完成17.05亿元，同比减少32.29%，统计500万元以内项目，完成社会固定资产投资23.1亿元，占年初目标的81.91%；农村居民人均可支配收入实现1.69万元，同比增长12.9％；接待游客359435人次，同比增长36.28%，实现旅游收入1.3亿元，同比增长24.1%；工业增加值实现0.14亿元，同比增长1％；全县社会消费品零售总额实现1.47亿元，同比增长9.50%；全县公共财政一般预算收入4639万元，同比增长10%。

（一）坚持不懈优化产业发展

1. 现代农业提质发展

粮食生产有序：全县粮食产量共计0.45万吨，总播种面积1.89万亩（春播作物0.40万亩、冬播作物0.76万亩）；其中粮食作物1.16万亩（青稞0.63万亩、小麦0.53万亩）；经济作物0.73万亩（土豆0.05万亩、萝卜0.03万亩、其他0.65万亩）。经济作物发展良好：全县核桃种植面积累计达1.02万亩，藏冬桃种植面积累计达0.5万亩。实现核桃产量达36.585万千克，实现经济效益877.9万元、藏冬桃产量达7.2万千克，实现经济效益216万元。牲畜存栏量可观：牦牛年末存量6.36万头，出栏6700头，出栏率10.53%，实现产值6365万元；能繁母猪存栏达3911头，实现产仔数12300头，养殖量达21900头，出栏4909头，实现经济收入1700万元。品牌辣椒销路畅通：辣椒产业发展作为农业产业发展的重头戏，全县推广种植辣椒3270亩，实现辣椒产量1874吨，实现产值1124.4万元，销售额739.56万元（销售比率：群众4.8%、引进公司收购销售71.5%、政府23.7%），带动1010户实现户均增收7322.4元。打造苹果亮丽名片：全县苹果种植面积累计达6445.4亩（今年新增1556亩，旺村热1300亩、申木村256亩，由林业第八批援藏工作队实施），其中挂果2354亩，实现产量38.86万千克，实现产值388.6万元。

2. 文化旅游业前景可观

文化项目持续推进：中央预算内投资各1000万元的嘎贡沟景区道路建设项目已完工，拉多藏湖景区建设项目（游客服务中心），完成工程量的

80%；自治区投资1580万元的朋仁曲德寺旧主殿遗址恢复项目，已完成工程量的80%；第八批援藏工作队总投资2200万元的冲康景区创AAA项目、拉多藏湖景区旅游公路完成终验。文化活动形式丰富：在重大节日期间先后举办"欢度春节藏历新年"、"五下乡"、"3·28"百万农奴解放纪念日、"不忘初心、牢记使命"主题教育、"文化八进"①等送文艺下乡演出63场次，观众人数达1.42万人次；圆满举办以"醉美文化朗县，盛世桃源塔布"为主题的林芝市第十七届桃花旅游文化节朗县分会场活动，活动人流量达4459人次，为农牧民创收3.58万元；成功举办"2019年第四届塔布文化旅游节暨第二届农民丰收节"，活动期间共有各界代表逾千人参加，共接待游客2.95万人次，实现旅游收入146.09万元。文化遗产力争保护：积极推进8处县级非物质文化项目及1位县级非遗传承人申报工作；竭力申报自治区非遗保护专项经费15万元；深入各级文物保护单位进行安全隐患排查32次，发放文物保护相关宣传册500余份，确保了我县各级文物安全，目前未发生文物安全事故。

3. 藏医藏药业小有名气

目前藏医院藏药品种达304种，把脉、针灸、推拿等技术俱已成熟，全年门诊量达9780人次、住院病人367人次、霍儿梅治疗735人次，针灸理疗7417人次、按摩理疗870人次、涂擦理疗4488人次、牵引960人次，放血治疗141人次；此外，总投资433万元的藏医院制剂室已全面竣工，并按照规定对基建及净化等各个环节进行严格验收，藏医院的传承之路越走越广。

4. 清洁能源业循次渐进

自2016年以来，我县陆续引进8家清洁能源开发企业规划总装机容量达162.3万千瓦，规划总投资241.95亿元，但由于清洁能源项目前期办理周期较长，以及能源相关政策调整，截至目前，工字荣电站进行了升级改造，改造后累计发电2.17亿千瓦时，累计实现产值6722.3万元；朗县50MWP②风能开发项目于2019年4月1日签约开发协议，目前已取得县各部门初步意见，完成选址工作，正在办理环评、林评等前置手续。

（二）锲而不舍增强发展后劲

1. 经济运行步履平稳

2019年，国家投资增速放缓，稳增长难度加大，金融政策闸门收紧，我县项目推进平稳有序，全年共开复工项目184个，总投资16.28亿元。援藏项目：2018年续建项目已全部完成，完成投资5156.38万元；2019年的新建项目完成30%，完成投资1440万元；续建项目：国家投资500万元以内的项目已经全部完成，完成投资3004.84万元；500万～5000万元以内的项目完成了总投资的98.29%，完成投资12300.15万元；5000万元以上的项目完成了总投资的71.52%，完成投资26685万元；新建项目：国家投资500万～5000万元的项目完成了总投资的86.98%，完成投资15232.02万元；投资500万元以内的项目完成了总投资的97.31%，完成投资10152.19万元。同时，为增加全县农牧民群众的收入，2019年已将登木乡文化展厅、朗镇堆巴塘村引水灌溉等15个项目，总投资1735.88万元，交由农牧民施工队实施。

2. 项目审批持续推进

持续加大优化项目行政审批环境，提高项目行政审批服务效能，坚决破除项目审批中存在的"阻梗"问题，项目行政审批效率得到了大幅度提升；全年累计审批并下达项目概算批复文件52份，总投资达1.93亿元；审批并下达项目实施方案批复文件64份，总投资达0.38亿元，审批并下达可行性研究报告批复文件52项，总投资2.96亿元。

3. 项目储备成效显著

全年累计录入在线监管平台并通过预审项目37项，总投资7.04亿元；与去年同期项目录入在线监管平台并通过预审项目增加6项，同比增长19.35%；总投资增加5.07亿元，同比增长257.36%；项目涵盖基础设施、产业、人居环境等。

4. 招商引资创新深化

包括朗县新型环保材料粉磨站项目在内的招商引资完成投资2.51亿元，民间投资完成投资1.16亿元。依托对口援藏、重大节日、招商推介交流会等平台，主动登门精准招商；今年在林芝市桃花节、广东"消费援藏"林洽会等招商推介会上，累计签约合同类、意向类项目12个，总意向投资5.18亿元，发放招商宣传册800余份，对接意向企业46家，接待来访考察朗县的企业22家。

（三）持之以恒推进改革开放

1. 便民服务不断优化

已建成电子商务县级服务中心、物流服务中心、6个乡镇级服务站、26个村级服务点；电商服务站与物流配送点共享场地，硬件设备均已到位，各电商服务站点已投入运营，并已为农牧民群众开展代买代卖等电商服务。

2. 电商事业紧锣密鼓

电商人才培训体系已经培养本地电商讲师3名，开展电商各类培训36场，累计培训1383人次，其中培训贫困人口230人次，政府工作人员258人次；电子商务远程培训系统已搭建完成，已上传培训相关视频教程90个，此外还制作了便于广大藏族群众阅读的藏汉语版电商培训教程手册近万份。

3. 农产品供应链体系初步建立

已完成11户商家共116个SKU[③]的制作并上线；对3家符合标准的农牧民合作社，开展农产品生产、流通标准化的试点工作；帮扶开设网店25家；完成溯源体系[④]系统建设，到位10万枚溯源二维码及一台溯源一体查询机，目前已收录朗县6个合作社的54个产品，并已分配了溯源二维码，开展了1场溯源培训。

（四）坚定不移打造城乡融合发展

1. 强化城乡一体化建设

采取动态管理、综合管理、目标管理相结合管理模式，进一步巩固“治脏治乱、绿化美化”和“违必拆、六先拆”[⑤]成果，严格落实保洁工作定人、定街道、定时间、定标准、定责任，做到了区域内垃圾清运工作全覆盖；加大力度对县城损坏公共设施、菜市场管理混乱、街道乱摆乱贴、商铺门前占道经营、招牌设置“多、滥、杂”等问题的治理。

2. 生态管控持续增强

完成认领整改中央及自治区反馈问题量的98%，达到序时进度要求，先后投入国家重点生态转移支付资金1239万元，环境考核奖励资金350余万元，生态岗位补贴资金240余万元，用于农村垃圾收集点、农村排污系统、村道硬化、饮用水源地保护等基础设施建设和卫生整治、垃圾处理等环境整治工作，根据生态网格化管理的要求，实行包片包干原则，积极推进垃圾分类工作，利用微信平台，建立了“青山绿水”乡镇环保工作群，完成了48个自治区级生态村、5个自治区级生态乡镇和1个自治区级生态县创建工作并得到环保厅命名，以91%创建率超额完成自治区下达的83%的创建指标；助推企业发展，2019年，引入朗县塔布林农牧民专业合作社修建厂房项目45万元和诺贡农牧民专业合作社包装及设备更换项目40万元，根据2019年朗县碘盐配送任务要求，完成了76.89吨碘盐配送任务，碘盐配送率100%，覆盖率100%，食用率99%。

（五）百折不回增进民生福祉

1. 统筹城乡就业卓有成效

全年全县城镇新增就业230人，城镇零就业家庭全部消零，实现农牧民转移就业7856人次，实现创收3321.62万元，城镇失业率控制在2.5%以内；搭建创业平台为23名高校毕业生举办了1期创业培训班，投入15万元创建了朗县众创空间用于大学生共享办公，于2019年3月正式投入使用，目前已入驻我县籍高校毕业生创办的企业6家，涉及建筑施工、广告设计等领域，运营以来6家企业实现创收180余万元，为8名高校毕业生实现就业，带动142名农牧民转移就业；加大建档立卡户大学生就业工作。2019年度应届毕业生114人，目前已就业113人，未就业1人，就业率达到98.23%。

2. 社会保障覆盖面不断扩大

全县企业职工养老保险参保人数304人，征缴基金449万元，机关事业养老保险参保人数1470人，征缴基金4810万元，工伤保险参保人数2364人，征缴基金75.4万元，失业保险参保人数930人，征缴基金90万元；全额完成发放社会保障卡人数15307人；城乡居民养老保险参保人数7352人，征缴基金146万元，享受待遇人员1490万人，实现了按月发放。

3. 养老保障标准提升

农村最低生活保障补助标准提高到每人每年

4450 元，城镇居民最低生活保障补助标准提高到每人每月 800 元；全县共有城乡低保对象 179 户 378 人，共发放低保金 129.82 万元、低保老年人 79 名，发放老人两项补贴 4.74 万元；临时救助 28 户 89 人，发放救助资金 55.3 万元；对 97 名流浪乞讨人员实施救助，救助资金 1.21 万元。全县共调查特困人员 153 名，集中供养 102 人，意愿集中供养率达到了 100%，在供养标准上，集中供养特困人员标准由年人均 4940 元提高至 12480 元，分散供养标准由年人均 4940 元提高至 6675 元，分散供养 51 名发放特困人员补贴 34.62 万元，寿星老人 158 名发放寿星补贴 5.24 万元。

（六）齐心协力巩固脱贫成果

1. 大力实施政策扶贫

坚持严格“两不愁、三保障”[⑥]标准，完成县易地搬迁 81 户自筹资金 322 万元退还工作，朗县“三岩”跨市整体易地扶贫搬迁群众共计 22 户 150 人；目前，洞嘎镇扎西塘村易地搬迁群众已顺利入住 6 户 49 人，登木乡登木村安置点实际入住 3 户 26 人（新生 1 人）；全县“四对一”结对帮扶[⑦]任务干部共计 829 名，包户帮扶贫困户（包含边缘贫困户）983 户 2717 人，共开展慰问 2053 人次；发放慰问品、慰问金价值约 101.3 万元；投入 5661.59 万元，完成 84 个人饮点的巩固提升。

2. 大力实施教育扶贫

投入资金 2440 万元用于薄弱学校改造，全县有学校 28 所，在校生 2685 人，小学净入学率 100%、初中毛入学率 100.48%、幼儿园毛入园率 105.50%；对三类残疾儿童，开展送教上门服务 49 次，资助各级各类师生 441 人次，共计 117.11 万元。落实“三包”经费 792.88 万元，落实营养改善计划经费 128.08 万元，考入内地西藏初中班 18 人。

3. 大力实施交通扶贫

拉林铁路朗县段境内 8 座隧道中贯通了 7 座；成立朗县快乐农村公交客运有限责任公司，县际班线客运改革固定资产移交工作已完成，制订了县内班线客运开通计划，目前正在筹措客运车辆的购置资金；牢固树立“建管养”并重的工作理念，全面开展公路养护工作，全年绿化公路 10 千米，种植杨柳树 1 万株，成活率 85%，有效巩固了公路建设成果，提高了公路好路率。

总体上看，2019 年，在复杂严峻的宏观形势下，全县国民经济和社会发展取得了一定的成绩，但还存在一些矛盾和问题，主要表现在：一是经济下行压力依然较大，部分产业受到宏观因素影响，分化加剧；二是投资增长后劲乏力，受宏观经济影响，部分投资者担心项目建成后运营收益问题，投资信心不足，存在观望等待心理，项目优先投入占比不高，项目竣工率不高，转化率偏低，从深层次分析，说明招商引资成效还不明显，招引项目质量还不高，项目推进速度还不快，营商环境还需进一步提升；三是要素制约依然存在，征地拆迁难，县城建设规模空间与指标紧缺、节约集约用地意识不强等问题还不同程度地存在，影响了项目推进进程；四是民生领域补短板还需进一步加快，虽然我县城乡居民收入近年来不断增长，但离全面建成小康社会的要求还有差距，基本公共服务不平衡，城乡之间的公共服务资源优化配置特别是优质教育、医疗、文化等资源供给不平衡，就业就医等方面的群众满意度仍需进一步提升。

二、2020 年国民经济和社会发展计划

2020 年中国经济运行继续牵动全球目光，2020 年也是实现第一个百年奋斗目标的决胜之年，面对百年未有之大变局，我们要于大变局中彰显使命担当，紧紧围绕“全面建成小康社会”目标，坚持以习近平新时代中国特色社会主义思想为指导，以牢牢把握稳中求进为工作总基调，以处理好“十三对关系”[⑧]为根本方法，坚持发展是第一要务，稳定是第一责任，生态是第一政绩，全面推进供给侧结构性改革，全力促进我县经济持续健康发展和社会大局稳定。

2020 年全县经济社会发展主要预期目标是：全县生产总值增长 10%（预计达到 8.53 亿元），全社会固定资产投资增长 10%（预计达到 18.76 亿元），社会消费品零售总额增长 15%（预计达到 1.69 亿元），财政预算收入增长 17.6%（预计达到 5455.46 万元），城乡居民人均可支配收入增长 13.5%（预计达到 19195 元），居民消费价格涨幅控制在 3.4%

以内，失业率控制在2.3%以内。

（一）助力四大产业[⑨]发展，激发实体经济新功能

1. 高质发展特色农牧业

继续优化辣椒产业布局，加大产业资金保障的投入力度，成立辣椒专班，建立工作推动机制，从种植、供销到市场连接形成各司其职的连接体系；培育改良苹果品种，建立第三方公司收购，对苹果品质进行分类加工；以登木乡为示范点，打通金东集体养殖渠道，以点带面，形成辐射带动作用，在全县范围内形成良好的养殖氛围，解放生产力和劳动力；加大牲畜养殖培训力度，继续加强对牦牛经济杂交、黄牛改良等技术的推广应用；创新集体养殖模式，逐步推广以联户单位、“村集体+养殖户”等养殖模式，针对全县特色产业产品商品化程度较低的情况，建议在拉萨成立专门的、规范化、标准化门店，提升产品区内的知名度。

2. 激发活力文化旅游业

大力开发“党建+旅游+文化”模式，加快文化和旅游相关政策梳理整合，提升产业扶持政策的导向性，增强公共文化各项优惠政策的时效性；抓好重点项目实施，形成文化旅游竞争新优势，积极争取新建文化活动中心、西日卡庄园维修、雅柏自驾游营地建设及琼日神水景区项目等重点项目实施；主动对接广东省惠州市文化和旅游局及相关旅游企业，大力拓展文化和旅游内地市场探索宣传推介模式，改进方式方法，切实提高朗县旅游的知名度。

3. 推崇传承藏医藏药业

坚持“以藏医为主，以西医为辅，藏西结合”治疗原则，积极发挥藏医适宜技术，努力提高服务水平和服务能力；大力培养藏医学者，潜心研究藏医学识，将“南派”藏医学的医药文化传承和发扬得更高、更远。

4. 凝心聚力推进清洁能源业

继续与企业共商对策，强化纵向沟通，以企业主跑办、政府主协调为重点，及时掌握和了解清洁能源项目在推进过程中具体的“卡脖子”环节，有针对性地加强与区市两级行业主管部门的沟通、协调力度。强化横向协调配合，加强与县直各有关部门、能源企业在后续项目征地、嘎贡（上游）一级水电开发项目资源置换等方面协调配合工作。

（二）助力项目建设发展，蓄势发展新引擎

1. 突出项目建设高质化

持续深化项目审批、验收等各个环节，进一步压实项目前期工作切实解决项目中报批时间长、程序复杂，沟通衔接不顺畅等问题，对在建和资金已经落实的项目，确保及时开复工，对列入2020年计划的项目，确保全面开工，特别是部门国家已明确，论证成熟的“十四五”项目，及时开展前期工作，力争做到“十三五”和“十四五”项目无缝衔接。目前，我县已具备开复工条件的项目84个，涉及总投资18.04亿元。续建项目：14个，总投资7.78亿元；新建项目：包含朗县人居环境整治项目和朗县火车站站前广场建设项目等70个新建项目，总投资10.26亿元；援藏项目：包含总投资5600万元的朗县惠州大桥建设项目等援藏项目5个，总投资1.34亿元。

2. 持续扩大招商开放

完善招商队伍组织架构，深化招商运作机制，提高招商引资的组织化程度和专业化水平。围绕做强实体经济，以招商推进循环方式，重点开展上门推进活动；努力招引更多科技含量高、附加值高、前瞻性好、带动性强的重大项目，进一步提高“引进来”质量层次，为经济发展注入强大动力。加快“走出去”步伐，主动融入国家对外开放大格局。

3. 优化平台载体建设

扎实推进商贸流通业、商贸服务业发展，促进市场消费；提出培育商贸流通企业发展的政策建议，推动流通标准化和连锁经营、商业特许经营、物流配送、电子商务等现代流通方式的发展；重点推进电子商务工作人才培训、产品上行、线上开设门店及推广，溯源体系培养工作。

（三）助力改革创新，打造发展新亮点

1. 着力拓展改革深度

坚持以供给侧结构性改革为主线不动摇，在“巩固、增强、提升、畅通”上下功夫，有序推进政务服务事项全部进驻服务大厅，着力简化优化业务操作规程、工作流程，压缩业务办理时间，提高工作效

率，进一步实现群众办理简单事项“只跑一次”。

2. 加快提升创新驱动力

制定实体经济、生态文明体制改革2020年工作要点及分工方案，建立改革台账，对具体改革事项确定牵头单位、责任单位，细化措施、实践进度和工作成果要求，在改革中挂图作战，确保确定的改革事项全部落实到位。落实高校毕业生就业促进，鼓励创业各项政策，优化人才创新创业环境，加快集聚更多创新创业人才。

3. 更高层次推进区域融合

抢抓铁路建设发展机遇，继续完成火车站用地征地，征地拆迁居民安置，力争在今年4月底开通县城至6个乡（镇）客运班线，使乡（镇）通客车率达到100%，建制村通客车率达到60%。到今年年底，建制村通客车率达到80%以上。依托第九批援藏契机，借力广东优质资源，加快提升发展能级与品质，深化与广东惠州市教育、卫生、文化、人才等领域的对接，实现互联互通、共建共享。

（四）助力协调推进，促进城乡发展均衡化

1. 推进城乡发展一体化

坚持高标准规划，推进各类规划加快编制实施。加大城乡建设力度，坚持将依法行政作为强化城市管理的重要手段，对县境内的各项城市基础设施进行调研，并形成报告，对需要重建、改建、维修等项目进行梳理，争取项目落地；加强农村基层基础建设，健全自治、法治、德治相结合的乡村治理体系，提高乡村治理水平。

2. 加快完善基础设施

持续加大基础设施建设投入力度，巩固基础设施“基石”作用，完善基础设施建设，筑牢发展“硬件”，在巩固“十项提升工程”⑩覆盖率基础上，深入推进重点水利工程、农村饮水安全巩固提升工程项目，巩固农村饮水安全工程；实现农村公路硬化全覆盖，全面解决农村出行难、运输难问题；实施新一轮农网改造升级，提升农网供电能力和供电质量；为全县经济发展配齐硬件，推动各项产业共同发展，为全面达到小康标准提供有力保障。

3. 强化生态绿色发展

坚持综合治理，切实打好污染防治攻坚战，强化绿色增长，推进资源全面节约和循环利用，以“零容忍”的态度严厉打击各类环境违法行为；进行全县范围内的集中式饮用水源地和农村饮用水源地排查，对于发现的问题，及时进行整改；继续深化环境宣传教育，不断提升农牧民群众的环保意识和环保自觉；完善一级保护区、农牧区的排污基础设施，做好排污工作；坚决打赢污染防治攻坚战，保护好朗县的水、空气和土壤。

（五）助力民生供给，提升人民群众获得感

1. 进一步完善社会保障机制

完善社会保障机制，扎实推进社会保障卡发放工作，进一步提高社会保险参保覆盖率，积极推动企业参保，建筑业参加工伤保险，做好工伤预防工作。在高校毕业生就业创业上下功夫，落实高校毕业生就业，鼓励创业各项政策，加强政策宣传，转变高校毕业生传统就业观念，努力推动实现更高质量的就业；在人事人才上下功夫，深化事业单位人事制度改革，健全事业单位岗位管理制度，加快推进事业单位“双定”工作⑪；在劳动维权上下功夫，强化劳动监察执法，大力开展劳动用工检查，推进劳动用工实名制及工资银行代发工作。

2. 进一步提高公共服务水平

持续推进“五个100%”⑫教育工作目标的落实，开齐开足课程，努力提高中小学各学科考试及格率，实施精准控辍，确保小学净入学率100%，初中毛入学率100%，义务教育巩固率100%；幼儿园毛入园率88%以上。加强毕业班教学指导，争取小学考入内地西藏初中班人数达到25人、中学考入内地西藏高中班人数达到3人。

3. 进一步优化社会治理水平

深入推进依法治县，进一步规范行政执法，强化司法公正，推动全民守法；创新多元化纠纷解决机制，搭建司法调解、人民调解、行政调解一体化的平台，形成“党政主导、多元共治、共同参与”的工作格局；抓好食品安全监管，做好重大事故应急处置，加强网络订餐服务、大宗食品、儿童食品及保健食品和重要节点食品安全监管；强化药品、食疗器械、化妆品安全监管，贯彻落实《中华人民共和国疫苗管理法》，加大对疫苗、血液制品、注射剂、植入性医疗器械等高风险产品的监管力度，坚决防控药品风险；加大消费维权力度，拓展“12315”投诉举报热线和平台整合成果，营造安全放心的消费环境；深化扫黑除恶工作，及时摸排市场领域“黑恶”线索；开展价格专项检查，特别是推进电价降价措施落地，加强清理规范转供电加价工作，保证政策红利惠及人民群众；促进“双随机、一公开”⑬监管全覆盖、常态化。

（六）助力脱贫攻坚，全面迈向小康社会

1. 持续巩固脱贫成果

建立“扶上马、送一程”的脱贫后续扶持机制，始终把脱贫成果巩固作为最大的政治任务和第一民生工程，牢牢抓在手上、扛在肩上，围绕全面小康目标和精准脱贫基本方略，保持政策不变、劲头不松、力度不减、机制不变，持续加大投入力度，继续压实县乡村脱贫攻坚责任，精细脱贫巩固提升方案，密切关注已脱贫群众新诉求、新动向，全面巩固提升脱贫摘帽成果。

2. 强化自身造血能力

结合“四大产业”布局，持续增强产业发展促民富的“火车头”效应，保持收入稳定性。坚持“政府引导、企业主体、科技支撑、金融撬动、群众参与”的产业发展思路，加快培育新型农业经营主体，引导新型经营主体与脱贫户建立稳定的产业带动关系，采取“企业＋脱贫户”“合作社＋脱贫户”的模式，实施好产业化扶贫项目，鼓励支持贫困户“入企（社）打工挣薪金、入股参股挣股利”，不断提高收入水平。

3. 持续实施乡村振兴战略

乡村振兴是脱贫成果巩固提升的发展方向，结合《朗县乡村振兴战略规划》内容，坚持农业农村优先发展、坚持农牧民群众主体地位、坚持人与自然和谐共生的指导思想，因地制宜、循序渐进，统筹衔接、长短结合，坚持智志双扶，动员群众参与，将乡村振兴与脱贫攻坚和巩固脱贫成果有机结合起来，在持续增加群众收入、稳步扩大脱贫成果的基础上，大力推进脱贫成果巩固提升与乡村振兴战略同步衔接，以乡村振兴巩固脱贫成果，实现朗县经济发展，群众增收。

各位代表，当前宏观形势复杂多变，保持经济平稳较快增长的任务比较艰巨，我们将在县委的正确领导下，在县人大的监督支持下，进一步抢抓机遇、放大优势、创新举措，更加主动、更加扎实地推进各项工作，努力完成全年经济社会发展各项目标任务。

注释：

①“文化八进”：进机关、进社区、进家庭、进学校、进企业、进农村、进军营、进工地。

② MWP：MWP 是设定的装机容量单位。MW 是兆瓦的意思。光伏系统单位是 MW；光伏发电系统单位是 MWP。

③ SKU：StockKeepingUnit（库存量单位）。

④溯源体系：根据或利用已记录的标识追溯产品的历史（如该产品的原材料等）、应用情况、所处场所或类似产品或活动的能力。

⑤“违必拆、六先拆”：“违必拆”在拆除违法建筑上没有讨价还价的余地，违法必拆。六先拆 1、对面积大、影响大，特别是集中成线成片的违法建筑要先拆；2、对严重影响城市景观，特别是在城市主、次干道两侧以及其他城市道路上形成视觉污染的违法建筑先拆；3、对营利性违法建筑先拆；4、对存在严重安全隐患的违法建筑先拆；5、对造成不良影响，如党员干部违建、单位违建、村组织违建一律先拆；6、对阻碍工程进度的违法建筑先拆。

⑥“两不愁、三保障”：“两不愁”即不愁吃、不愁穿，“三保障”即义务教育、基本医疗、住房安全有保障。

⑦“四对一”结对帮扶：乡（镇）包村到户、村“两委”班子包户到人、驻村工作队派出单位包村到户、乡科级以上党员领导干部包户到人。

⑧“十三对关系”：国家投资和社会投资的关系，重大项目和民生项目的关系，发挥优势和补齐短板的关系，城镇就业和就近就便、不离乡不离土、能干会干的关系，扶贫搬迁向城镇聚集和向生产资料富裕、基础设施相对完善地区聚集的关系，央企在藏资源开发和解决当地农牧民增加收入的关系，保护生态和富民利民的关系，城市发展和提高农牧民基

本公共服务能力的关系，高校毕业生政府就业和市场就业的关系，简政放权和地方承接的关系，企业增产提效和改善企业职工福利待遇、促进农牧民群众增收的关系，中央关心、全国支援和自力更生、艰苦奋斗的关系，鼓励干部担当干事和容错纠错的关系。

⑨四大产业：特色农牧业、文化旅游业、清洁能源业、藏医藏药业。

⑩“十项提升工程”：水、电、路、电信、网、科、教、文、卫、保。

⑪“双定”工作：定向评价、定向使用。

⑫“五个100%”教育工作目标：中小学双语教育普及率100%，小学数学课程开课率100%，中学数理化生课程计划完成率100%，中学理化生实验课程开出率100%，职业技术学校国家目录规定课程开出率100%。

⑬“双随机、一公开”：在监管过程中随机抽取检查对象，随机选派执法检查人员，抽查情况及查处结果及时向社会公开。

朗县2019年财政预算执行情况和2020年财政预算(草案)的报告

——在朗县十三届人大六次会议上

朗县财政局

(2020年4月1日)

2019年工作回顾

2019年是新中国成立70周年,是西藏民主改革60周年,是决胜全面建成小康社会的关键一年,也是我县脱贫攻坚巩固期。一年来,在县委、县政府的坚强领导和县人大、政协的监督指导下,以习近平新时代中国特色社会主义思想为引领,我局全面贯彻县委、县政府重要会议精神,主动对接上级政策,全力争取上级支持,着力提升预算管理水平,保障重点需求,加强财政监管,全年财政预算执行情况总体良好。

一、2019年预算执行情况

(一)2019年财政预算完成情况

1. 2019年公共财政预算完成情况

2019年县级公共财政收入完成4639万元(不含政府性基金),同比降低25.39%。县级一般公共预算收入完成4639万元,同比增加10%,其中:税收收入完成1921万元,占公共财政收入的41.41%;非税收入完成2718万元,占公共财政收入的58.59%。

2019年县级公共财政预算支出(含上级补助追加预算支出)完成86575万元,比上年同期增支1990万元,增长2.35%。主要支出项目完成情况是:一般公共服务支出23346万元,公共安全支出5294万元,教育支出8464万元,科学技术支出109万元,文化旅游体育与传媒支出4489万元,社会保障和就业支出6511万元,卫生健康支出5953万元,节能环保支出4127万元,城乡社区支出300万元,农林水支出22341万元,交通运输支出1278万元,资源勘探信息等支出732万元,商业服务业等支出4万元,自然资源海洋气象等支出1229万元,住房保障支出1752万元,灾害防治及应急管理完成231万元,其他支出310万元,债务付息支出105万元。

2. 2019年政府性基金预算收支完成情况

2019年县级基金预算收入累计完成1654万元,比上年同期增加832万元,增长101.22%。县级基金预算支出累计完成1574万元,比上年同期减少1184万元,降低42.93%。

(二)资金结余及收支平衡情况

1. 2019年度我县公共财政收支预算平衡情况。

2019年本级公共财政预算收入4639万元,上级补助收入80336万元,调入预算稳定调节基金[1]3610万元,总收入88585万元;本级公共财政预算支出86575万元,加补充预算稳定调节基金2010万元,总支出为88585万元。收支相抵后无结余。实现收支平衡。

2. 基金预算平衡情况

2019年基金预算收入1654万元,基金上级补助收入1122万元,总收入为2776万元;本年基金预算支出1574万元(城乡社区支出为1241万元,彩票公益金支出333万元),总支出为1574万元。收支相抵后,年终结转496.2万元;调入一般公共预算，并补充预算稳定调节基金 705.8 万元。

（三）2019 年工作情况

1. 难中求进，努力确保稳增提质

2019 年，受国家减税降费政策及我县拉林铁路施工段工程临近结尾等因素的影响，我县财税工作面临严峻挑战，收支压力巨大。对此，全县上下同心协力，迎难而上，负重奋进，共克时艰。完善收入动态监控机制，强化收入执行监管，加强财政与税务部门的协调配合，召开财税联席会议，细化分解组织收入目标。最终实现本年一般公共预算收入增幅达到 10%。

2. 优化支出，全力提高民生保障水平

落实县委、县政府决策部署和上级财政政策，科学安排支出，在保工资、保运转、保稳定的同时，切实保障民生和重点支出。全年县财政用于教育、文化体育与传媒、社会保障和就业、医疗卫生与计划生育、节能环保、城乡社区事务、农林水事务、交通运输、住房保障、粮油物资储备事务等方面的民生支出 59629 万元，占公共财政预算支出的 68.87%，增长 1.18%。厉行勤俭，进一步压缩"三公"经费[②]支出，2019 年"三公"经费支出同比上年下降 2.99%。

3. 深化改革，切实加强财政精细化管理

执行新修订的《中华人民共和国预算法》，抓好财政基础管理和基层财政建设，全面推行国库集中支付改革制度，全年国库支付清算资金 86243 万元，同时规范预算单位财政财务管理，提高预算执行的规范性和严肃性。深化行政审批制度改革，公开财政部门权责清单，完善和优化业务工作流程，提高办事效率。抓好政府采购、非税收入管理、财政支出绩效评价等工作。

4. 努力攻坚克难，财政建设趋于规范

围绕"打基础、抓规范、利长远"的工作思路，努力加强财政建设，夯实财政工作基础。加强财政综合管理，全面实现单位独立记账，以提升财务人员业务素质，规范行政事业单位财务管理为目标，以会计业务流程、会计科目、国库集中支付系统操作和电子账务系统应用等为主要内容，组织财政业务培训，为推进全县财政工作提供了智力和人才保障。

2019 年，我县财政运行基本平稳，各项财税政策有效落实，财政改革发展迈上新台阶，国家财政政策得到了有效发挥。这些成绩的取得，是县委、县政府统揽全局、正确领导的结果，是人大和政协监督指导的结果。同时，我们也清醒地认识到，财政运行管理中还存在一些矛盾和问题，主要表现在：收入增长的稳定性和质量面临考验，支出结构僵化问题依然突出；一些重大投资项目开工不及时、建设推进缓慢；财政供养人员规模不断扩大，自身财力保障难以为继；部分预算单位法治意识和绩效意识淡薄，预算管理水平有待提高，预算执行效率意识有待增强；财政收支矛盾突出，平衡压力大。在公共财政预算收入增速放缓的同时，我县经济社会发展步伐加快，各项事业对财政资金的需求日益强烈，基本公共服务均等化、精准扶贫、机关事业单位年终考核指标资金、债券还本付息、重点项目建设等都须投入大量财政资金，财政刚性支出大，新增财力难以满足支出需求。

我们将高度重视这些问题，在今后的工作中与县委、县政府及各部门共同沟通、协调、努力，切实加以解决。

二、2020 年预算草案

2020 年是全面建成小康社会和"十三五"收官之年，面临财政收支矛盾突出的严峻挑战，编制好 2020 年预算，具有十分重要的意义。按照《中华人民共和国预算法》要求，根据年度社会发展目标、国家宏观调控总体要求和预算平衡的需要，参考上一年预算执行情况和本年度收支预测，结合自治区、市、县经济工作会议精神，按照规定程序征求各方意见后，编制形成 2020 年预算草案。

今年，收入方面，经济下行压力仍然存在，降税清费、拉林铁路建设接近尾声等情况减收效应进一步显现，将对我县财政收入增长造成较大影响；支出方面，实施积极的财政政策，推进供给侧结构性改革，支持稳增长、促改革、调结构、惠民生、防风险等各项事业发展都需要进一步加大财政投入。从县内经济环境分析，我县财政落实扩大内需政策，保障和改善民生，精准扶贫精准脱贫攻坚计划等支出将保持刚性增长，各项民生重点专项资金及县级配套等增支压力较往年更大，财政收支一消一涨，将进一步加大财政平衡的难度和压力，预计2020年县级财政收支矛盾仍然突出。

（一）2020年预算安排的指导思想

高举中国特色社会主义思想伟大旗帜，以习近平新时代中国特色社会主义思想为指导，全面贯彻中共十九大和十九届二中、三中、四中全会精神，认真贯彻中央第六次西藏工作座谈会精神，认真践行习近平总书记关于治边稳藏的重要论述，按照“五位一体”总体布局和“四个全面”战略布局，保持稳中求进、进中求好、补齐短板工作总基调，以财政收支规模持续扩大为目标，坚持收入总量和收入质量并重、内挖潜力和向上争取并重、抓收入和抓管理并重、抓支出进度和支出效益并重四条原则，全面推进财政体制改革，不断增强地方财政实力。严格执行《中华人民共和国预算法》规定，深化财税体制改革，完善预算管理，狠抓增收节支，支持创新发展，保障改善民生，加强资金监管，防范化解风险，促进经济持续健康发展和社会大局稳定。

（二）财政收支安排情况

1. 财政收支预算安排基本原则

为维护财政预算的严肃性、合法性和权威性，确保预算收支平衡、完整统一、真实可靠，做到公开、透明、准确预算，2020年县级财政预算收支安排遵循以下基本原则：

收入预算编制原则。收入预算的编制采取实事求是、积极平稳的原则，立足实际，结合税收政策调整等因素，科学安排税收收入；规范行政事业性收费、罚没收入管理和国有资产有偿使用管理，合理确定各项非税收入。

支出预算编制原则。在保工资、保运转、保民生的基础上，重点保障巩固脱贫成果，支持乡村振兴等重点支出需求，牢固树立过“紧日子”的思想，精打细算、有保有压、严格控制“三公”经费，大力压减一般性支出，提高财政资金使用效益。

财政管理原则。财政管理遵循改革创新、科学完整原则，继续推进预决算公开，健全政府预算体系，进一步推进财政改革，完善预算绩效管理，加强预算执行监督管理，强化预算单位财务人员培训，夯实财政工作基础。

2. 2020年县本级一般公共财政预算草案

按照适应经济下行压力状况、保障经济社会平稳运行的财力需要、坚持过“紧日子”的原则，2020年全县一般公共财政预算收入计划安排35048.84万元（基本财力），下降35.96%，下降原因是今年上级下达提前告知财力主要为基本支出财力，专项转移支付未下达。财力主要包括：县级公共预算收入安排2891万元，调入预算稳定调节基金2010万元，政府性基金调入705.8万元，返还性收入773万元，体制补助收入601.48万元，均衡性转移支付19974万元，县级基本财力保障机制奖补资金817万元，固定数额补助5995.31万元，边境地区转移支付714万元，其他一般性转移支付567.25万元。一般公共财政预算总收入为35048.84万元。

一般公共财政预算支出安排主要项目为：一般公共服务支出14988.15万元，公共安全支出4649.84万元，教育支出1225.17万元，科学技术支出110.81万元，文化旅游体育与传媒支出678.05万元，社会保障和就业支出3851.3万元，卫生健康支出3600.61万元，节能环保支出213.43万元，农林水支出1687.6万元，交通运输支出203.43万元，资源勘探信息等支出466.97万元，商业服务业等支出3.5万元，自然资源海洋气象等支出324.29万元，住房保障支出1991.16万元，灾害防治及应急管理支出347.35万元，债务付息支出105万元，预备费602.18万元。一般公共财政预算总支出为35048.84万元。

一般公共财政预算收支相抵，预算平衡。

3. 2020年县本级政府性基金预算草案

2020年县级政府性基金收入安排575万元，其中国有土地收益收入74万元，国有土地有偿使用权出让金收入500万元，农业土地开发资金收入1万元；基金结转496.2万元，基金预算可用总财力为1071.2万元。

2020年基金预算支出安排1071.2万元，主要安排用于以下几个方面：

国有土地使用权出让收入安排的支出（996.2万元）中：土地开发支出（379万元）用于新增建设

用地有偿使用费300万元、用于朗县洞嘎镇滚村诺组巴基塘砂石矿、朗镇娘村砂石矿前期工作资金79万元；农村基础设施建设支出用于永久基本农田储备区划定工作经费32万元；土地出让业务支出用于光明新区土地拍卖佣金、测绘费、评估费89万元；其他国有土地使用权出让收入安排496.2万元用于国土空间绿化等支出。

国有土地收益基金收入安排的支出（74万元）中，土地开发支出（44万元）用于地质灾害评估资金18万元、砂石矿行洪论证报告编制费18万元、其他土地开发支出8万元；其他国有土地收益金支出30万元。

农业土地开发资金安排的支出1万元。

政府性基金总支出为1071.2万元。

政府性基金预算收支相抵，预算平衡。

4. 一般公共财政预算支出安排的重点及增减变化

工资福利支出合计25629.47万元，占总支出的73.13%。（1）工资、津贴、补贴和奖金，安排16873.06万元，比去年增长8.14%；（2）机关事业单位保险，安排4228.89万元，比上年增长1.61%；（3）住房公积金，安排1977.72万元，比上年增长23.28%；（4）休假探亲费，安排888.16万元，比上年增长5.54%；（5）其他工资福利支出，安排1661.64万元，比上年增长82.48%。（增长原因是本年新增乡村振兴干部以及检察院、法院书记员工资和保险）

商品和服务支出（不含“三公”经费）合计814.24万元，占总支出的2.32%。（1）公用经费安排469.67万元，比上年增长0.33%；（2）工会经费安排337.43万元，比上年增长14.84%；（3）福利费安排7.14万元，比上年增长1.56%。（增长原因为人员增加，去年1172人，今年1194人）

“三公”经费支出安排922.32万元，占总支出的2.63%。（1）公务接待费102.69万元（后勤61.83万元），占总支出的11.13%；（2）公务用车运行维护费619.63万元（后勤210万元），占总支出的67.18%；（3）公务用车购置费（全部安排在后勤）200万元，占总支出的21.69%。

对个人和家庭补助合计31.73万元，占总支出的0.09%。主要是八大人员生活补助以及退休干部护工费。

项目支出合计7651.08万元，占总支出的21.83%。主要安排：（1）安排预备费[3]602.18万元；（2）安排县级各种配套资金1189.36万元；（3）政府债券付息资金105万元；（4）安排乡村振兴专干资金等新增经费316.54万元；（5）安排乡镇虫草返还资金428.33万元；（6）安排维稳经费、党建经费等刚性支出960.87万元；（7）安排包含消防、武装部在内的各项业务经费473.83万元。

2020年工作安排

2020年，我们将围绕县委、县政府决策部署，践行“五大发展理念”，贯彻执行预算法规定，狠抓增收节支、支持发展创新、优化资源配置、保障改善民生、防范化解风险、全面深化财政改革。

一是依法抓好收入征管，确保收入稳定增长。加强新常态下财政收入监测分析，协同乡（镇）政府和有关部门支持税务等执收部门依法征收、应收尽收。抓好政府非税收入征管，规范国有资产和政府性资源管理。提高收入质量，促进财政收入平稳、持续、健康发展。

二是统筹和盘活资金，增强财政保障能力。紧紧围绕“保运转、保稳定、保民生、保重点、促改革”的工作思路，优化支出结构，抓好厉行节约，严格控制一般性支出和“三公经费”支出，全力保障底线民生支出，大力推进基本公共服务均等化。强化预算约束力，提高预算支出的及时性、均衡性、有效性和安全性。

三是推进财政改革，提升财政管理水平。牢固树立内控理念，进一步完善内部控制制度，加强财政基础管理和基层财政建设，加强政府债务管理，防范各类业务风险。推进建立现代财政制度，深化国库集中支付、非税收入管理、财政支出绩效评价等工作。加大对困难乡镇的帮扶，规范预算单位财政财务管理，加强部门单位财务管理与审计，抓好对重大工程项目资金和财政专项资金使用的监督检查，确保财政资金安全规范运行。推进依法行政、依法理财，自觉接受人大、审计和社会舆论监督，加强财政干部队伍建设，大力改进工作作风，提高工作执行力，提升服务水平和行政效能。

注释：

①预算稳定调节基金：指各级财政通过超收安排具有储备性质的基金，用于弥补短收年份预算执行的收支缺口，以及视预算平衡情况，在安排年初预算时调入并安排使用。

②“三公”经费：指公务接待费、公务车辆购置及运行费、因公出国（境）费。

③预备费：指各级政府预算时按政府预算支出额的1% ~ 3%设置用于当年预算执行中的自然灾害开支及其他难以预见的特殊开支。

朗县2019年度平安建设（综治）工作先进乡（镇）、先进单位、先进个人和县级平安创建工作先进集体、平安家庭名单

一、先进乡（镇）（3个）

仲达镇

金东乡

拉多乡

二、达标乡（镇）（3个）

洞嘎镇

朗　镇

登木乡

三、先进单位（12家）

林芝市环保局朗县分局

县统计局

县水利局

县住建局

县委办

县人民检察院

朗县供电公司

市监局

县人大办

县商务局

甘丹热登寺管委会

县幼儿园

四、平安建设（综治）工作先进个人（11人）

李俊莹　县直机关工委一级科员

卓玛央宗　县发改委一级科员

达　瓦　县交通局局长

王成礼　县纪委监委一级科员

索朗卓玛　县委政法委四级主任科员

次仁巴珠　巴尔曲德寺二级主任科员

文　强　朗县消防救援大队参谋

罗布江村　拉多乡许村平安守护队队员

旦　增　县电信局局长

周兆玉　登木乡派出所副所长

达　娃　登木乡党委委员、统战委员、政法委员、人武部部长、维护社会稳定和综合治理办公室主任（三级主任科员）

五、平安单位（1家）

县气象局

六、平安校园（4所）

登木乡中心小学附属双语幼儿园

朗镇双语幼儿园

金东乡双语幼儿园

拉多乡附属幼儿园

七、平安宾馆（酒店）（1家）

凤鸣酒店

八、平安家庭（87户）

索朗帕加　金东乡巴龙村

平措卓玛　金东乡巴龙村

格桑多杰　金东乡东雄村

白玛群宗　金东乡东雄村

阿　旺　金东乡康玛村

琼达次仁　金东乡康玛村

曲　珍　金东乡帮玛村

久　美　金东乡帮玛村

吾　金　金东乡来义村

格桑加措　金东乡来义村

巴　拉　金东乡松木材村

松　乔　金东乡松木材村

格桑措姆 金东乡西日卡村
旦增曲珍 金东乡西日卡村嘎木组
格　　桑 金东乡秀村列组
索朗罗布 金东乡秀村吞仓组
达瓦多杰 金东乡秀村秀组
仓　　决 登木乡崩达村
达　　娃 登木乡多龙村
次仁玉珍 登木乡森木村
巴　　珠 登木乡洛龙村
加　　措 登木乡崩嘎村
次仁边宗 登木乡巴桑村
加　　措 洞嘎镇聂村
索朗多吉 洞嘎镇聂村
达　　瓦 洞嘎镇聂村
朗　　嘎 洞嘎镇聂村
尼玛卓嘎 洞嘎镇聂村
尼玛占堆 洞嘎镇堆村
益西白杰 洞嘎镇卓村
洛桑巴珠 洞嘎镇卓村
林　　周 洞嘎镇卓村
普布次仁 洞嘎镇卓村
洛桑益西 洞嘎镇卓村
罗　　布 洞嘎镇卓村
达娃卓玛 洞嘎镇卓村
琼　　吉 洞嘎镇卓村
罗布次仁 洞嘎镇滚村旺热组
朗　　康 洞嘎镇滚村滚堆组
洛桑群培 洞嘎镇滚村诺组
达娃卓玛 洞嘎镇达木村
拉巴平措 洞嘎镇达木村
布　　琼 洞嘎镇达木村
洛桑顿珠 洞嘎镇达木村
索朗扎西 洞嘎镇嘎贡村嘎贡组
旦　　增 洞嘎镇嘎贡村嘎贡组
巴　　珠 洞嘎镇嘎贡村江组
土旦尼玛 洞嘎镇嘎贡村江组
旺　　堆 洞嘎镇扎西塘村
拉巴次仁 洞嘎镇扎西塘村
西　　洛 洞嘎镇扎西塘村
桑　　珠 洞嘎镇扎西塘村
拉巴次仁 洞嘎镇扎西塘村
格桑次仁 洞嘎镇扎西塘村
次仁卓玛 拉多乡藏村
次仁贡布 拉多乡拉多村
次仁罗布 拉多乡巴顿村
达　　娃 拉多乡白坡章村
江央加措 拉多乡许村
多吉占堆 拉多乡扎村
益西曲珍 拉多乡白露村
罗布占堆 拉多乡昌巴村
格桑多吉 拉多乡吉村
扎西次仁 拉多乡杰村
格　　桑 仲达镇达贵村
桑　　杰 仲达镇卓岗村
拉巴次仁 仲达镇堆许村
格　　桑 仲达镇解协村
查　　果 仲达镇拉丁雪村
江白多吉 仲达镇林古村
达娃群宗 仲达镇伟列村
次仁德吉 仲达镇仲达村
德琼康珠 朗镇堆巴塘村
拉巴次仁 朗镇托麦村
洛桑加措 朗镇堆巴村
卓　　玛 朗镇朗巴居委会
米玛曲珍 朗镇娘村
桑　　珠 朗镇娘村小白若组
次　　仁 朗镇堆巴塘村卧巴组
顿珠曲珍 朗镇申木村
益　　西 朗镇其次村
尼玛次仁 朗镇巴热村荣组
罗布顿珠 朗镇巴热村扎西林组
久　　米 朗镇托麦村仲温组
次仁平措 朗镇巴热村
群　　培 朗镇冲康村
桑　　旦 朗镇冲康村玖杰组

朗县2019年度"先进双联户"创建评选工作先进集体、"先进双联户"和优秀气象信息员名单

一、朗县"先进双联户"创建评选工作先进集体名单

（一）朗县"先进双联户"创建评选工作先进乡（镇）

洞嘎镇、金东乡

（二）县级"先进双联户"创建评选工作先进村（居）

拉多乡拉多村、朗镇巴热村、仲达镇拉丁雪村、登木乡巴桑村

二、县级"先进双联户"名单

格桑措姆　朗县洞嘎镇滚村第十二联户单位户长
索朗群培　朗县洞嘎镇滚村第十二联户单位
帕　　加　朗县洞嘎镇滚村第十二联户单位
晓 次 仁　朗县洞嘎镇滚村第十二联户单位
洛　　桑　朗县洞嘎镇滚村第十二联户单位
益西顿珠　朗县洞嘎镇滚村第十二联户单位
卓　　玛　朗县洞嘎镇滚村第十二联户单位
巴桑曲珍　朗县洞嘎镇滚村第十二联户单位
索朗曲吉　朗县洞嘎镇滚村第十二联户单位
曲尼伟色　朗县洞嘎镇滚村第十二联户单位
尼玛曲珍　朗县洞嘎镇滚村第十二联户单位
白玛曲珍　朗县洞嘎镇滚村第十二联户单位
朗　　康　朗县洞嘎镇滚村第十二联户单位
巴　　吉　朗县拉多乡扎村第三联户单位户长（户主：阿旺登增）
扎西多吉　朗县拉多乡扎村第三联户单位
米　　玛　朗县拉多乡扎村第三联户单位
阿旺次仁　朗县拉多乡扎村第三联户单位
帕　　加　朗县拉多乡扎村第三联户单位
平措罗布　朗县拉多乡扎村第三联户单位
多 布 杰　朗县拉多乡扎村第三联户单位
拉巴次仁　朗县拉多乡扎村第三联户单位
巴　　拉　朗县金东乡松木材村第二联户单位户长
罗　　布　朗县金东乡松木材村第二联户单位
旦增罗布　朗县金东乡松木材村第二联户单位
乌吉桑珠　朗县金东乡松木材村第二联户单位
扎　　桑　朗县金东乡松木材村第二联户单位
小 仓 琼　朗县金东乡松木材村第二联户单位
索朗旺久　朗县金东乡松木材村第二联户单位
松　　乔　朗县金东乡松木材村第二联户单位
白　　玛　朗县金东乡松木材村第二联户单位
达娃措姆　朗县朗镇巴热村第十一联户单位户长
措　　姆　朗县朗镇巴热村第十一联户单位
曲　　宗　朗县朗镇巴热村第十一联户单位
旦增西热　朗县朗镇巴热村第十一联户单位
米玛曲珍　朗县朗镇巴热村第十一联户单位
洛桑旦增　朗县朗镇巴热村第十一联户单位
白玛扎西　朗县登木乡洛龙村第三联户单位户长
欧　　珠　朗县登木乡洛龙村第三联户单位
扎　　西　朗县登木乡洛龙村第三联户单位
巴　　珠　朗县登木乡洛龙村第三联户单位
强　　久　朗县登木乡洛龙村第三联户单位
索朗旦增　朗县登木乡洛龙村第三联户单位
普　　巴　朗县登木乡洛龙村第三联户单位

洛　桑　朗县登木乡洛龙村第三联户单位
顿　珠　朗县登木乡洛龙村第三联户单位
加　央　朗县仲达镇卓岗村第一联户单位户长
白玛次仁　朗县仲达镇卓岗村第一联户单位
索朗仁青　朗县仲达镇卓岗村第一联户单位
次旺乔嘎　朗县仲达镇卓岗村第一联户单位
加　朵　朗县仲达镇卓岗村第一联户单位
阿乃措姆　朗县仲达镇卓岗村第一联户单位
边巴加力　朗县仲达镇卓岗村第一联户单位
央　宗　朗县仲达镇卓岗村第一联户单位
次　旦　朗县仲达镇卓岗村第一联户单位
帕　律　朗县仲达镇卓岗村第一联户单位
赤列布赤　朗县仲达镇卓岗村第一联户单位

三、县级优秀气象信息员名单

德青卓玛　朗县金东乡东雄村第十三联户单位
索朗群宗　朗县仲达镇仲达村第六联户单位
达瓦次仁　朗县洞嘎镇滚村第七联户单位

2019年朗县国民经济和社会发展统计公报

朗县统计局

2019年，是中华人民共和国成立70周年和西藏民主改革60周年，是全面建成小康社会的关键之年。一年来，在市委、市政府、县委的坚强领导下，在县人大和县政协的监督支持下，我们以习近平新时代中国特色社会主义思想为指导，全面贯彻落实中共十九大，十九届二中、三中、四中全会精神，深入开展“不忘初心、牢记使命”主题教育，坚持以人民为中心发展理念，认真践行习近平总书记治边稳藏重要论述和加强民族团结、建设美丽西藏重要指示精神，以供给侧结构性改革为主线，以处理好“十三对关系”为根本方法，坚决打好“三大攻坚战”，紧紧围绕县委“12345”工作思路，在稳增长、促改革、调结构、惠民生、保稳定、防风险等各项工作上主动作为，经济社会发展呈现稳中有进的良好态势，在决胜全面建成小康社会的征程上又迈出了坚实的一步。

一、综合

经济社会发展稳中有进。2019年，朗县地区生产总值实现8.07亿元，可比增长8%，其中：第一产业增加值实现1.13亿元，可比增长2.9%；第二产业增加值实现2.23亿元，可比增长7.7%；第三产业增加值实现4.71亿元，可比增长8.6%。一、二、三产的比重为14 ∶ 27.6 ∶ 58.4。全社会固定资产投资17.05亿元，同比减少32.3%。实现社会消费品零售总额1.47亿元，同比增长9.5%。农村居民人均可支配收入实现16912元，同比增长12.9%，现金收入11776元，增长11%。

2019年，全县脱贫攻坚巩固提升工作稳步推进，完成了剩余未脱贫建档立卡户16户28人的脱贫退出工作，顺利实现脱贫摘帽，获得林芝市委、市政府深度脱贫地区攻坚奖、脱贫摘帽奖。

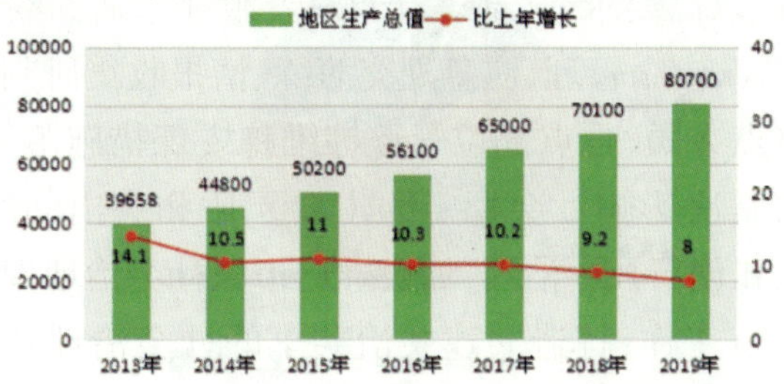

图1： 2013—2019年朗县地区生产总值及增长速度

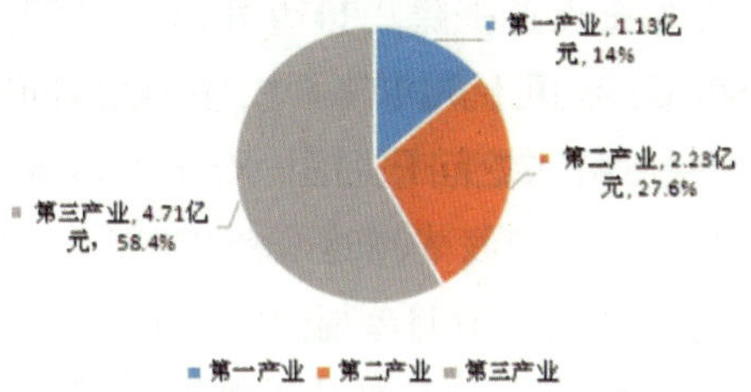

图2： 朗县2019年三次产业增加值占地区生产总值比重

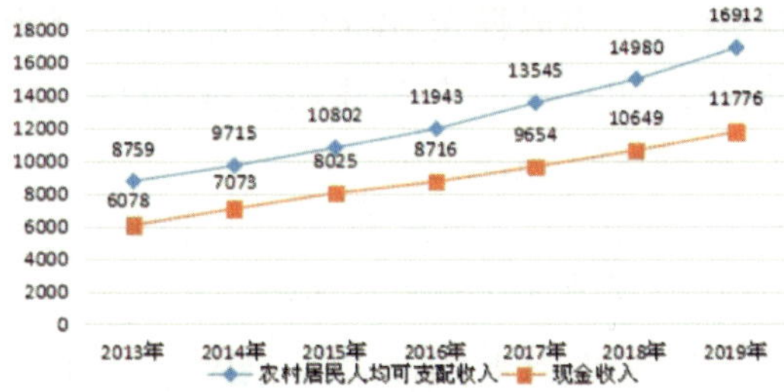

图3： 2013—2019年朗县农村居民人均可支配收入及现金收入增长情况

2019年年末，全县常住人口为17637人，其中城镇人口4834人，乡村人口12803人。全县行政区划面积4105.9平方千米。

2019年,全县农村居民人均可支配收入实现16912元,同比增长12.9%,现金收入11776元,增长11%。

二、农林牧业

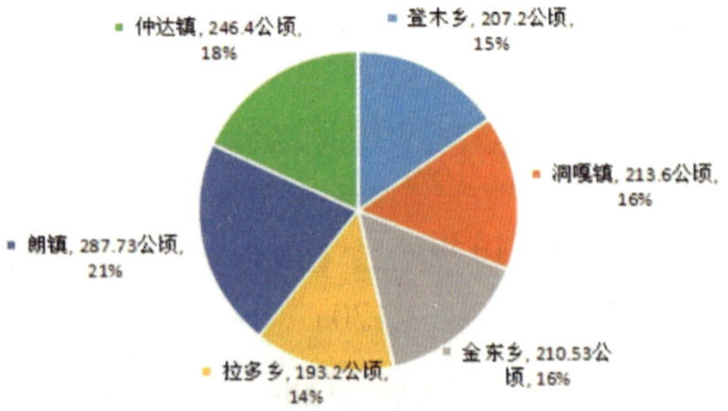

图4: 2019年全县六乡镇耕地情况

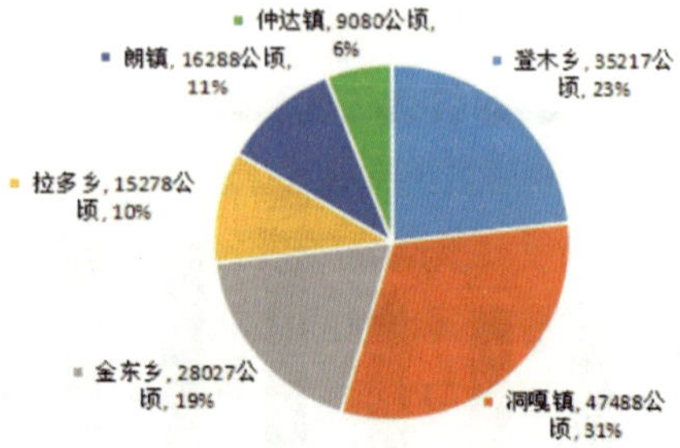

图5: 2019年全县六乡镇草场情况

三、工业和建筑业

(一)工业生产平稳。2019年,全县实现工业增加值1500万元,可比增长6.5%,主要工业产品产量为:发电量6307.77万千瓦时,水产量58.06万吨。

(二)固定资产投资增速有所下降。2019年,全社会固定资产投资累计完成17.05亿元,同比减少32.3%(减少原因为:拉林铁路供电配套工程2018年已完工,国道219项目部分已完成),其中:500万～5000万元完成投资44269万元、5000万元以上完成投资5366万元、拉林铁路投资99250万元、国道219线投资21572万元。

图6: 2013—2019年朗县固定资产投资完成情况

2019年,全县开复工项目184个,总投资16.28亿元,完成投资13.14亿元,完成率80.96%,农牧区交通、水利、电力等基础设施大幅改善。

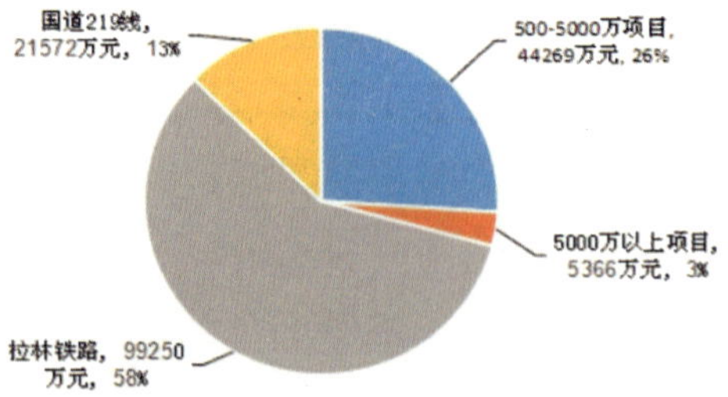

图7: 2019年固定资产投资中各类投资所占比重

四、第三产业

(一)消费品市场运行平稳。2019年,全县累计实现社会消费品零售总额17448.2万元,同比增长8.9%;按行业类别分商品零售销售额15177万元,同比增长9.1%;餐饮收入实现销售额2271.2万元,同比增长7.6%;按所在地分城镇实现销售额10466.5万元,同比增长9.5%;乡村实现销售额6981.7万元,同比增长8.0%。

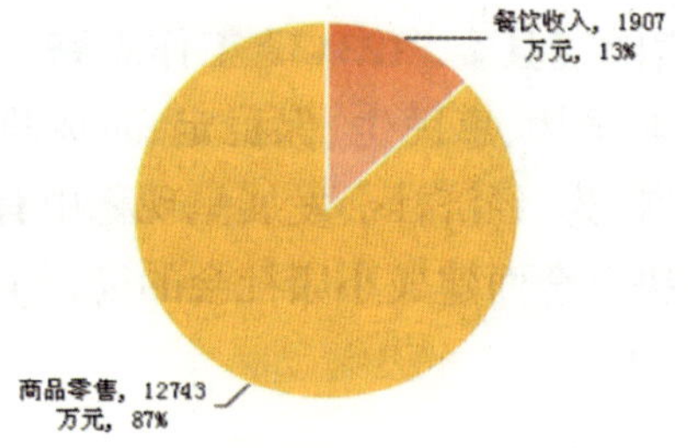

图8: 社会消费品零售总额按行业类别分

(二)坚持共建共享发展理念,持续增进民生福祉。坚持共建共享发展理念,不断优化升级社会公共服务,农牧民群众的获得感、幸福感和安全感全面提升。教育事业向好发展,学前教育入学率90.02%,小学入学率100%,初中入学率99.68%,全县义务教育巩固率96.50%。考入内地西藏班18人。落实"三包"经费792.88万元,落实营养改善计划经费128.08万元。资助各级各类师生441人次,共计117.11万元。全县师生的思想政治教育工作全面加强,将一批政治素质强、教学水平高的教师充实到各学校班子，班子的领导力、战斗力、执行力得到有效提高。卫生服务全面覆盖，门诊量 1.97 万人次，发放免费药物价值 2.44 万元，“两癌”筛查 2470 人次，HPV 检查 2000 人次。包虫病、“两癌”筛查和鼠疫防控等重大疾病综合防治取得显著成效。社会保障稳步到位，出台《朗县关于促进农牧民持续增收实施意见》，群众增收致富方向更加明确、渠道进一步拓宽。实现城镇新增就业 230 人，失业率控制在 2.5%；实现农牧民转移就业 7856 人次，创收 3321.62 万元。应往届高校毕业生就业率达 95% 以上。开展技能培训班 10 期，培训 548 人。发放社会保障卡 1.8 万余张，激活率 100%。受理劳动争议案件 35 起，追回农民工工资 658.88 万元。积极推进文化旅游产业，大力挖掘地域文化旅游资源，推进文化旅游业发展。成功举办“最美文化朗县，盛世桃园塔布”为主题的林芝市第十七届桃花旅游文化节朗县分会场活动和第四届塔布文化旅游节暨第二届农牧民丰收节，实现收入 146.09 万元。全年接待游客 35.94 万人次，同比增长 36.28%，实现旅游收入 1.3 亿元，同比增长 24.10%。“文化朗县，人杰地灵”为主题的朗县旅游宣传片广泛传播、倍受好评。不断壮大藏医藏药业，大力传承和保护藏医文化，投资 372 万元的苏卡 · 娘尼多吉故居修复工程已完工；推广种植藏药材 7 个品种 30.66 亩。全年藏医院门诊量 9780 人次、住院 367 人次。协调推进清洁能源业，工字荣电站累计发电 2.17 亿度，实现产值 6722.3 万元。电子商务规模初显，建成电子商务县级服务中心、物流服务中心、6 个乡镇级服务站、26 个村级服务点，电子商务远程培训系统搭建完成，服务中心已入驻各类企业、合作社近 20 家，开设网店 25 家。文化生活不断丰富，举办各类文艺演出活动 44 场次，观众人数 1.36 万人次。文化站累计开放 9000 余小时，为群众提供免费服务 1.07 万余人次。不断提高藏语文社会用字规范化和标准化水平，增强县域文明程度，朗县民族地域特色得到进一步彰显。经济环境持续良好，全县新登记各类市场主体 428 户，注册资本（金）3.16 亿元。税收收入 3828.65 万元，为全县经济社会各项事业发展注入不竭动力。

索 引

说 明

一、本索引采用主题分析法编制。索引范围包括篇目、类目、部(门)目、条目等。
二、本索引按主题词首字汉语拼音音序(同音按音调)排列,若首字拼音相同则按第二字音序排列,以此类推。
三、索引款目后的数字表示内容所在的页码,数字后的拉丁字母(a、b、c)表示栏别(从左至右)。
四、篇目、类目、部(门)目用黑体字。

A

B

C

D

E

F

G

H

J

M

N

Q

R

S